国家出版基金项目
NATIONAL PUBLICATION FOUNDATION

欧亚历史文化文库

总策划 张余胜
兰州大学出版社

梅维恒内陆欧亚研究文选

丛书主编 余太山

〔美〕梅维恒 著

涂文堪 编

图书在版编目（ＣＩＰ）数据

梅维恒内陆欧亚研究文选 / （美）梅维恒著 ; 徐文
堪编. -- 兰州 : 兰州大学出版社，2014.12
（欧亚历史文化文库 / 余太山主编）
ISBN 978-7-311-04667-5

Ⅰ．①梅… Ⅱ．①梅… ②徐… Ⅲ．①社会科学—文
集 Ⅳ．①C53

中国版本图书馆CIP数据核字(2014)第298127号

策划编辑　施援平
责任编辑　施援平
装帧设计　张友乾

书　　名　**梅维恒内陆欧亚研究文选**
作　　者　〔美〕梅维恒　著

　　　　　　徐文堪　编

出版发行　兰州大学出版社　（地址：兰州市天水南路222号　730000）
电　　话　0931-8912613(总编办公室)　　0931-8617156(营销中心)
　　　　　　0931-8914298(读者服务部)
网　　址　http://www.onbook.com.cn
电子信箱　press@lzu.edu.cn
网上销售　http://lzup.taobao.com
印　　刷　兰州人民印刷厂
开　　本　700 mm×1000 mm　1/16
印　　张　28.75
字　　数　400千
版　　次　2014年12月第1版
印　　次　2014年12月第1次印刷
书　　号　ISBN 978-7-311-04667-5
定　　价　92.00元

（图书若有破损、缺页、掉页可随时与本社联系）

出 版 说 明

　　随着 20 世纪以来联系地、整体地看待世界和事物的系统科学理念的深入人心，人文社会学科也出现了整合的趋势，熔东北亚、北亚、中亚和中、东欧历史文化研究于一炉的内陆欧亚学于是应运而生。时至今日，内陆欧亚学研究取得的成果已成为人类不可多得的宝贵财富。

　　当下，日益高涨的全球化和区域化呼声，既要求世界范围内的广泛合作，也强调区域内的协调发展。我国作为内陆欧亚的大国之一，加之 20 世纪末欧亚大陆桥再度开通，深入开展内陆欧亚历史文化的研究已是责无旁贷；而为改革开放的深入和中国特色社会主义建设创造有利周边环境的需要，亦使得内陆欧亚历史文化研究的现实意义更为突出和迫切。因此，将针对古代活动于内陆欧亚这一广泛区域的诸民族的历史文化研究成果呈现给广大的读者，不仅是实现当今该地区各国共赢的历史基础，也是这一地区各族人民共同进步与发展的需求。

　　甘肃作为古代西北丝绸之路的必经之地与重要组

成部分,历史上曾经是草原文明与农耕文明交汇的锋面,是多民族历史文化交融的历史舞台,世界几大文明(希腊—罗马文明、阿拉伯—波斯文明、印度文明和中华文明)在此交汇、碰撞,域内多民族文化在此融合。同时,甘肃也是现代欧亚大陆桥的必经之地与重要组成部分,是现代内陆欧亚商贸流通、文化交流的主要通道。

基于上述考虑,甘肃省新闻出版局将这套《欧亚历史文化文库》确定为2009—2012年重点出版项目,依此展开甘版图书的品牌建设,确实是既有眼光,亦有气魄的。

丛书主编余太山先生出于对自己耕耘了大半辈子的学科的热爱与执著,联络、组织这个领域国内外的知名专家和学者,把他们的研究成果呈现给了各位读者,其兢兢业业、如临如履的工作态度,令人感动。谨在此表示我们的谢意。

出版《欧亚历史文化文库》这样一套书,对于我们这样一个立足学术与教育出版的出版社来说,既是机遇,也是挑战。我们本着重点图书重点做的原则,严格于每一个环节和过程,力争不负作者、对得起读者。

我们更希望通过这套丛书的出版,使我们的学术出版在这个领域里与学界的发展相偕相伴,这是我们的理想,是我们的不懈追求。当然,我们最根本的目的,是向读者提交一份出色的答卷。

我们期待着读者的回声。

总 序

　　本文库所称"欧亚"(Eurasia)是指内陆欧亚,这是一个地理概念。其范围大致东起黑龙江、松花江流域,西抵多瑙河、伏尔加河流域,具体而言除中欧和东欧外,主要包括我国东三省、内蒙古自治区、新疆维吾尔自治区,以及蒙古高原、西伯利亚、哈萨克斯坦、乌兹别克斯坦、吉尔吉斯斯坦、土库曼斯坦、塔吉克斯坦、阿富汗斯坦、巴基斯坦和西北印度。其核心地带即所谓欧亚草原(Eurasian Steppes)。

　　内陆欧亚历史文化研究的对象主要是历史上活动于欧亚草原及其周邻地区(我国甘肃、宁夏、青海、西藏,以及小亚、伊朗、阿拉伯、印度、日本、朝鲜乃至西欧、北非等地)的诸民族本身,及其与世界其他地区在经济、政治、文化各方面的交流和交涉。由于内陆欧亚自然地理环境的特殊性,其历史文化呈现出鲜明的特色。

　　内陆欧亚历史文化研究是世界历史文化研究中不可或缺的组成部分,东亚、西亚、南亚以及欧洲、美洲历史文化上的许多疑难问题,都必须通过加强内陆欧亚历史文化的研究,特别是将内陆欧亚历史文化视做一个整

1

体加以研究,才能获得确解。

中国作为内陆欧亚的大国,其历史进程从一开始就和内陆欧亚有千丝万缕的联系。我们只要注意到历代王朝的创建者中有一半以上有内陆欧亚渊源就不难理解这一点了。可以说,今后中国史研究要有大的突破,在很大程度上有待于内陆欧亚史研究的进展。

古代内陆欧亚对于古代中外关系史的发展具有不同寻常的意义。古代中国与位于它东北、西北和北方,乃至西北次大陆的国家和地区的关系,无疑是古代中外关系史最主要的篇章,而只有通过研究内陆欧亚史,才能真正把握之。

内陆欧亚历史文化研究既饶有学术趣味,也是加深睦邻关系,为改革开放和建设有中国特色的社会主义创造有利周边环境的需要,因而亦具有重要的现实政治意义。由此可见,我国深入开展内陆欧亚历史文化的研究责无旁贷。

为了联合全国内陆欧亚学的研究力量,更好地建设和发展内陆欧亚学这一新学科,繁荣社会主义文化,适应打造学术精品的战略要求,在深思熟虑和广泛征求意见后,我们决定编辑出版这套《欧亚历史文化文库》。

本文库所收大别为三类:一,研究专著;二,译著;三,知识性丛书。其中,研究专著旨在收辑有关诸课题的各种研究成果;译著旨在介绍国外学术界高质量的研究专著;知识性丛书收辑有关的通俗读物。不言而喻,这三类著作对于一个学科的发展都是不可或缺的。

构建和发展中国的内陆欧亚学,任重道远。衷心希望全国各族学者共同努力,一起推进内陆欧亚研究的发展。愿本文库有蓬勃的生命力,拥有越来越多的作者和读者。

最后,甘肃省新闻出版局支持这一文库编辑出版,确实需要眼光和魄力,特此致敬、致谢。

余太山

2010 年 6 月 30 日

2

目 录

前　言

　　梅维恒(Victor H. Mair)生于 1943 年,毕业于达特茅斯大学,然后以和平队队员身份,在尼泊尔两年。1967 年进入西雅图的华盛顿大学学习汉语、日语、藏语、梵语和佛教,后去伦敦大学亚非学院留学。回美国后,入哈佛大学东亚语言和文明系攻读汉学,1976 年获博士学位,留在哈佛任教。3 年后的 1979 年进入位于费城的宾夕法尼亚大学东方研究系(后改称亚洲和中东研究系,现名东亚语言和文明系),1989 年起担任教授。作为美国当代知名汉学家,他的研究范围很广,涉及中国古典文学(特别是俗文学),敦煌吐鲁番学,汉语语言学和词典编纂,中国与印度、伊朗文化交流史,中亚东部青铜和早期铁器时代考古学,印欧语比较语文学等众多领域和课题。

　　梅维恒教授经常来中国(包括台湾、香港)访问考察和做研究,与中国学术界有广泛联系。他的学术成就和贡献,不少中国朋友都耳熟能详,以下略作介绍,谨供参考。

　　在中国文学研究方面,他用力最勤的是敦煌变文。早在 1983 年,他就在剑桥大学出版社出版了《敦煌民间叙事》(*Tun-huang Popular Narratives*)一书,其中翻译和注释了《降魔变文》、《目莲救母变文》、《伍子胥变文》和《张议潮变文》4 篇,并附长篇序言,就变文的定义、特征、抄写与演出、语言运用等,提出了不少值得重视的见解。接着,他于 1988 年在夏威夷大学出版社出版了《绘画与表演——中国绘画叙事及其起源研究》,强调"变相"形式的印度渊源,并且介绍了古今印度、印尼、中亚及全世界各地的绘画讲唱活动,作为佛教文化影响的生动例证。此书由王邦维、荣新江、钱文忠翻译成中文,经季羡林先生精心审校,2000 年由北京燕山出版社出版;2011 年,上海中西书局推出了新

·欧·亚·历·史·文·化·文·库·

版。几乎与该书出版同时,《唐代变文——佛教对中国白话小说及戏剧产生的贡献之研究》于 1989 年出版[1]。此书视野广阔,参照东西方各地讲唱文学的特征及发展,考察唐代变文的来源与转变的运作,把西方的变文研究提高到一个新的水平。书出版后,受到中外学者的高度重视,中译本由杨继东、陈引驰翻译,徐文堪校订,香港中国佛教文化出版社有限公司 1999 年出版,2011 年同样由上海中西书局推出了新版。此外,他还发表了一系列论文,论述变文的口述特点及其印度源头和对后世的影响。

除了变文研究,梅维恒对中国文学史研究的另一巨大贡献是编纂了两部大著:The Columbia Anthology of Traditional Chinese Literature(《哥伦比亚传统中国文学选集》)[2]和 The Columbia History of Chinese Literature(《哥伦比亚中国文学史》)[3]。这两部巨著对美国和西方的中国文学史研究和教学产生了深远的影响。他还是一个孜孜不倦的中国古典作品的翻译家,已翻译(英译)出版的有《老子》(参照马王堆帛书本)、《庄子》、《孙子兵法》、《六朝和唐代诗歌》、《聊斋志异》(选译)、《阅微草堂笔记》(选译)等等,皆广受好评。

在汉语语言研究方面,梅维恒特别关注拼音在社会生活中的使用和与此相关的双文制、双方言问题,以及汉语新词的产生和使用。他考察了汉语词汇发展史,研究了书面白话文的形成过程,强调汉语中"字"和"词"的区别以及外来词语在汉语词汇形成和发展中的作用。由他任主编,夏威夷大学出版社出版的《ABC 汉英词典》系列是近 30年西方中文词典学的重大事件。"ABC"系列词典按单纯字母顺序排列,其排序基础是词而不是字,至今已经出版了 7 种。目前他正致力于《现代汉语词源词典》的组织和编纂工作。

在历史学和考古学方面,梅维恒主要从事古代中国与印度—伊朗世界及丝绸之路沿线的文化交流和中亚与欧亚大陆青铜时代、早期铁

---

[1]《哈佛燕京学社论丛》第 28 种。

[2]New York:Columbia U. P., 1994.

[3]New York:Columbia U. P., 2001.

器时代的研究。自上世纪 90 年代起,他与中国考古学家合作,多次在新疆进行考察,在国外首先报道和研究新疆干尸,引起全世界考古学界、人类学界的关注。1996 年 4 月,他在宾州大学考古学人类学博物馆组织召开了有十多个国家和地区的学者参加的题为"中亚东部青铜和早期铁器时代的居民"的国际学术会议,会议论文集于 1998 年出版。[1] 随后,他又与考古学家马劳瑞(J. P. Mallory)合作,撰写了专著《塔里木古尸》,于 2000 年出版。[2] 近年来,他在这一领域继续发表论著,深入研究新疆考古的最新进展。

梅维恒在东西交通和跨文化交流史等方面也有建树,如编辑了《古代世界的联系和交流》论文集。该文集于 2006 年由夏威夷大学出版社出版[3];同样由他编辑的俄罗斯考古学家库兹明娜的著作《丝路前史》也于 2008 年由宾夕法尼亚大学出版社出版[4]。他与郝尔龄合著的《茶的真实历史》,出版于 2009 年[5];与迪克塞特合著的《神圣的炫耀:欧亚大陆的神巫女像》[6],2010 年出版,这是一位学识广博的汉学家与一位印欧学家共同研究的成果。

梅维恒还担任由宾夕法尼亚大学出版社出版的丛书 *Encounters with Asia*(《相遇亚洲》)的主编。这是一套跨学科的丛书,范围包括乌拉尔、高加索直至太平洋的历史、考古、人类学、民族学、语言学等。自 1986 年起至 2011 年 7 月,他创办的刊物 *Sino-Platonic Papers*(*SPP*)已经出版了 210 期。这份网上刊物发表了大批优秀论文和专著,其影响正日益扩大。

---

〔1〕*The Bronze Age and Early Iron Age People of Eastern Central Asia*, edited by Victor H. Mair, Washington: The Institute for the Study of Man in Collaboration with the University of Pennsylvania Museum Publications (*Journal of Indo-European Studies Monograph* 26), 2 volumes.

〔2〕J. P. Mallory and Victor H. Mair, *The Tarim Mummies, Ancient China and the Mystery of the Earliest Peoples from the West*, London: Thames & Hudson.

〔3〕Victor H. Mair, ed., *Contact and Exchange in Ancient World*, Honolulu: U. Hawaii P.

〔4〕E. E. Kuzmina, *The Prehistory of the Silk Road*, edited by V. H. Mair, Philadelphia: U. Pennsylvania P.

〔5〕V. H. Mair and Erling Hoh, *The True History of Tea*, London: Thames & Hudson.

〔6〕M. R. Dexter and V. H. Mair, *Sacred Display: Divine and Magical Female Figures of Eurasia*, Amherst: N. Y. Cambria Press.

对内陆欧亚历史、文化的研究,是梅维恒教授治学的一个重要方面。为了使国内读者更为全面地了解和借鉴他在这个领域的研究成果,余太山先生提出编选一部梅氏《内陆欧亚研究论文选集》,收入《欧亚历史文化文库》,并以此事相嘱。笔者与梅先生交往20余年,自属义不容辞。当时正值2009年,笔者固因《汉语大词典订补本》的定稿工作而极为忙迫,梅先生也因夫人身患重病,需要家人陪伴,其本人还因筹备丝路文物在美展览之事奔忙,一时未能确定入选篇目(梅先生笔耕不辍,论著数量庞大,近年来还撰写博客,在网络上发表了许多文章,故至今尚无比较完全的著作目录),经过与梅先生反复商讨,笔者提出可以优先选用已有中文译本者,并拟了一个草目,梅先生看后欣然同意,并补充若干篇尚无中文译本的论文。至2010年年中,笔者据此目开始编辑工作。着手进行之后,发现这些学术论文的翻译殊非易事,而原作征引浩博、注释丰瞻,兼以文辞典雅,涉及多种文字,非短时间内能奏其功,而且篇幅似乎也超过原先企划。因此,在2011年7月梅氏访问上海期间,再次与其面商,取得一致意见,对篇目稍作压缩调整,共得文12篇,作为本书的主体部分。这12篇涵盖了梅氏内陆欧亚研究的几个主要方面,相信有助于读者了解他的重要学术观点。

本书所收12篇论文略依时代和主题排列。1—3篇主要涉及新疆青铜和早期铁器时代考古学和上古时期中西交通,包括吐火罗问题。4—6篇为语言学论文,特别关注汉语语言史与梵语和佛教的关系。7—11篇均与敦煌吐鲁番学相关,对唐五代变文的研究是其重点,还讨论了《心经》诸本与《西游记》的关系。第12篇是与著名语言学家、台湾"中研院"院士梅祖麟教授合撰,讨论近体诗与梵文诗律的关系,对沈约的"四声八病"说做了深入分析,是继陈寅恪先生的名作《四声三问》之后的一篇精心杰作。除上述12篇外,梅氏于2010年写成长文《近三十年来北美中国语言研究的进展》,涉及汉语与内陆欧亚语言关系的研究情况,此文由其学生、密歇根大学东亚图书馆馆长杨继东博士和匹兹堡大学博士生崔捷先生合译为中文,并附详细书目,故作为"附录"收入。

在编辑本书时,笔者尽可能依据原文对译文进行校正,对体例作了统一。翻译工作得到梅氏学生、新加坡的林宇思女士的帮助;香港教育学院中文系讲座教授朱庆之先生提供了北京外国语大学王继红博士翻译的《近体诗律的梵文来源》的中译本,谨在此表示深切的谢意,同时希望本书出版后,能够继续编译续集。

由于时间较紧,笔者学力有限,编辑工作中一定还存在许多问题,敬祈读者批评指正。最后,谨以本书纪念梅维恒教授七十寿辰。

徐文堪

2011 年 9 月于上海

·欧·亚·历·史·文·化·文·库·

1 奥尔得克墓地的新发现和
全面发掘

1934 年的夏天,瑞典考古学家福克·贝格曼发现了一个位于传说中楼兰废墟西部 100 英里的沙漠中的重要的青铜时代墓地。这个山丘形墓地被人称作奥尔得克墓,但更精确的叫法应该是小河墓地 5 号。1939 年,贝格曼发表了一篇他对这个墓地研究的详细报告,在此之后直到 2000 年的半个多世纪,这个地方再没有被人探访过。2000 年,一个中国的纪录片摄制组使用全球卫星定位系统再次发现了它。

2002 年至 2005 年间的 3 个季度,小河墓地得到大面积的发掘,大量的织物、饰物、器具和其他人造物品已被发现。另外,从沙墓中发掘出的还有 30 多具保存完好的木乃伊及埋藏他们的棺木。这些最新的发现与贝格曼的发现非常相近,但数量大有增加。尽管还需要数年的时间来分析所有的这些新发现的东西,但我们已经可以对在此埋藏死者之人们的宗教信仰和宗教行为做出一些重要的推断。最近的发掘同时也产生了丰富的史料用以研究死去的人的民族成分和文化从属关系。本文用英语从技术角度第一次介绍了中国的维吾尔族和汉族考古学家在近 5 年对这片墓地进行的调查和发掘工作。

1.1　概述

1934 年的夏季,瑞典考古学家福克·贝格曼正在探索罗布泊(在中亚东部,即现被中华人民共和国政府称为新疆的)西面沙漠中的一个史前遗址。贝格曼的调查是他的同胞斯文·赫定(1865—1952)组织的大规模探险活动的一部分。赫定在 19 世纪的 90 年代首次来到这个地区,并于 1928 年解决了罗布泊盆地的变迁问题,这个问题是和塔里木河流经塔克拉玛干沙漠东部的北面边缘时其河道下游的变迁有关的。赫定的工作打开了细致探索整个塔里木盆地的道路,而贝格曼在1934 年则是想要对早年曾被瑞典传教士在地图上标出的那个区域进行考古普查与发掘。

陪同贝格曼的是几十年前作为赫定向导的罗布老猎人奥尔得克。大约在 1910—1911 年间,奥尔得克已到过沙漠中心的一个非同寻常的墓地。据说这个墓地有上千个墓葬,是贝格曼 1934 年探险过程中希望研究的主要遗址。贝格曼和他的小队沿着一条奇妙的河道前行,而这条河道被他随意地命名为"小河"。小河从孔雀河的中段往南一直流,直至消失在阿拉干(图 1 - 1)北部约 20 公里的沙漠中。

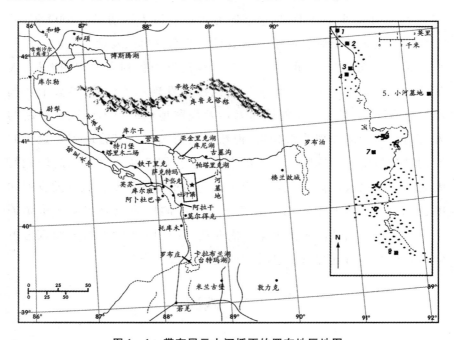

图 1 - 1　带有展示小河插页的罗布地区地图

在探险中,贝格曼研究了小河流域的一系列墓地,但他最想去发现的还是传说中的奥尔得克墓地。几经曲折和挫败,贝格曼终于在夏季将尽的时候找到了奥尔得克墓,他把它列为小河系列的第 5 号,我称它

"小河 5 号墓地",中国考古学家称为 Xiaohe Mudi,即"小河墓地"的意思。

小河 5 号墓地确如奥尔得克描述的一般令人难以置信。贝格曼发掘了 12 个墓,发现了大约 200 件遗物,这些遗物后来被送到了斯德哥尔摩。他给这些遗址和遗物照了相,并为墓地及其周边环境绘制了精确的地图。图画得很仔细,且还有关于他发现的详细记录。同时,他也对墓地之被盗劫和扰乱做了评述。这些曾被抢夺或打扰过的痕迹可以从散落在墓地表面的棺板和人体的骸骨清楚地看到。[1] 所有这些都发表在他 1939 年出版的《新疆考古学研究》一书中。这本书问世时,它带来的关于小河 5 号墓地的消息激起了几乎全世界学者和非专业人士的丰富想象。在那之后的 60 多年间,再没有人涉足这一墓地。

1997 年 11 月,贝格曼书的中译版发行,立即引得人们争相对小河 5 号墓地进行再发现。2000 年底,深圳大唐电影和广告公司组织了一次"中国西域大漠行"的探险活动。依靠全球定位系统和经验丰富的

---

〔1〕可以肯定的是,大部分在小河 5 号墓地的掠劫都发生在奥尔得克首次发现它到 1934 年贝格曼在这个地区展开他的调查之间。例如,奥尔得克报告说,有一个大的木制建筑仍立着,朝向沙丘的东头,顶上覆盖着皮革;内部的墙通通被漆成红色,地上还有几块棺板。到贝格曼到达小河 5 号墓地时,它是一片废墟,而现在几乎看不到一点痕迹。这个史前建筑必定在墓地的运作上起着重要作用。根据贝格曼的观察,这个建筑大约 5 米见方,里面有一堆牛的头骨,还有一具女性的遗体。最近的考古报道指出,在这个建筑曾经存在的地方,仍有一排坚固的厚木板,每个木板的顶部都凿有榫眼,其低的部分则被漆成黑红相间的颜色。有些沿着小河放羊的当地人近来有时冒险进入了小河 5 号墓地,据说他们会使用那些来自墓地的、有 3500 年之久的皮革来做靴子,还会拿些史前的、死人身上的长袍来做马鞍上的毯子。有钱的当地人则会雇佣职业的盗墓者到小河 5 号墓地搜寻宝贵的东西(比如玉石)。在小河 5 号墓地发生的事情在塔里木盆地内部和周边的许多考古遗址也同样发生过,比如扎洪鲁克(Zaghunluq)、山浦拉(Sampul)、苏贝希(Subeshi),因此,尽管小河 5 号墓地位于地球上最边远、最恶劣的地区之一,它还是没能逃脱被反复蹂躏的命运。

·欧·亚·历·史·文·化·文·库·

考古学家王炳华[1]（新疆文物研究所前所长），探险队没费什么事就在 2000 年 12 月 11 日找到了小河 5 号墓地。他们的再发现活动被新闻媒体广泛报道，这引起了中国国内的轰动，同时也导致了新一轮的盗墓，促使中国国家文物局批准由新疆人类学和文化遗迹学会现任主任伊弟利斯·阿不都热苏勒指导的一次初步的发掘。这次有限的调查工作始于 2002 年 12 月，持续了大约 1 个月。在这期间，最西端的 4 个墓室（正位于较小木栅之内，见下）被发掘了出来，并且对整个墓地的一般性普查也在开展。

就在来自乌鲁木齐的考古学家完成了短期的 2002—2003 季度的考古任务离开后，盗墓者报复性地回到了这个地方，洗劫了以墓地为中心的 50 平方米的范围。国家文物局知道墓地遭受严重破坏后，就在 2003 年 10 月批准了对小河 5 号墓地的全面发掘计划，并允许移走重要的人类遗骨和其他遗物，这是唯一保护它们不受盗墓者侵害的有效方法，盗墓者是肯定要拿走全部有价值的东西的。一般认为要有几年时间才能完成这项工作。发掘工作在 2003—2004 季度（10 月至次年 3月）取得了重大进展，在被揭露的两层中发掘出 33 个墓。这 33 个墓出产了 25 具成人和 8 具青少年的尸体，其中有 15 具带有完整衣物和服饰的保存完好的木乃伊。所有的墓内都有一个棺材，每个棺材只放一具遗体。

到 2003—2004 季度末，对小河 5 号墓地西面部分的发掘已经达到了 1.8 米深，但仍不能确定这种连续的墓葬层次是否意味着文化层次或年代层次的不同。尽管人们认为：最底层的年代大约是在 4000 年

---

〔1〕到了 1979 年，日本广播公司电视台（NHK）要拍摄一部关于丝绸之路的系列片，他们得到了王炳华的帮助来寻找小河 5 号墓地。这是半个世纪以来考古学家第一次重新进入到罗布泊地区。尽管在那个时候他们没能找到小河 5 号墓地，顺着孔雀河的下游，他们却出乎意料地发现了古墓沟墓地，它的墓葬用数百根木柱围成的同心圆标出来（大概作为太阳的象征）。在不远处，在铁板河的旁边，靠近罗布泊的北端，1979 年另一支探险队伍在穆舜英的带领下，发现了世界著名的"楼兰美女"。这两个重要的青铜时代的遗址的年代大约都在公元前 1800 年。参 Mallory, J. P. and Victor H. Mair, *The Tarim Mummies：Ancient China and the Mystery of the Earliest Peoples from the West*（《塔里木的木乃伊：古代中国和最早西方人的秘密》），London：Thames and Hudson, 2000, pp. 136 – 140。

前,1—3层有相似的文化特征,而4—5层又拥有另一组文化特征。

考古学家只在11月到次年3月左右约4个月的时间能够在小河5号墓地开展工作。在其他时间,这个遗址就成了那些装备精良又不顾一切的盗墓者的猎物,他们做一次这种肮脏的事往往只需要几天。年复一年地整年派人保卫不太实际,这使得当局批准对这个墓地进行全面发掘并移走任何重要的东西。但是,在2004年3月25日,当考古学家们完成了他们第2个主要考古季度的工作要回返乌鲁木齐时,当地的考古和文化遗产协会认为有必要并决定留下几个考古学家来看守这个遗址。他们不敢安置当地的工人作守卫,发掘中也不敢雇当地的居民来协助,因为这个地区其他墓穴的惨痛教训说明,这些人往往凭借他们熟悉情况,在夜晚或不是考古发掘的季节搞非法活动。对小河5号墓地的整个发掘工作完成前,只有考古学家才能在墓地工作,也只有考古学家才能保护这片墓地。

在2004年9月的后期,新疆考古和文化遗产协会与吉林大学的边疆考古研究中心(在吉林省的长春市)合作,开始了一个新的考古季度,这成为最后的一季。为了赶在盗墓者之前加速完成整个小河5号墓地的全面发掘,现在迫切需要考古学家们建起一个长长的传送带。大量的沙被移到山丘的底部,以显露出较底层的墓葬。在研究完每一个墓葬的情形和发现了所有有意义的内涵后,这些沙又被移回到山丘上,并重新放置在帆布袋中以确保墓地的基本完整性。在那一季度,较为奇异的发现是一个男性尸体的木制代替品,被当作人的遗体一样对待。还有一具木乃伊,身体的一部分是真的干尸,其余部分则也是木制的。

2005年4月17日,中国政府宣布小河5号墓地是2004年十大最重要的考古发现之一。这种官方的认定,应该说有助于对该遗址的继续研究,也有助于对遗物保护提供多种形式的支持。如果中央政府允许的话,国际合作组织会提供一些非常宝贵的技术和财政的帮助。

·欧·亚·历·史·文·化·文·库·

1.2 定位和气候

小河 5 号墓地位于孔雀河中段以南约 60 公里的沙漠中,在楼兰(维吾尔语:Krorän;汉语普通话:Loulan)故城遗址的西面 175 公里,阿拉干东北 36 公里。阿拉干处在塔里木河的拐弯处,从这里开始,塔里木河渐渐消失在沙漠中。5 号墓地距小河之东仅有 4 公里,从那个方向来的任何人到此便可看见墓地,因为它比其他的沙丘都要高。这样,当有水从后面流来的时候,它离行船的水路是在步行易达的距离之内。然而,现在小河 5 号墓地的附近完全是荒无人烟的,除了有麻雀之类的鸟外,既没有植被生长,也没有动物的痕迹。

谈一下与小河相联系的较大的河对了解小河河谷很有帮助。孔雀河[1]源自博斯腾湖[2]。博斯腾湖位于库尔勒城的东—东北约 40 公里的地方。孔雀河先向西流,然后渐渐转向南,最终向东。过了 Temenpu(特门堡)的下游河道在 1921 年就已经干涸了,但从这里继续向前的老的河道曾被称为"沙河"[3],而在此之前,"干河"就是现在常指的孔雀河的全长。伟大的塔里木河[4]从塔里木盆地的西端开始,经过北端向东流。在尉犁[5],塔里木河与北面的孔雀河平行向东流约 100 英里,但之后渐渐向东南方直至消失在距小河约 25 英里的沙漠中。

小河 5 号墓地能成为一个最为重要的考古遗址有多方面的原因,但导致它获得最多关注的一个方面是它出产了那么多的保存完好的木乃伊。塔里木盆地的南部、东部和东北部边沿及其邻近的大量地区的很多遗址,其人类遗体和其他遗物得以很好保存的关键因素:(1)排水,(2)通风,(3)干旱,(4)寒冷,(5)含盐。小河 5 号墓地至少拥有这

---

〔1〕维吾尔语 knöchi daryâ,意为"皮革工之河";汉语普通话 kongque he,是维吾尔语原音的转译。

〔2〕维吾尔语 Baghrash Köl 的意义不明;蒙古语 Tengis Nuur 意为"天堂之湖";汉语普通话"博斯腾"之意不明。

〔3〕维吾尔语 qum daryâ。

〔4〕"塔里木"是维吾尔语,就是"河"的意思,但更确切地说应该是"河的支流"。

〔5〕一个很易令人混淆的镇,现在为了管理的目的叫作罗布泊。

些因素中的前4个,并且达到了很高的程度。尽管需要进行化学测试才能确定它是否有很高的盐含量,但我猜想,墓地位于那么多干涸的河流、小溪和湖泊的中心,这本身就表明墓地沙中含有相当多的盐和碱。

小河5号墓地除了有可保存完好木乃伊的上述特性外,墓地的地貌同样使得它适合成为一个神圣的埋藏之地。纵观历史和史前史,世界上大多数地区的人类都会选择一个较为显著的地方来埋葬他们的亡者。在罗布泊以西的广大地区,基本上是既平坦又贫瘠的,甚至一个小小的山丘也会在广阔的沙漠上显得十分突出,低矮别无特点的一个新月形的沙丘也可以打破距离。小河5号墓地的与众不同,哪怕只是一点点,就已经使它成为建造墓地的吉祥之地了。

1.3 年代及其与周围遗址的关系

据发掘者推测(已写在他们2003—2004季度的报告中),小河5号墓地的下限迟于距今2800年的古墓沟墓葬的第一阶段,而上限则可能早于古墓沟I期,或者甚至还更早些。由于小河5号墓地的考古遗物可以分为来自较早地层年代和较迟地层年代两种,因此最终还是可能检测出不同地层及来自这些地层的遗物特征的变化。这样,遗物的相对年代就可被确定。此后,通过对大量的采自不同地层和属于各种文化类型的样本进行C^{14}测试,就可以确定绝对年代。进行C^{14}年代测试以得到绝对年代前,我们可以接受发掘者们的判断,认为小河5号墓地是一个青铜时代的墓地,属于公元前第二个千年代,即三四千年前。

马洛里和梅维恒在《塔里木的木乃伊》一书中指出了许多把小河5号墓地和青铜时代古墓沟文化联系起来的特征(竖立的木材,麻黄属植物的使用,盛谷类的篓,没有陶器等等),但他们也发现了与这个地区铁器时代遗址(如营盘和楼兰)的连续性。[1]

---

[1]Mallory, J. P. and Victor H. Mair, *The Tarim Mummies: Ancient China and the Mystery of the Earliest Peoples from the West*, pp. 132, 148 - 152, 187 - 188.

·欧·亚·历·史·文·化·文·库·

1.4 对墓地的初步描述

从空中看去,小河5号墓地是一个椭圆形的沙丘,延伸范围约为东西80米、南北40米(图1-2)。墓地最高点高出沙漠表面7.75米,全

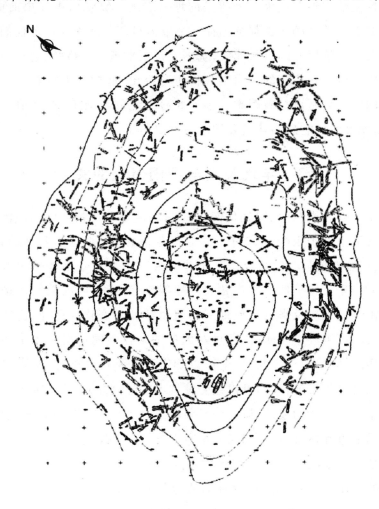

图1-2 小河5号墓地平面图

(引自新疆文物考古研究所,2003)

部占地超过 2500 平方米。这个小丘不是天然形成的沙丘,而是这个地方人类活动的产物。

它的建成必已有相当长的一段时间,因为它共包含了 5 层墓葬。最低一层墓葬是挖在 3000 多年前的一个天然沙丘中的,它当时一定也就像现在墓地四周仍然围绕墓地的那些矮小的沙丘一样。其他的 4 层墓葬被建造在沙层里,而这些沙层的形成结合了自然力和人力,即风吹来的沙和人堆积的沙。一旦这个沙丘被建到一个微微高于周围沙丘的高度,周围的沙的堆积模式就会被改变。其结果是,这个沙丘依靠它的比较高的特点,比起周围平淡无奇的沙丘,吸引并留住了更多风吹来的沙。这种拦沙的特性又会因沙丘顶端竖起的多根墓柱而被提高。

墓地许多谜一般的特征之一是有两排木栅横贯沙丘的南北两端[1]对于这些木栅的用途有多种猜测,如认为它们是用来把墓地按不同的群体分为不同的区域。然而墓地的模式并没有给其中的任何一种猜测以确认。我推测木栅可以用作"风篱"——既可以就地固定这个特大的、人工的沙丘,又可以拦住更多的风吹来的沙。我相信这些木栅就是被设计来保持和增长沙丘的,它们本身正是这样,这从它们被仔细放置和牢固建造就可以明显看到。其中一排木栅通过丘堆的正中延伸。它由粗木柱构成,一根接一根地排成一线,目的就是用来阻止住那些迎面吹来的大量沙粒。第二排木栅设置在沙丘的西面,由一些较细但仍然紧紧排列的木柱构成。我猜想这第二排木栅的位置是根据这个地区流行的风向确定的,它用来补充和加强主木栅的功效。

在墓地的西区墓葬被发掘和清理后,中心木栅墙暴露到 1.2 米的高度。从南北边缘的几根倒下的木材判断,木栅的高度(含埋在沙里的部分)应在 2 米左右。从木栅墙的高度来看,木栅不会深入 5 层墓地的底部。这就使发掘者得出了以下重要的结论:作为墓地设计的显著特征的中心木栅墙并非其最初设计的一个组成部分,墓地在决定建造

---

[1]事实上,更像是从北—西北到南—东南。因为遗址的南北轴线已被贝格曼确定,而现在的发掘者定出的稍有不同,要统一他们在方向上的提法还有点困难。

9

木栅墙的时候就早已被使用了相当长的一段时间。

墓地西区的发掘显示,西区又分为一个墓葬区和一个献祭区。献祭区位于西区的北部,由两个并排的祭坛组成,一个朝东,一个朝西。每个祭坛都由 6 根围成 1 圈的木柱组成。圈的直径约两米。木柱都是顶细底粗。在木柱直径突然由粗变细的地方,会用草绳悬挂一个牛的头骨或一对牛角。而位于东面的木柱圈要略高于西面的木柱圈。

到 2004 年 9 月为止,墓地的东区还没有被发掘,然而已经可以在表面明显看到 10 根粗而高的立柱,围成 2 个圈和 1 个半圈。在柱子的上部,木材的直径突然由粗变细。在东区这些圈的内部或周围的地面上发现了大量的羊角、牛角。人们猜测,它们是在墓地举行祭祀活动后遗留下来的。

在 2004—2005 考古季度以前,东区的表面就呈现出一种非常复杂的墓葬和献祭建筑形式,还有一个木建筑的时空组图。这个木建筑和整个墓地的关系可能是了解整个布局基本原理的关键。对墓地完整的发掘和分析无疑将形成一幅揭示墓地的各个部分如何相互关联的更好图景。[1]

1.5　男根女阴林

对来过墓地的人来说,印象最深的就是在那儿可以看到为数极多的白杨木柱。大致数一下还立着的或是在地表还看得见的,就有超过140 根;而近期发掘后的最新计数使得总量超过了 190 根。许多木柱超过 4 米高。在交叉区域,木柱把墓葬标成圆形,要么标成 7—11 个角的多角形(7 和 11 是小河 5 号墓地常见的数字)。墓柱的顶部是卵形的或是椭圆形的。最令人感到好奇的是,所有的木柱都呈夸张的桨形,

---

〔1〕这篇论文主要是基于 2002—2003 季度和 2003—2004 季度的考古工作写的,因为这两个季度提供了大量的可用的报告。已公布的关于 2004—2005 季度的信息,我也同样加以采用。2002—2003 季度的考古记述是相当全面和详细的,但它是 3 个最近考古季度中最有限的一次发掘。因为最全面的发掘是在 2003—2004 季度,尤其是 2004—2005 季度,对此全面的考古报告还仍在准备中,待它们出版后,是有必要对这篇论文进行补充的。

其叶部比真的船桨要宽得多。另外,桨的上部常被涂成黑色而下部则是红色;在下面红色的部分,还有一些水平的装饰条纹。一眼望去,这些桨形的木柱似乎和周围的辽阔、沉闷的沙漠完全不协调。然而,进一步考虑后会发现,小河 5 号墓地的人民[1]有很好的理由(一个是平凡的,一个是象征性的)竖立这许多的桨形木柱在他们神圣的沙漠墓地上。

在沙丘表面直立且可见的,只是一部分柱子,大部分柱子是藏于地下的。发掘者几乎没花多少时间就发现了为什么会是这样的了。在每一个粗柱子的底部几乎总会发现一个棺材。典型的情况是一根大而粗的柱子立在棺材的上端的头部(像一个墓碑),同时会有一根小一点的柱子立在棺材的底端的足部。从这些大柱子前面的沙地开始向下挖,发掘者常会在约 1 米深的地方发现一个木棺。在这个层次,下一层的木柱的顶端会显现出来,以至于各层就呈锯齿形相互锁定。

一个棺材里的死者的性别与这个棺材上端的大木柱的形状存在着一种对应关系:男性头旁的直立木柱总是桨形的,而女性头旁的木柱则被雕刻成一个多角的雪茄状或顶部较粗、靠底部较细的鱼雷状。显然,这两种与众不同的形状的木柱对于在小河 5 号墓地埋藏他们的亡者的那些人而言,代表了某种极重要的东西。毫无疑问,在女性墓葬头部的雪茄或鱼雷形状的木柱代表着阴茎(或 Linga),而男性墓葬头部所立的长长的、矩形的、有曲线边缘叶部的桨形木柱,是用来表现阴户(或 yoni)的。这样,整个墓地便为炫耀的性的象征物所覆盖。

在墓地的中央立着一个巨大的被雕刻成尖锥形的木柱,这是在小河墓地被发现的最大的男根象征。它还被完全漆成了红色。木柱的上端是圆形的,但柱身部分是九角形的。正如我们可以预见的,它被放置在一个老妇的头旁。在老妇的这个巨大男根和她的棺材间,还额外立了一根木柱,这个受尊敬的老妇的特殊地位可进一步从这根额外的柱

---

[1]我用"小河五号墓地的人民"和"小河五号墓地社区"这样的简略表达来替代"在小河五号墓地埋葬他们的亡者的人民/社区"。

·欧·亚·历·史·文·化·文·库·

子上看出。在这根额外的柱子上,挂着一对巨大的牛角,被时光漂白成炫目的白色。整个棺材都被漆成明亮的红色,而躺在里面的老妇的尸体则保存得非常完好。她的脸现出憔悴的颜色,然而眼睛却安详地闭着。她周围的气氛是一种不能言说的满足。

不论是男根还是女阴,比例都被夸大了(女阴更大,高达 2 米、宽达 8 米),这无疑是在强调她们非凡的生殖能力。木柱的上端都被漆成红色,还用毛纺的绳子缠绕其上,再在适当的位置放上草。小河 5 号墓地高耸着的男根女阴林,代表了一种对生殖能力崇拜的明显图景,很难想象还有比这更令人印象深刻的人类生殖崇拜的图景了。

在墓地的第 2 层上,近一半的墓葬,在男性和女性的木柱前,还会有另一个高而粗的柱子。在这个大木柱的基部,会在适当位置用毛纺的线绑上一些植物(芦苇、骆驼刺、麻黄属植物、红柳等)。一根很粗的、两端削尖的芦苇和一些羊的腿骨混在这些植物束中。草束上涂上了牛粪,一边还放了一个很大的稻草编的篓。男柱和女柱的顶部植入了小的青铜片。这些粗木柱的基部用的是去皮的天然树干,许多木柱基部的根被保留了下来。在一些根里同样也能发现青铜片。

遍及这块墓地的性象征绝不仅限于棺材上端的大木柱。在许多女性墓葬中发现有雕刻好的为了满足情感需要或实用的男根,放在墓主人的旁边。许多女性的墓葬中有多于一根的白杨木男根。对一个墓地而言,这么公然地、普遍地对性的复制品的关注,在世界上是很少见的。在小河 5 号墓地,这种普遍的程度令发掘者们深感迷惑。然而对我而言,这种对生殖着迷的解释却并不难找到。严酷的生活条件(极热、极冷、干旱、风沙、营养不良等)一定会导致极高的死亡率,尤其是在婴儿和青少年中,他们面对这些不利条件时是最为脆弱的。因此,在小河 5 号墓地埋葬死者的人们已经敏锐地认识到有必要通过频繁的分娩将他们的人口维持在一个可持续的水平上。在世界上对人类存活最具挑战的环境下的一个孤立群体的人口统计学现实,不可避免地导致对生殖方面的强烈重视。或许关于小河 5 号墓地社区的最显著之处,就是以创造性的审美方式进行提醒,他们以此来设计和建造了他们不同寻常的墓地。

1.6　船形棺木

　　小河 5 号墓地所有的棺木都是没有棺底的。裹在长袍中的死者是直接被放置在坟墓(一个简单地挖在沙里的小坑)的沙底上的,他们的头大部分都向着东方(如图1－3)。有些人把小河5号墓地的棺木比

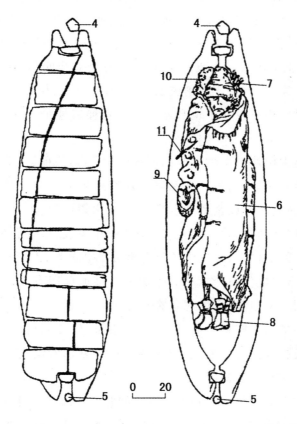

　　1　红柳枝(已被移走);2　牛皮(已被移走);3　小毡袋(已被移走);4　木柱;5　木柱;6　羊毛长袍;7　毡帽;8　皮靴;9　草编的篓;10　兽皮;11　木针

图1－3　M4 平面图(采自新疆文物考古研究所,2003:图30[第 22 页])

作没有底的小船。事实上,从舷板的角度朝向底部时外张、朝向上部时内敛这种特征判断,把它们比作一艘翻转的小船更为恰当。短板(每个棺材平均有10块或更多)作为棺盖,交叉放置,当作这艘翻倒的船的底。这些盖板有不同的宽度,以适合棺材边的弯曲度。大多数的船棺超过两米长,但发现一个仅有55厘米长的,里面睡了1个婴儿。这孩子整个尸体被包裹在1件淡黄的袍子里,只露出脸。另一个特殊的情况是,一个被盗墓者弄乱了的船棺,它的舷板有245厘米长。

所有棺材的顶部都被牛皮紧紧盖住;通常3张牛皮可以盖住一个单棺,它们就像盾一样坚硬。牛皮的中心会放1捆红柳枝,一般都是12枝,还有1根芦苇。牛皮包裹了棺材的顶部和四周,它下面的木材就像新的一样,仿佛是才刚刚被砍下似的。多数棺材都被有效地封存,以至于棺材中连一粒沙子也找不到。亡者伸展地平躺在里面,好像是在熟睡。

棺材是由两块厚厚的多叶的胡杨[1]木板做成的,一侧被挖空直至它们像圆括号的两半,每一半都紧紧压着死者的身体。其顶部和底部都有凹槽,使它们可以紧紧地和窄的头板和脚板相合。牛皮采自刚刚宰杀的牛,因此当被用来包裹各边及脚板和头板时,它们是很柔软的。在沙漠干旱的气候下,牛皮中的所有水分都会蒸发,因而它们会渐渐收缩,直至紧紧包裹住整个棺材。既然这片墓地里所有没有受到过打扰的单棺都用牛皮包裹,可以想象在这个遗址要献祭多少头牛才够提供这许多的牛皮。当棺材完成时,牛皮的重量、舷板的角度,以及它们和棺材的头板脚板楔合的方式,整体便形成一种非常结实的结构。四周包围的沙又使它更加坚固。

船墓在史前文化中也并不少见。如它们在埃及阿拜多斯(Abydos,大约公元前3000年),还有在埃及其他一些遗址已被发现。它们在维京人(Viking)的墓地尤其常见,如在奥克尼群岛,年代大约是1100年前。对一个从事航海事业的民族来说,这么做是可以理解的。在西福

---

〔1〕维吾尔语 toghrak,汉语普通话"胡杨"。塔里木盆地还有其他胡杨,其用途甚多。

尔(Vestfold,靠近斯德哥尔摩)也有几个大约同时代的、令人印象深刻的船墓。最发人思考的方面之一,就是其中一些较大的船墓配有战车和武器。河运和海运是人们最早的不须走路的交通形式。正如我们下面会看到的,它甚至对于塔克拉玛干沙漠青铜时代的居民而言,也是至关重要的。

1.7 外有泥壳的棺材

在墓地的北区和南区共发现了 4 个泥壳木棺。在北区,在被扰乱的棺木中至少还有 5 个这样的棺木被复原出来。这些外有泥壳的棺材都和上述船形棺材不同。首先,它们的盖子是长方形的,整个棺盖被一层层沙土严严实实地包裹着,下面是一个用厚木板拼接起来的小室。令人惊讶的是,在这个木室的下面发现有小河 5 号墓地典型的那种船棺。更令人吃惊的是,这 4 个泥棺里安放的都是成年女性,随葬品比大部分其他的墓葬要丰富。她们的脸被漆了 5 道红线条,有一个戴了一顶精细的淡黄色羊毛的帽子,脖子上围了色彩鲜亮的毛纺项圈,金耳环,腰旁放了一把木梳,还有一个合成的、用染红毛绳裹着的、木制的男根放在她腹部的右侧面(如图 1-4)。在地表,每一座泥壳棺材的坟墓都被 1 圈 6—8 根又大又高的木柱围绕着。

显然,这些被埋藏在泥壳木棺里的妇女们一定受到她们社区极高的尊重,以至受到这样的特殊待遇。我想,要解开这个谜,只能联系本文其他地方已加讨论的该遗址对生殖象征的特别强调。这些女性由于生了许多健康的孩子而极可能受到同胞的高度评价。她们之受人尊重是因为在维持社区延续繁衍上扮演了至关重要的角色。从这个意义上说,她们越是多育,越受尊重,也就会得到好的埋葬。

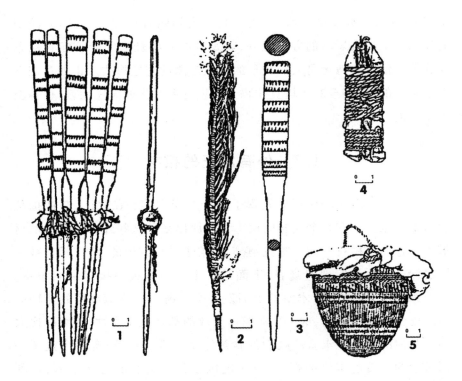

1 木梳；2 羽毛；3 木针；4 合成的木制男根；5 草编篓子

图 1 - 4 复原自 M4(Ⅰ)的部分史前古器物。

(采自新疆文物考古研究所,2003:图 35[第 27 页])

人脸和人形的面具,都是用胡杨木刻出来的,在泥壳木棺中是随葬品的一种(图 1 - 5)。木刻的人脸由一块硬的椭圆形木块制成。它们很小,经测量直径只有 9 厘米[1] 这些面具刻画得都很有技巧。比较起来,用来刻人形的技术相对要简单,但令人不易忘记。毛绳裹在脸上和身上,有时会在适当的地方插上羽毛。特别有意思的是木刻耳朵上还挂有圆形的青铜耳环。

---

[1]更精确点说,其中一个是 8.7 厘米长、5.1 厘米宽、6.1 厘米厚。说明一下,其鼻子很大:从顶到底 3.1 厘米,沿鼻梁从根到尖长度为 5.2 厘米,一侧到另一侧是 2.4 厘米宽。

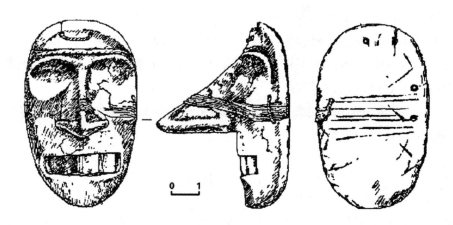

图 1 - 5　采自 MC 的木制面具：93

（采自新疆文物考古研究所：2003：图 50[第 37 页]）

面具的特征有助于进一步进行评论。大鼻子旁边,这些人脸显示出夸张的眉骨,深陷的眼窝,突出的颧骨,还有长满特大牙齿的大嘴。面具有成对的孔通过顶部和侧边,这些显然是为了固定面具用的。

1.8　仿造尸体

在小河 5 号墓地近期的发掘中,发现仿造尸体共 6 具,都是木头做的,但它们被当作真尸一样对待。从它们棺材前的立柱分析,在现场工作的考古学家断定 6 具仿造尸体都是在短时间内埋葬的,所代表的死者均为男性。它们的形态基本类似,面部扁平、绘着红色的 X 形图案。其中一座墓是 2 具男性仿造尸体的合葬墓。

人们可能要猜想是什么原因致使在很短的时间内这么多的男性被仿造尸体所代替。但从有限的信息中可以得出几个合理的推论:(1)这些男人的尸体不在了,所以要用仿造尸体代替;(2)这说明他们很可能死在远离他们社区的别的地方;(3)死因与主要由男性承担的活动或职业(战争、外交、经商等等)有关;(4)这些人虽然死了,但乡亲们依然敬重他们,并认为他们应该得到合理的安葬。

小河 5 号墓地中放置的仿造尸体表明那些埋葬死者的人们知道死

者的尸体会变成木乃伊（而且那些在冬季死的人会保存得特别好）。木乃伊一定被当作死后生活的正常状态。从而，没有保存完好的尸体可能被死者亲属视为不正常或不吉利，因此，不管由于什么原因，如果没有了真尸，那么必须有一个替代品。

在2003—2004的发掘季节中，还出土了1具很少见的真尸和木头框架结合在一起的木乃伊。

1.9　装束

小河5号墓地出土的木乃伊们穿的是标准的套服（图1-6）。服饰中很重要的一件东西就是腰带，是一种羊毛织的、带有流苏装饰的窄带。男人的流苏要短一些，只够遮住阴部；女人的流苏长些，可以达到膝部，这使我们可称其为"条带裙"。他们的脚上穿着牛皮或猞猁皮缝制的短靴子，靴底毛朝外，其余部分毛朝里。靴子用一根粗绳拴在脚踝上。

羊毛做的大斗篷是件重要的物品。尽管长而宽绰，这种斗篷没有缝合线。斗篷的一边带有稀疏的流苏，妇女的流苏在上边，男人的流苏在底边。斗篷基本上就是一块大大的方形或矩形平纹编织的毛布（典型的尺寸为1.6米×1.2米），不加染色，而是巧妙地应用毛线不同的自然色泽来形成浅色和深色条带（白、乳黄、灰、浅棕和深棕色）。斗篷很长，足以把一个人从头到脚包裹起来，它们被用做死人的裹尸布，但在日常生活中，它们或披在肩上或裹缠全身。尽管这些衣服是用毛做的，在冬季零下20多度的罗布泊荒漠里，这件简单的衣服仍不足以御寒。

小河5号墓地的人们还没有毛茸茸的花呢披肩。这种东西直到哈密外边的绿洲小镇五堡附近的红丘遗存中才出现。红丘墓地的断代约为公元前1200年，这里出土了大量斜纹花呢披肩。然而，在小河5号墓地，我们可用"原花呢披肩（proto-plaid）"一词。plaid这一术语来自盖尔语，含义为"披肩"，用来指这个墓地到处可见的披肩或斗篷是准确的。而且，小河5号墓地的纺织者虽然还不会织出花呢披肩上的那种斜纹和格子图案，但他们巧妙地运用了天然羊毛的颜色深浅来织斗

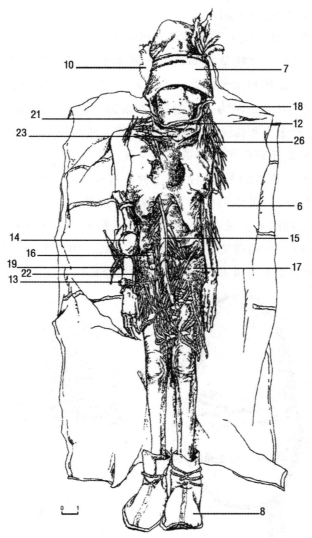

6 毛斗篷；7 毡帽；8 皮靴；10 毛皮；12 项链；13 玉手镯；14 皮袋；15 装饰羽毛；16 木祖（细节见图1-5）；17 条带裙；18 垫在尸体下的斗篷；19 木梳子；20 牛腱碎片（放在尸体下所以看不见）；21 牛或羊耳朵碎片；22 几束柽柳枝；23 块状乳白色物质；24 毛线（放在尸体下）；25 同上；26 麻黄

图1-6 4号墓的女干尸

（采自新疆文物考古研究所,2003:图31[23页]）

篷和其他纺织品上的条纹。

小河 5 号墓地的人们最具特色的装束当属男女老幼头上戴的尖顶毡帽(图 1 - 7)。这些毡帽都是由不同羊毛的自然色泽构成。红色线绳与白色、乳黄色和棕色的背景形成对比,显得格外醒目。帽子的左侧缀有鼬鼠皮,有时是鼬头,悬在帽子的前部。羽毛绑在木钉上,然后插在帽子上,看上去很像一顶欧洲阿尔卑斯人戴的帽子。除了装饰作用,鼬鼠皮和羽毛还可作为狩猎英勇的象征。

小河 5 号墓地的人们创造了一种朴素而吸引人的美。他们并不回避所有的装饰品,但他们的确也不会过多地使用珠宝或装饰品。很多死者脖子上都戴着粗绳项圈,通常他们还戴着一串玉珠穿成的简单手镯(图 1 - 8)。他们商贸往来的范围可以从一串蛇形手镯中的石头看出来,这种手镯来自南方约 500 公里的昆仑山区。[1]

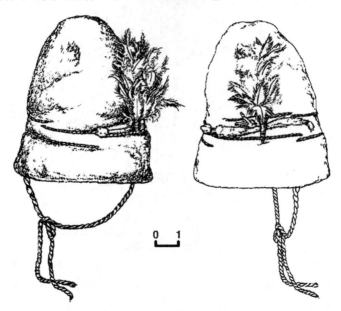

0 1

图 1 - 7 4 号墓的毡帽正面和侧面视图

(采自新疆文物考古研究所,2003: 图 32[24 页])

[1]NHK,2005:85.

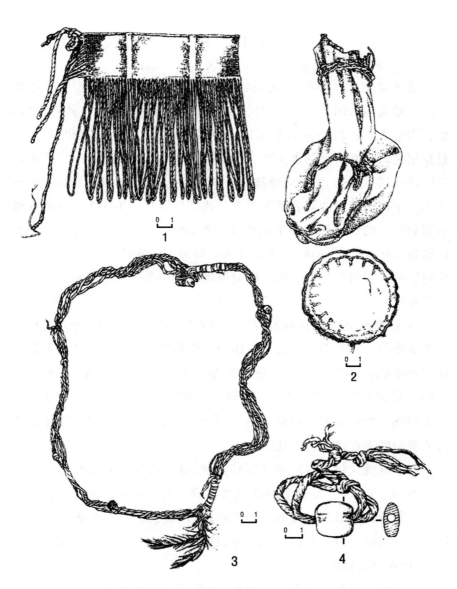

1 毛料条带裙；2 皮袋；3 项链；4 手镯

图 1-8 从 4 号墓(Ⅱ)获得的一些文物

(采自新疆文物考古研究所,2003:图 34[26 页])

1.10　篓

这些坟墓没有陶器,显然是因为这个地区没有合适的黏土。尽管小河 5 号墓地人属于青铜器时代,但这里也没有铜器皿(自然,这个遗址也没有发现任何铁做的东西)。墓中发现了小的铜饰物和铜片,并且根据他们日常所做的木头工艺品的质量,判断金属可能在日常生活中广泛使用。然而,由于当地缺少生产铜的矿石,因此,铜很稀缺,以至于人们不能给他们的死者陪葬铜工具或其他器具。小河 5 号墓地人做容器和器皿的材料都来源于植物或动物,如:皮革、毡、木头,别具特色的植物的秆、茎、根、小枝及各种纤维。陪葬的一束束沙漠植物不言而喻地说明了小河 5 号墓地的人们对周围环境中稀少的植被的依赖和敬畏的程度。

首先,他们正是用这种编制工艺来展现他们的适应力、创造力和艺术鉴别能力。在墓葬中会发现尸体的右侧通常放着一个用草和其他植物材料编成的小篓。篓口一般用白毡封住。里面是小麦粒、粟粒和(或)一些糊状食物。这种华丽且做工精细的篓是小河 5 号墓地颇为讲究的盛食物的容器和器皿。为了便于携带,所有的篓都有粗绳编成的简单的柄附在顶部封口处的一边。

鉴于有机植物遗存易碎且容易降解,这个墓地中的篓却保存得如此完好,真是惊人。如此多的篓能够保存完好(它们通常看上去崭新如故),虽然环境条件可能起了主要作用,但我们也应该看到它们都是用精心挑选的材料精制而成。此外,这些篓展现了小河 5 号墓地人对形状、比例和装饰的把握相当娴熟。

有的篓下部鼓起就像一个罐子,还有的是圆柱状的。篓底可以是圆的、平的或尖的。这些多才多艺、心灵手巧的编篓人既用草秆,也用各种植物其他部位的纤维,还用弹性好的小枝和细根。与做毛织品一样,小河 5 号墓地人用不同颜色的植物编制出几何图案。另外,他们对所用的材料的光泽和质地格外敏感。因此,他们能编出明暗相间的三角纹、阶梯纹等精巧可人的图案。这种艺术冲动在墓葬标志立柱上的装饰、箭杆的华丽雕刻,甚至扣住斗篷的木针和木梳的齿上也体现出来了(图1-9)。显然,这些编织者关注的不仅仅是篓的实用性。这些小篓有力地说明跨越数千年之久的这一出色文化对创造力的钟爱程度和关注的水平。

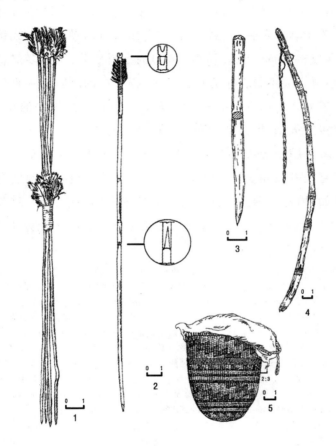

1　羽毛箭;2　箭;3　木针;4　随葬的弓;5　草编篓

图1-9　2号墓发现的物品

(采自新疆文物考古研究所,2003:图25[20页])

1.11 麻黄和其他随葬品

小河 5 号墓地的每个死者身上或身旁都放了麻黄枝,有些死者完全被一束束麻黄枝盖住了,死者身上裹的斗篷边上有时还绑了小袋的麻黄(还有小麦粒、粟粒和大麦粒)。该社会肯定认为这种植物有特殊的性质。关于麻黄是否为在宗教仪式上用的可以导致长生或诱发狂欢感(例如印度的 soma 和伊朗的 haoma)的饮料成分,有很多猜想。这完全可能,还要记住不管在东方还是西方,很久以前麻黄就一直是传统药剂的重要成分。麻黄具有缓解鼻孔充血和使呼吸道扩张的功效,它对那些频繁接触火烟、风沙和严寒的人们特别有用。

在死者的脖子旁边常常会有牛或羊的耳朵碎片。和墓主埋在一起的经常还有柽柳枝和茎秆被红毛线捆住的羽毛。也有与性别有关的随葬品。例如,男性墓葬棺材前的女阴立柱基座的一边,放着陪葬用的弓和箭。[1] 妇女身上则放着一个或多个小(与实际大小相差无几)的木

---

〔1〕男性墓葬头部的女阴立柱的基座的一边垂直地插着 1 把小弓和 3 支 1 束的箭。在有些(又是只限男性)墓中,发现箭放在棺材内墓主的身体旁。这些箭 4 根 1 束地被毛线从中部捆住。尽管 1934 年贝格曼发现该古冢时曾发现有石头箭头散落在地表上,但墓葬中的箭前部都由一根纤细的削尖的柽柳枝构成,后部由一根茎节突出的空心的芦苇构成。柽柳枝的下端被削成一个尖端,然后插入芦苇上端事先准备好的孔,在箭的中部形成一个紧密的接合点。3 根 1 束的羽毛装饰被树皮纤维做的绳捆在箭杆上。箭的扣弦处单独用一个小木钉刻成,巧妙地插入箭柄上为其准备的一个孔中。箭长约 75—77 厘米、直径约 0.8 厘米。箭的扣弦处长 0.6—0.8 厘米,箭羽约长 5.5 厘米,高 1 厘米。这些尺寸和精心的构造与加工,使我们相信放在坟墓中的这些箭是当时日常使用的真箭,而不是纯粹的墓葬品。参 Mallory, J. P. and Victor H. Mair, *The Tarim Mummies: Ancient China and the Mystery of the Earliest Peoples from the West*, p.152.

弓不是组合的,仅由微弯的柽柳条弯曲而成。弓非常小,只有约 30—34 厘米,这使它们无法用于那些和它们一起找到的箭。弓身每隔 3—6 厘米就要绑 1—2 厘米筋绳,一共要绑 8—9 处。这可能主要是为了装饰,但也可能是为了加固。给弓安弦时并没做精心的安排(如搭箭处等),弦就直接从弓末端开始的 3—4 厘米处绑起。弓弦由两根绞在一起的牛筋线构成。我见过的所有弓弦都断了,可能有什么象征意义。小河 5 号墓地复原的弓没有证据可以认为是作为实用武器的,尽管它们设计的有些方面,如弓弦的类型、对弓的加固,表明它有可以使用的某些特点。要做比较研究,参见 Zutterman, Christophe, "The Bow in the Ancient Near East, a Re-evaluation of Archery from the Late 2nd Millennium to the End of the Achaemenid Empire(《古代近东的弓——从第二千年后期到阿契美尼德帝国末弓箭术的再评价》)", *Iranica Antiqua*(《伊朗古物》), 38, 2003, pp. 119 – 165.

祖。其他随葬品的装饰和种类也有细微的差别。男人的毡帽通常更高更尖，并且插了一排羽毛，而女人的帽子则宽而圆，并且只插一根羽毛。男人斗篷的流苏在底边，而女人斗篷的流苏在头部和肩部。男人的腰带很简单很窄，几乎就是一条带子，而女人的则像短裙（小河5号墓地死者的装束前面已做了详细的描述）。一些特殊的墓葬品可能与墓主人的身份和地位有关。

1.12　住地

小河5号墓的众多谜团中最令维吾尔地区的考古学家迷惑不解的是，周围没有同时期的居住遗址。在5公里的范围内，没有生活的遗迹。考查了墓地周围方圆10多公里的区域，没有找到同时期人类活动的遗迹。[1] 然而这是一个相当大的墓地，埋在这里的人们生前到底生活在哪里？他们不是那种移动性很强的游牧民（例如，Ukok、Pazyryk），能穿越阿尔泰山北部大草原而把埋葬圣地选在遥远的地方。另外，数百口棺材和立柱需要砍伐和运输许多粗大的胡杨。有些胡杨木直径竟达50厘米（19英寸，大于1.5英尺）。只要看看沙丘表面上随处可见的立柱林和两处密密麻麻的木栅栏（更不用说散落在地面和埋在地底下的厚实的棺材板）与四周光秃秃的地表形成的强烈对比，就能感觉到他们对木材的使用非常奢侈，近乎挥霍。

小河5号墓地使用的大量木材从何而来？就算过去4000年里这里经历了极度的干旱（这种情形毋庸置疑），墓地周围也应该有树桩和枯枝，毕竟墓地中的大量木材与周围的大地在相同的环境下共存了三四千年依然保存得相当好。事实上，沙丘上高耸的立柱比周围沙漠里的木头更容易遭受环境（特别是风沙）的剥蚀。此外，墓地上的木头都

---

〔1〕在最近几次发掘中，考古人员对小河5号墓地方圆约12公里的范围进行普查，发现包括墓地的22处遗址，陶器、石头、铜、铁、玉石和琉璃文物近百件。初步分析，大部分遗存年代均为汉晋时期（公元前206年至公元420年）。从卫星定位仪标定的这些古遗址分布看，这些遗址都分布在与著名的古"楼兰道"相交的一条南北走向的交通线的周围。对小河沿岸遗址的全面调查为深入广泛地研究罗布泊大三角洲的文化和生态提供了不寻常的机会。

·欧·亚·历·史·文·化·文·库·

是经过特别加工的。立柱上宽且长的锋锐刻痕和棺材侧板上专业的镂空雕刻,表明这个社会广泛使用复杂的特殊工具。[1] 但在小河墓地,从未找到一件这种高级的木头加工工具。我们可以根据现有的物证推断这些木材大部都是在别的地方加工的,然后把做好的立柱、棺材和其他木制品从远处运到墓地。问题是:到底有多远?

有些史学家断言小河 5 号墓地是楼兰王室的墓地。然而,这种主张是不切实际的,因为即使是意志最坚定的子孙也不会长期不断地把数百个死者和大量的木材经由世界上最恶劣的沙漠地带拖运到 175 公里以外的小河。如果那时塔里木盆地东部的河流水量充沛且比现在宽阔,这些尸体和木材可以用船运来,但上船之前和下船以后都要穿越漫长的陆路。更不可能的是,楼兰王国繁荣的时间要比小河墓地晚 1500多年,因此,这些墓葬来自楼兰的说法无法令人信服。

与小河 5 号墓地联系比较大且较近的,可能是王炳华和穆舜英于1979 年在孔雀河下游的古墓沟和铁板河(Töwän)发现的古墓沟墓地。这个墓地和小河墓地基本上处于同一时期(约 3500 多年前)。不仅如此,其中的木乃伊和小河墓地的具有共同特征:浅棕色头发、高鼻、薄唇——都是印欧人种的特征。古墓沟墓地人也用编织精细的小篓装谷物,戴尖顶毡帽。古墓沟人同样在墓地使用了大量木桩,只是他们的墓葬形式与小河 5 号墓地的绝然不同。在古墓沟,立柱由一排排长木桩呈放射线状摆成 7 个同心圆,在大地上形成一个光芒四射的太阳形。太阳的中心葬的只有男性(这与小河墓地给予女性较高的地位和待遇形成了鲜明的对比)。因此,小河 5 号墓地人很可能与那些把死者葬在古墓沟和铁板河的人在文化和族群性上都有一些亲缘关系。此地离小河 5 号墓地直线距离只有 25 英里(40 公里)。

---

〔1〕小河 5 号墓地人所用的木头加工工具(特别是那些造成宽且长的刻痕的工具)多半是铜做的。很难想象,即使最锋利、最耐用的石头工具也很难在胡杨原木上刻出如此干净利落的长刻痕。此外,没有任何报道说该遗址发现过石头工具碎片。即使在该墓地做的少量木头加工,也会导致工具的破损。尽管木材的大部分开凿和修整加工可能都是在别的地方完成的,但还仍然需要在墓地完成安装和组合。另外,泥壳木棺上长而宽的厚木板和栅栏木桩平的顶端,使人不禁猜想可能采用了某种锯子。

我认为公元前第二个千年把死人葬在孔雀河下游的人与同一时期把死人埋在小河地区的人属于同一种区域文化。然而,尽管建这些墓地的人活动的地理位置、时间,以及他们的生理特点、种族和文化都相近,但他们各自又形成了自己独特的墓葬习俗。

把死人葬在小河5号墓地的人们到底来自何方？可能来自小河沿岸的任何地方或是孔雀河中游,甚至是塔里木河下游。从上述任何一个地方船行至小河5号墓地附近的一个点,很容易且相当快(大概就是几天时间)。在行程的两端,即从木桩产地到装载地,下船后从河岸到小河5号墓地这两段相对较短的距离,可以用牛拖拉木材。在这些河流沿岸众多干枯的湖泊(例如,Yakinlik Köl, Kuni Köl, Patalik Köl)周围找到住地的可能性最大。事实上,恰好就在小河突然转弯的地方,即小河5号和6号墓地之间就有一些。中国2005年春季在小河5号墓地做的调查和发掘报告强调在干涸的小河河谷方圆10公里之内,看不见一棵树,就连死树的枯桩也没有,而在塔克拉玛干古河道上是有枯树桩的。然而,就在研究论文即将交印的时候(2006年春),我有幸看了日本NHK电视台在该遗址拍摄的一部纪录片和它附带的一本书。仔细地反复看这部电影,就会发现小河5号墓地虽然没有活的植被,但附近有枯死的灌木和树的迹象。此外,该纪录片为墓地本身沉积的一层层的树叶提供了清楚明白的证据。当然,事实上任何植物都不可能生长在沙堆上,但在小河5号墓地作为某个社会的埋葬地的时候,附近一定有过相当多的植物,树叶也像堆积高达7米多的沙子一样随风飘来并堆积在这个沙丘上。

NHK纪录片中的卫星照片显示现在光秃秃的沙漠上曾经有古河

道(图1-10)。[1] 尽管我们不能想象塔克拉玛干曾经长满了郁郁葱葱的植物,过去的4000年里人类能够在其河道沿岸零星的绿洲中生存[2],而在某些时期某些地方的水要比现在充沛一些。例如公元前第二个千年的小河地区。

塔里木盆地的沙丘到塔里木河就突然没有了,让位于在塔里木河和孔雀河之间形成的一个农业带。对比鲜明的沙丘呈现在白色与浅灰相间的阴影中(此照片是根据彩色照片扫描而得)。农田是深灰和黑色各种阴影。虽然在此照片中无法确定小河5号墓地的精确位置,但它就在这一总区域之内而且可以在底部的沙丘之中找到它。错综复杂的蜿蜒河流和它们的绿洲与宽广单调绵延不断的沙丘带形成了强烈的对比。这些沙丘为古河床、干枯的沼泽和干涸的池塘所分割。

我确信小河及与之相关的池塘、湖泊和溪流的干涸是导致罗布泊变迁和最终消失的原因之一,即过去流入罗布泊和小河及其相关的溪流、湖泊和池塘的塔里木河和其他紧密相连的河流(例如从西流向东的孔雀河)不再能给下游提供足够的水量。我把它留给水力工程师、古气候学家来,请他们解释这是如何、何时和为何发生的。沿塔克拉玛干南边和东南边的过去流进这个沙漠100多公里、维持着沿岸的绿洲的河道,大概在罗布泊消失的时候(4世纪上半叶)干涸了。这似乎说明大约在汉代末(也就是2世纪末)已经很干旱的环境发生了普遍的更加强烈的大干旱。

---

〔1〕塔里木盆地边缘和流经它的河道沿岸上存在的大大小小的绿洲,不应使我们忽视这样一个事实:几万年来塔克拉玛干沙漠基本上一直是个很宽广、荒芜和贫瘠的沙漠。见梅维恒 "Genes, Geography, and Glottochronology: The Tarim Basin during Late Prehistory and History(《史前时期末及历史时期的塔里木盆地》)", In Karlene Jones-Bley, Martin E. Huld, Angela Della Volpe, and Miriam Robbins Dexter, ed., *Proceedings of the sixteenth Annual UCLA Indo-European Conference* (《加州大学洛杉矶分校第16届印欧年会纪要》), Los Angeles, November 5-6, 2004; *Journal of Indo-European Studies Monograph Series*, No. 50. Washington: Institute for the Study of Man, 2005, pp. 8-12. 事实上,根据风沙堆积的沙漠形成做出的最新地质研究表明,"塔里木盆地上的移动沙丘至少在530万年前就有了,和今天一样"。见 Sun, J M; Liu, T S, "The Age of the Taklimakan Desert"(《塔克拉玛干沙漠的年代》), *Science*(《科学》), 312, 1621, 2006。

〔2〕梅维恒, "Genes, Geography, and Glottochronology: The Tarim Basin during Late Prehistory and History(《史前时期末及历史时期的塔里木盆地》)"。

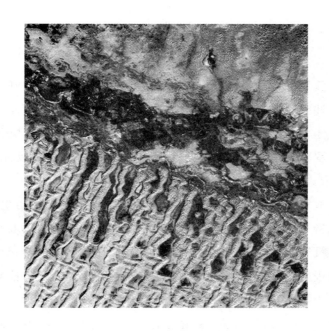

图 1 - 10 塔里木盆地地球卫星图像
JERS - 1 OPS，BANDS 3，2，1 [RGB]，1993 年 12 月 4 日)

除了区域性和全球性的气候变化外，另外一个问题是：这个地区方圆数百平方公里的海拔总高度只有几米之差，那些曾经流入罗布泊及其贮水池的河流为什么会（有时很突然地）改变了它们的河道，致使老的湖泊和溪流迅速干涸，而在别的地方产生出新的河流和湖泊？当沙子或淤泥堵住河道时（鉴于这里有大量的风沙，当河道相对较浅时，很快就会被堵），无论是大河还是小河，要在一个完全不同的方向上形成一条新的河道是非常容易的。自然，如果一条河改变河道，所有那些靠它生存的绿洲也会迅速消失，而在新的河道沿岸很快会形成新的绿洲。

20 世纪前 30 年，瑞典探险队绘制那个地区的地图时，阿拉干与小河之间还有相当数量的植被。可以想象当小河水量充沛的时候，人类可以在其附近地区繁衍生息。深入应用卫星成像和遥感技术，对确定小河流域人的住地的位置的确很有帮助。

1.13 一个民族的消亡

小河流域的人们为什么会消失？他们死于流行病吗？还是作了战争或内部冲突的牺牲品？虽然我们不能完全排除这样的灾难性事件可能是导致小河5号墓地人及他们的社区消亡的原因，但我觉得最可能的原因是罗布泊地区包括塔里木河和孔雀河的下游及其支流、排水渠的逐渐（或许突然）干涸。

根据取得的沙漠地层[1]、植被类型、考古学、气候学、历史学数据，结合文化特征的分析综合判断，约4000年前人类开始占据罗布泊地区时，那里就已经非常干旱了。换句话说，这个地区最早的居民就已经处在生存的极限环境之中。然而，由于罗布泊、塔里木河、孔雀河及其相关的许多小湖泊和溪流[2]的存在，人们可以竭力维持生计。他们在这些水域捕鱼，在其边缘狩猎，在附近的小块草地上放牧，用里面的水灌溉小块的土地进行有限的农业生产。换句话说，罗布泊地区那些勇猛的早期移民完全依靠附近地区的湖泊、池塘、河流、溪流和沼泽脆弱的供水生存。一旦那些水体干涸了，该地区的居民便完全不可能继续在那里生存，只能迁移。也许他们正是这样做的。

众所周知，在流入塔里木盆地东边和南边边缘的塔克拉玛干沙漠一直到尼雅及以外地区（于田，Cheriyä，Dändän Öylik 等）的河道沿岸，过去曾经是城镇星罗棋布。到公元3或4世纪时，所有这些绿洲都消失了。现在在相距100多公里外的沙漠中会找到这些传说中的城镇的一些遗迹。周期性地，塔里木盆地北部和南部偶尔会有较大的降雨量，这比平常山上流下来的冰雪融水大。这时，这些出没不定的绿洲所在的河道，暂时地或部分地充满水，这也许可以说明贝格曼何以能够沿小河划船进入其腹地探险。中国20世纪50年代的地质地图把小河定为

---

[1]梅维恒："Genes，Geography，and Glottochronology：The Tarim Basin during Late Prehistory and History（《史前时期末及历史时期的塔里木盆地》）"。

[2]其中有些在地图上标记出来了，参图1-1和图1-2。

季节性河道,而现在里面一年四季都没有水。

在干涸的小河河道附近有十几个古代的墓地,而在过去两千年里,那里却没有居住点,很可能这个地区从那时起就不适合人类居住了。由于降雨异常大或季节性的原因(夏季天山流出更多的冰雪融水),小河充满水时,或许可以沿着小河进入沙漠。但是约 2000 年来小河地区已经不能维持人类的一年四季的生存,也许在这之前 1000 年人们在这里生活就非常困难了。这样,总会有一些机遇使人们能够在小河流域生存,这几乎持续了整个公元前第二个千年。

1.14　迫切需要的工作

最需要做的事情之一是获取墓地不同地层的 C^{14} 年代。尽可能把从该遗址发现的大量木头中仔细挑选出来的样本用于树木年代学的研究。

检查过小河 5 号墓地中保存良好的木乃伊的体质人类学家已确定,他们是欧洲人种,没有任何与蒙古人种混血的特征。当然,墓地中丰富的人类遗迹将使最终的基因研究成为可能,看看该研究结果与古墓沟和塔里木盆地其他遗址的研究结果[1]的比较会很有趣。小河 5 号墓地古代人的 DNA(线粒体和 Y 染色体)应该与塔里木盆地东部及周围地区现代居民的单倍型标本(hyplotypes)作比较。此外,小河 5 号墓地古代人和塔里木盆地东部现代人的 DNA 与那些生活在公元前第二个千年可以和他们有过接触或有关系的特定人群(例如,凯尔特人、日耳曼人、斯拉夫人、芬兰乌戈尔族等等)作详细比较。

除了木乃伊的基因研究外,需要对小河 5 号墓地的骨骼材料作体质人类学研究,并与韩康信和他的同事们编辑的塔里木盆地及其周围

---

〔1〕崔银秋:《新疆古代居民 DNA 研究——吐鲁番与罗布泊》,吉林大学出版社 2003 年版;崔银秋、周慧:《从 mtDNA 研究角度看新疆古代居民遗传基因结构的变化》,载中央民族大学学报(哲学社会科学版)2004 年第 5 期,页 34 – 36。

·欧·亚·历·史·文·化·文·库·

地区其他遗址的详尽数据做比较[1]，也要和来自更远的田野（至少西至乌拉尔山脉东至鄂尔多斯）材料进行比较。

中亚东部的考古学家几乎从没有召集古动物学家和古植物学家来研究他们从该遗址中发掘出来的物质材料，但对小河5号墓地，这是非常急需的工作。我们需要知道该遗址究竟有什么物种和亚物种，尤其是羊和牛，因为我们也许可以根据它们的特征了解其原产地的一些情况。小麦也是一样，它显然是一种来自西方的进口货物，然而它又是当地人如此重要的主食。

我们发现在许多木乃伊的脸上和身上普遍都涂着乳白色的浆状物质，不知是用于防腐还是有别的用意。在中亚东部一带，许多其他青铜器时代和铁器时代早期的遗址中的木乃伊身上也发现过类似的物质，根据这一事实判断，它一定是一种广泛流行的埋葬习俗。

楼兰文化区的许多遗址中都有典型的毡帽和以上描述过的装谷物的小篓。由于这种特征持续了很长一段时间（约从公元前第二个千年到第一个千年），且遍及一个广泛的区域（罗布泊的大部分地区），因此，它们所代表文化的发展和与该文化有关的不同遗址之间的相互关系，值得做全面的交叉学科的调查。

比区域性和地方性的调查更具有挑战性的是与远方的类似物做彻底的比较研究。[2] 例如，小河5号墓地的毡帽与欧洲阿尔卑斯山区居民的帽子非常相似[3]，而且小河流域青铜器时代的妇女所穿的条带裙和北欧青铜时代和铁器时代沼泽地的妇女（例如，Egtved 女孩［约公元前 1400 年］和丹麦 Ølby 女孩）所穿的裙子惊人地相似。有足够证据证

---

〔1〕见梅维恒 " Genes, Geography, and Glottochronology: *The Tarim Basin during Late Prehistory and History*（《史前时期末及历史时期的塔里木盆地》）", p. 39.

〔2〕这方面的不足之处在库兹明娜（Elena Kuzmina）即将出版的伟大著作《伟大丝绸之路的史前史》（宾夕法尼亚大学出版社）中将得到克服，即使这本书在小河5号墓地近期的新发现公布之前完成。

〔3〕参考 Dannheimer, Hermann and Rupert Gebhard, ed. *Das keltische Jahrtausend. Prähistorische Staatssammlung München Museum für Vor und Frühgeschichte*. Mainz am Rhein: Philipp von Zabern, 1993，图 37、153、201A（在 324 – 326 页的 410 号目录），古代凯尔特人的墓碑、木头雕像、武士画像中刻画的人物都戴着尖顶毡帽。

实这种裙是旧石器时代的(例如,公元前 20000 年传下来的格拉维特文化),并且从法国的 Lespugue 一直到俄罗斯的咖咖离奴(Gagarino)这个跨越欧洲的广大的狭长区域内都曾发现过这种裙子。[1]

小河 5 号墓地到处是象征生殖崇拜的物品,我们想知道在欧亚大陆别的地方是否也有这样的实例。小河 5 号墓地中的木头人刻像与欧洲各地(尤其是西伯利亚大草原和附近地区)青铜器时代和铁器时代早期的神人合一的石柱有何联系?(参考捷列金和马洛里的著作。)将小河 5 号墓地与别的文明的埋葬习俗做比较时,我们要记住小河 5 号墓地缺乏做规整的直立石头纪念碑(石碑、柱子、雕像、墓石、balbal 碑[杀人石]等等)的天然资源。值得注意的是,小河 5 号墓地的有些立柱上刻着人脸谱,也有完全的人神合一的木头雕像。[2] 此外,小河 5 号墓地的有些木头雕像是猥亵的,这同样是欧亚大陆温带(与前段提到的条带裙所在的范围基本一致)的墓葬雕塑的一个特点。

小河 5 号墓地是在欧亚大陆中心的一个青铜器时代文化的宝藏。把死者埋在这个奇特的大墓地的人们显然是来自别的地方,并与其他文化相交融(只要他们需要本地不能制造的铜器)。

如果学者们忽略了小河 5 号墓地与附近和远方的其他遗址的亲缘和联系,将会错失探索在文明发展的一个关键时期欧亚文化变迁的极好机会。

1.15   结论

除了男根和女阴立柱外,还有巨大的木雕人像,有些很逼真,其他的一些带着夸张的生殖器,这进一步说明了该遗址普遍面临着生殖繁

---

〔1〕Barber, Elizabeth Wayland, *Women's Work:The first 20,000 Years, Women, Cloth, and Society in Early Times*(《两万年来的妇女工作:早期的妇女、服装和社会》),(New York, London) W. W. Norton, 1994, pp. 54 – 69,图 2.1,2.5 – 9。Welters, Linda, ed. *Folk Dress in Europe and Anatolia: Beliefs about Protection and Fertility*(《欧洲和小亚细亚的民间服饰:关于防护和多育的信仰》),(Oxford, New York) Berg, 1999, 第 1、2、4、6 和 10 章。

〔2〕参见 Mallory, J. P. and Victor H. Mair, *The Tarim Mummies: Ancient China and the Mystery of the Earliest Peoples from the West*, 图 71。

·欧·亚·历·史·文·化·文·库·

衍的危机。从墓地中获得的数以十计的木头生殖器(有些很真实,另一些的结构则相当复杂)毫无疑问地说明小河5号墓地人的当务之急是繁殖,甚至在面对死亡的时候也不忘祈求生殖。

尽管埋葬中的墓葬品数量绝不算奢侈(考虑到当时的经济环境,我们也不能这样希望),但从该遗址获得的文物有足够的数量和质量使我们能够了解小河5号墓地社区的信仰和习俗。有些死者身边陪葬的小的木刻脸谱(通常有非常夸张的长鼻和凹陷的眼睛)有什么意义?在箭镞构造和装饰品的器物类型学中,哪一文化提供的标本可与小河5号墓地所出土者相比较?在哪里可以找到类似的用于陪葬的弓?有没有别的社会也像小河5号墓地那样重视麻黄?有没有其他青铜器时期的社会把牛角涂成红色挂在墓地的立柱上?在该遗址发现的蛇形木杖有何涵义?有些木头建筑上为何镶嵌着铜片?也许最让人感兴趣的是某些墓葬中的木头器具上有没有与数字的铭文相似的东西?(后者对文字和数学的历史可能相当重要。)分析从该遗址中获得的大量材料要花几年时间,但是一旦做完这项工作,我们将对欧亚大陆腹地的一个青铜器时代的文明有一个详尽的解释。已经开始出现的一个画面清楚地揭示了小河5号墓地人与他们的西方亲属的密切关系,以及他们逐渐发展起来的文化与东方的多方面联系。

在小河5号墓地的最近几次发掘中,总共找到了330座墓。其中挖掘了163座没被破坏的墓,另外167座被盗贼破坏的也统计进去了。30个棺木和其中的木乃伊被带回乌鲁木齐,1000多件文物被挽救。小河5号墓地揭示的文明与同时期东亚内陆的文明完全不同,但也不是完全没有关系。另一方面,前面我们已经看到,小河5号墓地保存的文化在许多方面都与西方文化有关,因而这些丝绸之路上青铜器时代的人们在欧亚大陆东方和西方之间起到了重要的桥梁作用,正如他们的后代在中世纪和近代历史中也扮演了同样的角色一样。

致谢

首先,我要感谢贝格曼和他的团队在 70 多年前就发现并描述了小河 5 号墓地,那时卫星定位系统和带空调的沙漠机动车还没普及。感谢乌鲁木齐文物考古研究所的伊弟利斯·阿不都热苏勒和他的同事们经过 3 期(2002—2003,2003—2004,2004—2005)精心安排和收获甚丰的考察把瑞典考古学家的工作继续下去。他们彻底的调查和详尽及时的报告(我依赖的材料)使我能够对小河 5 号墓地的探险、发掘和自然状况做出一个有条理的初步的叙述。我还要感谢马洛里(J. P. Mallory),他对北欧沼泽地人和其他与该研究相关的事件的评论非常有洞察力;感谢马蒂厄(Jim Mathieu)为我解答石头和金属工具相对锋利度和耐用性的问题;感谢克瑙尔(Elfriede Regina Knauer)提供了有关早期凯尔特人服装的参考资料;感谢巴伯(Elizabeth J. W. Barber)和古德(Irene Good)解答了有关青铜器时代欧亚大陆西部的纺织品和服装的问题;感谢谢里(Hiroko Sherry)帮我弄懂 NHK 关于小河 5 号墓地的新纪录片中的日语解说;感谢斯卡伯勒(John Scarborough)提供的古代欧洲(希腊和罗马)有关麻黄的信息。(不用说,我应该对文章中可能还存在的不足之处和不贴切的言辞负责。)我特别感激斯德哥尔摩大学的罗桑(Staffan Rosén)和瑞典国家民族博物馆的瓦尔奎斯特(Hakan Wahlquist)提供了瑞典探险队到中亚的地图和其他材料。我也要感谢我的朋友——上海的徐文堪从中国给我发来最新的出版物。最后,同样重要的是,我要把最深的谢意致予"2005 年丝绸之路奈良国际研讨会"的组织者,他们邀请我在大会上讲话,如果没有他们的鼓励,我决不会找到撰写此文的时间。最后,几乎是奇迹般地,著名的古病理学家奥德赫德(Arthur C. Auderheide)给我发来了卫星照片(图 1 - 10)。它于 2006 年 5 月 5 日下午 4 点 15 分收到,这离我打算把此文的修订稿发送给期刊编者的时间只有 30 分钟。这真是及时的天降甘霖。

参考书目

Barber E W. Women's Work：The first 20,000 Years，Women，Cloth，and Society in Early Times（《二万年来的妇女工作：早期的妇女，服装和社会》）[M]. New York：W W Norton，1994.

Barber E W. The Mummies of Ürümchi（《乌鲁木齐的木乃伊》）[M]. New York：W W Norton，1999.

Bergen C M，NiekusM J L Th，Von Vilsteren V T. The Mysterious Bog People（《神秘的沼泽地人民》）[M]. Zwolle：Waanders，2002.

Folke B. Archaeological Researches in Sinkiang：Especially the Lop-Nor Region（《新疆（特别是罗布泊）的考古研究》）[M]. Stockholm：Aktiebolaget Thule，1939.

Folke B. 新疆考古记[M]. 王安洪，译. 乌鲁木齐：新疆人民出版社，1997.

Carling G. Proto-Tocharian，Common Tocharian，and Tocharian on the value of linguistic connections in a reconstructed language（《原吐火罗语、共同吐火罗语和吐火罗语——论其对重建语言关联的价值》）[M]// Mair V H. Genes，Geography，and Glottochronology：The Tarim Basin during Late Prehistory and History（《史前时期末及历史时期的塔里木盆地》）. Washington：Institute for the Study of Man，2005：Appendix.

Dannheimer H，Gebhard R. Das keltische Jahrtausend. Prähistorische Staatssammlung München Museum für Vor und Frühgeschichte[M]. Mainz am Rhein：Philipp von Zabern，1993.

Farquhar D M，Jarring G，Norin E. Sven Hedin Central Asian Atlas. Memoir on Maps（《斯文赫定中亚图表、记事和地图》）[M]. Stockholm：The Sven Hedin Foundation（Sataens Etnografiska Museum），1967.

Glob P V. The Bog People：Iron-Age Man Preserved（《沼泽地人民：保存下来的铁器时代的人》）[M]. New York：New York Review Books，2004.

Hoh E. Knigreich der Wste[J]. Abenteuer Archologie，2004（4）：60 –

66.

Jarring G. Central Asian Turkic Place-Names-Lop Nor and Tarim Are:
An Attempt at Classification and Explanation Based on Sven Hedin's Dia-
ries and Published Works(《斯文赫定日记和著作中的〈中亚突厥地名
(罗布泊和塔里木地区)〉》)[M]. Stockholm: The Sven Hedin Founda-
tion,1997.

Mair V H. The Bronze Age and Early Iron Age Peoples of Eastern Cen-
tral Asia(《中亚东部的青铜时代和早期铁器时代》)[J]. Journal of
Indo- European Studies Monograph: 26. Philadelphia: The University of
Pennsylvania Museum Publications,1998.

Mair V H. The Horse in Late Prehistoric China: Wresting Culture and
Control from the "Barbarians"[M]//Levine M, Renfrew C, Boyle K. Prehis-
toric Steppe Adaptation and the Horse(《史前草原的适应与马》). Cam-
bridge: University of Cambridge,2003:163 – 187.

Mair V H. Genes, Geography, and Glottochronology: The Tarim Basin
during Late Prehistory and History(《史前时期末及历史时期的塔里木盆
地》)[M]//Bley K J, Huld M E, Volpe A D, Dexter M R. Proceedings of
the Sixteenth Annual UCLA Indo-European Conference(《加州大学洛杉矶
分校第16届印欧年会纪要》). Journal of Indo-European Studies Mono-
graph Series:50. Washington: Institute for the Study of Man,2005.

Mallory J P, Mair V H. The Tarim Mummies: Ancient China and the
Mystery of the Earliest Peoples from the West(《塔里木的木乃伊:古代中
国和最早西方人的秘密》)[M]. London: Thames and Hudson,2000.

Sun J M, Liu T S. The Age of the Taklimakan Desert(《塔克拉玛干沙
漠的年代》)[J]. Science(《科学》),2006,312(16).

Telegin D Y, Mallory J P. The Anthropomorphic Stelae of the Ukraine:
The Early Iconography of the Indo-Europeans(《乌克兰的人神同形石碑:
印欧人早期画像》)[J]. Journal of Indo-European Studies Monograph,
1994,11.

Welters L. Folk Dress in Europe and Anatolia：Beliefs about Protection and Fertility(《欧洲和小亚细亚的民间服饰：关于防护和多育的信仰》)[M]. Oxford,New York：Berg,1999.

Zutterman C. The Bow in the Ancient Near East,a Re-evaluation of Archery from the Late 2nd Millennium to the End of the Achaemenid Empire(《古代近东的弓——从第二千年后期到阿契美尼德帝国末弓箭术的再评价》)[J]. Iranica Antiqua(《伊朗古物》),2003,38：119 – 165.

崔银秋.新疆古代居民 DNA 研究——吐鲁番与罗布泊[M].长春：吉林大学出版社,2003.

崔银秋,周慧.从 mtDNA 研究角度看新疆古代居民遗传基因结构的变化[J].中央民族大学学报：哲学社会科学版,2003,31(5)：34 – 36.

李更生.神秘的沙漠殿堂——新疆小河墓地[N].光明日报,2005 – 05 – 23.

李文瑛.新疆史前丧葬习俗——从古墓沟到小河[M]//丝路珍宝——新疆文物大观.香港：香港遗产博物馆消闲和文化服务部,2005：20 – 30.

南香红.罗布泊：小河墓地惊世再现[N].南方周末,2004 – 09 – 09：B9 – 12.

NHK(日本广播协会电视台).新的丝路,1：楼兰,沉睡四千年；吐鲁番,一个酷热的画廊[CD]. Tokyo：Nihon Hôsô Shuppan Kyôkai,2006.

王炳华,等.新疆古尸：古代新疆居民及其文化[M].乌鲁木齐：新疆人民出版社,1999.

新疆文物考古研究所.2002 年小河墓地考古调查与发掘报告[J].新疆文物,2003(2)：8 – 46.

伊弟利斯,李文瑛.守护楼兰[J].中国文化遗产,2005(9)：30 – 53.

伊弟利斯,刘国瑞,李文瑛.新疆罗布泊小河墓地全面发掘和阶段性重要成果[N].中国文物报,2004 – 09 – 17：1 – 2.

张鸿墀.罗布沙漠 3000 年古墓探秘：上千棺材埋其中[EB/OL].

(2004 - 10 - 19) [2012 - 10 - 1] http://www.eurasianhistory.com/data/articles/k02/1029.html

（杨柽、熊顺清译,原载《印欧研究杂志》34 卷 3/4 期,2006）

2 古汉语巫(*Mʸag)、古波斯语 *Maguš* 和英语 Magician[1]

　　最近,两件无疑具有高加索或欧罗巴人种特征的人头雕像在西周遗址被发现了。这个发现可以说是公元前 1000 年至公元前 500 年之间东西方交通往来、互相影响的令人惊奇而且显然自明的证据。特别让人感兴趣的是,其中一件雕像的头顶横截面上清楚地刻有一个表明

　　〔1〕本文原来题作"Old Sinitic *Mʸag*, Old Persian Maguš, and English'Magician'",载于 *Early China* 15(1990), pp. 27 – 48.

　　Wu(现代普通话的发音)或 *Mʸag*(上古汉语的拟音)在一般情况下译为"巫",特殊地方不译而保留其拼音形式。Magician 及其各种变形(*maguš, magi, mage, magic* 等)和 chariot 及其各种形式,平常均保持原样而不加翻译。题名的翻译参考了夏含夷在《最近五年以来美国〈古代中国〉上的学术成果》(《中国史研究动态》1994 年第 11 期)中的译法。在正文后,译者附加了外语单词的说明。这里,我还要对在翻译过程中给予我帮助的各位师友(特别是先刚和钟函同学)表示感谢。——译者注

其巫之身份的"十"字(< $^{*}M^{\gamma}ag$)[1]。

1980 年的秋天,距陕西西安以西 60 多英里的扶风,考古工作者在这里的西周宫室建筑群遗址工作。在这个周代的发源地——周原,他们发现了两件小小的蚌雕人头像。这两件人头像的年代被确定为公元前 8 世纪早期,并且被分别编号为 80FCT45:2(图 2 - 1)和 80FCT45:6(图 2 -2)。[2] 前者仅仅有 2.9 厘米高,后者只有 2.8 厘米高。两件人头像都钻有一个圆孔;这个圆孔从底部钻到离头顶大约一半的地方,孔径为 0.6 厘米。80FCT45:2 号人头像的圆孔内残留着好像是一些骨笄竿的碎片,由此可以推知这两件小小的人头像可能是具有装饰性的骨笄的帽部。这个推断有其一定的道理,因为两件人头像的大小和它有

〔1〕这篇文章最初的灵感来自于饶宗颐的手稿"New Light on Wu(《关于巫的新解释》)"。饶教授这篇论文的修订稿即将在 Early China 的下一期发表(作者在译稿上注:这篇文章后来并没有在那里发表)。修订稿将更详细地讨论大量的古文书学和宗教文化的问题。关于巫的这些问题在本文中仅仅是略微谈到,因为这篇论文着重论述古代汉语"巫"之重构(reconstruction)的语文学和语言学涵义。同时,饶教授早已发表了一篇虽短小却十分重要的论文,这篇短文讨论了西亚与"十"的种种联系。在那里他提出了一种推测,认为这些象征符号(symbols)可能影响了中国文字的起源。关于论文的具体内容,请参阅《丝绸之路引起的"文字起源"问题》,载《明报月刊》1990年 9 月号,页 47 - 50;此文的英译本即将刊登于 Sino-Platonic Papers(《汉 - 柏拉图论文集》)。

现代标准普通话的音标采用的是威妥玛 - 贾尔斯的拼音方案。本篇的古汉语主要遵循的是李方桂的拟音和 Axel Schuessler 的拟音。李氏和 Schuessler 氏的拟音均可在后者的 A Dictioary of Early Zhou Chinese(《西周汉语辞典》),Honolulu:University of Hawai' i Press, 1987)中找到。与此同时,我还参考了高本汉(Bernhard Karlgren)、董同和、周法高 3 人之拟音,均能在后者的 A Pronouncing Dictionary of Chinese Characters in Archaic and Ancient Chinese, Mandarin and Cantonese(《上古音辞典》,香港:香港中文大学,1973)找到。李方桂给 $^{*}m^{\gamma}ag$ 重构(reconstruct,或译为"构拟",下同——译者注)了一个词尾的浊化软腭塞音,而舒斯勒(Schuessler)却略掉了软腭塞音。关于这个差异的意义及其重要性可参原注 42。

我要感谢我的同事 Donald A. Ringe,作为研究印欧系历史语言学的专家,他帮助我重构了用来表示"车轮(或有轮的交通工具 wheel[ed vehicle])"的那个单词。1990 年 6 月 18 日至 7 月20 日,我参加了由得克萨斯大学(奥斯汀分校)举办的国家人文科学研究基金项目"Perspectives on the Ancient Indo-European World(古代印欧世界研究的视角)",这对我更好地理解本篇论文将要讨论的许多问题很有帮助。我还要感谢 Edith Porada,Boris Marshack,Irene Winter,Renata Holod,Judith Lerner,G. Azarpay,Parviz Varjavand 和其他的中东艺术和考古学权威们,他们解答了我的许多问题,以帮助我识别周原人头像的帽部。但是,这里对材料的所有诠释,我当然应该是文责自负的。

〔2〕可参尹盛平:《西周蚌雕人头像种族探索》,载《文物》1986 年第 1 期,页 46 - 49;陈全方:《周原与周文化》,上海人民出版社 1988 年版,页 20。

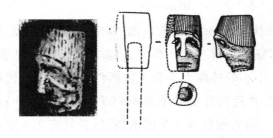

图 2 – 1　周原 T45:2 蚌雕人头（引自《文物》1986.1.46）

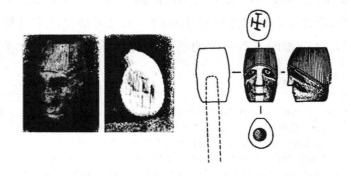

图 2 – 2　周原 T45:6 蚌雕人头（引自《文物》1986.1.47）

点扁平的后部[1]，与考古发现的其他古代中国骨笄的帽部十分类似。以此为基础，我倾向于相信这两件高加索或欧罗巴的人头像是中国本土制造的产物，而不是为了适应本土需要而经过当地加工的外来人头像。

与西周当时平常表示人面的样子大多数都是短脸形相比，这两件人头像很明显都是长脸形的。它们的面部特征显然不同于当时西周人的面部特征：当时大多数人的鼻子短而扁平，眼睛较浅且呈杏仁状，唇厚嘴窄，下巴呈均匀弧形。然而，这两件人头像却都是鼻子长且高，眼睛深陷而呈圆形，唇薄嘴阔，下巴棱角厚实。创造具有这些特征的人

---

[1]这种扁平的设计可能是设计者有意为之的，他们也许想让骨笄能够平稳地置于使用者的头发表面；但是这也可能仅仅是他们因为雕刻材料的局限而采取的应变措施而已。蚌壳的形状也可能有助于说明这些人头像好像被平截的头部。

头像的雕刻者(们)必定被他们所描绘的独特人物的线条分明的面颊深深地吸引了,因为他(们)的面部轮廓的这个特点:T45:2 的颊部有稍微隆起来的脊状,T45:6 则有着逗点形状的凹口。两件人头像都戴有帽子,帽子如同被截去顶部的圆锥体,上面刻有很密的、距离均等的竖直线条。前额、鬓角和头骨根部都被帽子紧紧地遮住了,甚至连一根头发和一对耳朵也看不见[1]。这两个人头像帽子的区别仅仅体现在:T45:6 号的帽檐是从前到后均匀地倾斜着,T45:2 号的帽檐中部却折出了一定的角度。

有学者认为这些帽子证明了人头像的塞人(Sakas)身份[2]。如果真是这样的话,那就再好不过了。因为被描述的人头像这种种族的身份,可以补充我以下将引证的语言学证据。不幸的是,这两件西周人头像的帽子明显地不同于学界一般所公认的典型的塞人的尖型帽子。塞人的帽子上一般没有多少条纹,帽子的形状是比较陡直地在上端形成一个尖顶,下端一直拖到脖子的背后,而且可以在下巴处系住[3]。

关于这两件人头像的种族身份的猜测十分多,从斯基泰人(Scythi-

---

〔1〕由尹盛平和陈全方提供的雕像的画像(参见原注2)都显不出一点耳朵的痕迹。关于这两件人头像的可获得并且已经发表的照片都不够清晰,让人不能确凿地判断出耳朵的有与无。

〔2〕尹盛平:《西周蚌雕人头像种族探索》。

〔3〕Ellis H. Minns, *Scythians and Greeks: A Survey of Ancient History and Archaeology on the North Coast of the Euxine from the Danube to the Caucusus*(《斯基泰人和希腊人:关于从多瑙河到高加索的黑海北岸地区的古代历史和考古学之概况》),Cambridge: Cambridge University Press,1913,xxxvii 图 O 各处;*From the Land of Scythians: Ancient Treasure from the Museums of U. S. S. R 3000 B. C. — 100 B. C.*(《来自于斯基泰人的土地:苏联博物馆收藏的从公元前 3000 年至公元前 100 年的古代宝藏》),New York Graphic Society,出版时间地点不详),彩图 17-18(著名的公元前 4 世纪的金质花瓶,它是在克里米亚半岛刻赤附近的库尔·欧巴[Kul Oba]的坟墓中出土的)。另可参见 J. P. Mallory, *In Search of the Indo-Europeans: Language, Archaeology and Myth*(《探索印欧人:语言、考古学和神话》,New York: Thames and Hudson, 1989),插图 6;和 Christin Flon 主编的 *The World Atlas of Archaeology*(《考古学的世界地图集》,译自 Le Grand Atlas de l'archéologie(《一个来自于波斯波利斯的中亚细亚塞人的代表》),Encyclopaedia Universalis, 1985;再版,New York: Portland House, 1988),p. 217。波斯波利斯(公元前 520 至约公元前 150 年)的纪念浮雕群,拥有 3000 个富于现实主义和刻画精细的人物雕像;其中人物的发型和帽式多达数十种,代表的民族包括了索格底亚那人、爱奥尼亚人、埃塞俄比亚人、吕底亚人、巴伦人和斯基泰人,但是其中没有一个民族的帽部类似于周原人头像的帽部。于是,我们认为周原地区的人不处于那些向波斯的阿契美尼德王朝纳贡的范围之内。参 Donald N. Wilber, *Persepolis: The Archaeology of Parsa, Seat of Persian Kings*(《波斯波利斯:关于帕尔萨的考古学,波斯国王的宝座》,1969;修订版 Princeton: Darwin, 1989)。

ans)到匈奴人(Huns),从原始藏族人到大夏人(Bactrians),从吐火罗人(Tocharians)到乌孙人[1],其说可谓层出不穷。但是,严格考察起来,这些被猜测到的种族要么在历史时间上出现得太晚,要么在人种上或地理分布上不太合适。现在学界一般公认,无论如何,上面描述的这两件人头像的种族身份应该都是欧罗巴人种。[2]

在 20 世纪早期安阳出土的文物中,我也发现了一件与西周人头像极为相似的骨刻人头像(图 2 - 3)。[3] 在这里,虽然总的来看,人头像本身显示出一种萦绕不散的现实主义,但这个人头像的面貌特征却被夸张到几乎歪曲的地步。我们在这件商代的人头像上可以看到线条同样分明地蚀刻出来的面颊轮廓(这是与 T45:2 号那道隆起的线条相比较而言的,只是这里的线条还更高一些),深陷于特大的眼眶里、十分夸大的圆形眼睛,一直伸到前额底部的很长很直的高鼻子,薄唇,阔嘴和突出的方下巴。没有什么疑问,这件商代的人头像与那两件西周

---

〔1〕这些名称都见于尹盛平:《西周蚌雕人头像种族探索》,页 47;陈全方:《周原与周文化》,页 20。

〔2〕尹盛平:《西周蚌雕人头像种族探索》,页 47;陈全方:《周原与周文化》,页 20。

〔3〕Carl Hentze, *Funde in Alt-China*:*Das Welterleben in älstestern China*, *Sternstunden der Archäologie*(《古代中国的发现:中国最古的生活》,Göttingen:Musterschmidt, 1967),插图 15。真正的欧罗巴人种个体——不仅仅是他们的艺术图像——在中国商代的出现已经被从侯家庄(商代后期的王陵区所在地,位于今河南省安阳西北数公里的洹水北岸——译者注)墓中发现的一些头盖骨(其中的一件头盖骨与出生在美国的现代英格兰人的头骨实质上无法区别)证实。这些头盖骨好像是被放在用来献祭的坑中,与它们放在一起的还有大量的蒙古人种的头盖骨和数目稍微少一些的爱斯基摩人种及大洋洲黑人(Oceanic Negroid)人种的头盖骨,以及一些无法分类的小头颅。对于作为整体的安阳人人种的成分,发现时的实际情况使研究者很难得出什么强有力的结论,更难加以判断统治精英的人种身份。参见李济 *Anyang*(《安阳》,Seattle:University of Washington Press, 1977)一书中的"Notes on the Physical Anthropology of the Yin-Shang Population(《关于殷商人的体质人类学的几条注释》,pp. 255 - 264)"和张光直 *Shang Civilization*(《商代文明》,New Haven:Yale University Press, 1980,pp. 331 - 335。此书中译本已出,毛小雨译,北京:工艺美术出版社 1999 年版——译者注)。这两处引文,我应该感谢 Emma Bunker 的帮助。到现在为止,暂时可能最稳妥的观点来自李济的 *Anyang*(《安阳》,页 264):"在很早以前,北部中国平原就是许多不同种族的人相遇的地方。早期中国人的形成就部分来自于这些群体的混合,但我们不要忘记了在这些群体中占优势地位的乃是属于蒙古人种的群体。"欧洲人种的成员在整个商代社会的地位仍然是有待于确定的。

人头像一样,都属于旅居于中国的外国人。[1] 当然,它们之间也会有一些差别:商代人头像的鼻子在底部略呈鹰钩状,鼻孔更向旁边张开(这也许可以简单地归功于这件人头像在总体上更纤细的造型);耳朵也不再遮隐不见;竖直的线条(它们在数量上和空间分布上都和西周人头像的线条密切呼应)汇聚于光滑的圆顶,给人的印象是这不是什么遮盖头顶的便帽,而更像是披头士式[2]的蓬头乱发。

图 2 - 3 安阳出土的骨雕人头(引自 Carl Hentze,《古代中国的发现:中国最古的生活》,图 XV)

在可以考虑的时间范围内的欧亚大陆的其他地方,有着许多类似的遮盖头部的东西(不管是头发还是帽子)。我们可以在一个阿拉姆人(Aramean)的头像上找到相似的汇聚成穹顶状的条纹。这件阿拉姆人的人头像来自位于津吉尔利(Zincirli)的一组乌拉尔图人(Urartian)的浮雕,大概属于公元前 832 至前 810 年左右的赫梯文化中晚期(图2 - 4)。[3] 在时间上和地理分布上,这件人头像都适合于成为前 3 个

---

〔1〕这些人头像与早期中国人面部的典型形象(representations)有极大不同,只要把它们与张光直《商代文明》页 330 图 89 的商代图像实例比较一下,就能清楚地认识到这一点。

〔2〕The Beatles,披头士或译为甲壳虫乐队,20 世纪 60 年代英国利物浦的一支 4 人流行歌曲乐队,曾经风靡世界于一时。——译者注

〔3〕Ekrem Akurgal, *Urartäische und Altiranische Kunstzentren*(《乌拉尔图和古伊朗的艺术中心》,Ankaka:Türk Tarih Kurumu Basimevy, 1968),图 26c。

在中国发现的外国雕像人物的原型。乌拉尔图人的王国最先以凡湖为中心,在小亚细亚(Anatolia)东部胡利安(Hurrians)人的村落共同体的背景衬托下,于公元前 9 世纪变得强大起来。正如我们将在这篇文章后面部分看到的一样,马车(chariot)似乎就是在公元前 1500 年从这个地区开始了其向中国传播的漫长旅程。[1] 虽然范尼克(Vannic)语不属于印欧语系,但操这种语言的人却处于一种可能已经与持伊朗语的塞人相互接触的境地;我们将要看到,这些塞人似乎把表示 Mage 和 chariot 的两个词传到了中国。让人遗憾的是,津吉尔利的阿拉姆人具有明显的闪米特人种的特征:密密的络腮胡子,长长的紧编着的头发,

图 2 - 4 津吉尔利(Zincirli)的一组乌拉尔图人(Urartian)壁画上的阿拉姆人(Aramean)的头像(引自 Ekrem Akurgal 的《乌拉尔图和古伊朗的艺术中心》,图 26c)

―――――――――

〔1〕关于表示 chariot 的那个单词的讨论,请参本文的将近结尾的部分及相应的注释。

表明了这件浮雕人头像与前述商代和西周的 3 件人头像没有什么关系。[1]

目前,我必须承认,不管是从人种上讲,还是从地理分布上讲,我还不知道这 3 个神秘雕像所代表人物的准确来源。但可以肯定的是,商、周两代的统治者都对他们有足够的深刻印象,以至于在王室行动的范围内制作并且保存了他们的艺术图像。这些外来人的面孔有着不同寻常的形体特征。商代对这些特征有点夸张地加以描绘。周代或因为更熟悉,则自然得多。有许多可以进一步研究识别这 3 个个体人种身份的途径。照我个人的印象看来,考古学家、艺术史学家和人种起源学家都应该密切关注安德罗诺沃(Andronovo)文化,把它看作这 3 件人头像的一个可能的来源。

安德罗诺沃文化所在地区幅员辽阔,西起乌拉尔山脉,东至贝加尔湖,其西南部一直延伸至费尔干纳盆地(Ferghana)。它在公元前 1800 年至公元前 1500 年开始出现,是由这个地区内更早的农村公社发展而来的。

安德罗诺沃文化的青铜器应用十分普及,它所用的锡采自于阿尔泰山脉,同时它也从乌拉尔山脉和突厥斯坦(Turkestan)的山中挖掘锡与铜。在接下来的公元前 1200 年左右开始的卡拉苏克(Karasuk)时期,青铜器的炼制技术进一步向前发展。这个时期青

---

〔1〕令人惊奇的是,贡德斯特鲁普银锅(Gundestrup Caldron)上所刻画的凯尔特勇士的帽部与商、周人头像的帽部明显地类似。然而,如果我们在现在的探索中做出严谨的考虑,那么我们就会知道这个银锅实际上晚得多,它大概属于公元前 80 至前 50 年的拉奈特文化的第 3 个时期。请参见 Garret S. Olmsted, *Gundestrup Cauldron:Archaeological Context, the Style and Iconography of Its Portrayed Motifs, and Their Narration of a Gaulish Version of Tain Bó Cúailnge*(《贡德斯特鲁普大锅:它的考古学环境,关于它上面刻画主题的样式和图像学,以及它们对 *Tain Bó Cúailnge*[这是爱尔兰最有名的古老叙事诗。抢劫牛群是这首诗的主题]一个高卢底本的叙述》), Collection Latomus 162, Brussels:Revues d'Études Latines,1979,p. 9;马洛瑞:《印欧人》,插图 20。参看 Anne Ross 在 *Pagan Celtic Britain:Studies in Iconography and Tradition*(《异教的凯尔特人的不列颠:关于图像学和传统的研究》),New York:Columbia University Press, 1967)中所提供的图片 88:勇士的突出的尖角上左右各有个头盔。这个来自于西兰岛的格雷文斯范恩兹(Grevensvaenge, Zealand[丹麦地名——译者注])的小青铜雕像的年代被确定为公元前 1250 年左右,它的脸部特征与西周人头像的脸部特征有着让人产生迷惑且充满兴趣的类似。

铜器制造业的发展证明了草原文化第一次以中国为目的地,而不是以西方为目的地。考古学家已经在中国商代活动的地区发现了一些来自草原的青铜器:来自卡拉苏克带有公羊头或环装饰的柄端的小刀和远来自西边乌拉尔山脉的中间凹陷的斧头和矛头。这种接触的一个重要结果可能就是商代晚期两轮车的被引入中国,不管是直接来自还是经由中亚细亚。[1]

从里海到贝加尔湖的这条通道上居住着基本上共享同一文化的人们。他们属于印度伊朗语。正是属于这种语族的一些人,在以后的岁月里成功地充当了欧亚大陆偏远地区不同文化之间的媒介。这个通道,往西是黑海地区。在这里,马第一次被驯化、被人骑。这个地区与欧洲和地中海地区有着密切的联系。往西南而去是伊朗血统的农耕团体,琐罗亚斯德教发展于其中的纳马兹加晚期文化即属于这种团体。往东南而去就是中国。穿过北部的大草原,沿着戈壁大沙漠的东边而行,一路上不会有什么特别的阻碍。这条路线也许正是以上所述的商代人头像的原型人物所采用的。另外一条可供选择的路线可能是沿着阿尔泰山脉和西边的天山山脉起伏的山麓进行,然后通过甘肃走廊来到陕西。那两件周代人头像的原型人物最有可能采用这条路线。还有一条气候、环境都不那么合适但仍然可行的路线是沿着天山山脉南部的斜坡,穿过大大小小的绿洲,之后径直来到甘肃走廊。晚近的考古学越来越明晰地证实,从极早的时代开始,中国就在文化交流中显得十分开放。公元前第二个两千年当然也不例外。我们确实有极好的理由相信,中国的文字、特定的农业生产方式和文明的其他方面,都是在与西方和南方文化的交流中得以发展的。但是这仍是以后将要研究的诸多课题。在这篇文章的剩余部分,我将集中地单独讨论刻在 T45:6 号雕像顶部的"巫"字和它可能的伊朗来源。

研究中国文明的学者们一般把"巫"习惯性地译为"萨满",但是这

---

〔1〕*Past World:The Times Atlas of Archaeology*(《过去的世界:考古学的泰晤士地图集》),Maplewood,N.J.:Hammond,1988,p.118.

种译法起码在以下几个问题上犯了错误。首先,萨满是西伯利亚和乌拉尔－阿尔泰地区的诸多民族所遵循的一种特定类型的宗教体系中处于领导地位的代表。[1] 也许,这种传统最本质的特征就在于它的入教仪式和其他宗教仪式中萨满的神灵附体(ecstatic trance-flight to heaven)。同时,萨满还服务于整个社群(community),如帮助病人召回迷途的灵魂,护送死者的灵魂去另外一个世界。这明显不同于"巫"。"巫"不仅与各个统治者的宫廷成员关系密切,而且还主要负责占卜、观测天象、祈祷和用药物医治病人。[2] 既然我们可以看出"巫"在商、周两代社会里所起的作用明显不同于萨满在其社群中所起的最重要的灵性领导作用,那么我们似乎应该为"巫"找到一个全新的翻译。我想提出的建议是:"巫"确切的等义词是"magician",或更好的是"mage"[3]。此拼写方式是为了把这种古代的专家与现代的魔术师

---

〔1〕参 Mircea Eliade, *Shamanism:Archaic Techniques of Ecstasy*(《萨满教:古代的降神术》),由 Willard R. Trask 译自法文,Bollingen Series 76,Princeton:Princeton University Press,1964。

〔2〕关于古代中国社会"mage"的概论性人类学研究,参梁钊韬:《中国古代巫术——宗教的起源和发展》,中山大学出版社 1989 年版。

〔3〕之所以说"mage"这种拼写方式更好,是因为"magician"(< mage)有魔术师的意思,而 mage 本身则没有此意思,不容易引起误解。——译者注

·欧·亚·历·史·文·化·文·库·

（prestidigitator）区别开来。[1] 这个建议可以说有着词源学、音系学、古文书学和一些实用性的根据。

　　大多数读者想必已经注意到 *M'ag 与 magician 有着极大的相似性。我认为，现代英语中的 magician 或 mage 和现代标准普通话中的"巫"，最终都来源于印度－伊朗语系中的同一个单词。然而"萨满"这个词，现代一般都认为是起源于通古斯（Tungusic）语（更确切地说是其中的埃文克［Evenki］语），它的意思是"知道者"（he who knows，šamán）[2]；而 magician 和 mage 则是从拉丁文 magus 转译过来的，它又是从希腊文 μαγος 和古波斯文 maguš 逐渐演变过来的。拉丁文 magus 的复数形式就是 magi，从耶稣诞生的故事中我们早已熟悉了这个用来

──────────

　　〔1〕在宣称"mage"是比"shaman"更精确的翻译的同时，我不希望这对 David N. Keightley 与张光直之间正在进行着的极其重要的争论有所转移。他们十分重视"巫"的意义及其重要性，因为这是中国国家所谓的神权政治的基础，而且国王本是"巫"的首领。关于张光直的立场，请参他的 Art, Myth and Ritual: the Path to Political Authority in China（《美术、神话与祭礼：中国古代通往政治权威的道路》），Cambridge, Mass.：Harvard University Press, 1983（中译本辽宁教育出版社 1988 年出版——译者注）。Keightley 的回应可以在以下两篇论文中找到：一篇是为 1983 年 6 月 20 日至 7 月 1 日在加利福尼亚大学伯克莱分校举行的关于中国占卜和征兆解释的讲习班所准备的论文——"Royal Shamanism in the Shang: Archaic Vestige or Central Reality（《商代的王室萨满教：原始的遗留抑或中心的现实》）"；另一篇则是为在 1989 年 4 月 7 至 8 日在同一学校举行的中国研究中心区域性专家讨论会（Center for Chinese Studies Regional Seminar）所准备的论文："Shamanism in Guo Yu? A Tale of Xi and Wu（《〈国语〉中的萨满教？觋和巫的故事》）"。对于在 magianism 引入之前是否存在一个独立的、土生土长的萨满教这个问题，我任何看法也没有。然而，有很好的证据说明，在占卜时如何解释甲骨上的裂纹这个重大的事情上，国王所扮演的角色与"巫"有所重合。一个典型的记录会包括序，即在特定的日子里，用火灼烧龟甲兽骨后裂纹显现；"卜"、"贞"（Charge），做出预言（国王解读裂纹，"王占曰"）；证实，即以后实际上所发生的事的记录。请参见吉德炜（Keightley），Sources of Shang History: The Oracle-Bone Inscriptions of Bronze Age China（《商代历史的资料：中国青铜时代的甲骨文》），Berkeley: University of California Press, 1978, pp. 10 – 11。林巳奈夫《中国古代的神巫》（载《东方学报》第 38 期［1967 年 3 月］，页 211）举了几个以"巫曰"开头的早期预言的例子。从"巫"像商朝的国王一样，担负解释征兆性裂纹这样极其重要的任务，死后被献祭，而且与"帝"（高高在上的神［god］，也是一个给予已死祖先的尊称）关系密切这些事实看，他在朝廷的地位一定相当的高。或者国王也许真的就是"巫"的首领。

　　〔2〕我拒绝那种老的"萨满"的词源学考察，它把萨满（shaman）追溯至从吐火罗语的 samāne 到普拉克利特（Prakrit，古代印度的一种方言，相对于"圣语"梵语而被称为"俗语"——译者注）语的 samane 或梵语的 sramane（一般译为沙门，此乃音译"沙门那"之略作，或译作"室啰末拏"、"婆门"、"桑门"、"丧门"，又意译为"勤劳"、"净志"、"修道"等。原为古印度反婆罗门教思潮各个派别出家者的通称，佛教盛行后则专指佛教僧侣——译者注）。佛教沙门的苦行实践显然不同于萨满的神附体式的招魂术（the ecstatic spiritualism）。

50

表示东方 3 个智者的名称[1]。

这个古老的波斯语单词很明显地也进入了闪米特语言,如塔木德(Talmud)式的希伯来语 *māgōsh*(magician)、阿拉姆语 *amgushā*(magician)和迦勒底(Chaldean)语 *maghdim*(智慧和哲学)。第一个世纪以来,叙利亚的 *magusai* 就作为 magicians 和预言家(soothsayers)而声名狼藉。我们可以在耶利米 39 章 3 节找到最早提及古波斯语 *maguš* 各种派生词的记载之一,这里列举了尼布甲尼撒王进入耶路撒冷时带了许多随从,其中名叫尼甲·沙利薛的就是 Magi 的首领(Rab Mag)。[2]

Magi 在地理空间上和历史时间上的扩展,绝不仅仅局限于第一个1000 年中期的美索不达米亚和黎凡特(Levant)。我们在以下地区或人群中也可以找到他们的身影:安息(Parthia)、大夏、花刺子模(Chorasmia)、阿里亚(Aria)、米太(Media)、塞人、阿拉伯半岛、埃塞俄比亚、埃及和整个小亚细亚。[3] 我们还知道 Magi 不晚于公元前 1 世纪就已

---

〔1〕据 George Arthur Buttrick 主编的 *The Interpreter's Dictionary of the Bible:An Illustrated Encyclopedia*(《圣经诠释词典图录》),Nashville:Abingdon Press, 1993 卷 3、页 221 – 223 的 Magi 词条,这些东方智者的可能身份有以下 5 种:(1)古代米底人中的萨满种姓;(2)琐罗亚斯德教的教士;(3)地中海地区的一种需广博知识的职业;(4)不同类型魔术(magic)的精通者;(5)最后被一些基督徒,如 3 世纪时的迦太基主教圣西里安(Cyprian,200?— 258 年,早期非洲基督教神学家,主张因受迫害叛教的一般信徒可以得到宽恕,后在基督教受迫害时被斩首)所接受的那个名称,即忙于施魔术(magic)和拥有许多权威魔术(magical)书的人。——译者注

〔2〕这种关于 Rab Mag 的解释一直为广大圣经注释者所普遍接受,直到 E. Benveniste 提出争论才有所变化。请参 *Les mages dans l'ancien Iran*(《古代伊朗的 mages》),Publications de la Société des Études Iraniennes 15,Paris:Librairie Orientale et Américaine G. — P. Maisonneuve, 1938,附录,pp.28 – 30。本文尼斯特得出的结论,是来自巴比伦语 rab mu-gi;它大概是一个军事头衔,有"骑兵首领"(Master of the Horse [Magister Equitum,此为拉丁文,意思也是"骑兵首领"——译者注])的意思。他试图通过假设一个阿拉姆语的中间步骤来说明语音的不一致,这在我看来是不必要的徒劳而已。关于传统的解释,请参以下标准的著作:C. F. Keil 和 F. Delitzsch 的 *Commentary on the Old Testament in Ten Volumes*(《十卷本旧约注释》),Grand Rapids,Michigan:William B. Eerdmans,1978),重印本第 3 卷中由 Keil 注释的《耶利米书》和《耶利米哀歌》,p.117,这是由 James Kennedy 从德语译出的;A. W. Streane 的 *The Book of the Prophet Jeremiah together with the Lamentatians*(《预言家耶利米书与耶利米哀歌》),Cambridge:Cambridge University Press, 1913 修订本,p.237;J. R. Dummelow 所主编的 *A Commentary on the Holy Bible by Various Writers*(《不同作者的圣经注释》),New York:Macmillan, 1936, p.476。

〔3〕参 R. C. Zaehner, *The Dawn and Twilight of Zoroastrianism*(《琐罗亚斯德教的兴起和衰落》),New York:G. Putnam's Sons, 1961, p.163.

经居住在印度[1]，而希腊人也肯定很早就熟悉 Magi，因为希罗多德（450 年左右）经常提到他们。[2]

大流士一世（"伟大者"，公元前 550 年至前 486 年或前 522 年至前 486 年）时著名的贝尔希斯敦铭文（Behistun Inscription）——它使用了埃兰（Elamite）语、古波斯语和阿卡德（Akkadian）语 3 种语言——讲述了君王如何平息 Magi 叛乱的故事。这表示，在公元前 6 世纪的波斯，Magi 一定有可观的人数、影响和组织形式。[3] 实际上，我猜测在更早的年代里，Magi 在古代伊朗的政治和宗教中就已经具有稳固的地位。大量的希腊文和拉丁文的文献都宣称 Magi 是琐罗亚斯德（Zarathustra）的追随者，甚至说琐罗亚斯德本人就是一个 maguš。[4] T. Burrow 认为，琐罗亚斯德教（Zoroastrianism）的创立最晚也可以追溯到公元前

---

〔1〕Christian Lindtner, *A Green Leaf: Papers in Honour of Professor Jes P. Asmussen*（《一片绿叶：热斯·P. 阿斯木桑纪念文集》）中的 Buddhist References to Old Iranian Religion（佛教提及古代伊朗宗教的资料），Hommages et Opera Minora, 12, Leiden: E. J. Brill, 1988, pp. 433 – 444, 尤其是 p. 442。

〔2〕参 A. D. Godley 的 4 卷的英译本 *Herodotus*（《希罗多德》），Cambridge, Mass.: Harvard University Press, 1921 — 1922; Cambridge, Mass.: Harvard University Press, 1957）各处。希罗多德所描述的 Magi 的行为活动与早期的"巫"的行为活动有着相当的一致性，这可以说是最让人感兴趣的地方。例如，在戈德利英译本第 3 卷 508 至 509 页，即全书的第 7 章第 191 节中，我们可以看到这样的一段话："风暴已经持续了 3 天；最后 Magicians 把切成碎片的牺牲献给祖先的灵魂，并且对风施以诅咒，同时也把牺牲献给西蒂斯（Thetis，海神涅柔斯 Nereus 的女儿之一，珀琉斯 Peleus 之妻，阿喀琉斯 Achilles 的母亲——译者注）和涅瑞伊德们（Nereids，海神涅柔斯的 50 个女儿，海中的仙女——译者注），真的在第 4 天就把风暴平息了。"请跟下页的注 4 比较。

〔3〕Arthur Darby Nock, *Essays on Religion and the Ancient World*（《关于宗教和古代世界的论文集》），Oxford: Clarendon Press, 1972），由 Zeph Stewart 所选编并介绍，书后附有诺克的创作书目、索引，页 309。诺克的论文《保罗与 Magus》（页 308 –330）堪称关于希腊语单词 magus 最好的研究。

〔4〕Giuseppe Messina, *Der Ursprung der Magier und die Zarathustriche Religion*（《Magier 的兴起和琐罗亚斯德教》），Roma: Pontificio Istituto Biblico, 1930）页 1 和页 61 及各处。也可参 James Hope Moulton 的 *Early Zoroastrianism*（《早期琐罗亚斯德教》），London: Williams and Norgate, 1913, pp. 118, 197, 323 and 410; Zaehner, *The Dawn and Twilight of Zoroastrianism*（《琐罗亚斯德教的兴起和衰落》），p. 165。据 Zolar 在 *Zolar's Encyclopedia of Ancient and Forbidden Knowledge*（《佐拉的关于古代的和被禁的知识的百科全书》），New York: Prentice Hall, 1986）页 193 上所说，传统上一般认为琐罗亚斯德是"所有 Magic 的可能创造者"。

1100 年。[1] 这可以使我们推回到以前的一段时期,与在甲骨文中经常提及"巫"的那段时期互相比较的。[2] 以上所讨论的具有高加索或欧罗巴人种特征的安阳人头像,也可以为中国商代 Magi 的出现和他们与宫廷仪式或其他类型王家活动的可能关涉,提供可靠的证据。鉴于Magi 所在地区的辽阔幅员和民族的多样性,我认为,Magi 旅行到中国来,靠着自己的特殊知识和技术而被雇用,并不存在什么必然的障碍。[3]

　　既然 Magi 不局限于任何一个狭小的地理区域,那么他们也不只是

---

〔1〕T. Burrow, "The Proto-Indoaryans(《原始印度雅利安人》)", *Journal of Royal Asiatic Society*, 1973, pp. 123 - 140。尤其是页 139。Gherardo Gnoli, *Zoroaster's Time and Homeland: A Study on the Origins of Mazdeism and Related Problems*(《琐罗亚斯德的时代和家园:关于玛兹达教起源及相关问题的研究》), Istituto Universitario Orientale, Seminario di Studi Asiatici, Series Minor 7, Naples, 1980), 页 10 - 11 和页 160 - 161 的内容极力支持这个观点,并且把 Magi 列为琐罗亚斯德教的宗教信仰、实践和机制之综合体的一部分。Mary Boyce 在她的 *History of Zoroastrianism*(《琐罗亚斯德教史》, Leiden/Köln: E. J. Brill, 1975 — 1982)中虽然没有明确说明一个特定的上限,但她也反对把琐罗亚斯德教出现的上限确定在公元前 7 世纪那么晚。最近, Burrow、Gnoli 和 Boyce 的立场得到了一定程度的考古学上的证实,这个证实来自于新近在 Togolok - 21 发现的壮观的寺庙群。Togolok - 21 位于土库曼境内的卡拉库姆(Karakum)沙漠的东南部,卡拉库姆地区早就为古波斯人和古希腊人所熟悉,只是一个叫它马尔加什(Margush),另一个叫它马吉亚纳(Margiana)。这个大概建于公元前 1000 年的宗教仪式中心,保存着曾使用过苏摩(参阿维斯坦圣歌中的豪麻草)的证据,并且还有些结构性的特征暗示马吉亚纳曾是琐罗亚斯德教的家乡。请参 Victor Sarianidi: "Where Was Zoroaster Born?(《琐罗亚斯德出生在哪里?》)", *Sputnik* 3(1990 年 3 月), 页 96 - 101,尤其是页 98。即使不能证明琐罗亚斯德本人就是位于 Togolok - 21 的教派的中心人物,目前的学术观点也认为这个地方至少和琐罗亚斯德教的前身有关系;参 Asko Parpola: "The Coming of Aryans to Iran and India and the Cultural and Ethnic Identity of the Dasas(《雅利安人的进入伊朗与印度和非雅利安人的文化与种族身份》)", *Studia Orientalie* 64, Helsinki, 1988, 页 195 - 302,尤其是页 236 - 238 及其所征引的大量参考文献。

〔2〕饶宗颐的论文(参页 41 注 1)引用了甲骨文中"巫"出现的数十种情况。他的分析显明这些都与牲祭(主要是犬类,也有些羊类[Ovicaprid])和祭酒仪式有关,而且也与 4 个方向的地神有关。林巳奈夫(页 50 注 1)则引用了另外一些甲骨文,它显示了"巫"与求雨的烄祭和对于商代朝廷的发挥功用来说有极为重要的其他任务的关系。

〔3〕许进雄:《中国古代社会——文字与人类学的透视》,台北:商务印书馆 1988 年版,页 387、440 - 441。他声称"巫"被认为可以平静风,而且这经常被反映在甲骨文中。他也认为"巫"是治病者,只是他的这个观点却是建立在商代以后的资料和假设的基础上。许把"十"解释为"巫"在仪式典礼中所用的一种图案性的辅助工具。但这种解释没有可以支持它的古文书学和考古学证据。一种更为可靠的假说来自于陈梦家的《殷墟卜辞综述》(考古学专刊甲种,第 2 册,科学出版社 1956 年版,页 579),他认为"十"象征了 4 个方向。这之所以称得上是合理的解释,乃是因为甲骨文中很清楚地提到了"巫"与 4 个方向的关系。关于"巫"在商代宗教和仪式的其他实践,请参同一本书的页 575 - 578、590。陈在书中还提到了一次需要 9 只犬作牺牲的献祭。

属于某一个特定的宗教。这就如 Ilya Gershevitch 所说的,"Magi 是一种专业的教士团体,琐罗亚斯德教只是他们为了行使其职责的一种宗教形式而已,就像一位专业的音乐家为了谋生而演奏不同作曲家的作品一样……"[1] Magi 是技术专家,任何统治者都可以因为宗教仪式的需要而与 Magi 缔结契约请他们为其服务。这其实并不奇怪,东周时所写的或描述东周情况的大量中文文献表明 $m^y ag$ 几乎出现在所有的列国[2],尤其是 Magi 实际上在宗教仪式中所扮演的角色与已知"巫"的行为有着相同的方面。他们都负责释梦,进行占卜,解释征兆,吟唱圣歌与祈祷文,观察天象来预测未来事件,以及在神圣的祭坛上献祭[3] 在波斯人自己那里,统治者们要求 Magi 帮助他们完成献祭和其他宗教仪式。目前,绝大多数的权威学者——不管是古代的还是晚近的——都认为,没有 Magi 的帮助,国家必要的仪式实际上几乎就无法进行和完成。一方面是 $m^y ag$ 的信仰及其实践,另一方面是 Magi 的信仰与其实践,我们若这样平行地更详细地考察 $m^y ag$ 的作用,就能更好地理解商周两代的政治-宗教基础。

Magi 之所以有这个名字,也许是因为大家认为他们具有最高的灵性的或神秘的力量。古波斯语 $maguš$ 的印欧语系词根是 $*magh-$。它的本义是"能够、有力量"(mighty 是另外一个来自同一个词根的英语单词)。另外一个可能与 $*magh-$ 相关的印欧语系词根的意思是"战斗",并且由此引申出许多与武术活动有关的词(如希腊语的 $makesthai$[战斗]和伊朗语的 $*ha-maz-an$[勇士],从希腊语 $Aμαζων$ 来推测,其中的 ha-就是"这个"[the]的意思)。这也很容易让人想起 $*M^y ag$ "巫"(magician,也就是说,那位有能力或有权势的)和另一个古老的汉语词 $*M^y ag$

〔1〕Ilya Gershevitch, "Zoroaster's Own Contribution(《琐罗亚斯德自己的贡献》)", *Journal of Near Eastern Studies* 23,1961 年 1 月与 10 月,页 12–38(引文出自页 25)。

〔2〕参饶宗颐:《关于巫的新解释》。

〔3〕Maurice Bouisson, *Magic: Its Rites and History*(《Magic:它的仪式和历史》),G. Almayrac 译自法文(London:Rider, 1960), p.19.

"武"（"关于武术的"，现代标准普通话读为 wu）之间极其接近的相似性。[1]

暂且不论印欧语中，*magh-（能够、有力量 > 古波斯语 *Maguš*[ma-gician]）和 *magh-（战斗 > 有力量）之间以及古汉语 *M^yag*（magician）与 *M^yagχ*（武术）之间的深层联系，在西方用来象征 magicians 的古老的纹形十字架（Cross Potent[2]，也叫作条顿十字架、耶路撒冷十字架[3]和丁形十字架[Kruckenkreuz]），倒是十分值得注意的。看来，大家认为 magician 最基本的特征是他的能力，以至于象征他的符号有此名称。

鉴于我们文章的目的，纹形十字架最让人感兴趣的是它的形状与中国最早的关于"巫"（magician）的图形一模一样：它们都被画成"十"。这不可能简单地归结为纯属巧合或偶然雷同，因为"十"是一个十分明确且特殊的线条排列，它所代表的意念复合体跟商－周文明和

---

〔1〕长久以来人们都宣称，*M^yag*十（mage，巫）和 *M^yag* XX（随着音乐节拍而做出一些姿势，舞）有着一定的联系。例如，L. G. Hopkins 试图显示出 *M^yag*（mage，巫）、否定性的 *M^yag*（无）和 *m^yag*（舞）"都可以被追溯至一个人的同一的原始图像，这种图像通过手脚的姿势显示了他因为神附体（inspired）而所具有的魔术般的（thaumaturgic）力量"，见"The Shaman or Chinese Wu：His Inspired Dance and Versatile Chracter（《萨满或中国的巫：他神灵附体的舞蹈和能力多样的特点》）"，*Journal of the Royal Asiatic Society*，1945 年，页 3 – 16，引文出自第 5 页。另可参 Hopkins 早些时候的论文"The Shaman or Wu：A Study in Graphic Camouflage"（《萨满或巫：关于图像伪装的研究》，*The New China Review* 2.5，1920 年 10 月，页 423 –439）和其中的一幅插图；Hopkins 的观点来自于 Bruno Schindler，*Das Priestertum im alten China，l. teil：Königtum und Priestertum，Einleitung und Quellen*（《古代中国的教士，第 1 卷：国王和教士，序言和资料》），Leipzig：Spamer，1919，pp. 14 – 29。对于这种字位学的分析，有以下几种不同的反对意见。首先是认为它建立的基础就是错的，因为它把甲骨文中表示 *M^yag*（无）和 *M^yag*（舞）的字形——它们确实在字形上有所联系——错误地和 *M^yag*十（mage，巫）等同起来。第二种意见认为它混淆了语词和文字。在研究汉语的词源学时，音韵学必须优先于字形，因为汉语中很明显地有这样一个事实，那就是同一个字形经常被借用来书写同音异义的或近似于同音异义的词，即使它们在语义上根本毫无关系（如，*mlag*[小麦]，即，*Triticum aestivum*[此为拉丁文，意为"夏天的麦子"——译者注]和 *mlag*[来]的字形原来完全一样）。更进一步地说，汉语语言的起源比汉字的出现早了好几个世纪。因此，语言本身应该是第一位的，而字形则是第二位的；然而这个观察如此简单明了以至于经常被忘记了。

〔2〕"potent"一方面是"[纹章的十字形]T 形端的"的意思，另一方面则有"强有力的"、"有权势的"、"有效能的"等意思。——译者注

〔3〕有一种宗教性的军事组织叫作圣殿骑士团，它大概在 1118 年由十字军建立于耶路撒冷。其成员在长袍的右胸上织着一个大大的纹形十字架。有关插图，请参 12 世纪时的一份手稿，它藏于海德堡大学图书馆（Universitätsbibliothek）。关于圣殿骑士团的成员，请参 *The American Heritage Dictionary of the English Lauguage*（《美国传统英语词典》，1981）页 1325。

·欧·亚·历·史·文·化·文·库·

西方悠久的 Magic 传统中诸多观念类似。然而当"**十**"随后在中国被"巫"代替,成为 ${}^xM^yag$ 象征符号的时候,在西方这个纹形十字架却经由中世纪直到现在都一直是 magician 的象征符号(参图 2 - 5)。

纹形十字架在 magician 的召唤魔鬼与亡灵的诸多手册中显得特别突出(参图 2 - 6)。手册大都出现于 16—18 世纪,但它们却保存了许

图 2 - 5 所罗门之魔术圆环(Magic Circle of Solomon)的一例(引自 David Carroll,《魔术工:历代的魔术与巫术》,页 120)

图 2 - 6 Gerald Yorke 收藏的 Grimoire of Armadel 图像(Sigil):天使长加百列(Gabriel,引自《魔术与迷信大百科书:炼金术、魔力、梦、征兆、礼仪、符与希望》,页 235)

多古老得多的资料。[1] 约翰·迪伊(John Dee,1527—1608)是伊丽莎

　　[1]这些手册中最有影响的当属 Key of Solomon(《所罗门之匙》),它在 1456 年前后以 Clavicula Salomonis(《所罗门之钥》)为题而发行,但这可能是在 14 或 15 世纪整理成的,参见 Leslie Shepard 主编:Encyclopedia of Occultism & Parapsychology(《神秘学和通灵学百科全书》),3 卷本, Detroit:Gale Research,1984,第 2 卷,页 718b。大英博物馆所藏的《所罗门之钥》的希腊文译本据说可追溯至 12 或 13 世纪。"所罗门作为一位有能力的 magician 和异国诸神的崇拜者享有伟大的传奇性的声誉,远在主后 1 世纪犹太史学家约瑟夫斯所提到的召唤妖魔的咒语书,据称就是所罗门所写的。属于约公元 100 年至公元 400 年的 The Testament of Solomon(《所罗门之见证》,这本书与《所罗门之匙》不是同一本书)罗列了所罗门借着魔法(magic)戒指所制服妖魔的名字和他们的本领。在 13 世纪,自己也是著名 magician 的 Roger Bacon 就已知道有几部归于所罗门名下的 magical 作品;约在 1350 年,一本内容含有如何召唤妖魔的书 Le Livre de Solomon(《所罗门之书》)被教皇英诺森四世下令焚毁",见 Richard Cavendish 主编:Man, Myth & Magic:The Illustrated Encyclopedia of Mythology,Religion and the Unknown(《人、神话和 Magic:插图本神话学、宗教和未知的百科全书》),11 卷本,附有索引,New York:Marshall Cavendish,1983,卷 5,页 1181。)

　　这些手册基本内容的源远流长可以得到进一步的证明,这是因为它们受到过希伯来喀巴拉(就是犹太口耳相传关于神秘沉思[mystical speculation]的传统)强有力的影响。最重要的关于喀巴拉知识的汇编是厚重的 Zohar(《佐哈》),意即"荣耀光明之书(Book of Splendor)"。它的大部分是在 13 世纪后期的西班牙写成的,极有可能是由 Moses(生为 Shem Tov de Léon)写于瓜达拉哈拉,一座在马德里东北部的小城。值得注意的是,《佐哈》的先驱是 Sefer Yetsirah(《创造之书》,Book of Creation),大概写于公元 3 世纪至 6 世纪的某段时间。

　　这些手册的另一个古代来源是巴比伦关于占星术的传统学问,特别是那些由迦勒底人详尽阐发的材料。迦勒底人统治巴比伦将近 1 个世纪,直到他们在公元前 89 年被波斯人倾覆。最后,那些来源于公元前 4 世纪前后定居在埃及的大量希腊人的纸莎草 magical 文献可能代表着这些手册最重要的早期文本基础。这些文献也是《喀巴拉》的重要来源。请参 GershomScholem, Kabbalah(《喀巴拉》),New York:Dorsett, 1987, p.18。内容比较充实的希腊纸莎草 magical 文献完成于公元 3 世纪晚期至 5 世纪,但是其中小一些的文本(text)可追溯至 2 世纪。古典(希腊,罗马)文献的学者阿瑟·达比·诺克认为,长一些的文本实际上是职业 magician 所用的手册,而短一些的是专门设计的,为了卖给那些有特殊原因和在特殊场合的非专业人员。请参:"Greek Magical Papyri(《希腊的纸莎草 magical 文献》)",The Journal of Egyptian Archaeology, 15 期(1929 年),页 219 -235,尤其是页 220。在这些希腊纸莎草 magical 文献里的标志符号中,纹形十字架显得十分突出,特别是像手册中时常出现的那样的圆头(Pomee)的种类,在各端是球形而不是条状,也常常倾斜着。相关例子,请参 Karl Preisendanz 主编并翻译的 Papyri Graecae Magicae:Die Griechischen Zauberpapzri(《希腊的纸莎魔术文献:希腊的纸莎草魔术文献》),Sammlung Wissenschaftlichen Commentare,2 卷本,1928—1941 年;修订本 Stuttgart:B. G. Teubner,1973—1974 年,卷 2,页 140、170 - 171。相关的优秀简介,请参 B. R. Rees 所撰写的文章,引自 Cavendish 主编的 Man,Myth & Magic(《人、神话和 Magic》)卷 6,页 1689 - 1691。

·欧·亚·历·史·文·化·文·库·

白时代最有名的人之一,他有一个大图章,上面刻着数十个"十"。[1]迪伊是一位哲学家、数学家、技术专家、古文字收藏家兼研究者、炼金术士和占星家,但他首先是位 magician。纹形十字架还非常显眼地出现在伦勃朗为一位 magician 所做的蚀刻画(大约作于 1632 年)中,这幅画后来一直被用作歌德《浮士德》的插图。[2]

古波斯语 *maguš* 和古汉语 **M^γag* 在音系学和语义学上的类似,对于说明商 - 周杰出的宗教专家和 magi 的相互同一来说已经是一个有说服力的证据。如果我们再加上周原两件高加索或欧罗巴人种人头像的发现,那么,*maguš* 和 **M^γag*(巫)的相互等同就变得难以否认了。

但是从中国文明整体发展来看,我们将如何解释和说明这种明显的跨文化交流呢?在过去的几十年间,有这样一种看法——有时甚至表达得特别激情澎湃——认为中国文明基本上是在其他文明之外独立地发展起来的。[3] 假如"巫"真的处于商代政治 - 宗教活动和社会机制的中心,那么这个立场就会站不住脚了。

如果像"巫"这样似乎在商代朝廷身居要职的人与印欧语系民族有关系的话,要是没有其他类似关系的例子,这就会显得十分奇怪。虽然现在还不是充分讨论这个话题的适当时候,但我相信,有大量的语言学证据表明,至少从新石器时代晚期起,中国就与印欧文化有所交

---

〔1〕迪伊的图章现在保存在大英博物馆(编号是 Sloan MS 3188, fol. 30)。另可参 Francis King, *Magic: The Western Tradition*(《Magic:西方的传统》,London: Thames and Hudson, 1975)中的曼陀罗式的插图 15。16、17 世纪复杂难解的 magical 示意图都突出介绍纹形十字架,它对于那些在运用手册中所描述的密传实践的人来说,是有防护性的设计。参 King, *Magic: The Western Tradition*, 插图 37。这也与上帝(God)的各种名字和其他象征力量符号密切相关,参 King, *Magic: The Western Tradition*, 插图 6、9 – 13。

〔2〕King, *Magic: The Western Tradition*, 插图 36。

〔3〕这种观点的典型来自于何炳棣的 *The Cradle of the East: Inquiry into the Indigenous Origin of the Techniques and Ideas of Neolithic and Early Historic China*(《东方的摇篮:新石器时代和早期历史上的中国技术和观念的本土起源探索》,香港中文大学出版社 1975 年版)。

流,这种交流直到现在也没有中断过。[1] 我不断积累的研究笔记中包括了上百或多或少都有点明显的古汉语和原始印欧语或其派生语之间的借词,这些借词很准确地集中在我们所预料的那些为跨文化交流所影响的人类活动的不同领域(技术、动物饲养、手工艺和政治宗教的机制与观念),而不是集中在那些基本的词汇上(数字,原色,身体的主要部分,称呼亲属的用语,表示"我"、"你"、"他"的词等等)。

我们应该记住这点:并不是所有的交流都是由西到东的,而是从很早以前就开始的交流是双向的。例如,在位于霍赫米歇勒(Hochmichele)和霍赫多夫(Hochdorf[埃伯丁根,Eberdingen])的凯尔特人墓葬就发现了中国丝绸,它属于公元前 6 世纪欧洲的霍尔斯塔特(Halstatt)文化。在雅典的凯拉美科斯(Kerameikos)坟墓中也发现了相近年代的丝绸。[2] 更早的是在大夏北部的萨帕利 - 泰佩(Sapalli-tepe)地方,4 个坟墓中的丝绸已被识别为公元前 2000 年左右的用来遮盖身

　　〔1〕Robert Shafer:欧亚大陆的 Eurasial,in *Orbis* 第 12 期(1963 年),页 19 - 44。另参他的另外一篇论文:The Eurasial Linguistic Superfamily(《欧亚大陆的语言总科》),in *Anthropos* 第 60 期(1965年),页 445 - 468;以及 Edwin G. Pulleyblank:Prehistoric East-West Contacts Across Eurasia(《史前东西方横跨欧亚大陆的交流》),*Pacific Affairs* 47.4 (1974 — 1975), pp.500 - 508。迄今为止,最全面地表述印欧人对中国文明形成影响的是张聪东(Chang Tsung-tung)的 Indo-European Vocabulary in Old Chinese:A New Thesis on the Emergence of Chinese Language and Civilization in the Late Neolithic Age(《古汉语中的印欧词汇:一种关于新石器时代晚期中国语言和文明出现的新论点》),in *Sino-Platonic* 第 7 期(1988 年 1 月),共 56 页。张氏现在正在写一本书,在这本书里,他会大大扩展对这个问题的论述。
　　〔2〕原注 38,这个信息来自于伯纳德·韦尔斯(Bernard Wailes)的《过去的世界》,页 190。

体的衣物[1];而在前苏联境内中亚细亚发现的丝绸可追溯至公元前16世纪[2]。这些发现激励我们广泛地考察古汉语(*$s^ɔo[g]$)和印欧语用来表示丝绸的词[3]。但是,如果接受这种说法,必须假定丝绸的实物和名称都通过同一种类型的操伊朗语的人们而被整个广袤的亚洲大陆所理解和接受,就像这些居住于亚洲心脏地带的人们在几个世纪以后所做的那样。然而,奇怪的是阿维斯坦(Avestan)语中没有一个指定"丝绸"的同根词。

马车是另外一个东西方进行这种交流的重要例子,关于它有确实的考古证据来证明语言学上的材料。据我了解,现在几乎所有的专家都同意以下这么一点,那就是在公元前12世纪的商代墓葬中所发现的马车与断代为公元前15世纪高加索出土的马车共有着同样的技术。[4] 不仅仅是马车这样具有革命性的和复杂的技术需要引入一些新词汇,马车所引起的一系列社会的和制度的变化,也需要一些新词来应付。在这里,我仅仅是想简单地讨论一下古汉语中用来描述马车

---

〔1〕Philip L. Kohl, *Central Asia:Paleolithic Beginnings To the Iron Age*(《中亚细亚:从旧石器时代的开始到铁器时代》),Paris:Éditions Recherche sur les Civillisations, 1981, p.155。在 157 页,科尔强调指出在萨帕利 – 泰佩也发现了粟,并暗示这可能表明了此处的青铜时代与东方有所联系。我要感谢 Barbara Stephen 帮助提供这个注解。

〔2〕Colin Campbell 在《纽约时报》(周刊)发表的文章,1986 年 2 月 17 日,页 10。得到这个注解,我要感谢夏含夷的帮助。另可参最近由李希光所做的报导,见《人民日报》海外版,1990 年 8月 22 日。

〔3〕希腊语叫 σηρικν,拉丁语 *sericum*,意大利语 *seta*,西班牙语 *seda*,古爱尔兰语 *sila*,威尔士语 *sidan*,布列塔尼亚语 *seiz*,古挪威语 *silki*,古高地德语 *sida*、*serih* 或 *silecho*,立陶宛语 *šilkai*,列托(Lettic)语 *zids*,古教会斯拉夫(Slavonic)语 *šelku*,等等;试比较朝鲜语 *sir*、满语 *sirghe* 和蒙古语 *sirkek*。

〔4〕Edward L. Shaughnessy(夏含夷),"Historic Perspectives on the Introduction of the Chariot into China(《马车引入中国的历史视角》,*Harvard Journal of Asian Studies* 第 48 期[1988 年 6 月],页189 – 237)"和"Western Cultural Innovations in China,1200 B. C.(《公元前 1200 年中国的西方文化》,收入 *Sino-Platonic Paper* 第 11 期[1989 年 7 月],共 8 页)"。

自身的词,即"车"(< *klʸag[1]),它更直接的意思是"有轮的交通工具"(wheeled vehicle)。

"车"字的发音 *klʸag 有两个软腭音和一个 *l,这暗示着它与印欧语的 *kʷékʷolo-(wheel)[2] 有一定的联系。*kʷékʷolo- 也有两个圆唇软腭音和 *l。在吐火罗(Tocharian)语 B 方言 kokale 和吐火罗语 A 方言 kukäl 之中,也许更可能在这两个方言的母语——我们可以称之为原始吐火罗语——中,这个词已经有了马车的意思。按道理,这个被借入汉语的词应该来自某种原来有圆唇软腭音而后来发这种音的时候不用圆唇的语言。既然吐火罗语在较晚的时候是这么做的,这种语言似乎不是合适的来源。[3] 印度 - 伊朗语很早就发圆唇软腭音时唇化消失。考虑到那些在中亚细亚居优势地位的群体很可能就是这种新设备的传播者,伊朗语似乎就是其来源。那个在阿维斯坦语中被证实的词干是 *caxra-(轮子 wheel),但是后来诸多伊朗语系语言的辅音的音位都有所变化。例如,相关的法尔斯(Farsi)语的单词是 caerx,奥塞梯语的单词则是 calx(这里的 c 按国际音标发音为 ts,但是按常规来说它反映的

_____

〔1〕这个音标转写的词头音 *k 可理解为送气音,而 *l 则有可能是 *r。同样地,在 *Mʸag 中,最后的那个软腭音有无也可能会有争议的。但是这两种调整都不排斥我正提出的印欧语与古汉语关于表示"magician"和"wheel[ed] vehicle"的单词之间的关系。只要印欧语和古汉语之间的呼应是有固定规律的,那么它们之间的差异就可以归结为音位结构上的限制。然而,关于古汉语的重构目前还是如此粗糙,令人感到沮丧。这就让把用拼音文字书写,古音重构得比较准确的语言和古代汉语加以联系这个工作变得尤其迫切。当然,因为历史语言学(在原则上)是归纳的,所以必不可少的乃是改进重构汉语的整个系统,以使得这些重构能够既有不断增长的精确性,又有内在的一致性。

〔2〕Томас Гамкрелндзе(Tomas Gamkrelidze)和 Вячеслав Иванов(Vyachyslav Ivanov)已经注意到印欧语的 *kʷékʷolo-与苏美尔(Sumerian)语 gigir、闪米特(Semitic)语 *galgal-和卡特弗里安(Kartvelian)语(也就是外高加索语)的 *grgar 中表示 vehicle 的词类似,并且暗示从有轮的交通工具发明时的公元前 4000 年左右起,操印欧语的人们就可能与持这些语言的群体有了接触。参 Mallory, Indo-Europeans(《印欧人》),p.163.

〔3〕George Sherman Lane, "The European Labiove in Tocharian(《吐火罗语中印欧语系的圆唇软腭音》)",载于 Hans Hartmann 和 Hans Neumann 主编的 Indogermanica:Festschrift für Wolfgang Krause(《印度日耳曼语系:Wolfgang Krause 纪念文集》),Heidelberg:Carl Winter, 1960, pp.72 - 79,尤其是页 72 和页 75;Rudolf Normier, "Tocharisch nkät/nakte 'Gott'(《吐火罗语中的"上帝"》)",载于 Zeitschrift für Vergleichende Sprach forschung 第 94 期(1980),页 251 - 281,尤其是页 263。

是更古老的伊朗语的 $^*c$[1]）。现在居住在高加索北部斜坡上的奥塞梯（Ossetian）人——好像是中国马车的来源——肯定是中世纪亚兰（Alans）人的后裔,他们也有可能就是古代斯基泰人的一支。斯基泰人这支伊朗语系的群体非常有可能在公元前 1200 年左右就到达了中国边境。[2] 在讨论完 $^*M^{y}ag$ 的印欧语系前在词之后,我将回来讨论 $^*kl^{y}ag$- 的语音体系。

从波科尔尼编的《印度日耳曼语系词源辞典》（能够、有能力、帮助）的相关词条出发,我们可以追本溯源,推断出 $^*M^{y}ag$ 这个汉语借词来自于古伊朗语而不能来自于印欧语系的其他语种。[3] 那儿列出了数十个不同的印欧语的反映形式（reflexes）,其中只有古波斯语的单词 $^*magu\check{s}$ 才有 magician 的意思（这种意思来自于带后缀 $^*magh-u$ 的伊朗语）；而其他所有的反映形式要么是表示“能够”的动词,要么是表示“力量”、“有力量的”所引申出来的名词或形容词,如此等等。因此,magician 这个意思肯定是在伊朗语内发展起来的,不可能追溯至原始印欧语。这恰好符合我们从历史上和圣徒传上所了解的关于琐罗亚斯德及其同伴的知识,他们是巫术活动（matters magical）的创新者。随之而来的结论是,汉语所借入的这个词的来源应该是伊朗语而不是其他语言。

我们已经知道 Magianism 的早期发展历史支持这个结论,也就是说 Magianism 纯粹是伊朗的发明。梵语中从古波斯语借入的表示 ma-

---

〔1〕Wsewolod Miller, "Die Sprache der Osseten: Grundriss der iranischen der Philologie（《奥塞梯人的语言：伊朗语文学大纲》）", Wilhelm Geiger 和 Ernst Kuhn 主编,第 1 卷的附录, Strassburg: Karl J. Trübner, 1903,页 26。

〔2〕关于吐火罗语中的原始奥塞梯语借词,请参 Werner Winter, "Baktrische Lognwörter in Tocharischen（《吐火罗语中的大夏语借词》）", 载于 Robert Schmitt-Brandt 主编, Don Indogermanicum : Festgabe für Anton Scherer（《德努姆印度日耳曼语系：Anton Scherer 纪念论文集》）, Heidelberg: Carl Winter Universitätsverlag, 1971, pp. 217 – 223；东欧语里的原始奥塞梯语的借词,可参 V. I. Abaev,《Историко-Эмтнологическцц Слоьарь Осетичкоэо Языка〔Istoriko-Etimologicheskii Slovar' Osetinskogo Yaz'ika〕》（《奥塞梯语历史 – 词源学辞典》）,3 卷本, Moscow and Leningrad: Академия Наук СССР, 1958—1973 年。

〔3〕Julius Pokorny, Iudogermanisches etymologisches Wörterbuch（《印度日耳曼语系词源辞典》）, 2 卷本, Bern and Munich: Francke, 1959—1969）,卷 1,页 695。

gian 的单词 *maga*,也为这个结论增添了几分可靠性。梵语的专门辞典把 maga 定义为"太阳的教士"(a priest of the sun),而且指出这些传教士也可以叫作 Sakadvipins,就是来自包括伊朗在内的 Sakadvipa 或中亚细亚的人。Sakadvipa 意为"塞人的土地"。"塞"是和田人(Khotanese)的祖先的族名(ethnonym),并且和 Scyth 一词相关。再一次,我们发现自己置于伊朗人的影响范围,他们在中亚细亚作为"文化的中间人",最卓越地发挥了长达数千年的作用。

从原始印欧语的 *magh-* 到古汉语的 *$^*M^y ag$* 的途径可能有以下几个步骤:(1)原始印欧语有一个意思是"能够"的动词 *magh-*;(2)古代伊朗人通过正规的本土语言学习继承了这个动词;(3)伊朗人构造出一个派生词 *maghu* 或 *maguš*(magician,也就是一个"有能力的人"[宗教仪式方面的专家]);(4)一些操伊朗语的个人,他们当中可能有几个有能力的 mages,来到了中国的边境各地;(5)中国的统治者们对他们的技术印象十分深刻,以至于谋求这些外来者的辅助,并且借用 *maghu* 或 *maguš* 而有了 *$^*M^y ag$* 字(于是汉语这个单词的意思就这样产生了)。

古汉语 *$^*M^y ag$* 是来自于古波斯语(更精确地说是其伊朗语系的前身)mag 的借词这个假设有着考古学和语言学的证据,这些证据本身就足以让人印象深刻。当增加了关于古汉语的 *$^*kl^y ag$*(或 *$^*kr^y ag$*)借自于古伊朗语的 caxra-(或其某一派生语词)的考古学和语言学证据之后,我们可以说是进入了一个完全不同的讨论层面。两个伊朗语单词(即 *caxra-* 和 *caerx*)在音节的根音上都有短 a,而古汉语的 *$^*kl^y ag$*(或 *$^*kr^y ag$*)和 *$^*M^y ag$* 两个词则在相应的位置上都有 *$^y a$*。换句话说,有一套很一致的发音模式联系着这些借词。因此,关于 magician(巫)和 chariot(马车)的假说可以说是相互支持的。这语音体系的一致性不大可能是偶然发生的结果,而更可能是反映了可以在时空中能找到其坐标的一系列特殊的和建立在相当统一基础上的历史事件。这样,我们就从假说的领域进入到了理论上可以证实的规则的领域。这里,确定的论据可能还是非常有限,但这毕竟是一个可靠的开始。因为 *$^*M^y ag$* 和 *$^*kl^y ag$* 两个假说的相互效力,以后关于古汉语及其与其他语言关系的探

·欧·亚·历·史·文·化·文·库·

索和研究就有了一个更加坚实的基础。

　　我已经可以把古汉语用来表示"车"的各个部分的词,"马"、"牛"和"花斑牛"(这里仅仅是举几个例子),与特定的印欧语单词等同起来。而且,我还打算在不久的将来提交我在这些及与其相关的事情上的发现。与此同时,我希望,在这里提供的关于古汉语 $^*M^\prime ag$ 和印欧语 magician 的考古学、语言学、古文书学和历史学的综合信息能够使研究早期中国文明的学者们相信,东西方的交流在历史的黎明时期就已经发生了,而且这种交流是真实的,并非是无足轻重的。

附录:外语单词说明[1]

　　Achaemenid Kings:阿契美尼德王朝诸王,此王朝是由阿契美尼德氏族建立的古代波斯王朝。公元前550年,居鲁士二世征服米太,建立波斯帝国;公元前4世纪国势衰微;公元前330年为马其顿王亚历山大大帝所灭。

　　Akkadian:或译为阿卡得语、亚克得语;这个单词也有"苏美尔语"的意思,而阿卡德语则又是由它发展而来的。

　　Alans:或译为阿兰人,原定居于俄罗斯南部和黑海地区的非日耳曼民族,一部分在409年迁入西班牙。

　　Anatolia:或直译为安纳托利亚,这是小亚细亚的旧称,而不是指现在土耳其的亚洲部分。

　　Aramean:亦作Aramaean,或译为阿拉米人。闪族游牧民,公元前1500年左右进入叙利亚边缘地带,后进入内地,他们的语言被广泛采用。在"巴比伦之囚"(公元前586年左右)之后,阿拉姆语在犹太人中间代替了希伯来语,耶稣基督传讲福音时用的就是这种语言。《圣经》中的有关记载请参《列王纪·下》18:26,《以斯拉记》4:7,《但以理书》2:4,《使徒行传》21:40、22:2等。

　　Aryans:雅利安人,泛指印欧语系各族人民;特指公元前2000年前

后期从西方或西北方侵入印度河流域的印欧语系民族的一支。Soma,
梵文,苏摩,一种蔓草,可制成酒。古代印度常以此酒来祭神,以为神会
悦纳,故又称为甘露(Amrta);另,苏摩还是婆罗门教的酒神名。

Bactrians:或译为巴克特里亚人,居住在兴都库什山脉与奥克苏斯
河之间的古代伊朗人。

Behistun Inscription:或译贝尔希斯顿铭文,石刻浮雕,位于伊朗克
尔曼沙阿城东30公里的贝尔希斯敦村附近,故名。

Celtic:Celt,凯尔特人,或译为克尔特人、塞尔特人。公元前1000
年左右居住于莱茵河以东的中欧地区的部落集团。后广泛分布在从
不列颠群岛和西班牙到小亚细亚的辽阔地区。现在的高地苏格兰人、
爱尔兰人、威尔士人和布列塔尼亚人(居住于法国布列塔尼亚半岛,亦
称为阿尔摩利卡人[Armorican])大都属于凯尔特人的后裔。

Chaldean:或作 Chaldaean。迦勒底人是古代闪米特人中阿拉姆人
的一支,最初占领两河流域的下游平原,公元前10世纪左右成为巴比
伦王国的统治者,其语言亦称为新巴比伦语。《圣经》中关于它的记载
请参《创世记》11:28,《列王纪·下》24:2,《以斯拉记》5:12,《以西结
书》23:14—16,《但以理书》1:4,等。

Dasas:梵语,或作 Dasa,指的是非雅利安人的原住民,后渐有"奴
隶"之意。详参季羡林:《季羡林学术论著自选集》,北京师范学院出版
社1991年版,页465。

Ethiopians:埃塞俄比亚人,来自于古希腊人在神话中"埃塞俄比"
(Aithiopes)的称呼,被描述为肤色黑、居住在南方很远的地方。

Elamite:埃兰人(或译埃兰米特人、伊拉姆人)的语言。

Elam:古代国家,位于美索不达米亚东部的山区,有关情况目前还
知道得很少。

Evenki:或作 Evengki,或译为鄂温克。

Ferghana:大部在乌兹别克东部,局部在塔吉克斯坦和吉尔吉斯斯
坦境内。

Halstatt culture:或译为哈尔斯塔特文化,中欧和西欧的早期铁器

时代文化,因位于今奥地利萨尔茨堡东南的霍尔斯塔特遗址而得名。主要分布于今波兰西部、奥地利和南斯拉夫、法国等地。年代一般确定为公元前 750 年至公元前 450 年。该文化的居民属凯尔特人,一般以它为凯尔特铁器时代文化的第一阶段,而其后的拉特奈文化为第二阶段。

Haoma:又作 Hom、Homa,豪麻草,琐罗亚斯德教宗教仪式中所使用的一种藤本植物。据说,从豪麻草的叶中榨出的汁水具有酒香,而且有使人兴奋和麻醉的作用。在许多仪式中 Magi 需饮用它,而且榨取和饮用都有特定的仪式。另外,豪麻草本身也被尊为神圣而为崇拜对象之一。

Huns:一个起源于中亚的游牧民族,5 世纪时势力一度发展到顶点,占据了中欧和西欧的大部分,甚至连罗马帝国也被迫纳贡。但此民族是否就是中国历史上的匈奴人还有争议,故或译为匈人。

Hurrians:或译为胡里安人、胡利人,指的是公元前 1500 年左右居住在美索不达米亚北部、叙利亚和小亚细亚东部的非闪米特人。

Ionians:爱奥尼亚人。爱奥尼亚,小亚细亚西岸中部的古称。

Karasuk:指的是卡拉苏克文化,它是南西伯利亚、鄂毕河上游和哈萨克斯坦的青铜时代晚期文化,年代约为公元前 2000 至公元前 1000年初。关于其起源与人种,目前学界尚无共识,但一般都认为该文化与外贝加尔、蒙古、中国北方草原地带和伏尔加流域的青铜文化关系密切。

La Téne Ⅲ:拉特奈文化的第三个时期。拉特奈或译为拉登。拉特奈文化是西欧和中欧早期铁器时代的文化,得名于瑞士西部纳沙泰尔湖畔的拉特奈遗址,主要分布在今天的英、法、奥地利等国,年代大约为公元前 5 世纪中叶至公元前 1 世纪末。它代表了凯尔特铁器文化的第二阶段,直接从哈尔斯塔特文化发展而来,后被罗马文化所取代。

Levant:指地中海东部地区,即包括叙利亚、黎巴嫩等在内的自埃及至希腊的广大地区。

Lydians:吕底亚人。吕底亚,公元前 7—6 世纪小亚细亚西部一古代王国,以其富庶及奢华闻名。

Mandala:梵文,佛教名词,或音译"曼陀罗"、"曼荼罗"、"满如/手啰",意译为"坛"、"坛场"。密教修"密法"时为防"魔众"侵入,在修法处划一圆圈或建以土坛,有时在上面还画上佛、菩萨,事毕画像即废。一般把划为圆形或方形的修法处称为曼陀罗。修法者认为此处充满佛和菩萨,故又名"聚集"或"轮圆具足"。另外,中国、日本等地把佛、菩萨像画在纸帛之上,这也称为曼陀罗。也请注意 Mandra 也被通译成"曼陀罗",这是南朝时的梁代僧人,来自扶南国(今柬埔寨);这名字还被音译为"弱声",被称为"曼陀罗仙"。

Media:或译米底、米底亚,都城为埃克巴的伊朗古国,其国民被称为 Medes。有关《圣经》记载请参《列王纪·下》17:6、18:11,《以赛亚书》13:17,《耶利米书》51:28,《但以理书》5:28、11:1 等。

Namazga culture, Late:应该指的是 Namazga IV—VI culture,即纳马兹加 4—6 期文化,它是土库曼斯坦境内 1949 年开始系统挖掘的青铜时代文化遗存,年代约公元前第三个千年中叶至公元前第二个千年下半叶。

Parthia:古代伊朗王朝,中国史书称其创始人为"安息",故名。安息王朝最初建立于帕提亚地区,即今土库曼斯坦南部和伊朗东北部,故又名帕提亚王朝。公元前 247 年独立于塞琉古王朝;公元前 1 世纪起,与罗马帝国多次发生战争;公元前 1 至公元 2 世纪,成为中国与西亚贸易、交通(丝绸之路)的要冲;公元 226 年,为波斯的萨珊王朝所灭。另,其种族据说是斯基泰人。

Persepolis:波斯波利斯,古波斯帝国的都城之一,其废墟在今伊朗西南部设拉子东北约 42 公里。帕尔萨(Parsa)为其别称,或译为伯尔萨。今名为塔赫贾姆希德,意为"贾姆希德的宝座"。

Sakas:波斯语,或译为塞种人、萨卡人、塞迦人。古代泛指东南欧草原或伊朗高原北部草原上的各种游牧民族。

Scythians:或译为斯基台人、塞西亚人、徐西亚人、锡西厄人、斯奇提亚人。关于斯基泰文化的理解和其文化的分布范围,学界目前尚无定论,一般认为斯基泰文化指的是公元前 7 世纪至公元前 3 世纪黑海北岸斯基泰人早期铁器时代的文化。这一词来自于古希腊人的称呼,最早见于希罗多德等人的著作。在古典文献中,"斯基泰"一词的含义不甚确定:在地理上,一般指的是黑海北岸从多瑙河河口到顿河河口的广大草原地带;在政治上,指的是这个地区的斯基泰王国;但在民族上,除了这个地区的居民以外,具有相似风俗和生活习惯的民族,包括古代波斯文献中的 Sakas(即中国古典文献中的"塞种")在内,也都被称为"斯基泰人"。

Sogdians:索格底亚纳人,或译为索格底人、粟特人,居住于古代波斯帝国的索格底亚纳省,今位于前苏联境内的布哈拉地区(Bukhara)。

Steppe culture:这里的草原应该特指从西边的东南欧直到东面的西伯利亚大草原。

Talmud,Talmudic:原意为"教学",是犹太教关于宗教、生活和道德的口传律法集,故又称口传《托拉》;为犹太教仅次于《圣经》的主要经典。

Templars:或作 the Order of Knights Templars,圣殿骑士团。它可能首先是两个法国骑士为了保护在耶路撒冷的圣墓和朝圣者而发起建立的,因建立于所罗门圣殿附近而得名。

Tocharians:一个文化高度发达的、大概有欧洲血统的民族,他们在公元第一个 1000 年居住在中亚细亚,直到这地方被维吾尔族所占领。

Tungusic:通古斯人,一个属于蒙古人种的民族,大概与广泛分布在西伯利亚东部的满族有关,包括许多仍旧在游牧着的民族。但一般认为这个概念主要还是一个语言学概念。

Turkestan:这里不是用作国家名,而是许多外国人沿用已久的对里海以东广大中亚地区的称呼。现学界多译为突厥斯坦。

Urartian:乌拉尔图人。他们自称其国家是毕亚伊那国,可能是公元前第二千年活动于凡湖地区的胡利安人的后代;Urartu,乌拉尔图,公元前 9 世纪至公元前 6 世纪西亚凡湖地区古老而强大的王国,公元前 8 世纪战败亚述后臻于极盛,约公元前 593 年为新兴国家米太所灭。

Wu-sun：或作 Usun，古代中亚的一个游牧民族，据说其人金发碧眼。

Zarathustra：或译查拉图斯特拉，另或作 Zoroaster，约公元前 7 至前 6 世纪，古代波斯宗教的改革者，琐岁亚斯德教的创始人。

Zorathustrian religion：中国史称"祆教"、"拜火教"，等。流行于中亚的宗教，由琐罗亚斯德在公元前 6 世纪创立于波斯东部的大夏，以后发展到波斯各地。又因所崇拜的善神阿胡拉·玛兹达（波斯文 Ahura Mazda，希腊文 Ormazd，故又称奥尔穆兹德）而被称为玛兹达教（Mazdeism 或 Mazdaism）。相关的中文著作请参《祆教史》（龚方震、晏可佳著，上海社会科学院出版社 1998 年版），其中附有大量参考书目。

引用文献

Scarre C. Past World：The Times Atlas of Archaeology（《过去的世界：考古学的泰晤士地图集》）[M]. Hammond：Maplewood，1988.

Abaev V I. Исторнко-Эмтнолоческцц Слоьарь Осетичкоэо Языка（《奥塞梯语历史 - 词源学辞典》）[M]. Moscow and Leningrad：Академия Наук СССР，1958—1973.

Akurgal E. Urartäische und Altiranische Kunstzentren（《乌拉尔图和古伊朗的艺术中心》）[M]. Ankaka：Türk Tarih Kurumu Basimevy，1968.

Benveniste E. Les mages dansl' ancien Iran（《古代伊朗的 mages》）[M]. Publications de la Société des Études Iraniennes：15. Paris：Librairie Orientale et Américaine G. — P. Maisonneuve，1938.

Bouisson M. Magic：Its Rites and History（《Magic：它的仪式和历史》）[M]. London：Rider，1960.

Boyce M. History of Zoroastrianism（《琐罗亚斯德教史》）[M]. Leiden，Köln：Brill，1975 — 1982.

Burrow T. The Proto-Indoaryans（《原始印度雅利安人》）[J]. Journal of Royal Asiatic Society，1973.

Buttrick G A. The Interpreter's Dictionary of the Bible：An Illustrated

Encyclopedia(《圣经诠释词典图录》):3 [M]. Nashville:Abingdon Press,1993.

Cavendish R. Man, Myth & Magic:The Illustrated Encyclopedia of Mythology,Religion and the Unknown (《人、神话和 Magic:插图本神话学、宗教和未知的百科全书》) [M]. New York:Marshall Cavendish,1983.

Chang T T(张聪东). Indo-European Vocabulary in Old Chinese:A New Thesis on the Emergence of Chinese Language and Civilization in the late Neolithic Age(《古汉语中的印欧词汇:一种关于新石器时代晚期中国语言和文明出现的新论点》)[J]. Sino-Platonic,1988,7.

Dummelow J R. A Commentary on the Holy Bible by Various Writers (《不同作者的圣经注释》)[M]. New York:Macmillan,1936.

Eliade M:Shamanism:Archaic Techniques of Ecstasy(《萨满教:古代的降神术》)[M]. Princeton:Princeton UniversityPress,1964.

Flon C. The World Atlas of Archaeology(《考古学的世界地图集》) [M]. New York:Portland House,1988.

Gershevitch I. Zoroaster's Own Contribution(《琐罗亚斯德自己的贡献》)[J]. Journal of Near Eastern Studies,1961,23.

Gnoli G. Zoroaster's Time and Homeland:A Study on the Origins of Mazdeism and Related Problems(《琐罗亚斯德的时代和家园:关于玛兹达教起源及相关问题的研究》)[M]. Naples:[S. n.]:1980.

Godley A D. Herodotus(《希罗多德》)[M]. Cambridge:Harvard University Press,1957.

Hentze C. Funde in Alt-China:Das Welterleben in älstestern China, Sternstunden der Archäologie(《古老中国的发现:古代中国的世界生活,考古学的幸运时刻》)[M]. Göttingen:Musterschmidt,1967.

Hopkins L G. The Shaman or Chinese Wu:His Inspired Dance and Versatile Chracter(《萨满或中国的巫:他神灵附体的舞蹈和能力多样的特点》)[J]. Journal of the Royal Asiatic Society,1945.

Hopkins L G. The Shaman or Wu：A Study in Graphic Camouflagc（《萨满或巫：关于图像伪装的研究》）［J］. The New China Review，1920,2(5).

Keightley(吉德炜). Sources of Shang History：The Oracle-Bone Inscriptions of Bronze Age China(《商代历史的资料：中国青铜时代的甲骨文》)［M］. Berkeley：University of California Prcss,1978.

Keil C F,Delitzsch F. Commentary on the Old Testament in Ten Volumes(《十卷本旧约注释》)［M］. Michigan：William B. Eerdmans,1978.

King F. Magic：The Western Tradition(《Magic：西方的传统》)［M］. London：Thames and Hudson,1975.

Kohl P L. Central Asia：Paleolithic Beginnings To the Iron Age(《中亚细亚：从旧石器时代的开始到铁器时代》). Paris：Éditions Recherchesurlcs Civillisations,1981.

Lane G S. The European Labiove in Tocharian(《吐火罗语中印欧语系的圆唇软腭音》)［M］//Hartmann, Neumann. Indogermanica：Festschrift für Wolfgang Krause(《印度日耳曼语系：Wolfgang Krause 纪念文集》). Heidelberg：Carl Winter,1960.

Lindtner C. A Green Leaf：Papers in Honour of Professor Jes P. Asmussen(《一片绿叶：热斯·P·阿斯木桑纪念文集》)［M］. Leiden：E. J. Brill,1988.

Mallory J P. In Search of the Indo-Europeans：Language, Archaeology and Myth(《探索印欧人：语言、考古学和神话》)［M］. New York：Thames and Hudson,1989.

Messina G. Der Ursprung der Magier und die zarathustriche Religion(《Magier 的兴起和琐罗亚斯德教》). Roma：Pontificio Istituto Biblico,1930.

Minns E H. Scythians and Greeks：A Survey of Ancient History aud Archaeology on the North Coast of the Euxine from the Danube to the Caucusus(《斯基泰人和希腊人：关于从多瑙河到高加索的黑海北岸地区的

古代历史和考古学之概况》)［M］. Cambridge：Cambridge University Press,1913.

Moulton J H. Early Zoroastrianism(《早期琐罗亚斯德教》)［M］. London：Williams and Norgate,1913.

Nock A D. Essays on Religion and the Ancient World(《关于宗教和古代世界的论文集》)［M］. Oxford：Clarendon Press,1972.

Normier R. Tocharisch nkät/nakte"Gott"(《吐火罗语中的"上帝"》)［J］. Zeitschrift für Vergleichende Sprach forschung,1980,94.

Olmsted G S. Gundestrup Cauldron：Archaeolorgical Context, the Style and Iconography of Its Portrayed Motifs, and Their Narration of a Gaulish Version of Tain Bó Cúailnge(《贡德斯特鲁普大锅：它的考古学环境,关于它上面刻画主题的样式和图像学,以及它们对 TainBóCúailnge［这是爱尔兰最有名的古老叙事诗。抢劫牛群是这首诗的主题］一个高卢底木的叙述》)［M］. Brussels：Revues d'Études Latines,1979：Collection Latomus 162.

Parpola A. Thc Coming of Aryans to Iran and India and the Cultural and Ethnic Identity of the Dasas(《雅利安人的进入伊朗与印度和非雅利安人的文化与种族身份》)［J］. Studia Orientalie,1988,64.

Pokorny J. Indogernmanisches Etymologisches Wörterbuch(《印度日尔曼语系词源辞典》)［M］. Bern and Munich：Francke,1959—1969.

Preisendanz K. Papyri Graecae Magicae：Die Griechischen Zauber- papzri,Sammlung Wissenschaftlichen Commentare(《希腊的纸莎魔术文献：希腊的纸莎草魔术文献》)［M］. Stuttgart：B. G. Teubner,1973—1974.

Pulleyblank E G. Prehistoric East-West Contacts Across Eurasia(《史前东西方横跨欧亚大陆的交流》)［J］. Pacific Affairs,1974 — 1975,47(4).

Ross A. Pagan Celtic Britain：Studies in Iconography and Tradition(《异教的凯尔特人的不列颠：关于图像学和传统的研究》)［M］. New

York:Columbia University Press,1967.

Sarianidi V. Where Was Zoroaster Born? (《琐罗亚斯德出生在哪里?》)[J]. Sputnik,1990,3.

Schindler B. Das Priestertumimalten China, e. teil: Königtum und Priestertum,Einleitung und Quellen(《古代中国的教士,第 1 卷:国王和教士,序言和资料》)[M]. Leipzig:Spamer,1919.

Scholem G. Kabbalah(《喀巴拉》)[M]. New York:Dorsett,1987.

Schucssler. A Dictioary of Early Zhou Chinese(《西周汉语辞典》)[M]. Honolulu:University of Hawai'i Press,1987.

Shafer R. The Eurasial Linguistic Superfamily(《欧亚大陆的语言总科》)[J]. Anthropos,1965:60.

Shaughnessy E L(夏含夷). Historic Perspectives on the Introduction of the Chariot into China(《马车引入中国的历史视角》)[J]. Harvard Journal of Asian Studies,1988:48.

Shaughnessy E L(夏含夷). Western Cultural Innovations in China, 1200 B. C. (《公元前 1200 年中国的西方文化收入》)[J]. Sino-Platonic Paper,1989,11.

Shepard L. Encyclopedia of Occultism & Parapsychology(《神秘学和通灵学百科全书》)[M]. Detroit:Gale Research,1984.

Streane A W. The Book of the Prophet Jeremiah together with the Lamentatians(《预言家耶利米书与耶利米哀歌》)[M]. Cambridge:Cambridge University Press,1913.

Wilber D N. Persepolis:The Archaeology of Parsa, Seat of Persian Kings(《波斯波利斯:关于帕尔萨的考古学,波斯国王的宝座》)[M]. Princeton:Darwin,1989.

Winter W. Baktrische Legnwörter in Tocharischen(《吐火罗语中的大夏语借词》)[M]//Brandt R S. Don Indogermanicum:Festgabe für Anton Scherer(《德努姆印度日耳曼语系:Anton Scherer 纪念论文集》). Heidelgerg:Carl Winter Universitätsverlag,1971.

Zeahner R C. The Dawn and Twilight of Zoroastrianism(《琐罗亚斯德教的兴起和衰落》)[M]. New York:G. Putnam's Sons,1961.

Zolar. Zolar's Encyclopedia of Ancient and Forbidden Knowledge(《佐拉的关于古代的和被禁的知识的百科全书》)[M]. New York: Prentice Hall,1986.

陈全方. 周原与周文化[M]. 上海:上海人民出版社,1988.

何炳棣. 东方的摇篮:新石器时代和早期历史上的中国技术和观念的本土起源探索[M]. 香港:香港中文大学出版社,1975.

李济. Notes on the Physical Anthropology of the Yin-Shang Population(《关于殷商人的体质人类学的几条注释》)//Anyang(《安阳》). Seattle:University of Washington Press,1977.

梁钊韬. 中国古代巫术——宗教的起源和发展[M]. 广州:中山大学出版社,1989.

林巳奈夫. 中国古代の神巫[J]. 东方学报,1967,38(3).

饶宗颐. 丝绸之路引起的"文字起源"问题[J]. 明报月刊,1990,9.

夏含夷. 最近五年以来美国《古代中国》上的学术成果[J]. 中国史研究动态,1994,11.

许进雄. 中国古代社会——文字与人类学的透视[M]. 台北:商务印书馆,1988.

尹盛平. 西周蚌雕人头像种族探索[J]. 文物,1986,1.

张光直. 美术、神话与祭礼:中国古代通往政治权威的道路[M]. 郭净,译. 沈阳:辽宁教育出版社,1988.

张光直. 商代文明[M]. 毛小雨,译. 北京:工艺美术出版社,1999.

周法高. 上古音辞典[M]. 香港:香港中文大学,1973.

（瞿旭彤译。译文原载夏含夷主编:《远方的时习——〈古代中国〉精选集》,上海古籍出版社 2008 年版）

3   关于吐火罗问题

下面的这些说明概括了与吐火罗问题有关的一些争论的实质,这里涉及的是被称为龟兹和焉耆(Kucha 和 Agni,缩写为 KA)的吐火罗人王国的居民及其语言。为了使读者不至于被许多繁杂的细节压垮,我们的综述将限制在 2000 个词以内。

讨论开始于对公元 800 年的回鹘语译本《弥勒会见记》的研究。通过研究,产生了这样一个等式:Agnideśa 的语言 = toxri,回鹘人的语言 = 突厥语。在此基础上,西克和西克林[1]、缪勒和西克[2]先后发表论文,主张由于 toxri 和 Tocharian 的类似,我们可以把以前希腊、拉丁、印度和汉文资料里的巴克特里亚/北印度的居民与他们等同起来(希腊语 *Tókharoi* = 拉丁语,*Tochari* = 梵语,*Tukhāra* = 汉语“吐火罗”),正是这些居民遗留下了吐火罗语 A 的文书。

近来最引人注目的讨论是关于保存在圣彼得堡的一件残损的龟兹语文书。在这件文书里,梵语词 *tokharika*“一个吐火罗妇女”,被推定对应于龟兹语词语 *kucaññe iṣcake*。这个词语曾被释为“龟兹妇女”(如果 *iṣcake* 与梵语词 *iṣṭikā* 有关),或者释为“一个婆罗门家族的龟兹成员”(梵语词为 *iṣṭaka*)。无论第二个部分怎么读,看来第一个部分 ku-śiññe 读作“龟兹”是可靠的,这也就意味着在龟兹语自身里,可以把“龟兹”与梵语的“吐火罗”(也就是巴克特里亚的“真正的”吐火罗)划上等号。这样我们就在吐火罗语 B 文书里找到了“吐火罗”和“龟兹”这两个词,从而提供了证据,说明龟兹人和焉耆人都认为他们自己是

〔1〕Sieg. E. and W. Siegling., “Tocharisch, die Sprache der Indoskythen”, *SBAW*, 1908, pp.915–932.

〔2〕Müller, F. W. K. and E. Sieg., “Maitrisimit und ‘Tocharisch’”, *SBAW*, 1916, pp.395–417.

·欧·亚·历·史·文·化·文·库·

"吐火罗人"。

对于这个等式,我们还可以加上以下几点:(1)在龟兹－焉耆语文书产生之前和之后,中亚东部(并非恰好是巴克特里亚)地区的居民广泛使用"吐火罗"这样的名称。(2)根据中文史料,可以把巴克特里亚的吐火罗人称为"月氏",在月氏(＝吐火罗)的一部分大月氏在汉代西迁之后,中亚东部仍然有持续不断的关于吐火罗人存在的证据。例如,托勒密曾提及甘肃的 *Thaugouroi*,喜马拉雅(Imaus)之北的 *Takoriaioi* 和伊塞克湖附近的 *Taguouraioii*,证明类似"吐火罗"的地名在公元100年以后仍然存在。另一方面,敏珠尔呼图克图所著时代较晚的藏文史籍《世界广说》[1]告诉我们:"至于 Si-ta(塔里木)河,它发源于 Ti-se 雪山西北的丛山中,在流经叶尔羌(Yer-khen)和其他地区之后,流入被称为 Tska-mtsko 的湖(罗布泊),其地位于 Tho-dkhar(吐火罗)的吐鲁番(Thur-phan)地区。"[2]可见藏文史籍把整个塔里木盆地视为"吐火罗"(但主要限于塔里木地区的西南部,吉尔吉特之北)。[3]

关于汉文记载里把月氏等同于吐火罗,我们发现了吐火罗人曾经生活和遗留在中亚东部的证据。徐文堪指出,公元2—5世纪曾有数以百计的来自贵霜(吐火罗)的佛教徒被认为是大月氏人,住在长安和其他地区,并以"支"为姓,这实际上就是"月氏"的缩略,这也就意味着贵霜人认为他们自己是月氏(恰巧中国人也这样认为)。[4] 他同意汉语词"佛"来自某种原始形式 *but,并且注意到出于长安的一件铜制佛像刻有 *buca* 字样(在楼兰所出文书中 t > c)。按他的看法,这应该是一个来自吐火罗语(KA)的词,而中文史料记载佛教是从月氏(贵霜)传入的。这样就可以更有把握地认为月氏＝贵霜＝吐火罗(KA)语言。

---

〔1〕'*Dzam-gling-rgyas-bshad*,1820年。

〔2〕见 Wylie, T. V., *The Geography of Tibet according to the "Dzam-Glind-Rgyas-Bshad"*. Serie Orientale Roma 25, Rome:Istituto Italiano per il medio ed estremo oriente, 1962, p.58.

〔3〕参阅 Wylie, T. V., *The Geography of Tibet according to the 'Dzam-Glind-Rgyas-Bshad*. Serie Orientale Roma 25, Rome:Istituto Italiano per il medio ed estremo oriente, 1962, p.122,注释70。

〔4〕Xu Wenkan(徐文堪), "The Tocharians and Buddhism", *Studies in Central and East Asian Religions*, 1996(9), pp.1–17.

我们在这里还应该注意到在塔里木盆地存在以"四吐火罗斯坦（Tuɣaristān）"为人所知的政治实体（例如波斯语的 čahār tuɣaristān，粟特语的形容词形式 čtβ' r twɣr' kč' ny）。位于蒙古的喀喇巴尔加逊的古回鹘首都竖立着带有铭文的石碑，以庆祝回鹘人在公元 808—821 年征服"四 Twɣr"，这向我们提供了另一个带有类似吐火罗名称的政治术语。突厥语中也有所谓 tört küsän（四贵霜），当也与以上等式有关。然而，这些"四吐火罗"可能是指中亚梵语文书提到的"四镇"，即 Hecyka、Bharuka、Kucha 和 Agni，它们的居民可能是说吐火罗语的。[1]

这个用交叉的方程式构筑起来的假设，主要依据的是巴克特里亚的吐火罗人（即贵霜人）与中亚最东部的月支人在族属和语言学方面的一致性（或者至少就他们所说的语言而言），所以他们都被称为"吐火罗"（KA）。但是这个假设在几乎所有方面都受到攻击。反对这一假设的主要论据如下：

（1）在回鹘文题识的 toɣri 和古典作家说的"吐火罗人"（Tocharians）之间并没有确定无疑的联系，这些名称相互间的类似可能只是偶然的。

（2）回鹘文本的制作者是突厥人，他们只是告诉我们突厥 - 回鹘人如何称呼 Agnideśa 的语言，而并非指明当地对这种语言的称呼（或者说这种语言的人的自称）。例如，也存在这样的可能性：《弥勒会见记》的印度原本首先被翻译成 *toxri 语（某种伊朗语），然后再翻译成吐火罗语 A 和突厥语。[2]

（3）至于圣彼得堡所藏双语文书，kucaññe 这个词里有一个 a，而我们预期的表示龟兹语的词是 kʷśiññ，因此，有理由怀疑 kucaññe = 龟兹[3]。更加重要的是，梵语词明确表示的是一个"吐火罗妇女"，而与梵语对应的 iṣcake 则是一个阳性或中性名词，这就使任何把这个词译

---

〔1〕D. Q. 亚当斯，私人通信。

〔2〕温特尔，私人通信。

〔3〕温特尔认为这里表示的可能是"贵霜"，不过对何以回鹘人会对一个生存于千载之前的人群感兴趣，仍须做出解释。

·欧·亚·历·史·文·化·文·库·

为"妇女"的企图受挫。

(4)我们不能完全确定所谓"四吐火罗斯坦"究竟指什么,有些证据表示它们所指的是唐代的"四镇",其中包括疏勒(喀什噶尔)和于阗(和田),这两者的居民都说伊朗语,而不太可能说吐火罗语。因此,把这视为对塔里木盆地的 KA 语言(龟兹－焉耆语)＝吐火罗语的假设的一种支持是困难的。

许多否认吐火罗与龟兹－焉耆语相关的论据,或者认为这种语音上的一致是靠不住的,或者认为把贵霜、月氏等等相关族名联系在一起的看法是不准确的,因为这些词语都是中心之外的汉人和突厥人使用的,所依靠的只是许多似是而非的逻辑上的推断。例如,龟兹人是佛教徒,而佛教是从吐火罗/贵霜人那里传入的,所以龟兹人也是吐火罗/贵霜人。或者贵霜在中亚东部适用于"月氏"这个名称,因为在汉文史籍上存在相关记载(而不是因为在族属和语言方面,贵霜人感到他们自己就是月氏人)。有一份时代为公元 966 年、出于敦煌的汉文文书[1],把位于高昌和龟兹之间,以焉耆(Agni)城为中心的国家也称为月氏。人们可能认为在大月氏西迁之后,月氏人仍占有其地,所以可以把月氏与以后发现了吐火罗语文献的地域联系起来。但也可能这只是反映了汉人的一种倾向,他们把在文化上受到佛教浓重影响的少数民族(像月氏那样)加上了一个"月氏"的称号。总之,关于吐火罗与焉耆－龟兹语等同这样一个公式,赞成方和反对方都还没有可被接受的论据。

还有两个附带的问题,即龟兹人和焉耆人的自称问题,也需要在这里略作讨论。

龟兹人如何称呼他们自己？我们已经知道这个城国的名称是 Kuci(或 *kuśi),在吐火罗语 B 里作 $k^u ci$,相当于早期中古汉语的 *kuw-dzi。此词的形容词形式是 kuśiññe,例如 kuśiññ oroccepi lānte yaitkorsa(奉龟兹大王之命)。至于龟兹王室,汉语记载的名称是"白",语言学家认为

---

〔1〕即《西天路竟》——译者注。

k^uci 一名应该来自 $^*k\hat{}witeyes$ 的主格复数形式,其词根是梵语的 *śviti-* 和阿维斯塔的 *spiti-*,意为"白的"、"光辉的",所以,k^uci = 光耀的人们,可以参考伊朗语中的皇室家族名称,他们拥有月亮那样的光辉,在阿维斯塔中作 $x^varənnh$-。这个推测从语音学上说是可能的,但还存在严重的问题:(1)虽然存在几个表示"白"或"光辉"的词,但在吐火罗语里,根词 $^*kwiti$-并没有得到验证;(2)Kuci 一词的属格是 *Kuciñ*,这表明这个词是单数而不大可能是复数,所以 Kuci 不可能指"光耀的人们";(3)所谓"光耀的人们",从含义上说很像是个族名而不是地名;(4)虽然汉文史料提供的龟兹王姓是"白",但屡次出现的龟兹王名中都有梵语 *Suvarṇa*"金"(吐火罗语 B 作 *Ysāṣṣe*)这个因素,换句话说,应该与"金"而不是"白"相联系。

焉耆人又怎样称呼他们自己呢?有人认为 Agni(汉语"焉耆")的当地名称已在出土于喀喇沙尔地区的吐火罗语 A 文书里发现,这就是 Ārśi,此词也指"闪光的人们"。一件吐火罗语 A 文书曾提到 *ārśi-käntw-ā*,字面的意思是"用 Arsi 语言"。有些语言学家认为 *ārśi* 来自较早的 $^*arĝeyes$,这是以同一个根词构筑的,可以从梵语词 *árjuna-* 和拉丁语词 *argentum* 得到佐证,意思是"银"。两块出自蒙古,年代约为公元 732—735 年的石碑(阙特勤碑和毗伽可汗碑)的铭文都提到 *toquz ärsin* 即"九 ärsin",依据铭文,其所指地区正位于我们预期的 Ārśi,也就是在喀喇沙尔附近。

尽管这样的推论从语音学上说是可能的,但以下几点都对上述看法构成挑战:(1)作为基础的形式在两种吐火罗语里都没有得到证实(虽然存在以同一根词为基础的扩展形式),即吐火罗语 A 的 *ārki* 和吐火罗语 B 的 *ārkwi*,意为"白";(2)这个吐火罗语词可能是单数,而不是做出合理解释所必需的复数形式,这种情况类似于我们上文讨论过的关于龟兹的情况;(3)所有关于焉耆王国的外部参考资料都显示出一个硬腭音(k/g,例如于阗语的 *Argi*,佛教混合梵语的 *Agnideśa*),而从未见过上述看法必需的与 *ārśi* 一词相联系的 ś 音;(4)把 *ārśi*-语归结为吐火罗语 A 的论点为绝大多数吐火罗语专家所拒绝,他们把它视为佛教

混合梵语词 ārya 的翻译,意为"宗教行乞僧",在转指某种语言时,指的是梵语而不是吐火罗语 A。

按 D. Q. 亚当斯的看法,焉耆人称呼他们自己时更像我们拥有的其他资料中对他们的称呼,有点像 *ākñi,来自原始吐火罗语的 *āke,意为"终端"、"极限",也就是说,占有喀喇沙尔地区的是"边地之人"、"交界地区的居民",我们在欧洲其他地区也可以找到这种类型的族称,如乌克兰(意为超越边界),或者古英语中的麦西亚(Mercia,超越边界者)。

进一步阅读的文献

Bailey H W. Tokharika [J]. Journal of the Royal Asiatic Society, 1970:121 – 122.

Bailey H W. Ttaugara[J]. BSOS,1936,8:883 – 921.

Haloun G. Zur Üe-tsī-Frage[J]. ZDMG,1937,9(1):243 – 318.

Henning W B. Argi and the"Tocharians"[J]. BSOS,1938,9(3):545 – 571.

Henning W B. The name of the"Tokharian"language[J]. Asia Major, 1949,1:158 – 163.

Henning W B. The first Indo-Europeans in history[M]// Ulmen G L. Society and History, Essays in Honor of Karl August Wittfogel. The Hague: Mouton,1978:215 – 230.

Konow S. War"Tucharisch"die Sprache der Tocharer? [J]. Asia Major,1933,9:455 – 466.

Müller F W K. Toγri und Kuiśan (Küšän)[J]. SBAW, 1918:566 – 586.

Müller F W K, Sieg E. Maitrisimit und " Tocharisch " [J]. SBAW, 1916:395 – 417.

Narain A K. On the"first"Indo-Europeans:The Tokharian-Yüezhi and their Chinese homeland[M]// Papers on Inner Asia:2. Bloomington:Indiana,1987:1 - 28.

Pelliot P. Tokharien et koutchéen[J]. Journal Asiatique,1934,224:23 - 106.

Sieg E. Ein einheimischer Name für Toɣri [J]. SBAW, 1918:560 - 565.

Sieg E. Und dennoch"Tocharisch"[J]. SBAW,1937:130 - 139.

Sieg E, Siegling W. Tocharisch, die Sprache der Indoskythen[J]. SBAW,1908:915 - 932.

Thomas W. Zu skt. tokharika und seiner Entsprechung im Tocharischen[J]. KZ,1981,95:126 - 133.

Winetr W. Zur tocharischen Entsprechung von skt. tokharike[J]. KZ, 1984,97:131 - 133.

Wylie T V. The Geography of Tibet according to the"Dzam-Glind-Rg-yas-Bshad"[M]. Serie Orientale Roma:25. Rome:Istituto Italiano per il medio ed estremo oriente,1962.

Xu Wenkan(徐文堪). The Tocharians and Buddhism[J]. Studies in Central and East Asian Religion,1996,9:1 - 17.

（徐文堪译。原载 J. P. Mallory and Victor H. Mair, *The Tarim Mummies, Ancient China and the Mystery of the Earliest Peoples from the West*, London:Thames & Hudson, 2000）

4 佛教与东亚白话文的兴起

——国语的产生[1]

绝大多数的中国古代文献,特别是其中所有最著名的经典著作,都是用文言文(有时也被含混地称为"古汉语"或"书面汉语")写成的。不过,中古以降,通俗汉语的书面形式(或称"白话文")悄然兴起,并日益壮大。白话文直到 1919 年五四运动才发展成熟,此前 1911 年的辛亥革命已彻底摧毁统治中国长达两千多年的封建帝制。需要指出的是,文言与白话之间的差距丝毫不亚于拉丁文与意大利语或梵文与印地语之间的巨大差别。据我推测,如果经过缜密的语言学考察,我们应该会发现,地道的文言与纯粹的白话之间的区别,实际上远远大于拉丁文与意大利语或梵文与印地语之间的差别。事实上,我认为文言与白话属于完全不同的语言表达类型:文言是一种与生活语言相距甚远的"准密码",而白话与活生生的汉语口头形式高度一致。这两种书面汉语的差别从名称上也可以看出来:文言的字面意思是"文学语言",白话的字面意思是"未加修饰的话语"。问题在于,文言文传统的作者和白话文传统的作者都很少真正使用这两种书面汉语的纯粹形式(假如曾经有过的话),于是就有了大体上以"半文半白"为特征的各种混杂形式,其中文言成分与白话成分所占的比例各不相同。

语言材料显示,最早的文言与白话已经是不同性质的两种系统。战国时期(公元前 475—前 249 年)以来情况肯定是这样。但我觉得我

〔1〕本译文的原题目为"Buddhism and the Rise of the Written Vernacular in East Asia:The Making of National Languages",发表于 *The Journal of Asian Studies*,1994,53,3(8),pp. 707 − 751。本项翻译工作得到了教育部重点研究基地项目(编号 02JAZJD740002)和国家社科基金项目(编号 06CYY010)的资助。——译者

们还可以进一步确凿地证明:以甲骨文(约公元前1200年)为最初阶段的文言文,从一开始就极为简略,充斥其间的是一些只用于书面记载的强行与口语剥离的表达习惯,这使得它一直未能如实反映任何一个时期现实生活中使用的汉语口语。当然,文言肯定是以某种(某些)白话为基础形成的,并且一直不停地得到后者的滋养。这有点像书面形式的苏美尔语(看起来不适合口头交际),它的基础是古苏美尔人的口头语言[1] 不过,文言与白话之间的差别远远大于英语书面语与口语或俄语书面语与口语之间的差别。

汉语最早的书面语(以甲骨文为代表)与口语的关系,类似于自然语言与在其基础上创制的符号或密码之间的关系,只不过,文言与白话之间的差异不及后者巨大。因为符号/密码系统中有着严格的人为规定,借以确保只有特定的对象理解其中的含义。与白话相比,文言存在大量的省略现象。这有些像我们英语世界当中的购物清单、家务清单或讲演提纲,其中有着大量的缩写,省去了助动词、介词、词尾以及其他并非必不可少的语言部分。对写作者来说,没有必要毫无遗漏地详细记录一切;与此同时,早期的书写人员无疑需要考虑如何缩短准备书写材料(黏土或者是龟甲兽骨)所需的时间,以及如何利用复杂而低效的以音节为单位的语素文字写出尽可能简洁的篇章。这种速记方法产生之后,它很可能就成为人们遵循的写作规则。祭祀主持者们为了垄断他们的独门技艺,大力发展这种有着大量省略、非自然的(与口语相对而言)语言风格,并使其延续下来。就汉语而言,这种简略的文言系统一经形成,就越来越远离口语,因为书面语较为固定,而口语则随着时间的推移而演变[2] 因此,与古英语与现代英语或古俄语与现代俄语之间的关系不同,文言和白话的差别并不是历时演变造成的,我们不如说这是两种独立形成的语言形式之间的差别。下文我们将会看到,文言与白话作为互相竞争的两种系统在中国并存数千年,二

---

〔1〕参看:DeFrancis, *Visible Speech*:*The Diverse Oneness of Writing Systems*, University of Hawaii Press, 1989, pp. 78 – 79.

〔2〕DeFrancis, Letter of March 17, 1991.

·欧·亚·历·史·文·化·文·库·

者各自得到了不同社会阶层或政治团体的支持。

从文言到白话确实需要经历一个解码的过程,反之则需要一个编码的过程,这种过程也可称作翻译。目前,历代文言文的白话文译本数量正在迅速增长,中国内地和台湾都是这样。如果文言与白话只是一种语言的不同变体的话,二者之间的对译便没有存在的必要了。人们常常误以为文言与白话是一种语言的两个部分,这是因为二者经常相互借用并有着不同程度的混合。白话受文言的影响要比文言受白话的影响更多[1],这是因为文言文的作者更倾向于有意识地保持一种完整而纯粹的特殊行文风格,而白话文作者则往往渴望表现出一点文言风味,尽管他们并没有真正掌握这种人为加工而成的语言形式。

Henry Rosemont, Jr. 的 Representing Abstraction in Archaic Chinese (《古代汉语抽象特质论》)[2]是一篇颇具启发性的文章,其观点与本文对文言的认识基本一致。他认为,文言不是口头使用的语言,它只是一种纯粹的书面语言,因此不能被当作自然语言。梅祖麟[3]持相反意见,认为《论语》在一定程度上对口头语言有所反映;他认为最好的例证就是合音字[4],因为它们只出现在快速的语流中,他视之为"一目了然的确凿证据,表明孔子的实际言语同书面记录是非常接近的"。事实上,《论语》比《左传》更为接近俗语,因为前者使用了更多的功能词,使用了更多的词句叙述同一件事等,二者都比与其同时代的青铜器铭文更接近口语。不过,我仍坚信,所有的文言文(包括《论语》与《左传》)都与口语相去甚远,是一个独立的语言系统,有着自己的书写系统,仅仅为书面写作服务。言文分离最明显的例子有:白话中词语复音化的程度要高得多,语法结构和功能与文言迥异(一个颇具说服力的例子是系词"是"的发展,详见下文的讨论,以及与以往不同的指示词,领属从句与关系从句的构造法,量词用法,动词补语等),而且两个系

---

〔1〕例如,白话中沿用的成语无论语法还是词汇都属于文言而与白话明显有别。

〔2〕*Philosophy East and West*, 1974, 24(1), pp. 71 – 88.

〔3〕Mei Tsu-Liu, Letter of August 8, 1992.

〔4〕杜百胜称之为"轻快形式"allegro forms(*A Dictionary of the Chinese Particles*, University of Toronto Press, 1974, pp. 101 – 102)。

统彼此间的借用现象也是显而易见的。我们将在"官话"这个概念背景下考察《论语》的所谓口语性质。

4.1　中国早期白话文

中国的口语最初被记录下来的方式是个十分有趣的现象。白话文最早千真万确是在佛教的背景下出现的。最为典型的例子包括我曾经研究了20余年的敦煌变文(8—10世纪)[1],以及产生时间仅次于敦煌变文的禅宗语录[2]。在公元2世纪开始的初期汉译佛经中,其白话成分比例之高同样令人震惊,著名的荷兰佛学家许理和[3]以及紧随其后的中国年轻语言学家朱庆之[4]的精细研究都明确展示了这一点。

朱庆之的研究是在切实研读了中古前期全部佛典的基础上进行的,他认为这段时期包括东汉魏晋南北朝(公元25—589年),需要纳入考察范围的文献资料数量巨大,单是中古前期的汉译佛经就有960部,2990卷,约2400万字,远远超过了同期中土世俗文献的数量。

朱庆之用丰富的、不容置疑的论据证明了一个意义重大的现象,

〔1〕Mair, *Tun-huang Popular Narratives*, Cambridge University Press, 1983; *Painting and Performance: Chinese Picture Recitation and Its Indian Genesis*, University of Hawaii Press, 1988; *T' ang Transformation Texts: A Study of the Buddhist Contribution to the Rise of Vernacular Fiction and Drama in China*, Harvard University Council on East Asian Studies, 1989. Yoshitaka, "*Tonkō hanbun shū*" *kōgo goi sakuin*, privately printed, 1961; "*Tonkō henbun shū*" *kōgo goi ho-i*: 1, privately printed, 1985.

〔2〕Maspero, "Sur quelques textes anciens tie Chinois parlé", *Bulletin de l' École franfaise d' Extrême-Orient*, 1914, 14(4), p.136. Kao, "T'ang-tai ch'an-chia yü-lu so chien te yü-fa ch'eng-fen", Yen-ching hsüeh-pao, 1948, 34, pp.49 – 84. Berling, "Bringing the Buddha Down to Earth: Notes on the Emergence of Yü-lu as a Buddhist Genre", *History of Religions*, 1987, 27(1), pp.56 – 88.

〔3〕Zürcher, "Late Hah Vernacular Elements in the Earliest Buddhist Translations", *Journal of the Chinese Language Teachers Association*, 1977, 12(3), pp.177 – 201; "Buddhist Influence on Eearly Taoism", *T'oung Pao*, 1980, 66(1/2/3), pp.84 – 147; "A New Look at the Earliest Chinese Buddhist Texts", in Shinohara and Schopen, *From Benares to Beijng: Essays on Buddhism and Chinese Religion*, Oakville, 1991, pp.277 – 304.

〔4〕Chu Ch'ing-Chih, *Fo-tien yü chung-ku Han-hü tz'u hui yen-chiu*, Ph. D. diss, Szechwan University, 1990.

这就是中古汉译佛经比同时期的世俗文献具有更为明显的口语特色。与中土文献相比,汉译佛经最突出的特征是其中有更多的复音词(特别是双音词),而且它的语法也与众不同[1],其中有些影响是由印度语(或是伊朗语、吐火罗语)原典对汉译佛经直接造成的。不过,显而易见的是,佛教的传入为汉语社会语言系统注入了俗语和方言成分,虽然它们原本就是汉语的有机组成部分,但却被传统文人视为粗鄙之语而遭到摒弃。

下面我在语法和词汇方面各举一例来印证朱庆之的正确结论。"是"在初期译经(公元 2 世纪起)中可以用作系动词,在中古佛教通俗文学中更是常见,这与"是"字在文言文中用作指示词的用法截然相反。在新近出土的天文学著作中,"是"字反复用作系动词,这为早期"是"字的系动词用法提供了考古学的证据[2]。上述出土文献的产生时间接近于西汉建国的时期即公元前 2 世纪上半叶,比公元纪年之始早得多,因此,系动词"是"的产生与佛教无关。"是"很早就应该是白话词汇,可能从"是"字产生之初情况便是如此,但文言文使用者往往忽略了这个事实。[3] 俗语的这种显著特征(A"是"B)直至今天仍是如此。文言与俗语的差别迥异。文言文不用系词"是",而是代之以名词性谓语句"AB 也"(A"是"B)。值得注意的是,司马迁的《史记》(公元前 90 年)是一部文言文献,但其中偶尔夹杂着明显的俗语成分,书中"A 是 B"、"A,B 也"两种句式并存,所以出现了一种新句式"A 是 B 也"。太田辰夫对这一现象做了精辟的分析。[4]

白话文中大量涌现的复音词常常被误认为是由文言文的单音词结合而成,似乎白话是从文言文发展而来,或者这种变化是为了使文

---

〔1〕参看 Watters, *Essays on the Chinese Language*, Presbyterian Mission Press(Shanghai), 1889. 这是一部鲜为人知的杰作,特别是其中的第 8 章、第 9 章《佛教对汉语的影响》。

〔2〕Tuan, "Tsui-tsao ch'u-hsien hsi-tz'u 'shih' te ti-hsia tzu-liao (The Earliest Excavated Material for the Copula shih)", *Yü-wen t'ien-ti* (*The World Language and Script*), 1989, 6(1), pp. 19 – 21.

〔3〕参考广东话的"系",也许它是俗语用法的"是"在当代汉语中的残留。

〔4〕Tatsuo, *Chūgokugo rekishi bunpō* (*A Historical Grammar of Modern Chinese*), Kō nan shoin, 1958, p. 189.

言在口头交际中更为准确和便于理解。从理论上看,这种说法没有任何意义,因为口头语总是早于其相应的书面形式;从历史上看,所谓的白话源自文言的看法也可以被证明是错误的。为了论证这个观点,我可以引用数以百计的例子来证明复音词是白话自始至终具有的一个特征,在此我只以"道路"为例。"道路"是现在仍在使用的一个由来已久的口语词,它见于许多先秦文献,包括左丘明的《左传》(公元前463年)。[1] 文言文中,"道路"常常被缩减为"道",这说明文言与白话的关系与人们一般的看法相反。就是说,文言形成的早期阶段的某些个案考察似乎表明,它们是由口语经过高度省减而来,包括将照应形式(anaphora)过分省略,这在明白易懂的话语中是不容出现的。当然,文言文确立以后,白话文有可能将文言文中的单音词作为原料创制新的复音词(主要是双音词),但相对来说这种情况出现较晚,而且只在少数精通文言的人身上才有可能。大多数人仍然遵循汉语产生之初的祖先的方式,继续沿用和创造复音词,根本不受书面形式的汉字的影响。

许理和和朱庆之的研究表明,自佛教传入中国之时起,汉译佛经中的口语成分就明显多于世俗文献,同时期的任何文献都无法与汉译佛经的口语性相提并论。实际上,同时期的非佛教文献中几乎找不到一个确切无疑的口语用法。需要指出的是,正如俄国著名的中古汉语口语研究专家古立维奇[2]指出的那样,敦煌变文也并非纯粹的口语形式,其中仍含有相当比例的文言成分,这也许是因为汉字很适合记录文言,却不能忠实记录白话。另外需要指出的是,一旦佛教徒使得口语以书面形式出现成为可能,与佛教徒往来密切的世俗中人便会随之效仿,尝试着为了世俗的目的而使用白话文。敦煌写卷中非佛教题材的变文、故事、赋、曲,以及其他文献的情况便是如此。到了宋代,白话文

---

[1]参考梅维恒(Mair,"[The]File[on the Cosmic]Track[and Individual]Dough[tiness]:Introduction and Notes for a Translation of the Ma-wang-tui Manuscripts of the Lao Tzu[Old Master]",*Sino-Platonic Papers*,1990,20[10],pp. 22 – 23)对"道路"的音韵学和语文学分析。

[2]Gurevich,*Eschë Rza o Byan' ven'* ... (*zametki*),Nauka,1985.

在非主流社会阶层中已经得到认可,并被用来创作野史、爱情故事,以及民歌等。

佛教与中国白话文之间有着不容置疑的紧密联系,但它长久以来不为世人了解,因此我们必须对此加以解释。尽管二者之间的联系明显地不容置疑,也许有人幻想可以轻而易举地拿出一系列确凿证据来说明其中的原因。然而不幸的是,事实并非如此,实际情况错综复杂,很难找到充分的证据说明佛教的哪些特质促使人们选择白话作为可以接受的书面语形式。需要注意的是,中国文人向来蔑视书面语中的俗语成分,认为那是"俗"。自然,如同所有使用有声语言的民族一样,中国文人在日常交谈中也需要使用这种俗语,但要把俗语用于写作就完全是另一码事了。表面看来,中国佛教徒用俗语的书面形式和佛教混合汉语来表达自己的信仰是桩难以实现的事情。人们会想,既然文言文被中国文人视为高雅的表达形式,那么佛教徒们应当选择文言作为工具才是。如果要寻找一种庄严的书面语来记录这种全新的经文(佛经)的话,文言倒确实是合适的。因此,从传统的观点来看,佛教徒明显偏好白话或在文言中掺入大量白话词汇与句法的这一现象,确实令人百思不得其解。

随着时间的推移,汉文佛教文献的文言色彩愈来愈浓,由本土人士撰写而非译自其他语言的中土撰述尤其如此。尽管程度不同,绝大多数汉文佛经都是从其他语言翻译过来的,特别是其中那些与文言有别的语言形式。这里当然不是说那些数量庞大的意译或音译而成的术语,它们带有佛教混合汉语的特色,与文言有别。

在下一节中,我们将考察可能是佛教的哪些特质使得人们选择俗语作为书面表达的有效工具。由于这个问题纷繁复杂,我们尽量避免做出简单的单维的解释。我们采用由抽象到具体、由一般到特殊的论证方式来展示促使中国白话文滋长的诸多因素。

4.2　佛教与语言

佛教是一种具备丰富教义的复杂的宗教。也许佛教教化中有一个核心的训诫为口头俗语大开绿灯,这与中国本土的传统思想,如儒家和道家是截然不同的。人们也许会想到一个术语 upāya(方便)。根据这个教理,佛教信徒应当采取各种各样可能的手段来使世间众生获得解脱。upāya 并不是一种空洞抽象的理论,它在佛教讲道传播中得到了具体的贯彻实施。例如在中国,对俗人讲法叫"俗讲",平时由高僧承担,但是偶尔也会由一些学养一般的僧人承担这项任务。敦煌的讲经文中保存有这种俗讲的底本,其中所用语言的口语特色十分鲜明。[1] 体现 upāya 特征的其他佛教文学作品包括佛教寓言、劝善书、佛本生故事,如《譬喻经》、缘起和本生故事等。这些作品在中国家喻户晓,广为流传。对这些讲经过程的生动描写见于《高僧传》、外国旅行者在中国的见闻札记(如圆仁《入唐求法巡礼行记》、古典小说传奇、敦煌文献(如英藏 S.2144《庐山远公话》)、轶事文献等等。

　　佛教不仅是一种宗教,更是一个精密的哲学系统。是否佛教思想内部固有的某些因素导致了俗语的使用呢? 我怀疑我们是否能够在这方面找到许多证据说明为何中国佛教倾向于选择俗语。我怀疑从哲学出发进行探讨在目前的论证中帮不上多少忙,这是因为成佛和"涅槃"之类的佛教概念的确难以言喻。早在部类(早期巴利经典)和阿含(与巴利文部类经文相对应的梵文佛经)中,佛教的终极目标就已被定位在言语之外,因而也在可以言说的思想之外。《经集》[2]认为,佛陀超越了"言语之道",在《长老歌》(Theragathā)中,佛陀的形象是无法在言语或听觉上感知的。[3] 在大乘经典中,悟道与言语及思维并不一致。这也就是所谓的"言语道断,心行处灭"。例如《大智度论》(T 25[1509].71c),《华严经》(T 9[278].424c),以及《摩诃止观》(T 46[1911].59b)。即使一些禅师出乎人们意料地留有白话语录,他们也坚持"以心传心"和"不立文字",轻视语言的效力,特别是书面语,认

---

〔1〕Mair, "Oral and Written Aspects of Chinese Sutra Lectures", *Han-hsüeh yen-chiu*, 1986, 4 (2), pp. 311 – 334.

〔2〕*Suttanipāta*,属于巴利文经典第 5 部《小部尼迦耶》。

〔3〕Gómez, "Buddhist Views of Language", in Mircea, *The Encyclopedia of Religion*, Macmillan, 1987, p. 446a.

· 欧 · 亚 · 历 · 史 · 文 · 化 · 文 · 库 ·

为它们不能表达真理。

尽管我们推测佛教在哲学层面上贬低语言,但没有圣典的话,任何宗教都无法存留,而佛教也确实产生了丰富的经文(佛家三藏何其宏伟!)。不过,佛教经典的不同寻常之处在于它无处不在的自我表白——佛教有着直接的口语基础。这方面最显眼的例子是,经、律、论三藏中大量使用"如是我闻"或类似意思的套话开头(梵语 evaṃ mayā śrutam、巴利语 evaṃ me sutaṃ)。这种做法模仿的是以多闻著称的阿难(Ānanda)的口吻,他于佛灭后在王舍城(Rājagṛha)向集合起来的信徒们复述佛陀的教诲。这句套话不仅强调了假定的直接口头传承的可靠性,而且显示佛经是佛陀口头传播给阿难,然后才又传给其他信徒的。这种有关口头传承的无须证明的标记,如同印章一般证明此句以下的经文是真实的。这种做法使得佛陀的教义与外道的教义得以区分开来。最为重要的是,全部佛典显然都是以口头语为基础形成的(甚至可以说有些过分),虽然数量庞大的佛典是在很长的历史时期陆续产生的,包括教条、评述、对话以及注疏等不同品类[1]。这一点同样反映在大量东亚佛经的篇名全称形式冠以"佛说"字样(梵语 buddha-vacana 或 buddhabhāṣita),特别是那些最早在中国、日本和韩国完成的经文,尽管佛陀不可能讲述其中所有内容。甚至有一部佛经叫作 Iti-vuttaka,大体意为"以'[世尊]所言'开头的讲话",与其相应的汉文篇名为《如是语经》。它是巴利文经典《小部尼迦耶》(Khuddaka = nikāya)的第 4 种经文。经文每个部分的第一句话都是"我闻世尊应供曾如是说"(vuttaṃ hetaṃ bhagavatā vuttam arahatā' time sutaā),经文中则散见着诸如"如是言"(iti vuccati)之类的表达。经文每个部分最后都出现套话"我闻世尊说此义"(ayaṃ pi attho vutto bhagavatā iti me su-taṃ ti)。早期佛教经典与口语的密切关系在专业人士呗昵者(bhāṇaka,善说法者)或说法师(dharma-bhāṇaka)处得到强调,他们的

---

[1]Hinüber, *Der Beginn der Schrift und Frühe Schriftlichkeit in Indien*, Akademie der Wisen-schaften und der Literatur, 1990, ch. 5.

职责是以非常有趣的方式来大声诵读经文。

因为佛典的假定口语性得到如此巨大的强调,用矫揉造作、并非口治的文言来译经可能会遇到很大的阻力。不过,我还不敢十分肯定这种情况是否可以充分解释为何汉文佛经中使用了大量口语,毕竟,《论语》以"子曰"著称,"子曰"出现在孔子每句话的前面,但这并未妨碍编纂者用文言来表达孔子的睿智。

4.3　翻译、语言学与赞美诗

另一方面,看起来汉文佛典书面语的特性更多的是受到来自翻译活动本身的影响,它远远大于对佛典性质的认识所产生的影响。佛经文本最初是由一些外国人翻译成汉语的,其中有 10 来人活动于公元 2 世纪中期到公元 220 年东汉灭亡这段时间。这些外国人包括安息人安世高,他于公元 148 年来到都城洛阳,活动到公元 170 年左右。另一位安息人安玄于公元 180 年左右活跃于洛阳。月氏(或者贵霜)人支娄迦谶于公元 170—190 年间在洛阳活动,另一位贵霜人支曜活跃于公元 2 世纪晚期。粟特人康孟详与印度人竺大力、竺昙果在该世纪末合作译经。这些人译出了大量汉文佛经。按照最严格的标准,这些译经今存 29 部,共 70 卷,此外还有几百部译经附会在他们名下。

文言是一种极难掌握的语言,除了汉字难学之外,文言本身就晦涩难懂,至少需要 10 到 15 年的时间来学习,才能达到可以运用的程度。与此相反,由于汉语没有屈折变化,外来僧人只要生活在汉语环境中,对声调不再存有太多的顾虑,相对而言就比较容易学会汉语口语。根据来华胡僧的传记,这批外来译经僧到达中国时已经是成年人,而且往往马上着手译经工作,他们几乎不可能充分掌握文言并运用文言来进行有效的翻译。因此,即使他们的书面语水平达到了一定程度,仍然会受到口语成分的很大影响。即使外国译者依靠汉地助手或合作者把译稿用汉语记录下来,最终被有意写成文言文,这种文言文中也仍然有着掺入口语直译成分的强烈倾向,其结果便是在译经初期产生

·欧·亚·历·史·文·化·文·库·

了常见的佛教混合汉语这种特殊类型的语言形式。事实上,佛教混合汉语在某种程度上被当作文言的一种变种,贯穿了整个汉地佛教发展史,即使公认更为汉化的译者,如被称作"敦煌菩萨"的月氏人竺法护[1],以及有着罽宾和吐火罗血液的鸠摩罗什[2],这些汉地佛教史上著名的大师创造了数量巨大的汉文佛经。虽然材料很少,但是只要发现的材料都表明,他们多半跟汉地合作者共事,有时翻译一部经文的合作者多达 10 人,有时他们直接口述译文,由汉地合作者笔受。[3]

清末民初著名的翻译家林纾把欧美小说译成中文时,由于他对西方语言一无所知,他也需要依靠他人的口头翻译。然而,林纾可以满足于用文言大致转述通俗小说,早期佛经翻译者却试图竭尽全力将原典准确无误地翻译过来,尽管他们必须面对汉语与梵语之间存在着的巨大差异。

直到熟习梵语的中土僧人玄奘(596—664 年)和义净(635—713年)的时代,佛教混合汉语依然保持着自己的特质。玄奘、义净二人远涉印度,在那里求学多年,返国后译的经由于深受梵语语法、句法和词汇的影响,与典型的文言迥异。此外,我应当指出,像玄奘和义净这样具备梵文解读能力的人在中国极为罕见。大多数宣称懂得佛教语言的中国人通常至多只对悉昙字母[4]比较熟悉。[5] 他们能见到的"印度语言"通常只限于用汉字转写的简短的经文。系统的梵语语法似乎直到 18 世纪左右才传到中国,而且这些语法知识含混不清,令人失望。

且不论我们如何界定佛教混合汉语,有一个事实是清楚的:佛经汉译的最初动力来自定居于中国的外国僧人。事实上,洛阳的寺院最

---

〔1〕活跃于公元 263—313 年。

〔2〕生于 344 年或 350 年,卒于 409 年或 413 年。

〔3〕Fuchs, "Zur Technischen Organisation der Übersetzungen Buddhistischer Schriften ins Chinesische", *Asia Major*, 1930, 6, pp. 84 – 103.

〔4〕悉昙源自于梵文曾用过的笈多字母,在东亚国家用来书写陀罗尼、咒语和其他(通常非常简略的)佛教文献。

〔5〕Van Gulik, *Siddham: An Essay on the History of Sanskrit Studies in China and Japan*, International Aacademy of Indian Culture, 1956.

初似乎只有外国僧人,后来才逐渐有了一些中国人。[1] 关于早期译经僧人的另一个错综复杂的情况是,他们中的多数并非持印度语言,而是持伊朗语和吐火罗语,这对汉文佛典的发展必然会产生巨大的影响。不过,除了杰出的梵语与吐火罗语专家季羡林所写的一些具体词汇方面的文章以外,这个重要的问题他人鲜有论述。[2]

Brough 指出了[印度]西北俗语对早期汉译佛经的重要影响,他特别强调早期汉译佛经有许多译自犍陀罗语那样的俗语,而不是梵语。[3] 中国文献中也有很好的证据,《贤愚经》原为 8 个河西沙门在于阗听受所得,他们返回高昌后汇编而成此经。[4]

在佛教传入中国之前,中亚地区在口头上一定有过繁荣的佛教俗语"文学"[5]。7 世纪前只有少量的佛典用中亚本地语言书写,也许是由于那里的佛教徒认为,佛经应该专门用神圣的梵语来记录。关于中亚本地语言的佛典存在的证据,可以在佛教说唱艺术传统中找到,已有众多吐火罗语或其他非汉语和非印度语的中亚语言的叙述题记在库车和柏孜克里克被发现,例如,在克日西/基利西(Kirish)的武侠洞发现的精美的 *Mahāprabhāsa avadāna*。

我们应该记住,在印度人的指导之下,西藏人在 7 世纪已经开始把佛经译成自己的语言。佛教藏语尽管与梵语非常相似,但它仍是藏语,

---

〔1〕Zürcher, "Han Buddhism and the Western Regions", in Idema and Zürcher, *Thought and Law in Qin and Han China*, E J Brill, 1990, pp. 158 – 172. Maspero, "Les origines de la communauté Bouddhiste de Lo-yang", *Journal Asiatique*, 1934, 225 (7 – 12), pp. 87 – 107.

〔2〕季羡林, "On the oldest Chinese transliterations of the name of Buddha", *Sino-Indian Studies*, 1947, 3(1 – 2), pp. 1 – 9; "T'u-huo-lo-yü te fa-hsien yü k'ao-shih chi ch'i tsai Chung-Yin wenhua chiao-liu chung te tsoyung", *Yü-yen yen-chiu*, 1956, 1, pp. 297 – 307; "Tsai lun yüan-shih Fo-chiao te yü-yen wen-t'i", *Yü-yen yen-chiu* (*Linguistic Reseraches*), 1959, 4, pp. 87 – 105; "Tsai t'an fu-t'u yü Fo", *Li-shih yen-chiu*, 1990, 2, pp. 3 – 11.

〔3〕Brough, "A Kharoṣṭhī Inscription from China", *Bulletin of the School of Oriental and African Studies*, 1961, 24, pp. 517 – 530.

〔4〕Takakusu, "Tales of the Wise Man and the Fool, in Tibetan and Chinese", *Journal of the Royal Asiatic Society of Great Britain and Ireland*, 1901, 7, pp. 447 – 460. Pelliot, "Neuf notes sur des questions d'Asic Central, *T'oung Pao*", 1929, 26 (4 – 5), pp. 201 – 265.

〔5〕如果可以这样称呼的话,我宁愿把不依赖书面形式的口头讲述和戏剧传统称作"口述文字(dicture)"。

正如同佛教混合汉语仍是汉语一样。更进一步说,正是在西藏人在中亚地区政治上占据主导地位的期间,佛典被译为于阗语、粟特语以及其他语言的现象越来越普遍。[1] 我怀疑,以用中亚本地语言翻译的佛经面世为标志的第二次佛经俗语化运动(开始于 7 世纪左右)与西藏人在那里大范围的活动有关,这就好像以用佛教混合汉语译成的汉文佛典面世为标志的第一次俗语运动(开始于 2 世纪下半叶)是在月氏、安息和其他中亚人民的倡导下发生一样。两次俗语运动之间的长时间间隔(将近 500 年)似乎表明,当把印度佛典翻译成其他语言的想法已经在 2 世纪下半叶实施时,社会政治环境显然直到 7 世纪或者 8 世纪才允许它在中国境外实现。因此,要努力认清第一次与第二次俗语运动发生的时机,除了关注宗教与语言学因素之外,也许我们应当更多关注地缘政治环境。

事实上,因为佛教混合汉语是在文言的基础上混进一些俗语,所以第一次所谓的"俗语"运动事实上并非是使用的纯粹的俗语,这可以解释中亚僧人和传教士为何可以将印度佛典译为佛教混合汉语而不是译为他们自己的语言。实际上,在把梵语和巴利语经典译为佛教混合汉语时,他们只是把经文从一种神圣的语言译为另一种神圣的语言。如同文言一样,佛教混合汉语是非口治的(即它是非口语性的),因此它把神圣的印度佛典世俗化的危险性几乎没有。第一部用汉语口语写成的佛教文献(变文)直到 8 世纪中期才出现,此时中亚佛教已经发生了第二次俗语运动。就像我们在上文看到的一样,尽管变文的口语性绝对远远超过典型的佛教混合汉语文献,更是超过所有文言作品,但变文自身同样不是真正意义上的口语。

至关重要的是,我们重新构建中亚佛教史(以及中亚地区的其他方面)最大的问题在于新疆地区缺少系统的、科学的考古发掘,这一点无论怎样经常或充分地强调也不过分。在中国政府同意或支持在这

---

〔1〕参看 Beckwith, *The Tibetan Empire in Central Asia: A history of the struggle for Great Power among Tibetans, Turks, Arabs, and Chinese during the Early Middle Ages*, Princeton University Press, 1987.

一地区进行更为全面的考察前,我们对它的历史的所有看法都只是尝试性的。中亚佛教徒在公元 6 世纪或 7 世纪前并未使用自己的语言翻译佛经,可是他们从公元 2 世纪起便为中国人译经,这也许只是一种保守或缺乏证据的假想而已。[1]

佛经翻译事业对汉语言使用的影响无疑是显著的,与此同时,更多的语言学知识也随之传入中国。可以毫不夸张地说,从汉代到公元 1500 年后受耶稣会影响产生出考证学的清代,其间中国语言学每一项重要的进步,特别是音韵学,都是以这种或那种方式依靠佛教或以之为条件而发生的。这里我们只需提一提以下这些重要的发展:比如反切法,一千多年来,学者们一般把反切的产生归功于佛教徒,他们使得中国人第一次可以通过分析就相当准确地说出不认识的汉字的读音[2];再如成系统的等韵,它奠定了中国语言科学的基础,并且直至今天仍然发挥作用;又如 36 个字母,为唐末和尚守温受梵文辅音启发而创制,它组成了一种有待完善的汉语字母表(更准确的术语应该是"辅音表")[3]。以上这些对口语语音的关注是前所未有的,它不像传统学者那样强调汉字形体,这对口语得到更多认可一定起了作用。尽管印度语言学中语音以外的方面不是那么容易传入中国,但佛教徒们在śabda-vidyā 这个总体范畴的影响下模糊地感觉到了它们的重要性。śabda-vidyā 在汉语中的准确译法为"声明",尽管在梵文中这个概念不仅仅包括音韵学,也包括语法和文字学。"声明"在印度传统上的意义从其位列"五明"之一这个事实上可见一斑,其他 4 项分别为因明、内明、医方明和工巧明。不过,我们应该记住,这种语言学知识被限制在相对很少的一些专家那里,所以,我怀疑它并非白话文产生的首要原因。

佛教徒唤醒了一些中国人的意识,使他们认识到语言简单的声音

〔1〕参看 Nattier, "Church Language and Vernacular Language in Central Asian Buddhism", *Numen*, 1990, 37 (2), pp. 195 – 219.

〔2〕Mair, "Two Papers on Sinolinguistics: (1) A Hypothesis Concerning the Origin of the Term Fanqie (Countertomy); (2) East Asian Round-Trip Words", *Sino-Platonic Papers*, 1992, 34(10).

〔3〕Ni, *Chung-kuo p'in-yin wen-tzu kai-lun* (*Introduction to the Chinese Phonetic Script*), Shih-tai shu-pao, 1948.

与复杂高贵的文字同等重要(如果语音不是更重要的话),在此过程中,佛教徒对赞美诗的喜好也许是更为重要的原因。在中国本土文学和宗教传统中,还没有像佛教这样使中国浸淫在宗教诵唱中的先例。中国人的印度－伊朗老师带给他们梵呗(brahma-pāṭha)、偈颂(gāthā)、首卢迦(śloka)、赞(stotra)、陀罗尼(dhāraṇī)和曼特罗(mantra)等,这些宗教赞美诗的细致与庄重令中国人感到惊异并彻底着魔。例如,陀罗尼(dhāraṇī)被认为只有在准确发音时有效力,所以它全部被音译而没有被意译。尽管上述宗教吟诵形式大多数实际上是宗教专业人士的专利,单是祝祷性地口诵佛名(念佛)这种方式,就足以让口语的力量在大众心目中留下印象。随着佛教引进的印度诗律对中国最为看重的世俗诗歌产生了非常实在的影响,这一点已由梅维恒和梅祖麟阐明。[1]

4.4　社会价值观、知识史和宗教目标

到目前为止,我们已经从教义、哲学、知识和技术等方面考察了佛教在白话文产生过程中可能的重要影响。也许我们忽略了佛教某些社会价值观在这个方面已经起到相同或者甚至更大的作用。我们必须记住,根据儒家传统,上自帝王下至平民,中国历来在很大程度上是一个等级森严的社会。印度社会在很大程度上当然也是如此。值得一提的是,在印度和中国,至少在早期阶段,佛教是一种让个人逃离正常社会约束的方式(这种逃离也可能正是由佛教引起的)。出家(梵语pravrajyā)成为僧人表明同维系社会与政治的行为规则彻底脱离关系。虽然长者(śreṣṭha)、居士(gṛhastha)、清信士(upāsaka,优婆塞)和清信女(upāsikā,优婆夷)等并不真正出家,可他们同样也被要求在日常生活中遵守一整套戒律,这些戒律与佛教以外的世俗社会的行为规范截然不同。这对当时已经存在的社会结构与制度造成了危险的具有颠

---

〔1〕Mair and Mei, "The Sanskrit Origins of Recent Style Prosody", *Harvard Journal of Asiatic Studies*, 1991, 51 (2), pp. 375 – 470.

覆性的挑战,这种挑战在经济[1]和人口统计[2]方面已表现得引人注目,其他方面无须提及。[3] 中国当局一定深受佛教思想、佛教组织和佛教财富侵蚀的威胁,所以他们周期性地发起大规模的灭佛运动,即使佛教已经本土化之后仍然如此。对于更为狭隘教条主义的儒家知识分子而言,从佛教传入中土之日起,他们就一直与之激烈论战,使得佛门与朝廷之间始终处于紧张局势之中,即使朝廷有时并没有焚烧寺院、毁坏佛像、没收土地、剥去僧尼法衣。

我们正在慢慢弄清楚中国佛教团体的人员构成情况,其中占很大比例的是寡妇、孤儿和其他几类处于正常社会关系模式之外的人。可以认为,中国僧团的人员构成同它的语言运用之间是有联系的。一方面,文言显然属于文人阶层;另一方面,对于被剥削者和那些没有机会和途径接受漫长而乏味的文言教育的人而言,俗语作为书面表达工具更容易掌握。考虑到植根于社会土壤的佛教的这些特点,我认为白话文是赋予民众的一种权利。生活在一个由于社会政治目的而大量使用语言的时代(我常称之为"语言工程"),我认为我们不难正确评价那些与被赋予特权和神圣地位的古典文字抗衡的、自信十足的白话

---

〔1〕Gernet, *Les aspects éconormiques du Bouddbisme dans la société chinoise du Vᵉ, au Xᵉ sié cle*, Publications de I' École française d' extrême-Orient 39, École française d' extrême-Orient, 1956.

〔2〕Hartwell R M and Hartwell M C, *Executive Finance and State Council, Notes and Documentation, Electronic Database*, 1991; Personal communications, 1991, February 18 and 21.

〔3〕根据二位 Hartwell,佛教僧团也许是宋代社会最为平等的制度。特别需要一读的是他们关于僧人 Tsung-ku 有意思的注释与解说。Tsung-ku 是一个邵武(在福建西北)农夫的儿子,并不识字,后来成为一位重要的禅宗寺庙的建立者。他的朋友和信徒有许多来自宋朝时期的最有名望的家族。

文,它们所具有的重要意义令人激动。[1]

Gardner 最近呼吁大家注意在新儒学(理学)中白话文的重要性:使用白话文不但是为了使经典的教化更为自由,也是为了使得更多的人群可以接触到哲学论述。[2] 考虑到佛教对新儒学思想与实践形成的强有力的影响,白话文被用来记录严肃的理性讨论似乎是由外来宗教引起的儒家思想激烈重组的又一个例子。梅祖麟曾经给 Gardner 写过一个篇幅很长的回复,但他不想把它公开发表。不过,他授权我把其中一些主要观点列举如下:

(1)Gardner 强调了新儒学的认识论前提,即用质朴的口语形式表达的道理便于人们理解;而梅祖麟强调的是白话文发展的社会语言学和历史语言学背景。

(2)尽管"语录"听起来是一个专门化的名称,但它也只不过是汉语口头对话一般性的"转录"而已。语录在宋代的使用并不局限于佛教禅宗和新儒学,到国外去的使节也使用这种形式来记录他们外交谈判中的言辞(例如《使北语录》),特别是同契丹人和女真人的谈判。使用白话而不是文言的原因在于,白话能够更为准确地记录谈判中的真实言辞,毕竟这种谈判会涉及许多有关国家安全的敏感事件。

(3)用白话写成的短篇小说和包含口语对话的南戏(戏文)大

---

〔1〕中国早期写白话文的人必须依赖这种束缚表达自由的文字,但他们使用汉字比较随意,更多地是为了记音,而不是像文言文那样是为了表义。例如,在经常出现同音假借和带规律性的"别字"的唐代变文中,这一点显而易见。

汉字的基本性质仍然存在许多争论,一些富于哲学/理论色彩的学者们继续坚持认为汉字是象形文字和表意文字,而绝大多数历史/经验主义导向的语言学家认为汉字是庞杂的、不能准确表音的语素音节文字,而且有着显著的单词音节性质。参见 Hannas, "Chinese Ideographs and Western Ideas", *The Journal of Asian Studies*, 1993, 52 (2), pp. 373 – 399; "Reply to J. Marshall Unger", *The Journal of Asian Studies*, 1993, 52 (4), pp. 954 – 957. Unger, "Communication to the Editor", *The Journal of Asia Studies*, 1993, 52(4), pp. 949 – 954. 不过有一个确凿无疑的事实:汉字与单纯表音的真正的音节文字、辅音系统和字母文字并不相同,它承担着表义和表音的双重功效(尽管两个方面都不充分)。

〔2〕Gardner, "Modes of Thinking and Modes of Discoures in the Sung: Some Thoughts on the Yü-lu Texts", *The Journal of Asian Studies*, 1991, 50 (3), pp. 574 – 603.

致在相同时间出现。

（4）不能仅仅依靠语录来确定白话文出现的时间，口语化的外交谈判记录和白话文学作品也必须纳入考察范围。

（5）宋代口语如何发源？它在不同社会阶层中的使用情况如何？此类问题要放在晚唐时期白话文兴起和发展这个背景下来理解才是最为自然的。有唐一代，具备白话文写作能力的主要是那些不属于精英分子的人或边缘化的精英分子（特别是与佛教有关的那些人）。11 世纪下半叶，特别是 12 世纪时，似乎出现了一个转折点，当时一定数量的政府官员掌握了用白话写作的能力。儒家在 11 世纪下半叶以前没能产生口语化的语录，是因为儒生以及其他精英分子当时尚未掌握写作白话文的能力，可见佛教是白话文发展的必不可少的背景。

（6）另一个需要考虑的因素是读写能力的推广。显而易见，如果当时没有一定数量的拥有足够阅读能力的读者群，新儒学通过口语化的语录传播学说的努力只能是徒劳的。梅维恒（1989：135－139）指出，初步的读写能力在晚唐时期已经广泛存在。前人的研究指出，印刷术的发明、官学与私学（附属于寺院）的建立和科举考试（特别是它的基层形式）都推动了文化的发展。到了宋代，文化的推广在东亚已经蔚为壮观；用来记录西夏语的西夏文字和用来记录越南语的字喃都是这一时期发明的。

综合考虑 Gardner 和梅祖麟对这一时期文化史综合研究的成果，我们推断，唐宋时期人们出于特定目的而逐渐接受俗语是一系列错综复杂的调整的结果，这种调整是为了适应佛教思想的准则和价值观。这些准则与价值观在人类社会各种各样的活动（文学，哲学，政府文件，为非汉族统治者写的注释等等）中证明了自身的正确性，如果从社会语言学角度对这些内容进行分析，它们都源自于佛教本质上的通俗倾向。

佛教选择白话而不是文言的另一个原因在于它强烈的传教热忱。对于一种希望尽快入主一个新区域的宗教来说，像文言那样复杂而难

·欧·亚·历·史·文·化·文·库·

学的书面语会令人沮丧地阻碍教义的迅速传播。此外,这类古典书面语通常是官僚或上层人士垄断的专利,他们积极反对直面民众的具有潜在颠覆性危险的意识形态的传播。在迪龄格(David Diringer)的名著 *Writing*(《书写》)中,一个重要的主题便是"宗教带来书写系统"(alphabet follows religion)。他特别指出,从印度到中亚、内亚、东亚、南亚、东南亚,佛教的传播与书面语在这些地区的产生有密切关系。[1] 如果研究一下,通过佛教僧人或其他传教者的活动,这些地区有多少语言第一次用书面形式,就一定会得到不少启示。我怀疑,在基督教来到这一地区以前,除去一些受汉字启发产生的文字[2],从帕米尔高原以东直至太平洋,几乎所有的书面语都是受佛教传播的直接影响而产生的。因此,正是基督教和佛教这两种伟大的宗教,使中亚、内亚、东亚、南亚、东南亚的绝大多数语言有了书面形式。其他亚洲语言的书面语,则大多是受别的宗教影响而产生,如伊斯兰教和更为古老的闪族的信仰。19 世纪和 20 世纪的基督教传教活动在全世界数百种书面语的创造过程中所起的作用早已为人熟知。

4.5　印度的背景

我要考察的支持白话文产生的最后一个佛教因素是它的宗教政策和宗教实践。随着佛教从其发源地摩揭陀国(王舍城、华氏城)迅速扩展,并且使得一些婆罗门也改信佛教,佛教的创立者面临日益紧迫的语言使用问题。是指定一种有威望的方言以确保佛陀的言论受到尊敬?还是允许使用各地语言以保证佛法在那些不懂僧侣语言的人群之间不受阻碍地传播?综合理解我们能看到的所有的记载,佛陀英

---

〔1〕Dirnger, *Writing*, Ancient Peoples and Places 25, Tahmes and Hudson, 1962, p.148.
〔2〕其中大多现在已经消亡(如西夏文、契丹文、女真文、越南字喃等)或正在消亡(瑶语字、女书等),见 Zhou, "The Family of Chinese Character-Type Scripts", *Sino-Platonic Papers*, 1991, 28(9); Sofronov, "Chinese Philology and the Scripts of Central Asia", *Sino-Platonic Papers*, 1991, 30(10).

明地决定允许佛教信徒使用他们自己的语言来传教。[1] 无论如何,这个情节在现存大多数律藏(vinaya,毗奈耶)的译本中都被反复提及,它一定表现了佛教文献最初一个层面的特点。

因为这个故事广为流传,我在此处只是简单讲述一下。有婆罗门兄弟二人皈依佛教并参加了僧团。由于他们有着吟诵吠陀的语言基础,他们担心有着不同语言背景的其他僧人因为不够标准地诵经而损害佛陀的教义。他们去谒见佛陀,并建议用 chandas 来使佛陀的语言标准化。尽管对 chandas 一词有着许多的解释,此处据推测指的是风格特异的、有格律的诗歌,在这个语境中它的意思也许就是吠陀(Veda),著名的语法家班尼尼(Pāṇini,公元前 5 世纪或 6 世纪)用的就是这个意思。无论如何,婆罗门兄弟确实建议运用他们熟悉的上流社会的吟诵法来传教。佛陀并不这样认为,在坦言拒绝婆罗门兄弟之后,他有力地提倡用俗语宣传他的教义。

此处暂不考虑印度佛教语言使用的真实历史,锁定佛陀在这段著名的经文中的声明。让我们来看一看汉文佛典中五部律的相关记载。在佛陀耶舍于公元 410—412 年间翻译的昙无德部律《四分律》中,佛陀号召他的信徒使用各地习用的方俗语,即"听随国俗言音听解诵习佛经"(T 22[1429].995a;Lamotte,1958:612)。尽管在弗若多罗、达磨

---

[1] 觉音尊者(Buddhanghoṣa,巴利文律藏《小品》[Cullavagga]5.33;毗奈耶[Vinaya]ii,139,1 -16)误导性的注释也许是全盘错误的,关于佛陀是否嘱咐他的追随者们使用佛陀自己的或他们自己的语言来传播佛法存在一些学术争论(Brough, "Sakāya [sic] Niruttiyā: Cauld kale het", Die Sprache der Ältesten Buddhistischen Überlieferung, 1980, pp. 35 - 42)。在特定的环境中,使用中的巴利语 sakāya(或 sakkāya = 梵文 satkāya)似乎更倾向于作第三人称反身代词而不是第一人称反身代词。此外,还没有人指出来,如果我们接受觉音尊者的解说("佛陀啊,这里有来源不同的和尚败坏您的话,他们使用他们的语言来重复您所说的话。"),那么,受到质疑的文本严重地自相矛盾。单单只有这一点并没有什么意义。只有当我们都把 sakāya 理解为"他们的"时,整篇文章才通顺。参看 Edgerton(Buddhist Hybrid Sanskrit Grammar and Dictionary, Yale University Press, 1953, pp. 1 - 2)和 Lin Li-kouang(L' aide-mémoire de la vraie loi[Saddharma-smṛtyupasthānasūtra]: Introduction au compendium de la loi [Dharma - samuccaya], Librairie d' Amérique et d' Orient Adrien-Maisonneuve, 1949, pp. 216 - 217)。最后,无人认真反对下面这种主张:佛陀钟爱俗语,即使有损古典的传教士语言也不在乎。可以肯定的一件事情是,古代佛教的语言多元化现象几乎在这种宗教产生伊始便已存在("Die Sprache der Ältesten Buddhistischen Überlieferung", in The language of the Earliest Buddhist Tradition, Vandenhoeck and Ruprecht, 1980, p. 15)。

流支、鸠摩罗什等人于公元 404—409 年间译出的说一切有部毗奈耶(《十诵律》)中没有相应的字句,但相同的意思仍然在经文中完整保存下来了(T 23[1435].274a)。[1] 在 418 年左右译为汉语的《毗尼母经》将这段话扩展为"随诸众生,应与何音而得受悟,应为说之,是故名为随国应作"(T 24[1463].822a)。弥沙塞部的毗奈耶由佛陀什于公元 422—423 年间译为《五分律》,它只是说佛陀的话应当"听随国音诵读,但不得违失佛意"(T 22[1421].174b)。最后,义净于公元 702 年或 703 年翻译的根本说一切有部的《毗奈耶杂事》宣布"若方国言音须引声音,作时无犯"(T 24[1451].232c)。[2] 毫无疑问,无论中国佛教徒遵循哪一部毗奈耶,使用俗语都是得到佛陀本人赞许的。

值得注意的是,作为早期佛教经典语言的巴利语,最初只是俗语的一种[3],因此佛教混合梵语实际上是俗语吸收了从梵语扩张进来的一些因素而形成的[4]。Śaurasenī 这种俗语既是梵文戏曲中贵妇人常用的文章语,又是耆那教分裂后空衣派(裸体派)的经典语言。摩揭陀语(Māgadhī)是另一种在梵语戏剧中使用的俗语,但是它们的使用者比说Śaurasenī 的人地位低。半摩揭陀语(Ardha-Māgadhī)则介于Śaurasenī 和摩揭陀语之间,并且由于它被耆那教白衣派的基本圣典使用,所以地位很重要。Alsdorf[5]指出,大雄(耆那教的创始人)和释迦牟尼使用的都是某种摩揭陀语[6]。古老的半摩揭陀语与阿育王石

---

〔1〕Nattier(Letter, 1991 – 03 – 13)很准确地指出,呼吁使用俗语的句子在说一切有部的毗奈耶文本中并不存在。它毕竟是第一个禁止使用俗语(Prākrit)、尊崇高雅经典的梵语的教派,用它的话说就是"可以毫不费力地把这句话的缺失看作一种故意的省略"。

〔2〕此处引文前面的内容是:"苾刍诵经,长牵音韵,作歌咏声,有如是过。由是苾刍不应歌咏引声而诵经法,若苾刍作阐陀声诵经典者,得越法罪。"引文后面紧接着这样的解释:"言阐陀者,谓是婆罗门读诵之法,长引其声。以手指点空而为节段,博士先唱,诸人随后。"

我尚未能在东晋法显共佛陀跋陀罗于公元 416 年所译《摩诃僧祇律》(T 22[1425].227 – 549)中找到相应的文字。

〔3〕Hinüber, *Das Ältere Mittelindisch im Überblick*, Österreichische Akademie der Wissenschaften, Verlag der Österreichischen Akademie der Wissenschaften, 1986.

〔4〕Bender, Personal communication, 1991, 2.

〔5〕"Ardha-Māgadhī", in *Die Sprache der ältesten buddhistischen Überlieferung*, 1980.

〔6〕Chi, "Tsai lun yüan-shih Fo-chiao te yü-yen wen-t'i", *Yü-yen yen-chiu (Linguistic Reseraches)*, 1959, 4, pp. 87 – 105.

柱雕刻所用的语言也有着明显的相似之处,因此这种石柱雕刻所用的语言被称为阿育王摩揭陀语。旧马拉地语(Māhārāṣṭrī 或 Old Marāṭhī)因为被使用于戏剧以及耆那教白衣派(Śvetāmbaras)后期经典而更具影响力。在毗婆沙或较少的俗语中,旧马拉地语由于包含赛西亚(Scythian)方言的因素而引人注意。[1] 上述非常粗略的考察表明,早期印度俗语常常被吠陀–奥义书–梵语文化之外的非统治阶级的宗教或其他人群所使用。由此可知,俗语在印度社会所起的作用与佛教混合汉语及白话文在中国所起的作用是一样的。

　　Deśa-bhāṣā 意为"方国之语",它最早在摩诃婆罗多(Madābhārata)中便已出现[2],deśa-bhāṣā 的全面使用也许促进或者反映了印度的俗语运动。Deśa-bhāṣā 相当于中国的"方言"即某个地方的语言[3],但中国人对待方言的态度与印度人不同,他们看起来是抵制使用方言的。中国官方总是对方言持一种明显的轻蔑态度(支持标准语),他们根本不会想到把方言写下来,这与印度的情况相反。在印度,通晓地方语言是受到尊敬的。因此,我们发现,在 Śaivatantra 列出的 64 种实践技能(kalā)中包括"通晓方言"(deśa-bhāṣā-[vi]jñāna)。Deśa-bhāṣā-(vi)jñāna 之前紧挨着的是 mlecchitaka-vikaplāḥ,它明显是指各种各样的外国语;紧随 deśa-bhāṣā-(vi)jñāna 之后是 puṣpa-lakawikā-nimitta-jñāna,它指理解神圣语言之预兆的能力。由于对不同的方言持一种积极的态度,拼音文字出现以后,记录多种语言与方言一直为人们所接受。与此相反的是,因为在中国通行的方言只能有一种,所以对记录俗语的偏见是难以逾越的,即使首都的口语也在所难免。

　　在印度,Prākrit(prākṛta,俗语,字面意思是"以前所制造的")被视为"天然语言"(即未经装饰的、未被修饰的),与之相对,Sanskrit

---

　　〔1〕Walker, *Hindu World: An Emcyclopedic Survey of Hinduism*, Munshiram Manoharlal, 1968, pp. 2.234–235.

　　〔2〕蒲那版,9.44.98;加尔各答版,9.2605;马德拉斯版,40.103;孟买版,45.103cd。

　　〔3〕Mair, "What is a Sinitic 'Dialect / Topolect'? Reflections on Some Key Sino-English Linguistic Terms", *Sino-Platonic Papers*, 1991, 29 (9).

(saṃskṛta,梵语,字面意思是"共同制造的",即修饰的)则被视为"人工语言"(在佛教背景下)。中国不一样,视众多方言为粗鄙(俗),而视文言为端庄(雅)。印度与中国的观念大相径庭。然而,Prākrit(俗语)终于衰落下来,大约公元 550 年的时候,出现了由平民(laukika)使用的各种俗语变体(apabhraṃśa)。最早的 Prākrit 语法学家 Vararuci 于公元 579 年写作的书中并未提及 apabhraṃśa。[1] 另一方面,Hemacandra (1088—1172)很有意思地把 apabhraṃśa 解释为掺杂有流行口语成分 (deśī)的 Prākrit 语。[2]

如果不是印度人对俗语有着许可的态度,那么我们就不会见到现在的这种情况:在印度有 12 种主要的印度 - 雅利安官方语言仍然可以言说并且可以书写,其中包括印地语(Hindi)、孟加拉语(Bengali)、马拉地语(Marathi)、古吉拉特语(Gujarati)、Oriya 语等有着丰富文学传统的语言,更不必说诸如泰米尔语(Tamil)、泰卢固语(Telugu)和马拉雅拉姆语(Malayalam)等达罗毗荼(Dravidian)语言了,它们同样有着悠久而灿烂的文学传统。中国的情况与此完全不同,甚至连现代标准官话也是直到 20 世纪的前四分之一时期才得到认可成为一种可以接受的书写形式的。除了近代的罗马字母化的文字符号以外(大多数由基督教传教士及其中国追随者创制),纯粹记录汉语其他方言或其他语言的材料数量非常少,几乎等于没有。大约从宋代(960—1279 年)开始,出现了一种非常隐秘的通俗白话小说与戏剧,它们大多是用京城的语言写成的。在此之前,正如我所表明的一样,所有的白话作品或半白话作品实际上都是由佛教徒创作的。时至今日,几乎仍然没有人想到把

〔1〕Coweel, *The Prākṛta-prakāṣa*, *or the Prākrit Grammar of Vararuchi*, *with the Commentary* (*Manoramā*) *of Bhāmaha*, Punthi Pustak, first edition, Hertford, 1854; second edition, London, 1968.

〔2〕然而,apabhraṃśa 在不迟于 6 世纪时已经存在着书写形式了(例如,西北印度伐腊毗 [Valabhī]国王 Dharasena 二世的铭文提到了 apabhraṃśa 语的作品),它们甚至在 3 世纪或 4 世纪时也许便存在了(例如印度古典梵语诗人迦梨陀娑[Kālidāsa]的剧本 *Vikramarvaśīya* 第 4 幕中的一些诗歌)。晚期 apabhraṃśa 文学中的大部分几乎都是耆那教著作(8 世纪至 12 世纪)。参见《大不列颠百科全书》第 15 版(1988),22 卷,618 页:2a;21 卷,50 页:1b;以及第 1 卷,475 页:3a。从技术的角度看,deśī 可以视为"并非来源于梵语"的语言。

某种方言用相对完整的形式记录下来,尽管有时为了增加一点儿地方特色,个别的方言词语进入了普通话作品。从中国白话文发展的全貌来看,我相信我们有理由明确主张:在白话文被确立为一种可行的表达方式的过程中,佛教起了主导作用。

4.6 "国语"的概念

甚至可以进一步设想,以口语为基础创立的东亚国语很可能完全是受佛教引介的印度"方国之语"(deśa-bhāṣā)概念的启发而产生的。汉语中与 deśa-bhāṣā 等价的概念是"国语"。佛教传入中国之前,"国"和"语"两个字组成的"国语"只是一本书的名称,那就是《国语》21 卷,此书相传为历史学家左丘明于公元前 469 年写成。同佛教传入中国之前的其他著作一样,《国语》自然也是用文言写成的。在这里,"国语"二字指的是周朝分裂后 8 个主要诸侯国分国别的历史记述。佛教传入之后,"国语"开始表达一种全新的意思,也就是一个自视为独立的政治 - 民族实体的民族国家的口语。

最早指称汉语方言(topolect)俗语的"国语"一词是在佛教语境中出现的。下文是载于慧皎(497—544 年)《高僧传》中关于《法句经》(*Dhammapada*)的译者维祇难的情况:

> 维祇难,本天竺人。世奉异道,以火祠为正。时有天竺沙门习学小乘,多行道术,经远行逼暮,欲寄难家宿。难家既事异道,猜忌释子,乃处之门外,露地而宿。沙门夜密加咒术,令难家所事之火,欻然变灭,于是举家共出,稽请沙门入室供养。沙门还以咒术,变火令生。难既睹沙门神力胜己,即于佛法大生信乐。乃舍本所事,出家为道,依此沙门以为和上,受学三藏妙善四舍,游化诸国莫不皆奉。以吴黄武三年,与同伴竺律炎来至武昌,赍《昙钵经》梵本。[1]《昙钵》者,即《法句经》也。时吴士共请出经,难既未善国

---

[1] 也许更确切地说,这个本子应该被视为"巴利文的《昙钵经》写本"。

欧·亚·历·史·文·化·文·库·

语,乃请其伴律炎译为汉文。炎亦未善汉言,颇有不尽。志存义本,辞近朴质。到晋惠之末,有沙门法立更译为五卷。沙门法巨著笔,其辞小华也。立又别出小经近四许首。值永嘉末乱,多不复存。

(*T* 50[2059].326bc)

这段文字的价值在于它较早地使用了字面意义为"方言俗语"的"国语"一词,同时它显示了方言同国语混淆、口语同书面语混淆的状态,时至今日,此类混淆仍困扰着中国的语言学家。"汉言"和"国语"都是针对口语而言的,但是此处的"国语"似乎指的是当地的吴方言(它从未有过完整的书写形式,直到很晚的时候,一些基督教传教士创制了一套罗马字母来记录吴方言的不同变体,并用它们来刊印宗教宣传品),而"汉言"似乎指的是全国通用的语言形式。上段引文中,"汉言"与"汉文"的关系不是很清晰,它们所依赖的那些汉语方言也不为人知。不过,据推测,"汉言"的基础是都城官僚相互交流时使用的一种经过规范的语言(亦即"官话"或普通话的前身)。[1] "汉文"大概是当时的文言的名称(在佛经翻译的背景下,准确地说是佛教混合汉语)。

值得注意的是,最早是拓跋族(Tabgatch)明确用"国语"来指称一个独立的政治–民族实体的口语,他们是笃信佛教的非汉族群体,北魏时期(386—534 年)曾经统治中国北方。拓跋一族很可能是原始蒙古人(或者是突厥人的一支),他们在中国北方建造了雄伟的佛教雕像群云冈石窟和龙门石窟。在长孙无忌等人的《隋书·经籍志》中,我们看到如下的文字:

后魏初定中原,军容号令,皆以夷语,后染华俗,多不能通,故录其本言,相传教习,谓之"国语"。

(4.32.947)

---

〔1〕在《中国语史通考》第 11 章,太田辰夫把零零星星出现的"汉儿言语"描述为合理的汉语表达模式。他指出,全国通用性口语的发展进程是断断续续的,作为对精英阶层的文言的一种平衡,它最先在通俗领域产生。关于"官话"的广泛讨论,见本文下一节。

最令人感兴趣的是《经籍志》中列出了十几种不同题材的拓跋文和鲜卑文著作。鲜卑据说是原始蒙古人的另一支实力强盛的部族,他们从 2 世纪起便活跃于中国北部。[1] 不幸的是,这些著作都没有流传下来,但是弄清楚它们是用什么字体记录的仍然极其有价值。《经籍志》中有趣却又令人费解的证据表明,拓跋文和鲜卑文这两种书面语有可能远远早于现代学者所知道的任何阿尔泰语系语言的书面语。那么,拓跋文和鲜卑文用的是什么字体呢? 如果能够解开这个谜底的话,它可能会开启书写史上崭新的、重要的一章。对于我们的研究有意义的是,《经籍志》中将拓跋和鲜卑的书面语直接称为"国语"。

在其他汉语历史文献中,多次提到《辽史国语》和《金史国语》。据推测,它们记载的是公元 10 至 12 世纪统治中国北方大部分地区的辽、金两国的历史,是用契丹人和女真人的母语阿尔泰语和通古斯语写成的。尽管这些史书也已遗憾地亡佚了,但仍有一些使用这些由汉字激发灵感创制的字体记录的零散的铭刻与文书片段存留,而一些学者正致力于对它们进行解读。[2] 显而易见,从最早的用例开始,一直到最后一个王朝满清王朝的末期,"国语"一词几乎总是用于汉族以外的民族。[3]

《元史》记载,元显宗甘麻剌(Kammala,1263—1302 年,忽必烈次子真金[裕宗]之长子)做太子时利用监抚军队之暇,命幕僚用蒙古"国语"给他讲解《资治通鉴》。《资治通鉴》是司马光编著的杰出的编年体史书。满族也有相同的传统。例如,魏源《圣武记》中记载:"命文臣依国语制国俗,不用蒙古、汉字。"甚至越南人也吸收了这种书面俗语的观念,创制了他们自己的"国语"(quôc ngũ')。越南人使用的 quôc ngũ' 最早(可能在 14 世纪)似乎是指区别于汉语的本族语的口语形式,它

---

〔1〕也许更为准确的说法应该是,拓跋族是鲜卑族(Saerbi 或 Shirvi)中的一个分支(皇室分支)。

〔2〕Sofronov, "Chinese Philology and the Scripts of Central Asia", *Sino-Platonic Papers*, 1991, 30 (10); Jensen, *Sign, Symbol and Script: An Account of Man's Effort to Write*, Putnam's Sons, 1969.

〔3〕Norman, *Chinese*, Cambridge Language Surverys, Cambridge University Press, 1988, p. 133.

·欧·亚·历·史·文·化·文·库·

后来被写成字喃(chu'nom 字体 + 通俗 = 俗语的书面形式)。字喃是一种越南语的书写系统,它用汉字来记越南语音,又新加入了一些由方块字组成的完全本土化的速记符号。此后,quôc ngū'用来指称越南人现在通行的由法国人发起创制的罗马字母化的文字。[1] 作为一种全国通用语的书面形式的概念,quôc ngū'似乎是越南文人流亡日本时借用"国语"而来。

4.7 与 Koine(古希腊共通语)
作用相当的官话

"Mandarin"实际上是现代汉语"官话"最为贴切的英译,它是在清朝末年以首都北京的方言为基础形成的,来自中国各方言区而无法交流的官员因此可以相互沟通。"Mandarin"一词源于马来语 menteri,又经由葡萄牙语传入英语。马来语的 menteri 则源自印地语的 mantri,后者来自于梵语 mantrin(顾问,阁员) < mantra(商议,忠告)。

"官话"这一术语自元代起便已开始使用,指官场的口语,它是在首都[2]方言的基础上产生的。[3] 明清时期的许多史料都证明,官话在当时被视为强势语言,全国的官僚若想有好前程的话,都必须学习官话。对于他们中的大多数人来说,学习官话意味着掌握第 2 种口语,而不是对自己的发音和词汇稍作调整就可以实现的。

官话的面貌大致在 19 世纪末得到了改革者的精心修饰,意在使之成为整个中国通用的语言,而不再仅仅为官员们所独具。王照是这场改革的领袖,他是一位地位显赫的文人,戊戌变法失败后逃到了日本。当时,日本人使用假名来克服汉字复杂的形体造成的束缚,这件事激

---

〔1〕DeFrancis, *Colonialism and Language Policy in Viet Nam*, Contributions to the Sociology of Language 9, Mouton, 1978, pp. 83 - 87.

〔2〕从那时至今,首都大多都设在北京;晚明时期,南京方言曾被当作标准语。

〔3〕Yang 指出,明代标准官话是以南京话而不是北京话作为基础的,尽管后者是明朝的首都。南京是明朝早期的都城,后来也一直作为陪都。见"Portuguese-Chinese Dictionary of Matteo Ricci, A Historical and Linguistic Introduction", in *Proceedings of the Second International Conference on Sinology*, Vol. 1, Academia Sinica(Taipei), 1989, pp. 191 - 242.

发了王照的灵感,使他创制了自己的拼音系统——官话字母。王照不但在清末民初勇敢地推行开明的表音文字,而且还不遗余力地倡导将官话作为通行全国的口语和书面语。下面的文字选自王照《官话合声字母》的序言,表达了王照对于官话的看法,以及他试图将其改造成一种全国性通用语言的努力:

> 用此字母专拼白话,语言必归划一,宜取官话。因北至黑龙江,西逾太行宛洛,南距扬子江,东传于海,纵横数千里百余兆,人皆解京语。外此诸省之语则各不相同,是京话推广最便故。曰官话者,公也,公用之话,自宜择其占幅员人数多者。

尽管王照对官话之"官"的解释已经迥异于它本来的意思——与官员有关的,但这种语言的语言学特征在两种解释下实际是相同的。"中华民国"成立后不久,1913 年 2 月王照在将北方官话推广为全国标准语的论战中扮演了一个敢说敢当的斗士角色[1]。

"官话"对应于罗杰瑞(Norman)的 Koine[2]。Koine 在中国的历史最早可以追溯至唐朝。[3] 它是一种优势方言,通常以长安、洛阳或开封(坐落于黄河中游的都城)话作为基础。在汉语中,最早与 Koine 相当的名称是"通俗"[4],这个名称可以追溯至公元纪年伊始。甚至也有人牵强地把这个概念追溯到孔子时期(公元前 551—前 479 年),断言那时便已存在一种为人们普遍接受的语言形式。他们常举的例子是所谓的"雅言",它出现在《论语·述而》中。有一种异想天开的推测就是根据这句话提出的,这种推测认为公元前 6 世纪已有官话存在,认为

---

〔1〕Ramsey, *The Languages of China*, Princeton University Press, 1987, pp. 7 – 8.

〔2〕指由不同语言混合成的一种标准语。见 Norman, *Chinese*, Cambridge University Press, 1988, pp. 5, 196 页以下, 246, 249 页。

〔3〕我在与梅祖麟的谈话中受益颇多,他现在正准备研究 koine 对唐宋区域性语言的语法影响。在这项研究中,他将揭示早期官话在 8 世纪中期是如何作为 koine 发挥影响的,并且,到了宋代它已经发展为一种书面俗语,不但为通俗文学服务,而且也为官僚服务。不过,到 12 世纪末为止,方言仍然是唯一得到许可的官方书面形式,而并未表现出将 koine 提升为国语的有意识的努力。

〔4〕参见现代汉语标准语的名称"普通话"。

·欧·亚·历·史·文·化·文·库·

这句话"证实"了雅言与夏朝[1]模糊不清的口语有一定联系。为了得到这个牵强的解释,"雅"被轻易当作"夏"的同义词。这种解读只有歪曲原文才有可能得出,原文很好理解:"子所雅言,《诗》《书》执[艺]礼,皆雅言。"从流传至今的文本自身出发,可以确定雅言指称的是文言的早期形式,顶多不过是一种标准读书音。无论如何单凭这句话都不足以证明公元前500年左右中国有口语标准语(koine),不管其他材料是否可以支持这样的理论。

我们必须注意到,koine并不等于政府使用的书面语言,只有文言才是。与此相反,koine是俗语书面语形成的基础。koine是以远离城市之外的众多乡村土语为基础产生的,它在实际使用中深受各地土语语音、词汇的影响,并在一定程度上也受到土语语法的影响,这与今天普通话的情况相同。其他的汉语俗语实际上仍然处于没有书面语,或者是实质上"不可写"的状态之下,因为尽管以音节为单位的语素文字——汉字数量多得惊人,但仍然不足以准确记录方俗口语所有的词素。再说,中古时期的中国还有表音性质的字母文字或音节文字来拼写连贯的口语。

这种情况与中世纪的欧洲大不相同。在欧洲,拉丁文既可目治又可口治,因此受过教育的人可以用拉丁文进行充分的口头与书面两种形式的表达。后来,文艺复兴之前以及文艺复兴期间,欧洲每个国家的俗语均区别于拉丁文而独立。欧洲俗语书面语的发展还得益于字母可以轻松记录口语的不同变体。与此相反,汉字阻碍了中国单独的俗语书面语的发展,并且影响成熟的官话的书写(官话常常受到文言某种程度上的感染)。因此,广东话、台湾话、上海话以及其他方俗口语都不曾有过像法语、德语、意大利语、英语等那样繁荣的文学传统。最好的情况也只不过是一些略带方言成分的文本(只有极少数可以确定是形成于19世纪末以前的),其主体基本上是官话或半官话半文言,只有零星的方言成分包含其中,烘托出一点"地方味儿"。

---

[1]其真实性有待考察,尽管我们的如意算盘是希望它是真实的。

4.8　日语对"国语"的启示

　　中国人直到 20 世纪才把他们自己的一种俗语口语当作国语的基础,这是一个自相矛盾的情况。"中华民国"政府在 1919 年五四运动以后宣布,在全国范围内推广官话,把官话作为政界和教育界的正式语言。目前已知最早用"国语"这一概念指称汉语的是学者兼教育家吴汝纶。1902 年,吴汝纶前往日本考察当地的教育系统。日本政府推广使用东京方言作为国语所取得的成功给吴汝纶留下了深刻的印象。[1] 他一回到中国便马上开始向清政府提倡把官话作为国语。按照这种思路,截至 1909 年,已经采取了一些尝试性做法,但是在它们成为现实以前,清朝统治便被推翻了。[2] 直到"中华民国"时期,在进步知识分子推动之下[3],白话文才成为法定的正式书面语言。这一过程自从佛教传入中国便已开始了,经过缓慢的发展,此时才得以实现。

　　吴汝纶在日本偶然学习到国语观念并不奇怪,因为日本几个世纪以来确实是强烈渴望拥有俗语的书面形式。例如,早在 11 世纪初,宫廷女官紫式部便用表音性质的假名来记录俗语,并创作了《源氏物语》。[4] 著名的中国僧人吉藏(f1. 549 – 569)是安息人后裔,他在《法华论疏》的日本序言(1714 年)中记载,在刻版时"傍加国语"(T40〔1818〕.785a)。令人遗憾的是,这些日文写成的随文注疏在今存各种版本中都没有得到保留。

　　"国语"在日语中最初的意思似乎更像是"各地的俗语",而不是官方正式的"全国通用语"。例如,在日本德川时期,"国语"甚至可以指

---

〔1〕Ramsey, "The Polysemy of the Term Kokugo", in Mair, "Schriftfestschrift: Essays on Writing and Language in Honor of John DeFrancis on His Eightieth Birthday", *Sino-Platonic Papers*, 1991, 27, pp. 37 – 47.

〔2〕《中国大百科全书·语言文字卷》,123ab。

〔3〕黎锦熙, *Kuo-yü yün-tung shih kang*, Commercaial, 1934.

〔4〕性别动因在此类情况下似乎起了作用,例如最近在湖南发现的女书。以音节为单位的语素文字——汉字,十分适宜记录文言,而记录俗语的语音符号是对男性掌控的汉字的有力抗衡。

·欧·亚·历·史·文·化·文·库·

荷兰语。[1] 综观上述内容,再加上"国语"这个术语的明显的汉语味儿,令人回想起"国语"在汉语中指的是俗语的口语,而不是传统的书面语言即"汉文"(文言)。正如我们已经看到的,是佛教徒把"国语"的观念引入了中国,它似乎又经由中国传到了日本。但是,日语"国语"的含义从"各地的俗语"到"国家的语言"的转变是缓慢的,直至19世纪中叶,"国语"才逐渐专门用来指称日本官方正式语言。日本俗语被接受成为官方正式语言的转变过程尽管进展缓慢,但已经远远早于中国俗语被核准为国语。具有讽刺意味的是,中日两国之所以能够接受俗语作为国家的正式语言,其根源在于印度佛教中的"方国之语"的观念(deśa-bhāṣā)。Habein 和 Miller 认识到了早期平安时代(794—898年)日语俗语书面语发展过程中佛教的重要作用。[2] 佛教对于假名发展所起的作用 Seeley[3] 有详尽论述,特别是在佛经《阿毗达摩杂集论》(*Abhidharma samuccayavyākhyā*)和《央掘魔罗经》(*Aṅgulimālika-sūtra or Aṅgulimālīya-sūtra*)中,这两部佛经都可以追溯至公元 800 年左右[4]。

4.9　朝鲜的语言改革

就像"国语"指中国官话、quôc ngu'指越南国语一样,kug'o 作为现代朝鲜全国性语言的思想也是受日本"国语"的影响产生的。但是,朝鲜人自己很久以前就已经用"吏读"(idu)和"乡札"(hyangch'al)两种文字作为俗语的书面形式。这两种文字以汉 – 朝音读或朝鲜本国训释为基础(这种情况近似于日语汉字的音读和训读),它们都是由薛聪创立的。薛聪是 7 世纪末朝鲜最为著名的佛教思想家元晓之子。乡札仅仅用于俗语歌曲与诗(这一点是根据现存样本判断的),它可能在公元 1392 年朝鲜李朝开始之前便已灭绝了。朝鲜文学史上现存最早

---

〔1〕Ramsey, The Japanese Language in Japan, Unpublished Manuscript, 1993.

〔2〕Habein, *The History of the Japanese Written Language*, University of Tokyo Press, 1984, p. 22; Miller, *The Japanese Language*, The University of Chicago Press, 1967, p.126.

〔3〕Seeley, *A History of Writing in Japan*, E. J. Brill, 1991, ch.4, pp.59 – 89.

〔4〕Miller, *The Japanese Language*, The University of Chicago Press, 1967, p.128.

的俗语作品(歌曲与诗)只能在与佛教有关的资料中找到,其中的绝大多数是由佛教徒所作,而且是以佛教为主题的。[1] 乡札－吏读的世俗衍生物一直流传到 19 世纪,尽管表音文字早已存在。[2]

公元 1446 年,英明的世宗颁布"训民正音"[3],把它作为方便易学的朝鲜表音文字。[4] 当然,因为这种新字体威胁到了尊崇中国的朝鲜儒家文人在文字上的垄断地位,他们强硬地反对使用《训民正音》这种大众化的通俗文字,并且贬称其为"谚文"(俗语的书面语,字面意思为"谚语的书面形式")。汉字从 7 世纪末起便成为朝鲜主流的书面语形式,它显然得到了绝大多数官员的偏爱。就这样,尽管《训民正音》产生伊始便受到了偏爱繁杂的汉字的朝鲜文人的攻击,但是到了 20 世纪,它终于还是得到了朝鲜半岛(包括朝鲜和韩国)的普遍接受,成为一种标准的书面语,被称为 han'gul。从 1948 年开始,朝鲜只使用han'gul,韩国偶尔混合使用汉字的现象也渐渐减少——现在进一步衰落,几乎彻底淡出一般公众的使用,虽然一小部分偏爱汉文化的学者仍然固执地坚持使用汉字,但这只是一种象征性的行为。

朝鲜人在 han'gul 中得到高度的民族自豪感,认为这种文字可以准确地记录自己语言的语音和词汇,而不必使用文言或者各种不同程度的克里奥化书面语——如果可以造一个词汇的话,后两者正是朝鲜人被迫依赖汉字的结果。Coulmas[5]和 Jensen[6]描述了朝鲜人用汉字记录自己的语言时所必须克服的种种困难。世宗在《训民正音》的序言里表达了自己创制"训民正音"的意图:

〔1〕Lee, *Studies in the Saenaennorae*:*Old Korean Poetry*, Serie Orientale Roma 22, Rome, 1959; "The Importance of the Kyunyǒ chǒn(1075)in Korean Buddhism and Literature-Bhadra-caripra", *Journal of the American Oriental Society*, 1961, 81(4), pp. 409 – 414.

〔2〕Ledyard, 1992, letter of October.

〔3〕"训民正音"也是这本书的名字,书中介绍了这种新的书写系统。

〔4〕Ramsey 对《训民正音》做了很好的简述,见 Ramsey, "The Korean Alphabet", in Kim, *King Sejong the Great*, 1992, pp. 43 – 50. 关于 han'gul 历史的进一步信息,见 Gari Ledyard 的杰出论文,可惜其文尚未正式发表。我在本段中关于朝鲜文字的说明在很大程度上借鉴了这篇文章。

〔5〕*The Writing Systems of the World*, Basil Blackwell, 1989, p. 115.

〔6〕Jensen, *Sign, Symbol and Script*:*An Account of Man's Effort to Write*, Putnam's Sons, 1969, pp. 210 – 211.

> 国之语音异乎中国,与文字不相流通,故愚民有所欲言而终
> 不得伸其情者,多矣。予为此悯然,新制二十八字,欲使人人易习,
> 便于日用耳。[1]

显而易见的是,世宗非常重视平民的读写能力。他相信,表音文字便于
人们轻松地记录自己口语的读音,这比笨拙的汉字更适合平民的读写
能力。

《训民正音解例》是世宗的御用文人对《训民正音》的注疏,郑麟趾
在该书的后记中表达了类似的态度:

> 吾东方礼乐文章,侔拟华夏。但方言俚语,不与之同。学书者
> 患其旨趣之难晓,治狱者病其曲折之难通。昔新罗薛聪始作吏读,
> 官府民间至今行之。然皆假字而用,或涩或窒,非但鄙陋无稽而
> 已。至于言语之间,则不能达其万一焉。
>
> ……以二十八字而转换无穷,简而要,精而通,故智者不终朝
> 而会,愚者可浃旬而学。以是解书,可以知其义;以是听讼,可以得
> 其情。字韵则清浊之能辨,乐歌则律吕之克谐。无所用而不备,无
> 所往而不达。虽风声鹤唳、鸡鸣狗吠,皆可得而书矣。[2]

毫无疑问的是,朝鲜字母的创制者和提倡者都在寻找一种简便的
方法,可以让他们的人民用自己的语言表情达意,他们认为汉字不适
合达到这个目的。此外,最后一句引人注目的简洁表达无疑沿用了宋
代学者郑樵(1104—1162 年)《七音略》的序言,郑樵在该书中对佛教
僧侣的音韵学思想大加赞赏。[3] 郑麟趾及其助手显然是在极力模仿
受到郑樵嘉许的印度表音文字的灵活精妙。

对我们的研究有意义的是,世宗和他的妻子(d. 1446)都是虔诚的
佛教徒,而且最早用这种新文字写成的著作中,除了两种以外,余下的

---

〔1〕引自 Ledyard, *The Korean Language Reform of 1446*:*the Origin*,*Background*,*and Early History of the Korean Alphabet*, Ph. D. diss. ,University of California, 1966, p.224.

〔2〕引自 Ledyard, *The Korean Language Reform of 1446*:*the Origin*,*Background*,*and Early History of the Korean Alphabet*, Ph. D. diss. ,University of California, 1966, pp.257 – 258.

〔3〕Mair, "Cheng Ch'iao's Understanding of Sanskrit:The Concept of Spelling in China", 收入《庆祝饶宗颐教授七十岁论文集》,Chinese University of Hong Kong, 1993, pp.338 – 339.

都与佛教有关。这两个例外包括乏味的儒家颂诗《龙飞御天歌》（1447年）和名为《东国正韵》的汉－朝词汇集。作为文学作品，佛教著作给人深刻印象，远远胜过《龙飞御天歌》。此外，尽管训民正音（即 han'gul）被恰如其分地尊为一种独创的、表音准确的文字，但它的一部分基础是八思巴文。八思巴文是一位西藏喇嘛八思巴于公元 1260 年创制的，用其取代此前用来记录蒙古语的经过改造的古回鹘文字。[1] 八思巴字体的形状受到了西藏字母的影响，而西藏字母又源自印度笈多字母。西藏字母是由西藏伟大的王松赞干布（608—650 年）投入使用的，据考证，佛教也是由他引入西藏的。忽必烈显然是受到了佛教的影响才命令八思巴为蒙古语创制新文字的。接下来，佛教又促使世宗创制了"训民正音"。中国音韵学对于世宗及其近臣创制"训民正音"也发挥了影响，而中国音韵学又是建立在汉魏六朝时期由佛教僧人传入中国的印度语音学理论的基础上的。因此，朝鲜佛教徒满怀热情地欢迎这种新的大众化表音文字就不奇怪了。他们把它当作宣传和学习他们信仰的有效工具，但并不像尊崇儒教的官员那样坚持抵制新字体。

还有一个事实显示朝鲜表音文字是由佛教激发的："训民正音"是紧随"梵书"（可能是悉昙的一种形式）之后出现的，"梵书"显然是受印度影响而产生的文字，它的名称、字母排列、音韵构成都明确显示它直接来自印度。直到今天，"梵书"仍被用来音译佛教仪轨书中的术语。[2]

Ledyard 的论文提供了大量详尽的证据，表明佛教确实是朝鲜文字产生的关键因素。例如，他描写了（261 页以下）赞成表音文字者与佛教徒之间的联盟关系。他进一步指出（267 页），许多最早使用新字体的作品都与佛教有关，其中包括《般若波罗蜜多心经》的朝鲜译本。他还指出（90 页），圣君世宗自己运用新字体创作关于佛陀生活与功德的

---

〔1〕古回鹘文字＜古叙利亚文＜帕尔米拉文＜阿拉米文＜北闪语文，经过改造的回鹘文在 20 世纪西里尔字母传入以前，通常被用来记录蒙古语，后来又被满族人加以改造来记录自己的语言。

〔2〕Jensen, *Sign*, *Symbol and Script*: *An Account of Man's Effort to Write*, Putnam's Sons, 1969, p. 236.

朝鲜语歌谣,以推动新字体投入使用。无论如何强调都不足为过的是,世宗顶着来自文人们的强烈反对实施了受佛教启发的俗语改革:

> 在世宗的晚年,他愈来愈多地沉湎于佛教,这等于使他几乎彻底疏远了当时那些近乎痛恨佛教的人们。世宗其实从掌国之初起便自适于佛教,他的规劝者从公元 1426 年起就因此与他对抗,当时他们建议他把用悉昙字母写成的一条陀罗尼从皇宫天花板的横梁上取下来。[1]

但是,并非只有世宗一人因佛教热情的激发而实施朝鲜语书面语的俗语化运动。早在 9 个世纪之前,佛教对于真正的朝鲜文学的建立就已经起到了绝对非常重要的作用。

> 佛教在朝鲜早期文学史上的作用必须得到强调……如果新罗保留下的诗集可以作为线索的话,那也是佛教徒创作了新罗国内绝大多数的文学作品。佛教徒在高丽时期把它们保存了下来,又创作了《均如传》和《三国遗事》,我们今天赖此得以了解当时的文学。甚至著名的中国儒教经典注疏家薛聪也是佛教僧人[元晓]的儿子,他在成长过程中当会始终关注他和其他信仰佛教者所使用的本国语言。这种背景下长大的人最终倾向于寻找一种切实可行的记录韩国语的方式就不是偶然的了。如果把佛教在亚洲书写史上的作用完整写下来的话,可以写出许多有意思的篇章。[2]

佛教对于印刷术兴起所产生的作用是另一个值得关注的研究领域。毫无疑问的是,东亚的印刷术从产生伊始便是一种佛教现象。事实上,印刷术的发明也许是对把木版雕刻的佛像印在丝或纸上以及复制陀罗尼[3]的实践活动的一种扩展。7 世纪时,这两种活动在中国已

---

〔1〕引自 Ledyard, *The Korean Language Reform of 1446 : the Origin, Background, and Early History of the Korean Alphabet*, Ph. D. diss. ,University of California, 1966, p. 99。材料中的最后一句来自《世宗实录》,1426 年 11 月 12 日,34. 3。

〔2〕Goodrich, "Two Notes on Early Printing in China", in Hariyappa, Professor P. K. , *Gode Commemoration Volume*, Poona Oriental Series 93, Oriental Book Agency, 1960, p. 117.

〔3〕咒文或祈祷文,在密教中特别盛行。

经广泛流传了。8世纪时,日本印刷了上百万的陀罗尼咒语。例如,在公元764年至770年间,圣德皇后(d.769)命令印刷100万条陀罗尼咒语,把它们放入小塔中,分别安放在一些重要的寺庙里[1]。佛教对于日本早期印刷术的垄断是个值得注意的现象:

> 印刷术引入日本之后(约公元740年),它的使用被富有的佛教寺庙所垄断,只能用来印刷佛经或中国著述,这种情况一直持续到镰仓时期[2]。公元740年到1569年这段时期,只有过极少数的世俗印刷品。[3]

佛教对于东亚印刷史的贡献与俗语书面语的产生有关,因为二者都是在儒家知识界之外传播知识,但是即便如此,佛教对印刷史的影响仍然需要集中的、专门的研究。另外,具有特殊意义的是,这种印度宗教对于上述两种差不多同时出现的、有关东亚书写基本的民主进程起到了决定性的影响。这自然会引导我们进一步思考关于知识的社会学问题,但遗憾的是,它们并不属于本文研究的范围。目前需要指出的是,俗语作为书面媒介的合法性、以音节为单位的表音文字与字母的发明,以及印刷术的发明都是相互关联的现象,它们都源自于佛教的传教倾向,即,渴望向尽可能远的地方、向尽可能多的人传播佛陀的言教,不管他们有什么样的背景、身份如何。

Ledyard[4]近来在《训民正音的国际语言学背景》一文中重新考察了八思巴文对创制 han'gul 的重要意义。在接受他的研究成果时,我们必须首先明确:训民正音并不仅仅是八思巴正字法与汉-印音韵学的结合,它更是世宗个人居功至伟的卓越创造。Ledyard 正确地、富有洞察力地指出了朝鲜把俗语(即朝鲜本民族语言)作为书面语合法的媒介(与文言相对)和表达这种媒介所需要的表音文字之间的关系。

〔1〕Goodrich, "Two Notes on Early Printing in China", in Hariyappa, Professor P. K., *Gode Commemoration Volume*, Poona Oriental Series 93, Oriental Book Agency, 1960, p. 117.

〔2〕约1569年(原文如此)。

〔3〕引自 Peake, *Additional Notes and Bibliography on the History of Printing in the Far East*, Gutenberg-Gesellschaft, 1939, p. 58.

〔4〕Ledyard, 1992, letter of October.

正是这种动机促使世宗及其助手根据自己的目的明智地对八思巴文加以改造。如此产生的 han'gul 奇迹般地适合了朝鲜语记音的需要，它也许可以被推举为世界上设计最合理的文字。只是到了 20 世纪，随着现代信息处理技术（机械化与电子化）的到来，使用 han'gul 的缺陷才暴露出来。朝鲜音节文字的方块形状（最初是为了便于同汉字结合）阻碍了以线性排列为根本的现代信息处理方法的有效运用。[1] 最近，已经开始尝试按照线性顺序重新调整字体，并且标出词与词之间的界限，以便使它在信息处理系统中发挥更大的作用。[2]

4.10　结论

我们已经看到，很可能在由佛教传入中国的印度概念"方国之语"（deśa = bhāṣā）的影响下，大量的东亚人民如何创制了整整一个系列的俗语书面语。尽管中国权威顽固地抵制把自己的俗语当作国语——也许是由于文言过高的威望与力量——佛教徒却在自己的书面语中不受限制地使用俗语。当俗语成为一种实用的可供选择的书面语时，俗语的使用不断增长。到了明末清初时期，尽管还有许多来自极端保守学者的批评和嘲笑，但是用俗语写成的或高度俗语化风格的书籍和用文言写成的书籍一样多。最后，满族人原本拥有自己的书面国语，只是由于不断汉化而逐渐消亡。他们也不得不承认，其汉族臣民同样需要一种以地方口语为基础的国语。由进步知识分子和学生[3]领导的五四运动爆发后，"国语"被公开宣布成为中国的正式书面语言，这标志着中国上千年书面语与口语分家状况的正式结束。

佛教在东亚俗语书面语产生过程中所起的至关紧要的作用是不容置疑的。但是还有几个问题没有解决：佛教的哪个方面导致了这些

---

〔1〕Chung, "Hangeul and Computing", in Mair and Liu, *Characters and Computers*, IOS Press, 1991.

〔2〕Hannas, "Chinese Ideographs and Western Ideas", *The Journal of Asian Studies*, 1993, 52 (2), pp. 373 – 399.

〔3〕他们中的许多人通过日本接触到了关于语言和关于社会、文化其他方面的激进思想。

里程碑式的变化？是不是佛教的某些教义促使了俗语书面语的产生？或者说,这是不是佛教某一特殊的哲学原理导致的？是否因为早期佛教徒喜欢用受众的语言讲故事、祈祷、公开演说？佛经表面上的口语化是否与中国俗语书面语的产生有关？早期汉译佛经的译者大多为不善文言的外国人,这种情况算不算一个重要因素？并且,是否印度语言学的语音理论要求口语与书面语的统一？印度精密严格的吟咏和背诵传统有何影响？此外,佛教的社会价值观和制度及其地位是否对俗语书面语的兴起产生了影响？最后但并非最不重要的一点是,佛教徒的活动与俗语的合法化有何关系？也许我彻底忽略了佛教对这一进程产生影响的一些关键因素。最后,佛教对俗语书面语的支持最好看作是各种不同因素错综复杂的共同作用的结果,其中每一个因素都取决于综合的社会宗教意识形态。

参考文献

Along the Ancient Silk Routes:Central Asian Art from the West Berlin State Museums[G]. New York:The Metropolitan Museum of Art,1982.

Alsdorf L. Ardha-Māgadhī[M]//Bechert H. Die Sprache der ältesten buddhistischen Überlieferung. Göttingen: Vandenhoeck and Ruprecht, 1980:17 – 23.

Angurarohita P. Buddhist Influence on the Neo-Confucian Concept of the Sage[J]. Sino-Platonic Papers,1989,10(6).

Banerjee M. The Deśīnāmamālā of Hemacandra:Part I—Text with Readings,Introduction and Index of Words[M]. Calcutta:University of Calcutta,1931.

Bechert H. Die Sprache der Ältesten Buddhistischen Überlieferung [M]// The language of the Earliest Buddhist Tradition. Göttingen:Vandenhoeck and Ruprecht,1980.

Beckwith C I. The Tibetan Empire in Central Asia:A history of the struggle for Great Power among Tibetans,Turks,Arabs,and Chinese during the Early Middle Ages[M]. Princeton:Princeton University Press,1987.

Berling J. Bringing the Buddha Down to Earth:Notes on the Emergence of Yü-lu as a Buddhist Genre[J]. History of Religions,1987,27(1):56 – 88.

Bhayani H C. Studies in Hemacandra's Deśīnāmamālā[M]. Varanasi:Hindu University,1996.

Bond G. The Word of the Buddha[M]. Colombo:Gunasena,1982.

Brough J. Thus have I Heard. . . [J]. Bulletin of the School of Oriental and African Studies,1949—1950,13(2):416 – 426.

Brough J. A Kharoṣṭhī Inscription from China[J]. Bulletin of the School of Oriental and African Studies,1961,24:517 – 530.

Brough J. Sakāya[sic]Niruttiyā:Cauld kale het[M]//Bechert H. Die Sprache der Ältesten Buddhistischen Überlieferung. Göttingen:Vandenhoeck and Ruprecht,1980:35 – 42.

Ch'en K K S. Buddhism in China:A Historical Survey[M]. Princeton:Princeton University Press,1964.

Chi Hsien-Lin(季羡林). On the oldest Chinese transliterations of the name of Buddha[J]. Sino-Indian Studies,1947,3(1/2):1 – 9.

Chi Hsien-Lin(季羡林). T'u-huo-lo-yü te fa-hsien yü k'ao-shih chi ch'i tsai Chung-Yin wenhua chiao-liu chung te tsoyung[J]. Yü-yen yen-chiu,1956,1:297 – 307.

Chi Hsien-Lin(季羡林). Tsai lun yüan-shih Fo-chiao te yü-yen went'i[J]. Yü-yen yen-chiu,1959,4:87 – 105.

Chi Hsien-Lin(季羡林). Tsai t'an fu-t'u yü Fo[J]. Li-shih yen-chiu,1990,2:3 – 11.

Ch'ŏn Hye-Bone. Typography in Korea:Birthplace of Moveable Metal Type[J]. Koreana,1993,7(2):10 – 19.

Chu Ch'ing-Chih(朱庆之). Fo-tien yü chung-ku Han-yü tz'u hui yen-chiu[D]. Chengtu:Szechwan University. Department of Chinese,1990.

Chung W L. Hangeul and Computing[M]//Mair V H , Liu Yongquan. Characters and Computers. Amsterdam : IOS Press , 1991 : 146 – 179.

Coulmas F. The Writing Systems of the World [M]. Oxford , Cambridge : Basil blackwell , 1989.

Cowell E B. The Prākṛta-prakāśa , or the Prākṣt Grammar of Vararuchi , with the Commentary (Manoramā) of Bhāmaha [M]. London : Punthi Pustak , 1968.

DeFrancis J. Colonialism and Language Policy in Viet Nam [M]. Contributions to the Sociology of Language : 19. The Hague : Mouton , 1978.

DeFrancis J. Visible Speech : The Diverse Oneness of Writing Systems [M]. Honolulu : University of Hawaii Press , 1989.

Dien A. A New Look at the Xianbei and Their Impact on Chinese Culture [M]//Kuwayama. Ancient Mortuary Traditions of China : Papers on Chinese Ceramic Funerary Sculptures. Los Angeles : Los Angeles County Museum of Art , 1991 : 40 – 59.

Dirnger D. Writing [M]. Ancient Peoples and Places : 25. London : Tames and Hudson , 1962.

Dobson W A C H (杜百胜). A Dictionary of the Chinese Particles [M]. Toronto : University of Toronto Press , 1974.

Edgerton F. Buddhist Hybrid Sanskrit Grammar and Dictionary [M]. New Haven : Yale University Press , 1953.

Fuchs W. Zur Technischen Organisation der Übersetzungen Buddhistischer Schriften ins Chinesiche [J]. Asia Major , 1930 , 6 : 84 – 103.

Gardner D K. Modes of Thinking and Modes of Discoures in the Sung : Some Thoughts on the Yü-lu (Recorded Conversations) Texts [J]. The Journal of Asian Studies , 1991 , 50 (3) : 574 – 603.

Gernet J. Les aspects éconormiques du Bouddbisme dans la société chinoise du Ve , au Xe sié cle [M]. Publications de I' École française d' extrême-Orient : 39. Saigon : École française d' extrême-Orient , 1956.

Gómez L O. Buddhist Views of Language[M]//Mircea E. The Encyclopedia of Religion:8. New York:Macmillan,1987:446 - 451.

Goodrich L C. Two Notes on Early Printing in China[M]//Hariyappa H L. Poona Oriental Series:93. Professor P K Gode Commemoration Volume. Poona:Oriental Book Agency,1960,117 - 120.

Gurevich I S. Eschë Rza o Byan' ven'. . . (zametki)[M]. Moscow: Nauka,1985:96 - 101.

Habein Y S. The History of the Japanese Written Language[M]. Tokyo:University of Tokyo Press,1984.

Hannas W C. The Simplification of Chinese Character-Based Writing [D]. Philadelphia:University of Pennsylvania,1988.

Hannas C. Chinese Ideographs and Western Ideas[J]. The Journal of Asian Studies,1993,52(2):373 - 399.

Hannas C. Reply to J. Marshall Unger[J]. The Journal of Asian Studies,1993,52(4):954 - 957.

Hartwell R M, Hartwell M C. Executive Finance and State Council, Notes and Documentation[M]. Philadelphia:Electronic Database,1991.

Hinüber V, Oskar. Das Ältere Mittelindisch im Überblick[M]. Vienna:Verlag der Österreichischen Akademie der Wissenschaften,1986.

Hinüber V, Oskar. Der Beginn der Schrift und Frühe Schriftlichkeit in Indien[M]. Mainz:Akademie der Wisenschaften und der Literatur,1990.

Hoffman F J. Eva ṃme suta ṃ:Oral Tradition in nikāya Buddhism. Paper Presented at the Nineteenth Annual Conference on South Asia,1990,11 (2/3/4):34.

Yoshitaka I(入矢义高). "Tonkō hanbun shū"kōgo goi sakuin[M]. Kyoto:privately printed,1961.

Yoshitaka I. "Tonkō henbun shū"kōgo goi ho-i:I[M]. Kyoto:privately printed,1985.

Jensen H. Sign, Symbol and Script:An Account of Man's Effort to

Write[M]. New York: Putnam's Sons, 1969.

Kajiyama Y. Thus Spoke the Blessed One... [M]//Lancaster. Prajñāpāramitā and Related Systems. Berkeley: Regents of the University of California, 1977.

Kao Ming-K'ai(高名凯). T'ang-tai ch'an-chia yü-lu so chien te yü-fa ch'eng-fen[J]. Yen-ching hsüeh-pao, 1948, 34: 49 - 84.

Kim-Renaud, Young-Key. king Sejong the Great: The Light of Fifteenth-Century korea[M]. Washington: The International Circle of Korean Linguistics, 1992.

Lamotte É. Histoire du Bouddhisme Indien des Origines, àl'ère Śaka [M]. Louvain: Publications Universitaires, 1985.

Ledyard G K. The Korean Language Reform of 1446: the Origin, Background, and Early History of the Korean Alphabet[D]. Berkeley: University of California, 1966.

Lee P. Studies in the Saenaennorae: Old Korean Poetry. Serie Orientale Roma: 22. Rome: [S. n.], 1959. .

Lee P. The Importance of the Kyunyŏ chŏn(1075) in Korean Buddhism and Literature-Bhadra-caripra[J]. Journal of the American Oriental Society, 1961, 81(4): 409 - 414.

Lewicki M. La Langue Mongole des transcriptions chinoises du X Ⅳᵉ siècle [M]. Wroclaw: Nakladem Wroclawskiego Towarzystwa Naukowego, 1949.

Li Chin-His(黎锦熙). Kuo-yü yün-tung shih kang[M]. Shanghai: Commercaial, 1934.

Louis L. Le Tabghatch, un dialecte de la langue Sien – pi[M]. Amsterdam: Grüner, 1970: 265 - 308.

Lin Li-kouang. L'aide-mémoire de la vraie loi(Saddharma-smṛtyupasthānasūtra): Introduction au compendium de la loi (Dharma-samuccaya) [M]. Paris: Librairie d'Amérique et d'Orient Adrien-Maisonneuve, 1949.

Mair V H(梅维恒). Tun-huang Popular Narratives[M]. Cambridge: Cambridge University Press,1983.

Mair V H. Oral and Written Aspects of Chinese Sutra Lectures[J]. Han-hsüeh yen-chiu,1986,8(4):311 – 334.

Mair V H. Painting and Performance: Chinese Picture Recitation and Its Indian Genesis[M]. Honolulu: University of Hawaii Press,1988.

Mair V H. T'ang Transformation Texts: A Study of the Buddhist Contribution to the Rise of Vernacular Fiction and Drama in China[M]. Cambridge: Harvard University Council on East Asian Studies,1989.

Mair V H. File Track Dough: Introduction and Notes for a Translation of the Ma-wang-tui Manuscripts of the Lao Tzu[J]. Sino-Platonic Papers, 1990,20(10).

Mair V H. What is a Sinitic "Dialect/Topolect"? Reflections on Some Key Sino-English Linguistic Terms[J]. Sino-Platonic Papers,1991. 29(9).

Mair V H. A Hypothesis Concerning the Origin of the Term Fanqie [J]. Sino-Platonic Papers,1992,34(10).

Mair V H. East Asian Round-Trip Words[J]. Sino-Platonic Papers, 1992,34(10).

Mair V H. Script and Word in Medieval Vernacular Sinitic[J]. Journal of the American Oriental Society,1992,112(2):269 – 278.

Mair V H. Cheng Ch'iao's Understanding of Sanskrit: The Concept of Spelling in China[M]// 庆祝饶宗颐教授七十五岁论文集. Hong Kong: Chinese University of Hong Kong,1993:331 – 341.

Mair V H, Mei Tsu-Lin. The Sanskrit Origins of Recent Style Prosody [J]. Harvard Journal of Asiatic Studies,1991,51(2):375 – 470.

Maspero H(马伯乐). Sur quelques textes anciens tie Chinois parlé [J]. Bulletin de l'École franfaise d'Extrême-Orient,1914,14(4):136.

Maspero H. Les origines de la communauté Bouddhiste de Lo-yang [J]. Journal Asiatique,1934,225(7/8/9/10/11/12):87 – 107.

Mather R B. Translating Six Dynasties "Colloquialisms" into English: The Shih-shuo hsin-yü[C]. Taipei: The National Central Library, 1990, 11: 16/17/18.

Mei Tsu-Liu(梅祖麟). San-ch'ao pei-meng hui-pien li te pai-hua tzu-liao[J]. Chung-kuo shu-mu chi-k'an, 1980, 14. 2(9): 27 - 52.

Miller R A. The Japanese Language[M]. Chicago: The University of Chicago Press, 1967.

Mostaert A. Le Matérial Mongol du Hua i i iu de Houng - ou(1389)[M]. Brussels: Institut des Hautes Études Chinoises, 1977.

Nattier J. Church Language and Vernacular Language in Central Asian Buddhism[J]. Numen, 1990, 37(2): 195 - 219.

Ni Hai-Shu. Chung-kuo p'in-yin wen-tzu kai-lun[M]. Shanghai: Shih-tai shu-pao, 1948.

Norman J. Chinese [M]. Cambridge: Cambridge University Press, 1988.

Tatsuo O(太田辰夫). Chūgokugo rekishi bunpō[M]. Tokyo: Kō nan shoin, 1958.

Tatsuo O. Chūgokugo shi tsūka[M]. Tokyo: Hakutei Sha, 1988.

Peake C H. Additional Notes and Bibliography on the History of Printing in the Far East[M]. Mainz: Gutenberg-Gesellschaft, 1939.

Pelliot P(伯希和). Neuf notes sur des questions d'Asic Central[J]. T'oung Pao, 1929, 26(4/5): 201 - 265.

Pischel R. The Deśināmamālā of Hemachandra[M]. Bombay: The Department of Fublic Instruction, 1938.

Pye M. Skilful Means: A Concept in Mahayana Buddhism[M]. London: Duckworth, 1978.

Ramsey S R. The Languages of China[M]. Princeton: Princeton University Press, 1987.

Ramsey S R. The Korean Alphabet[M]//Kim-Renaud, Young-Key.

King Sejong the Great: The Light of Fifteenth-Century Korea. Washington: The International Circle of Korean Linguistics, 1992:43 – 50.

Rosemont H. On Representing Abstractions in Archaic Chinese[J]. Philosophy East and West, 1974, 24(1):71 – 88.

Seeley C. A History of Writing in Japan[M]. Leiden: Brill, 1991.

Silk J A. A Note on the Oening Formula of Buddhist Sūtras[J]. Journal of the International Association of Buddhist Studies, 1989, 12(1):158 – 163.

Sofronov M V. Chinese Philology and the Scripts of Central Asia[J]. Sino-Platonic Papers, 1991, 30(10).

Takakusu J(高楠顺次郎). Tales of the Wise Man and the Fool, in Tibetan and Chinese[J]. Journal of the Royal Asiatic Society of Great Britain and Ireland, 1901, 7:447 – 460.

Tokio T. Chibetto moji shosha"Chō kan"no Kenkyū[J]. Tōhō gakuhō, 1993, 65(3):313 – 380.

Tuan Li-Fen(段莉芬). Tsui-tsao ch'u-hsien hsi-tz'u"shih"te ti-hsia tzu-liao. Yü-wen t'ien-ti, 1989, 6(1):19 – 21.

Unger J M. Communication to the Editor[J]. The Journal of Asian Studies, 1993, 52(4):949 – 954.

Van Gulik R H. Siddham: An Essay on the History of Sanskrit Studies in China and Japan[M]. Nagpur: International Aacademy of Indian Culture, 1956.

Walker B. Hindu World: An Emcyclopedic Survey of Hinduism[M]. New Delhi: Munshiram Manoharlal, 1968.

Watters T. Essays on the Chinese Language[M]. Shanghai: Presbyterian Mission Press, 1889.

Wright A F. Buddhism and Chinese Culture: Phases of Interaction[J]. The Journal of Asian Studies, 1957, 17(1):17 – 42.

Wright A F. Buddhism in Chinese History[M]. Stanford: Stanford University Press,1971.

Yang P F. The Portuguese-Chinese Dictionary of Matteo Ricci A Historical and Linguistic Introduction[C]//Proceedings of the Second International Conference on Sinology:1. Taipei:Academia Sinica,1989:191 – 242.

Zhou Youguang(周有光). The Family of Chinese Character-Type Scripts[J]. Sino-Platonic Papers,1991,28(9).

Zürcher E(许理和). The Buddhist Conquest of China:The Spread and Adaptation of Buddhism in Early Medieval China[M]. Leiden:Brill,1972.

Zürcher E. Late Han Vernacular Elements in the Earliest Buddhist Translations[J]. Journal of the Chinese Language Teachers Association,1977,12(3):177 – 201.

Zürcher E. Buddhist Influence on Eearly Taoism[J]. T'oung Pao,1980,66(1/2/3):84 – 147.

Zürcher E. Han Buddhism and the Western Regions[M]//Idema,Zürcher. Thought and Law in Qin and Han China. Leiden:Brill,1990:158 – 172.

Zürcher E. A New Look at the Earliest Chinese Buddhist Texts[M]//Shinohara,Schopen. From Benares to Beijng:Essays on Buddhism and Chinese Religion. Oakville:[S. n.],1991:277 – 304.

（王继红、顾满林译。译文原载朱庆之编《佛教汉语研究》,商务印书馆 2009 年版）

5 《贤愚经》的原典语言[1]

《出三藏记集》[2]中有关《贤愚经》的目录学记载,为这部教化性质的翻译佛经故事集的原典语言问题,提供了一些专门的、但总的来说并非结论性的东西,耐人寻味。给人的初步印象是,这部佛经的汉译本并非译自梵文或者印度的其他某种语言,表面上看更像是译自于阗语。《贤愚经》译为汉语的时间相当早(445 年),这便极有可能帮助我们更准确地理解佛教文学从印度到中国的传递过程,特别是其间一些中亚俗语所起的作用。

本篇将细致考察相关材料,包括这部佛经本身和其他语言的译本,以及其他一些历史资料,从而确定这个汉译本的直接来源。自然,考察重点要放在一些专用名词和音译术语的语音上,但也考虑到了其他类型的材料。我们将看到,尽管这部佛经有着印度语言、文学乃至民间传说方面的坚实可靠背景,但是经由中亚传至中国,则使它带上了鲜明的色彩,与纯粹的印度作品迥然相异。《贤愚经》由中国僧人翻

---

[1]本篇最初发表于 1993 年 1 月 3 — 6 日在西来大学(Hsi Lai University)举行的"跨国界的佛教"研讨会上。1992 年秋季,宾夕法尼亚大学亚洲和中东研究系(前东方系)组织了一个为时一学期的研讨班,《贤愚经》是这个研讨班的中心论题。由本篇作者主持的这个研讨班的成员包括 Daniel Boucher,张哲佳,Daniel Cohen,Thomas Howell,Masayo Kaneko,Tansen Sen,Tanya Storch 和徐文堪(《汉语大词典》的高级编辑)。本篇的许多观点便是在研讨中形成并进行过讨论的。感谢所有参加研讨班的学生,他们提供给作者的不仅有他们的见解和相关信息,还有高质量的、内容充实的论文。还要感谢 Ludo Rocher 在处理印度术语以及 Hiroshi Kumamoto,Ronald Emmerick,Oktor Skjaervø 和 David Utz 在处理于阗文方面的问题时为作者提供的帮助。尤其要感谢的是 Hsi Lai 寺院的诸位女法师,他们允许作者使用图书馆,提供了本篇口头发表时的录音带,包括与会者在讨论阶段提出的不少有益的评论,并给予了其他许许多多的帮助。最后,尽管收集《贤愚经》中的音韵资料是作者从事过的最为烦琐和耗时的工作,但还是要感谢 Jan Nattier,是她最先建议作者开展这项富有挑战性的工作的。(由于篇幅关系,翻译时在不影响理解的前提下省略了原文部分注释和参考资料。——译者注)

[2]僧祐(445—518)公元 505 年到 515 年间编纂。

译、编纂并加注标题,部分在中亚完成,部分在中国本土完成,这更加增加了这部作品的复杂性。这部佛经包含了印度、中亚、中国三方面的因素,三者之间的关系极度微妙,很好地反映了佛教从其故土向其他国家传播的复杂过程。

> 一在五天竺纯梵语;二雪山之北是胡。……西土有梵有胡,何不南北区分?是非料简,致有三失:一改胡为梵,不析胡开胡还成梵,失也。二不善胡梵二音,致令胡得为梵,失也。三不知有重译,失也。……一直译,如五印夹牒直来东夏译者是。二重译,如经传岭北楼兰焉耆,不解天竺言,且译为胡语:如梵云"邬波陀耶",疏勒云"鹘社",于阗云"和尚";又"天王",梵云"拘均罗",胡云"毗沙门"是。三亦直亦重,如三藏直赍夹牒而来,路由胡国,或带胡言。[1]

探讨《贤愚经》(后文简称《贤》)原典语言的核心文献,是出自僧祐《出三藏记集》第9卷第20条的"贤愚经记"(55/67c-68a)。《出三藏记集》约编纂于公元505—515年,是第一部且最重要的一部汉文佛典经录;僧祐则是中国佛教目录学这一优良传统的奠基人。

贤愚经记

释僧祐新撰

十二部经典,盖区别法门。旷劫因缘,既事照于本生;智者得解,亦理资于譬喻。《贤愚经》可谓兼此二义矣。

河西沙门释昙学、威德等,凡有八僧,结志游方,远寻经典。于于阗大寺遇般遮于瑟之会。般遮于瑟者,汉言五年一切大众集也。三藏诸学,各弘法宝,说经讲律,依业而教。学等八僧随缘分听,于是竞习胡音,析以汉义,精思通译,各书所闻,还至高昌,乃集为一部。既而逾越流沙,赍到凉州。

于时沙门释慧朗,河西宗匠,道业渊博,总持方等。以为此经所记,源在譬喻;譬喻所明,兼载善恶;善恶相翻,则贤愚之分也。

---

〔1〕赞宁:《宋高僧传》,50/723b-725b。

欧·亚·历·史·文·化·文·库

前代传经,已多譬喻,故因事改名,号曰贤愚焉。

元嘉二十二年,岁在乙酉,始集此经。

京师天安寺沙门释弘宗者,戒力坚净,志业纯白。此经初至,随师河西,时为沙弥,年始十四,亲预斯集,躬睹其事。泊梁天监四年,春秋八十有四,凡六十四腊,京师之第一上座也。唯经至中国,则七十年矣。祐总集经藏,访讯遐迩,躬往咨问,面质其事。宗年耆德峻,心直据明,故标讲为录。以示后学焉。

此"记"在僧祐为《贤》所做的题解部分略写为(55/12c):

贤愚经,十三卷(宋元嘉二十二年出)

右一部,凡十三卷。宋文帝时,凉州沙门释昙学、威德于于阗国得此经胡本,于高昌郡译出。(天安寺释弘宗传)

在此经每卷开头都能看到这样的注解:"元魏凉州沙门慧觉等在高昌郡译。"

乍一看,这些记载似乎为我们提供了有关《贤》来源丰富翔实的第一手资料。它由 8 位中国僧人"分听"得来,他们来自甘肃省一个重要的城镇凉州[1],去往于阗求取圣典。在于阗期间,他们幸运地赶上了般遮于瑟大会——每 5 年 1 次的大规模集会,成千上万的信徒们从周边地区赶来,向数以千计的僧人们表示敬意,这些僧人们就居住在那个重要的丝绸之路城市的寺院里[2]。于是,中国僧人们听到了法师们宣讲《贤》中记载的那些故事。他们似乎在于阗便依据笔记做了初步的翻译,随后把这些翻译带回位于塔里木盆地另一端(东部)的高昌,在那里进行加工整理,并将其汇集成单独的一部佛经。然后他们从高昌返回凉州,回到他们自己的寺院,又对这部佛经重新进行了编纂,并

---

〔1〕要了解 4 世纪中叶凉州佛教的繁荣状况,它的特点及其与于阗和西北印度那些有学问的僧人之间的紧密关系,参见 Stanley Abe(1989:120 - 123)。《贤》编纂时,在凉州的其他一些著名的印度、中亚和中国的佛教人士还有道泰(437—439)、佛陀跋摩(429 或 439)、鸠摩罗什(385),以及印度斯基泰人(Indo-Scythian)支施仑等。西晋灭亡后,多为胡人政权的十六国中的前凉(317—376)、后凉(386—403)和北凉(397—439)都建在凉州。

〔2〕法显在记述去往印度的游记中,描述了一次在竭叉国举行的般遮于瑟大会的场景,蔚为壮观。据他记载,大会的举行"或一月二月,可三月,多在春时","四方沙门,皆来云集"。参见 Legge(1886:22);Giles(1959:7 - 8)。

由当地一位高僧给它取了个地道的中国名称。

　　然而,进一步考察和思索之下,会有一大堆问题困扰我们:法师们宣讲时用的哪种或哪几种语言? 是梵文、印度俗语(Prakrit)、于阗语,抑或是其他某种中亚或印度语言? 僧祐的确对"梵"和"胡"做了个大致的区分,即以"梵"为"婆罗门的(即印度的)",而"胡"大致相当于"印度-伊朗的(即中亚的)",但这绝非一个严格的区分,因为有不少用"胡"来指梵文的例子。无论宣讲所用语言是印度的还是中亚的,那些中国僧人何以能听得懂? 尽管他们"竞习胡音",但要说他们在逗留于阗期间便获得了足够的语言能力,以致在没有操双语者的帮助下便能明白宣讲的大义,这种可能性实在太小了。他们的笔记是一字不落的翻译呢,还是只是摘要的转述? 他们能用速记的方式将宣讲记下来呢,还是为他们安排了专场集会? 会上宣讲速度做了细心调整,以确保他们能够把内容完全记下来? 是否如题解中所明确注明的一样,此经真有一个他们据以翻译的"胡本"? Tanya Storch,《出三藏记集》以及其他经录的专家最近明确指出,即便中国佛教目录学家提及了"胡本",也不能确保有个实实在在的印度语或中亚语言的写本的必然存在,更常见的是,根本就不存在这样一个写本,因为印度的佛学家强调记忆和口传。中国的僧侣和朝圣者们对佛经写本有着偏爱和需求,有文献可考的事例证明,一些写本的出现,就是为了满足那些一心想获得写本的中国佛学家的愿望的。[1]

　　继续我们的问题:假如那位凉州的高僧觉得有必要给这部佛经重新命名[2],是否意味着存在一部印度或中亚语的原典,其名称为"譬喻经(avadāna)"之类? 假如是的话,我们能否确立它与某些已知的、同为该名称的梵文佛经之间的等同关系? 或者,假如那些故事是中国僧人们从不同的法师在不同的宣讲中听来的,那么是不是说,《贤》是由他

<hr>

　　〔1〕见 Storch,1993。

　　〔2〕严格地讲,《贤》肯定并不是一部"经(sūtra)",它只是一部譬喻故事集。它的标题中有"经"这样一个称号,正表明它是由慧朗命名的。不过我们不必将此反常之处看得太重,因为中国人对"经"的使用很广泛,常常将一些并非"经"的佛教文献称之为"经"。

们自己汇集的一部杂合的佛经?编纂的确切的程序是什么?在于阗从僧人们的笔记翻译过来的经文与在高昌进行汇集时的经文之间是什么关系?假如宣讲所用的语言是梵文或印度俗语,那些可能也参加了集会的本地信徒们能听得懂吗?或者这些宣讲限制只让那些掌握了足够的印度语言而能听懂的僧人参加(假定其宣讲语言不是于阗语),在宣说时也许还带有当地的特殊腔调?那些宣讲是否可能配有某种同声翻译,将其译成当地的俗语甚至是汉语?在接下来的研究中我们将会探讨这些问题,以及其他一些相关问题,以便更好地理解印度佛经到中国的传递过程,以及期间中亚语言所起的作用;同时要记住的是,有关《贤》的许许多多的谜团,同其他汉文佛经一样,除非发现更多的资料,目前还只能存疑。

从很早开始,于阗就成为一个佛经研究十分繁盛的中心。大约在公元 260 年左右,就有一位名叫朱士行的中国僧人到过那里,以图获得对教义更好的理解并求取佛经。这是目前所见最早的有关中国僧人出国取经的历史记载。他在于阗停了下来,直到大约 80 岁时去世。此间,他于公元 282 年派了一位弟子,名叫弗如檀的于阗人,将大约 90 章佛经送回了中国。接下来,这些佛经中的一部分在公元 291 年左右被译成了汉语,译师是一位来自于阗的佛教学者无叉罗,他在更早的时候便到了中国。他的助手是一位来自印度但已汉化了的优婆塞竺叔兰,由他负责向两位中国人"口传",这两位笔受将他口传的汉译记录下来。公元 286 年,另一位于阗僧人祇多罗抵达长安,他带来了更多的梵文佛经来翻译。据《开元释教录》,《时非时经》译于西晋年间(265—316 年),这部经的后记中写道:"外国法师若罗严,手执胡本,口自宣释,凉州道人于阗城中写记。"5 世纪,来自中印度摩羯陀国的著名的大乘学者昙无谶在凉州,他从印度带来了《大般若涅槃经》的部分写本。为使这部经书完整,他于 412 或 413 年来到于阗,并在于阗发现了写本的另一部分。昙无谶的弟子沮渠京声(来自一个显贵的匈奴家族,这个家族是公元 397—439 年北凉王朝的统治者),曾从凉州到于阗,在衢摩帝大寺从一位印度法师佛陀斯那学习大乘佛教,这位法师(在西域诸国被称为人中狮子）据说具有超凡的能力，能口诵佛经 5 万颂以上。佛陀斯那的角色是为沮渠京声进行口译，那种由多人合作翻译的操作方式由此也可见出一斑。慧远集团中的一位僧人法领从于阗带回《华严经》，并由佛陀跋陀罗于公元 418—420 年译出。从以上事例以及其他可资引证的更多的例子，可以清楚地看到，所谓"中国佛教"，在 5 世纪的上半期及以前，事实上是一种中国的、跨种族的现象，而于阗和凉州是这一印度宗教传往中国途中的关键环节。

由此可见，于阗佛教具有深厚的印度（尤其是西北部的印度）色彩。那里的僧人受业于居住在当地寺院的印度法师，并且在一切与佛教有关的事情上都仿效印度的风格和方式。从某个实际的角度看，在公元前后的好几个世纪里，于阗就是中亚的殖民地。同时，于阗的印度佛教又与当时中国发展中的佛教有着十分紧密和特殊的关系。中国那些取经的朝圣者常常会在于阗停留很长的时间，并与居住在那儿的印度学者一起共同研习，而不是走完全程去到印度。于阗与甘肃的敦煌、凉州等这些地方的关系尤为紧密，它们之间的各种关系并非仅限于宗教活动，同时也包括商业的和经济的联系。尽管中国西北与于阗之间、于阗与印度西北之间的距离（包括空间距离和文化上的距离）是巨大的，而且道路艰险，然而接触与交流却一直在实实在在地进行着，直到 8 世纪伊斯兰教开始在中亚这些佛教小国占统治地位。这样，凉州的昙学等僧人决定去于阗取经翻译，就不奇怪了。可是问题在于，要准确地判定 5 世纪中叶他们在于阗见到的到底是哪一类佛经——是纯粹的印度语言的佛经吗？是写本还是口传的佛经？如此等等。

与其他譬喻故事集相比，《贤》中的故事显得相对较长。以大正藏的栏数为计量标准，从大致的章节长度，可以清楚地看到《贤》中譬喻故事叙事的长短（见表 5-1）。

表 5 - 1　《贤愚经》故事长度统计　　　　长度单位：(《大正藏》)栏

长度	篇章（nos.）	长度	篇章（nos.）	长度	篇章（nos.）
16	14,42[1]	8.5	37	2.5	18，19，28，35，54，56，58，65，66
15.5	40	7.5	32	2.25	26，33
14	52	5.5	24，39	2	3，5，12，29，44，46，50，51
12.75	57	5.25	53	1.75	38
11.25	23	4.5	16，67	1.5	17，27，62，69
11	34	4	30	1.25	9，10，47，49
10.5	1	3.75	64	1	4，11，13，41，43，45，60
9.5	31	3.5	7，8，21，25	0.75	59，63
9.25	22	3	2，6，15，20，36，43，55		
9	48	2.75	61，68		

从这些方面看，有些故事读起来的确像宣讲时做的笔记，取材于一些口头故事，且还未经某一作者最终整理为书面文本。

说《贤》是部杂合的、宣讲笔记性的佛经，还可以由下面这些特征进一步证明：

（1）尽管使用韵律形式是印度佛教叙事故事的特点，但所有 69 则故事中，仅有 2 则出现过（nos.1[几首短诗]、52[出现 1 处]）。No.58 有一首偈颂（实际上只是简单列出了"四谛法"），no.61 还有一首（实际上是首非常简短的咒语）。当然不能说这些便成了诗和散文的交替。

（2）在每一则故事的编排方式上似乎根本没有准则。篇幅几乎最长的一则故事（no.42）紧跟在最短的一则（no.41）之后。故事的内容

---

〔1〕指《贤愚经》第 14 则和第 42 则故事的长度大约为《大正藏》16 栏（《大正藏》的版式每页有上中下 3 栏）的长度，下同——译者注。

和主题也变化多端,尽管大多数故事中都出现了"定名"与"业缘"[1],正与一般的譬喻故事集相合。

(3)风格上差异也很大,比如 no. 34 几乎全由四字格的句子组成,而 no. 39 的句子则长短不一,变化很大。对语言的运用也是如此,其中有些故事比另外一些更加口语化。这也许正显示了一些故事可能部分源自口头,因为其中保留了一些令人惊异的口语用法,这在那么早的时期是极为罕见的。例如,在 no. 27 中,我们发现"那"用作疑问标记:"贫那可卖?"(4/384a),这是目前所知"那"用作修辞性的疑问词的最早用例之一。

(4)同一个人名或术语音译和意译不统一,有时甚至在同一则故事中出现不同的译法(370 页上栏对 Mahā-就分别译作"摩诃[迦叶]"和"大[目犍连]")。

看来《贤》中这些不一致之处,原因即在于它是由 8 位中国僧人以及那位凉州高僧所记录、翻译、编纂而成的,其过程太复杂。

《贤》现存的版本(高丽、宋、元、明版)文字差异相当大。通过最早版本中那些尚未经规范整理的音译词,我们也许可以得出一些有价值的结论,来说明那 8 位来自凉州的中国僧人在于阗最初听到那些故事时,故事宣讲者所用的语言。梵文以-a结尾的名词在《贤》的汉译本中成了以-i(有时是-ki 或带鼻音的-i)结尾的词,这无疑是这部佛经的音译词中最引人注目的反常之处。关于这一现象的最突出的一个例子,我们在以下几段就专门讨论它。

印度西北的犍陀罗省的首府是 Taxila(据希腊语转写),位于北纬35°4′、东经72°44′。这座古城的旧址在巴基斯坦的拉瓦尔品第(Rawal-pindi)市西北约 22 英里处。Taxila 处于 3 条重要商道的交汇点上:(1)从印度由 Megasthenes 的"皇家大道"通往东方;(2)从西亚;(3)从克什米尔和中亚。5 世纪初,即在法显到达后不久,它便遭到匈奴人的毁

---

[1]"定名"指在故事末由佛指明谁是谁的话语,如"尔时太子摩萨埵岂异人乎,我身是也;尔时虎母,今此老母是也;尔时二子,今二人是也。"见《贤愚经》卷1,4/353b。《贤愚经》大部分故事的结束都有这样的话语。——译者注

坏。因为长久以来 Taxila 便是个辉煌的学术中心，又正处于印度俗语佛教文化（Prakritic Buddhist Culture）的中心地带，故而这个名称的发音，对检测《贤》中那些故事是否用所谓的犍陀罗俗语（Gāndhārī Prakrit）宣讲，就显得尤为重要。一般说来，假如《贤》中的故事最初是用纯正的犍陀罗俗语宣讲的，那么宣讲者当然会将犍陀罗首府的名称说对。然而，从汉字的音译来看，我们可以肯定的是，他们所说的并非是那种语言，至少不是纯正的犍陀罗俗语。

尽管没有人能确定 Taxila 这一名称的原始意义，但我们对它在几种主要的古代印度语言中的发音，却有很好的了解。它在梵文中读作 Takskhasilā，在巴利文中读作 Tacchasilā，在印度俗语中读作 Takkhasilā。这几个印度语形式常见的汉字音译是：

特叉尸罗 t'e-ch'a-shih-lo/dək-tʂʰaɨ/tʂʰɛ:-çi-la

咀叉始罗 ta-ch'a-shih-lo/da-tʂʰaɨ/tɨ-çi'/çi'-la（玄奘，7 世纪前半叶）

竺刹尸罗 chu-ch'a-shih-lo/truwk-tʂʰaɨt/tʂʰt-çi-la（法显，5 世纪前半叶）

德（叉）尸罗 te-(ch'a-)shih-lo/tək-(tʂʰaɨ/ʧç-)çi-la

德差伊罗 te-ch'a-yi-lo/tək-tʂʰaɨ/tʂʰɛ-çji-la

德叉尸罗 te-ch'a-shih-lo/tək-tʂʰaɨ/tʂʰɛ-çi-la

奢叉尸罗 she-ch'a-shih-lo/əia-tʂʰaɨ/tʂʰɛ-çi-la

卓叉始罗 cho-ch'a-shih-lo/traɨwk/træ:wk-tʂʰaɨ/tʂʰɛ:-çi'/çi'-la

咀叉尸罗 ta-ch'a-shis-lo/da-tʂʰaɨ/tʂʰɛ-çi-la（玄奘的传记）

Taxila 这一名称在《贤》中出现了 8 次，每次均固定不变地用"特叉尸利 t'e-ch'a-shih-li/dək-tʂʰaɨ/tʂʰɛ:-çi-lih"这几个汉字来音译（表示凉州僧人在于阗听到的很可能是这样一个语音形式：*taksa śilī）。这便清楚地表明，公元 445 年中国僧人在于阗听到的 Taxila 这一地名不可能是地道的梵文、巴利文或印度俗语。然而我们不应该完全排除其印度语源头的可能性，因为对这一地名的后半部分来说，一些现代的印度俗语会有这样一些形式，如：库毛尼语（Kumāoni）-silī，印地语

（Hindī）-sili,比哈里语（Bihārī）-sillī。不过,尚无证据表明这些形式早在 5 世纪末就已经存在了。

于阗语专家熊本裕（Hiroshi Kumamoto）曾这样描述这一语言现象:

以 a-结尾的名词语干（为数最多的一类）,其主格单数词尾由前元音-i 或-e（并非必然是长音,哪怕用婆罗米[Brāhmī]文字书写）替代来自（连读音变前）梵文中的-as/-aḥ 和伊朗语中的-ah 和-o。这一现象是中亚地区东部语言一个突出的特征。……具有这一特征的语言包括于阗语（a-尾语干名词的主格单数词尾是-ä,与 i 相近）,粟特语（轻语干名词的主格单数词尾是-y,即-i）,和吐火罗语 B（词尾是-e;在吐火罗语 A 中元音整个脱落）,但不包括犍陀罗语的《法句经》（其主格单数大多是-o,偶尔是-e/i。见 Brough,Introduction,§75－77）。文中 Brough 认为后面的形式-e/i 是在将原本改为犍陀罗语版本时,原本语言留下的痕迹。在于阗发现的《妙法莲华经》梵文写本（即所谓的 Petrovsky 或喀什噶尔[Kashgar]写本;见 Toda,Introduction to the Romanized text, p. xix）中大多数用例都是-a,这与上面各种语言及标准梵语都不一致。

又据另一位于阗语专家埃默里克（Ronald Emmerick）:"单数阳性以-i 结尾……在于阗语、图姆书克语（Tumshuqese）和粟特语中十分常见。不过,在代表西北俗语的于阗本《法句经》中,词尾通常是-o 或者-u,有时也作-a,-e 或 i。在后来的石刻文中,印度河以西作-e,以东作-o。

《贤》中的 Taxila 这一地名音译的前半部分更像梵文或某些形式的印度俗语,而不像是于阗语,这便使问题更加复杂。Taxila 一词在印度俗语中的形式,除上文提到的外,另外还有 tacchai-（Hemachandra [1088 － 1172]）和 tacchiya（Old Māgadhī）等,可是在于阗语中,我们却发现与其同源的词干为 ttäs-。纯粹的于阗语形式显然是以咝音结尾,而《贤》中的音译则是一个跟在腭音（入声的-k）后的清送气卷舌塞擦音。看来,那些试图尽可能准确地记下 Taxila 这一地名的中国僧人,他们听到的也许基本上是个梵文或印度俗语形式,但却是按照于阗人的

·欧·亚·历·史·文·化·文·库·

发音方式发音,并且有个于阗语的语尾。

曾有人认为,大多数情况下《贤》中的地名 Taxila 可能是以它的处所格(locative)形式出现的,因此编纂这些故事的中国僧人有可能实际上是试图把于阗语的那一语法形式记载下来。所幸的是,这在于阗语的《阿育王譬喻经(A śokāvadāna)》中得到证实,其形式为 Tachahiikṣáśī(Taksaśílá 在这则故事中显得尤为突出,与于阗国的建立不相上下)。此词末尾的复合元音发音大略与 ä 相同,这便使得它与汉语的音译十分相近。无论《贤》中的 Taxila 这一名称的汉译所代表的是于阗语主格(nominative)还是处所格,或者其他什么格,这个词的词干是个印度语形式,而词尾则体现了于阗语的调整或借用,这一点是很清楚的。

那些假定的梵文专有名词的俗语形式于阗语化之后,如何出现在来自凉州的中国僧人所依据的原始材料中,作为这方面的例子,我们可以考察一下"善事王子"和"恶事王子"的名字:Kalyā ṇa ṃkara(迦良那伽梨)和 Pāpaṃkara(波婆伽梨,这两个是梵文形式)。这两个名字的汉译的中古拟音分别是 kɪa-lɪaŋ-gɪa-li 和 pa-ba-gɪa-li。拟音末尾的-i 显然是于阗语现象,而中间元音的简化很大程度上是更早发生的俗语化(Prakritization)的结果。俗语和于阗语化共同导致 *Kalyā ṇ ṇ agari 和 * Pabagari(或 * Pāvagari)的出现,这大概就是凉州僧人在于阗所听到的语音形式。

考虑所有这些已知的音韵资料(印度语言的-a 在中亚语言当中常变为-i 表现得相当明显),最合理的解释应该是,中国僧人在于阗听到的那些专有名词及术语所用的语言,是梵文和印度俗语的混合(后者比例很大),但发音却是于阗语的方式。这只是解决了其中那些专有名词和术语的发音,并没有回答那些中国人在于阗所听到的整个文本的语言问题。那些中国人听到的文本到底是用梵文、印度俗语,还是用于阗语所写? 要回答这个问题,我们就必须问一问是否有一个作为《贤》的原型的印度语文本存在,或者《贤》是否由来自凉州,且在于阗听到了那些使用该语言的故事的中国僧人完全负责编纂? 所有迹象表明,《贤》至少部分内容的确存在印度语文本的原型;至于中国僧人与这一原型接触的方式如何,是仅仅口头听说,还是有人将此文本拿给他们看,并为他们解释里面那些梵文/印度俗语故事,这就另当别论了。

首先,很明显的是,那些中国僧人最初在提及《贤》时,是把它当作某种譬喻故事集的;只是当他们在于阗和高昌(吐鲁番)完成了《贤》的翻译和编纂之后,回到凉州时,才由一位高僧给它取了个更加中国化的新名称。因此,仅仅凭这个原因,我们便可以假设,中国僧人编纂这部故事集,一定依据了某部印度语言或中亚语言的原典。事实上,的确有几种文献完全具备作为其原典的资格,它们可能组成了《贤》的内容的核心,然后再由中国僧人以在于阗时从其他途径听来的故事加以补充。

有部大部头的作品《本生故事集(Jātakamālā)》(从其中的故事来看,也许用"譬喻故事集[Avadānamālā]"这一名称更好),是佛教诗人Haribhaṭṭa 所作。这部作品由 34 则故事组成,是典型的印度叙述文体campū 风格(指由优美的散文和韵文混合而成的一种文体)。这部文体中的第一则讲述的是大光明王和他的大象的故事,《贤》中第 49 则故事讲的也正是这个主题。这本身并没有什么值得激动的,倒是Haribhaṭṭa 作品中一些十分细微的细节竟然在《贤》中再现,值得注意。可以肯定的是,Haribhaṭṭa 的《本生故事集》中有五六个诗节,似乎被逐字地翻译到《贤》中,这一引人注目的现象最近为 Michael Hahn 令人信服地加以证明了。正如 Hahn 所言,这两种文献中如此不寻常的对应关系,"不能仅仅用巧合来解释"。要么 Haribhaṭṭa 的故事来自《贤》,要么《贤》中的故事来自 Haribhaṭṭa(或与之密切相关的类似故事集)。当然,不能排除这两者之间存在中介或解释性的文献,值得考虑的是它们的关系以及孰先孰后的问题。

从中国僧人的自陈以及《贤》中故事特有的性质(完全是印度式的),可以看出,《贤》是后起的,它不可能是 Haribhaṭṭa《本生故事集》的源头。故而《贤》至少有部分内容必定是以 Haribhaṭṭa 或其他与之密切相关的文献为基础的。Hahn 还给出了其他证据,表明 Haribhaṭṭa 的生活时代一定早于 5 世纪前半叶,因此,他的《本生故事集》本身便是《贤》中"大光明王故事"的直接来源,也并非没有可能;中国僧人在于阗听到了这一故事,并将它收入到他们编纂的翻译故事集即为人所知的《贤》中。另外,我们还应当注意到,Haribhaṭṭa 的《本生故事集》中还有其他许多故事,也在《贤》中有十分相近的对应。

我们还知道,一种题为《十业道譬喻故事集(Daśa-karmapatha-avadānamālā)》的文献,当时也在中亚流传,它显然与《贤》也有着联系。就写本的残片来看,《十业道譬喻故事集》与《贤》中的故事或者完全相同,或者很相近。在木头沟(Murtuq)发现的两个写本的后记中,我们看到了标题《十业道譬喻故事集》的维吾尔语转写。其中一个是这样的:

Vaibaziki

sastntri kavi drri sangadas /// ka

kuišan(küšän)tilintin

toχrï tilin čä /// miš

šilazin pras tinki yangirti

toχrï tilintin

türk čä ävirmiš

dsakrmabuda' navtanamal nom bitig[1]

根据当前学术界的一致看法,这个后记似乎表明《十业道譬喻故事集》原始语言是吐火罗语 B(库车[Kucha,古龟兹]地区周围的一种语言),被译为吐火罗语 A(哈拉沙尔[Karashahr]地区周围的一种语言),然后由吐火罗语 A 译成维吾尔语。事实果真如此的话,则包含两点十分重大的含义:(1)一些基于印度模式的大众佛教文献是用中亚俗语创作的;(2)吐火罗语 B 版本的《十业道譬喻故事集》要么是《贤》

---

[1]圣书《十业佛譬喻故事集(Daśakarmapatha-avadānamālā)》,Vaibhāṣika 译,他懂得 6 种哲学体系(六法[ṣattantri]),熟识所应作之事(或六法经文之持诵者),僧团之仆……他将圣书从龟兹语译为吐火罗语;又由 Śīlasena Pr(ajñārakṣita[?])再次将它从吐火罗语译为突厥语。

的一个来源,要么是与之并行的一个校订本(更有可能是前者,因为《贤》显然是有所本的,即公元445年中国僧人在中亚碰到的某[几]个文本)。普林斯顿大学葛思德图书馆(Gest Library)的珍稀书库收藏着一个配有漂亮的插图的《十业道譬喻故事集》的维吾尔语写本。这个写本仅有单单一片,且有残损(尤其是左右两边),但所剩部分已经足够让我们很好地了解这类维吾尔语的大众佛教文学的内容、风格以及格式。

　　一个粟特语版本的《十业道譬喻故事集》的残片也已经被确认,其粟特语标题为əsᵓšyrᵓkrtyh(十善),与维吾尔语译本的标题相近。从上文所引维吾尔语本的后记可知,这部譬喻故事集并非译自汉语。既然维吾尔语本和粟特语本都明确有个带印度色彩的标题,那么极可能的是,最初存在着一个梵文/印度俗语的文本,作为维吾尔语本和粟特语本的依据,尽管这两个版本看起来更像是直接译自吐火罗语。从文中的故事以及标题本身可以看出,《十业道譬喻故事集》与《贤》之间有着相当大的一致性。"十业道"指10种善业(以及相对的10种恶业)的道路,而这些又是以"十德(指在'十戒'观照下的10种好的品德)"为基础,并且摒除"十恶(10种恶事)"。《贤》中的许多故事,显然是想要阐发与此相近的教义。正如 Lévi 指出的,除非存在一个如同《十业道譬喻故事集》或 Haribhaṭṭa《本生故事集》这样的文本,龟兹语与《贤》都取材于这个文本,否则无法充分解释这种相似性。

　　另一种故事集也与《贤》的复杂的结构和由来相关,即于阗语的《本生故事赞》,这里面至少有一个关于 Kāñcanasāra 的故事,同时也出现在《贤》以及粟特语的 əsᵓšyrᵓkrtyh 和维吾尔语的《譬喻故事集》中。由于缺乏证据,我们尚不能说在5世纪中叶编纂《贤》的凉州僧人曾见到过这个《本生故事赞》的写本,但这部故事集的存在,也进一步证明《贤》中的故事在中古时期的中亚曾以多种形式广为流传。我们还应注意到的是,由 Jñānayaśas 创作的一首反映类似故事的梵文诗,也曾作为其于阗文本的样范,这是说明《贤》中的故事具有印度基础的另一个例子。

·欧·亚·历·史·文·化·文·库·

牵涉到《贤》的藏语和蒙古语版本的一些事实也与其历史有关。自从高桥盛孝(Takakusu)的讨论《贤》的汉语版和藏语版之关系的文章发表后,大家普遍接受的看法是,后者译自前者。蒙古语版本是以藏语版为基础则更明显。然而,情况并非如高桥盛孝所想象的那样简洁明了。汉文版和藏语版无疑在某些方面有联系,但二者所包括的故事的则数、排列和顺序,以及写作的风格,都有很大的区别。另外,尽管这部佛经单独的写卷在敦煌已经出现(那时敦煌处于藏族的统治之下,《贤》的藏语译者法成本人正活跃在这一地区),但藏语和蒙古语版中有3则故事,却根本没有出现在《贤》的契丹藏本中,而契丹藏本是现在所知道这部佛经最早的完整汉文刻印本,其年代晚于《贤》的藏语译者法成(9世纪)。那么那额外的3则故事,法成是从何处得来的呢?是否还有其他汉文版的《贤》在独立传播着那几则故事,并且后来被吸收到藏经的修订本中?从《贤》的敦煌写本残卷与藏经版本之间的差异来看,至少在法成那个时代,不只是一个版本,而是有多个版本,有些还有明显的地域色彩。

另一个难点是,藏语版中一些术语和专用名词常常与其汉语不一致,因此要问的是,假如法成所依据的仅仅是汉文的藏经本,他如何会想出那些词来?也许还有在我们所知版本(契丹、高丽、宋、元、明版)之外的其他汉文版本,也许他参考过当时可能在中亚流传的《贤》的其他语言的文本。当然,也有不少例子说明他显然是依照汉字转写来翻译的,并且还简单重复了汉文本的错误(例如,他用 ka-na-śi-ni-pa-li 来译 Kāñcanasāra,此名中的-pa-这个音节必然是来自一个错误的汉译)。这在一些专有名词上表现得尤为突出,这正是高桥盛孝认为藏文本乃是译自汉文本的主要原因。无论如何,有大量的事实表明,含有《贤》中那些故事的譬喻故事集以及其他类型的故事集,在中亚地区法成进行藏译的时代,还有于阗语、粟特语、维吾尔语、吐火罗语,尤其是各种印度语言的版本。而且,有很好的证据证明,这些异本要么早于《贤》的汉译本,要么是与汉译无关而独立产生的。因此,我们不应该排除这种可能性,即他对这些异本一无所知,或者并未受到它们的影响,而是从某个单独的汉文藏经版翻译而成。

上文讨论了 Haribhaṭṭa 的《本生故事集》、《十业道譬喻故事集》的藏语和蒙古语译本,从这些以及我们对印度譬喻故事文学的总体认识可以看出,那些于阗的佛教法师讲述《贤》的故事,是以一种或几种文本为依据的,凉州僧人便是从他们那儿听来了《贤》的故事。对有些故事的讲述,他们必然紧贴原本,因为即便在译本中,汉文与梵文/印度俗语原本之间的关系也显露得很清楚。没有证据表明有个作为《贤》的原型的于阗语写本存在。但这并不排除一种可能性,即可能有人用于阗语以口头形式对梵文/印度俗语的原本进行即时的诠解、意译和翻译。考虑到于阗和甘肃佛教人士之间的紧密联系,实际情况确有可能如此。这就是说,有些中国僧人可能略懂一点于阗语(据僧祐的记载,他们也确曾尽力"习胡音"),反之,一些于阗僧人也可能略懂一点汉语;也有的可能是,那些中国僧人掌握了足够的梵文或印度俗语的知识,能够直接听懂用这些语言作宣讲或讲故事。但是,毫无疑问,前一种情形的可能性要比后者大得多;而且,即便那 8 个中国僧人中没有一个掌握了足够的于阗语,从而能听懂口头的翻译(这种可能性相当大),那么在于阗也必然会有操双语者,他们能够为那些来自凉州的访客进一步将于阗语翻译成汉语。前文讨论过的《贤》中的口语成分,也可以说是这种转译更明显的表现,而每则故事开端的"如是我闻",以及在听到故事结局后的庆贺之辞,则只不过是些程式化的和规约性的东西罢了。

我们前文提出的关于在 5 世纪的于阗对梵文和印度俗语经文的背诵与解释的设想,这种情形与今天在泰国传诵巴利语经文时实际发生的情况,有着惊人的相似。当一个泰国人高声朗诵巴利经文时,尽管他/她也力图发音标准,但几乎毫无例外地都带着明显的泰语腔调,不过对经文本身并没有任何的调整或修改。时常可见的是,有人用巴利语背诵或宣讲经文时,会有操双语者为那些不太懂巴利语的听众用泰语进行同声翻译。反过来,一些佛教故事在用泰语宣讲时,往往充斥着巴利语的术语;进而还有多种不同的混合风格(nissāya, vohāra 等),即将巴利语藏经中的短语乃至整个句子与作为基体的泰语相混合的风格。

《贤》中的故事乃是用一种于阗化的印度西北俗语进行宣讲,且很可能同时伴有于阗语的口头解释。尽管这是事实,但我们必须认识到,那些故事的性质归根结底还是印度式的。《贤》中的故事虽然是中国僧人在于阗听得,并由他们编纂而成,但反映的都是印度的题材、人物和地点。而且,从本质上讲,于阗本身便是印度文化在塔克拉玛干沙漠南端的一个前哨。Utz 已经简明地指出过:

> ……印度的行政以及宗教方式,甚至在某种程度上印度文化的其他方面,比如医药,构成了于阗生活的基础。这样,我们完全有理由说,到十世纪,于阗已经彻底成为塔里木盆地上的一个印度城市中心。这一点可以由以下事实证明:(1)印度文字在一定范围使用以及在开始使用当地的伊朗族语言之前,将犍陀罗俗语(Gāndhāri Prakrit)用于书面交流;(2)[使用印度名号的]于阗国王使用印度名号;(3)佛教的普遍流行;(4)印度行医方式的重要地位。

针对佛教在于阗的重要性,Utz 进一步指出:

> ……于阗语中保存下来了大量的直接来自印度的佛教文学,印度佛教经文中的术语和专门用语对于阗佛教语言的形成产生了巨大的影响。事实上,佛教梵文的影响力是如此之大,以致在宗教方面人们似乎不太愿意使用于阗语,于阗语佛教文学的发展必然是相对晚近的事。在于阗地区已经发现了梵文佛经写本。另外发现的十世纪时供旅行者使用的梵语 – 于阗语常用词手册,以及从于阗到克什米尔的旅行线路图,进一步证实了于阗与印度之间的紧密联系。

如果说在 10 世纪,当伊斯兰教已经开始入侵塔里木盆地西部边区时,于阗与印度之间的关系还是如此紧密,那么在 5 世纪中叶《贤》产生的那个时期,这二者的关系当更加紧密。因此,虽然《贤》是由中国僧人以在于阗听得的、发音上带有于阗腔的材料编纂而成,但它从本质上看仍然是一种印度文献。由此看来，Nattier 认为 6 世纪初期以前，中亚地区佛教文学的传播，无一例外地用的是印度语言，那个论点仍然成立。尽管僧祐详细的目录学上的记载，表面看来似乎可另做解释，但《贤》这一个案可以用来证明的是，于阗当地的佛教人士对印度文学，尤其是那些西北俗语文献的借用和吸收，以及这种借用和吸收在印度文学传向中国的过程中所起的重要作用。

并且反过来也一样。僧祐告诉我们他们的确做出了练习中亚语言的努力。可以确定的是，这些中国僧人有足够的关于梵语或俗语的知识，而能够直接地听懂这些语言中的一种做的报告或讲的故事更有可能。而且，即便在 8 个中国僧人中没有一个懂得足够的于阗语来理解那些口头翻译（并且他们也很可能不是这样），也一定会有懂双语的个人出现在于阗，这些人可以进一步地用汉语为那些来自凉州的访问者翻译于阗语。

（朱冠明译。译文原载四川大学汉语史研究所编《汉语史研究集刊》第 8 辑，巴蜀书社 2005 年版）

6 郑樵的梵文构想

——中国拼字概念

　　饶宗颐在其悉昙文字[1]和相关课题的论文集中,明确阐述了拼字概念(但不是拼字本身)在佛教进入中国不久之后便已存在。饶宗颐这本论文集[2]价值极大。此外,David Diringer[3], I. J. Gelb[4]等学者亦纷纷证明,英文字母是一个强而有力的文字系统,其高效率使其快速地传播至世界各地几乎每一个识字的文明社会。这使人不由得想探讨字母系统无法流传于中国和所有囊括在中国文化圈中的东亚国家的原因。其实,现在在韩国、越南和小部分的日本,字母已代替形意和义符文字,只有中国的汉字,又名方块字,仍坚持存在。简化汉字和汉语拼音尚未改变中国文字系统的基本构造,但科技、社会和国际考虑必会在未来 10 年对中国的文字系统造成巨大的改变。

　　这古老的形意或义符文字系统(或更准确地说,应该是词素音节文字系统),能延续下来不能归功于任何一个汉语文的特性。许多其他的汉藏语系中的语文,如藏语和缅甸语,是使用字母书写的。确实,许多汉语系中的语言,如粤语、闽南语、客家话、厦门话等,已习惯主要以拼音方式书写,而非汉字。我们一般认为,汉语系是因为其所谓的单音特性而被迫依赖汉字。这个认定是错误的。因为汉语系其实并不是

---

　　[1]关于悉昙字的最好的一般研究是高罗佩的书:R. H. van Gulik, *Siddam: An Essay on the History of Sanskrit Studies in China and Japan*, Sarasvati-Vihara Series 36 (Nagpur: International Academy of Indian Culture, 1956).

　　[2]饶宗颐:《中印文化关系史论集·语文篇·悉昙学绪论》,香港中文大学出版社,1990 年。

　　[3]*Writing*, Landon: Thomas and Hudson, 1962.

　　[4]*A Study of Writing*, Chicago: University of Chicago Press, 1963.

一个单音节的语言,尤其是与古代文言相对的白话文。[1] 由此可见,语言学上根本就不存在任何足以解释持续沿用汉字的有利证据。中国对汉字的联系其实以政治和文化为本。千百年来对单音节方块字的熟悉,更使中国学者难以理解拼音文字系统完全不同的运作方式。这一个问题我自己本身也深有体验。

当我开始学习梵文的时候,梵文语法的复杂性和特指性立刻给我留下深刻的印象。但梵文的文字系统并不具备太大的挑战性。几年后,我开始认真学习汉文,那极为难学的文字系统让我感到难以应付。但汉语的语法与几乎所有我之前和之后遇到的语言相比,却是难以想象的简单易懂。在更深入地学习了汉语系的各种语言和中国文化后,更加深化了我在学习汉字时感到的困难。这使我经常设想,早期的中国学者在接触到梵文或其他以字母为文字系统的语言时,是否也如我一样觉得方块字实在是难以运用。不可否认的是,19 世纪末后,千百个汉语改革者都清楚地表明了他们的立场。但,晚清的文字改革运动却来自如利玛窦(1552 — 1610)、金尼阁(1577 — 1628)等天主教和基督教的传教士和他们的后辈的努力,是他们开了各种汉语系和非汉语系拼音化的先例。我想探讨的是:是否有任何一个中国人曾独立得到方块字是极为不便使用的文字系统这项认知。所以我开始研究清朝以前不为人知的文字改革者。我认为邓肃(1091 — 1132)是其中一个。[2]

在《栟榈集》中,邓肃做了如下的比较:

> 夷狄之巧在文书简;简故速。中国之患在文书烦;烦故迟。[3]

邓肃是个宋朝文官,曾被派使金朝(女真),所以也许曾有机会接

〔1〕请参看 George A. Kennedy, "The Monosyllabic Myth", *Journal of the American Oriental Society*, 71.3(1951), pp. 161 – 166,收入李田意 *Selected Work of George A. Kennedy*, New Haven:Yale University Far Eastern Publication, 1964, pp. 104 – 118. John DeFrancis(德范克), *The Chinese Language:Fact and Fantasy*, Honolulu:University of Hawaii Press, 1984,特别是第 11 章(pp. 177 – 178)。

〔2〕有关邓肃的传记资料,见昌彼德编《宋人传记资料索引》,台北:鼎文书局,1975 – 1976年,第 5 卷,3734 – 3735 页。

〔3〕《栟榈集》,见《四库全书珍本》,12.276。

触到女真文字。以上比较出现在邓肃呈上的一篇公文中。在这篇公文中,所谓的"烦"指的是汉文,而非汉字。邓肃并没有明确表示他是否认为汉字本身是拖累中国的一个元素。但这一个句子,却经常被现代汉语改革者如此引用。加之,在邓肃和女真族交涉时,女真族所使用的文字是他们在 1119 年开始使用的契丹大字。所谓的契丹大字,明显的是以汉字为依据的,大概也同汉字一般难使。女真人聪明地在 1138 年对契丹大字进行简化,使之成为一个拥有庞大的字音表和少量形意文字的文字系统,取名契丹小字。契丹大字继续作为政治等官方用途直至 1180 年。[1] 邓肃死于 1132 年,因此,他不可能接触到 1138 年所创的契丹小字。契丹小字甚至并未在 1180 年前为官方使用。

虽然我们不能说邓肃真正理解拼音文字系统的优势,但有些早期华人却是清楚字母文字系统的存在,也粗略理解字母文字系统的运作概念的。同时,他们无疑将这些概念的引进与佛教联系在了一起。《隋书·经籍志》中可见:

> ……自后汉佛法行于中国,又得西域胡书,能以十四字贯一切音,文省而义广,谓之婆罗门书,与八体六文之义殊别……[2]

若说《经籍志》的作者在特指婆罗米文字,并非没有可能。此文字有 35 个基本字母,和一些运用在拼音的元素。数字"十四"肯定是"四十"二字的误倒。婆罗米文字大约有 40 个元素。当时无论中亚或南亚都不可能有一个字母文字能以如此少的 14 个字母元素,成立一个文字系统。就算如此,《经籍志》的编者长孙无忌(卒于 659 年),对字母文字系统也只有最模糊的概念。以我估计,最接近了解字母系统的清代之前的文人,大概是郑樵。

---

〔1〕Hans Jensen, *Sign, Symbol and Script: An Account of Man's Efforts to Write*, 修订增补第 3 版, George Unwin 译自德文, New York: G. P. Putnam's Sons, 1969, p. 197.

〔2〕《隋书》,北京:中华书局,1973 年,卷 32,947 页。

郑樵，福建莆田人，是宋朝最有名的文人之一。[1] 其一生经历使得他思想独立。其中最独特的，就是他从不曾参与科举考试，这对一个儒家文人学士而言，是不可思议的。他隐居，刻苦学习，学富五车，对各家之学累积的知识极为庞大。他研究古董奇珍，尤其对古文字学中的难题，如石鼓文，特别有兴趣。郑樵四处游学，由此可见他重视的是实际的研究而非空谈理论。以学问而言，郑樵自负不下刘向（前77—前6）与扬雄（前53—前18）。他对历史学也有十分浓厚的兴趣，并以司马迁（前145—前90?）和刘知几（641—721）为自身的榜样。

郑樵学术成就的最高峰，乃是其代表作《通志》。这是一部全书200卷、囊括各个领域的政书，完成于1161年。[2] 当中更以《二十略》价值最大。其中有5个课题——《氏族》、《六书》、《七音》、《都邑》、《草木昆虫》——从没在中国有过系统的讨论。剩余的15略，旧史中略有涉及，但并不如《通志》深入清晰。

郑樵的学术研究方向最独特的一点，是他对文字和语言的执著。也许在清朝的考证学出现之前，除郑樵之外，并没有任何一个人可以对语言与文字做出如此深入的研究和精辟的判断。考证学的崛起有一部分是因为传道士带来的西方学的影响。在处理不同领域中的数量庞大的数据时，郑樵开始关注数据整理的问题，也隐约了解到文字系统对此有着极为重要的影响。[3] 他甚至写了《校雠略》，这是一篇可视为图书管理前锋的文章。[4]

---

〔1〕参看邓嗣禹（S. Y. Teng）写的传记，见 Herbert Franke（傅海博）ed, *Sung Biographers*, Münchener Ostasiatische Studien, 16 – 17(4 vol., Wiesbaden: Franz Steiner, 1976), vol. 16, 1, pp. 146 – 156。还有一个较早的比较简略的传记，见 Herbert A. Giles, *A Chinese Biographical Dictionary*, London: B. Quaritch,1898；重印本，台北: Literature House,1967, pp. 109 – 110.

〔2〕对郑樵《通志》的简略说明，请参看邓嗣禹和 Knight Biggarstaff, *An Annotated Biography of Selected Chinese Reference work*, Harvard-yenching Institute Studies Ⅱ（Cambridge, Massachusetts: Harvard University Press, 1971, 第3版）, p. 109. 关于这部大著在中国传统政书中的地位，参看 Endymion Wilkinson, *The History of Imperial China: A Research Guide*, Cambridge: Harvard University East Asian Research Guide, 1975, pp. 126ff.

〔3〕参看 Robert K. Logan, *The Alphabet Effect: The Impact of the Phonetic Alphabet on the Development of Western Civilization*, New York: William Morrow, 1986.

〔4〕钱亚新：《郑樵校雠略研究》，上海：商务印书馆，1948年。

郑樵之所以可以在文字系统的理论研究上取得如此可敬的成就，其主要原因似乎是因为他对梵文做过认真思考。我绝对不是说他曾试图学习梵文，我甚至将在下文证明郑樵大概完全不懂任何一种印度语言。可是，他曾将梵文作为一个书写体系认真思考过，并比较过梵文与中国的文字系统。

从其《六书略》的一些段落中，我们可以断定：郑樵一定曾通过一些如《法苑珠林》类的书接触过梵文字母的一些基本概念。《法苑珠林》第 9 卷中有一篇文章，简略地对印度文字的来源特性与中国的方块字进行了比较。[1] 其实，在公元 668 年完成《法苑珠林》编写的道世，几乎肯定是以僧祐（445—518）为依据，因为他几乎全文照搬了僧祐的原文。[2] 虽然僧祐自己本身对梵文只有粗略的了解，但他学识渊博，可以广泛地收集到印度语言中许多有用的知识。[3] 郑樵很有可能通过僧祐接触到梵文，因为后者在其《出三藏记集》中提供了他对梵文和汉语的比较，内容极为丰富。郑樵阅书极广，又是个著名的藏书家，肯定对僧祐的著名中国佛教经录极为熟悉。

僧祐详尽并精辟地描述和解释了早期印度文的汉译，郑樵则更深刻地思考了梵文和汉语在讲解课题时的基本差异所存在的意义。郑樵对这个极为重要的课题最精粹的见解可见其《六书略》第 5 中的一篇《论华梵》，全文如下：

---

〔1〕《大正藏》,53(2122),351bc.

〔2〕道世照录了僧祐的一段说明内情的话："昔造书之主,凡有三人。长名曰梵,其书右行。次曰佉楼,其书左行。少者仓颉,其书下行。"(《大正藏》,53(2145),46)我注意到不仅仅是道世照抄了这个来自僧祐的误传的信息,许多后来的作者都重复了这段话,马建忠在其《马氏文通》的第 2 篇前言中也重复了这段话。

〔3〕有关这方面精妙的译著见 Arthur E. Link 的大文,题为"The Earliest Chinese Account of the Compilation of the Tripitaka,"Part I and II, *Journal of the American Oriental Society*, 81.1 and 81.2 (1961),pp. 87 – 103 和 pp. 281 – 299,特别是 283 – 292 页对僧祐有关翻译的见解的考察。Link 的研究对于任何想要了解早期中国人对梵语的认识来说都是重要的。也请参看同一作者的 "Shih Seng-yu and His Writings," *Journal of the American Oriental Society*, 80(1960),pp. 17 – 43. 此文对僧祐的生平和著作有可信介绍。感谢 Daniel Boucher 提醒我注意这些论文。

论华梵（上）

诸蕃文字不同，而多本于梵书。流入中国，代有大鸿胪[1]之职，译经润文之官，恐不能尽通其旨，不可不论也。梵书左旋[2]，其势向右；华书右旋，其势向左。华以正错成文，梵以遍缠成体。华则一字该一音，梵则一字或贯数音。华以直相随，梵以横相缀。华有象形之文，梵亦有之："尾"作𐍈，有尾垂之形；"缚"作𐍈，有缠缚之象。华有省文之字，梵亦有之："地"本作𐍈，亦省作𐍈；"缚"本作𐍈，亦省作𐍈；"驮"本作𐍈，亦省作𐍈。华有同声而借之字，梵亦有之："野"作𐍈，而"也"亦作𐍈；"驮"作𐍈，而"陁"亦作𐍈。华有协声而借之字，梵亦有之："微"用𐍈，而"尾"亦用𐍈；"萨"用𐍈，而"散"亦用𐍈。华书有重二之义，如旧《汉书》"元元休息"，下元字只作"二"，《石鼓文》《峄山碑》[3]中重字皆作"二"。梵书凡叠句重言则小作𐍈，但华书每字之重皆作"二"；梵书一字叠一言重者作一𐍈，三字、四字叠三言、四言重者，亦只作𐍈。

华盖以目传，故必详于书；梵以口传，如曲谱然，书但识其大略。华之读别声，故就声而藉；梵之读别音，故即音而藉。如"史"、"瑟"同用𐍈者，"师"、"史"、"使"、"瑟"，商音之和也；"帝"、"鞞"同用𐍈者，"低"、"底"、"帝"、"鞞"，亦商音之和也；"娑"、"萨"同用𐍈，亦商音之和；"诚"、"孽"同用𐍈，是为角音之和。

论华梵（中）

观今《七音韵鉴》出自西域，应琴七弦，天籁所作，故从衡正倒，辗转成图，无非自然之文，极是精微，不比韵书但平上去入而已，七音之学，学者不可不究。华有二合之音，无二合之字。梵有二合、三合、四合之音，亦有其字。华书惟琴谱有之，盖琴尚音，一音难可一字该，必合数字之体，以取数音之文。

---

〔1〕大鸿胪是始于前汉时期的一个官职，职掌之一是负责与非汉语首领的外交关系；在他之下有"译官令"，参与朝廷对外来使者的接待。

〔2〕书面义是"旋转"。

〔3〕石碑上刻有秦始皇帝登山东峄山颂扬其本朝的文字。书写碑文的是丞相李斯。

二合者取二体也,如"娑"作 ⿰, "缚"作 ⿱, 二合"娑缚", 则取"缚"之下体以合于"娑"而为 ⿰ 字。如"啰"作 ⿰, "驮"作 ⿰, "曩"作 ⿰, 三合"啰驮曩", 则上取"啰"、中取"驮"、下取"曩", 而为 ⿱ 字。如"悉"作 ⿰, "底"作 ⿱, "哩"作 ⿰, "野"亦作 ⿰, 四合"悉底哩野", 则取"悉"之上体以合于"野"之下体, 而包"底"、"哩"为错文, 不必具"底"、"哩", 故其字作 ⿱。

然二合者,是双音合为单音也,如双为"者焉",单为"旃";双为"者与",单为"诸"。然则双为"娑缚",单为"索";双为"娑韡",单为"萨",何不即一"索"足矣,安用合"娑缚";一"萨"足矣,安用合"娑韡"哉? 曰,华音论读,必以一音为一读,故虽"者焉"可以独言"旃",虽"者与"可以独言"诸"也。梵音论讽,虽一音,而一音之中亦有抑扬高下,故"娑缚"不可以言"索","娑韡"不可以言"萨",实有微引勾带之状焉。

凡言二合者,谓此音非一亦非二也;言三合者,谓此音非一、非二亦非三也;言四合者,谓此音非一、非二、非三亦非四也。但言二合者,其音独易,言三合、四合者,其音转难。大抵华人不善音,今梵僧咒雨则雨应,咒龙则龙见,顷刻之间,随声变化。华僧虽学其声而无验者,实音声之道有未至也。

论华梵(下)

梵人别音在音不在字,华人别字在字不在音。故梵书甚简,只是数个屈曲耳[1],差别不多,亦不成文理,而有无穷之音焉。华人苦不别音,如切韵之学,自汉以前人皆不识,实自西域流入中土,所以韵图之类,释子多能言之,而儒者皆不识起例,以其源流出于彼耳。华书制字极密,点画极多,梵书比之实相辽邈,故梵有无穷之音,而华有无穷之字。[2] 梵则音有妙义,而字无文彩;华则字有变通,而音无锱铢。梵人

---

〔1〕指"波形曲线"。
〔2〕这是一个很好的说法,看来郑樵在刻意创作一个便于引用的格言警句。

长于音,所得从闻入,故曰:"此方真教体,清净在音闻。我昔三摩提,尽从闻中入",有"目根功德少,耳根功德多"之说。华人长于文,所得从见入,故天下以识字人为贤智,不识字人为愚庸。[1]

《论华梵》最后一段极有揭露性,透露出郑樵相信文章优劣是依赖着中国文字视觉上的精致的。这当然是个错误的见解,因为文字书法上的复杂性与美观与文章本身的优劣毫无关系。甚至从另一方面来看,文人花费过多的时间与精力在书法技巧上,其实会剥夺其写作时对措辞、结构、音韵、形象、比喻等写作技巧的注意力,而这些才是一篇佳作需关注的元素。所以,一个复杂的文字系统与一个依赖此系统写作的作者之间的关系甚至可以说是相对的。

在《论华梵》的第一段,郑樵明确地比较了传统的七音乐谱和音韵学上依发声部位而分类的七音:唇音、舌音、牙音、齿音、喉音、半舌音、半齿音。郑樵认为,音韵学是由西域传进中国的,并在《七音略》中更深入地分析了这个理论。虽然他混淆音韵与音乐的理论,对两者的理解极为有误,使用的数据也十分不准确,但他仍然提供了许多精辟的看法。《七音略》内对语言本性有许多见解很有意思(但其中有些是完全错误的)。《七音序》可说是全文的一个浓缩版,郑樵最有远见的比较论句都出现在这篇序内。以下为此文的一部分:

七音序

汉儒知以说文解字[2],而不知文有子母[3]。生字为母,从母为子,子母不分,所以失制字之旨。四声为经,七音为纬,江左之儒知纵有平、上、去、入为四声,而不知衡有宫、商、角、徵、羽、半徵、半

---

〔1〕引自《通志略》,收入《国学基本丛书》卷5,60－66页(着重号是加上去的)。《通志》全书由商务印书馆在1937年出版,此文见510c－512a页。

〔2〕《说文解字》是许慎在公元前100年编著的,这是汉字的第一部"语源"字典。直到今天,仍然没有任何汉语族语言的词源词典。

〔3〕郑樵对于"元音"和"辅音"完全不像有清楚的概念(我暂且把"母"译成"mother",把"子"译成"child")。在别的地方如《六书略》中(49－51页),他把"母"说成是《说文》中的部首(强调形状和意义),而把分列在各个不同部首下的书写符号叫作"子"(强调其发音)。

商为七音。[1] 纵成经,衡成纬,经纬不交,所以失立韵之源。[2] 七音之韵,起自西域,流入诸夏。梵僧欲以其教传之天下,故为此书,虽重百译之远,一字不通之处,而音义可传。

华僧从而定之,以三十六为之母[3],重轻清浊,不失其伦,天地万物之音,备于此矣。虽鹤唳风声,鸡鸣狗吠,雷霆惊天,蚊虻过耳,皆可译也,况于人言乎。所以日月照处,甘传梵书者,为有七音之图,以通百译之义也。

今宣尼之书,自中国而东则朝鲜,西则凉夏,南则交阯,北则朔易,皆吾故封也。故封之外,其书不通。何瞿昙之书能入诸夏,而宣尼之书不能至跋提河? 声音之道,有障阂耳。此后学之罪也。舟车可通,则文义可及。今舟车所通而文义所不及者,何哉?

臣今取七音编而为志,庶使学者尽传其学,然后能周宣宣尼之书以及人面之域,所谓用夏变夷,当自此始。[4]

极为讽刺的是,所谓的"蛮夷"(印度和内亚佛教信徒者),以其优异的字母文字系统,可以深刻地改变中华文明。郑樵准确地认识到拼音文字系统的力量,应受表扬。儒学在中国之外和附近地域传播不广,他既气愤又无力改变这个事实,并将此过错归咎于文人学士无法理解音韵学的道理上,这是不太公平的。因为郑樵本身对音韵学的理解就有误,他也无法认识到传播的阻碍主要在中国文字本身的特性。尽管长篇大论地讨论中国和外国文字系统的音韵和形状,郑樵却从没有真正掌握词素音节文字系统和精准音素分析之间的不相配的基本观念。简而言之,并没有任何证据能证明郑樵真的理解字母拼音的原则,尽管他明显地懂得字母拼音的优长。

---

〔1〕宫、商、角、徵、羽是中国五声音阶中的 5 个音符。另外两个"半音"是变宫和变徵,但郑樵写作"半徵"和"半商"。我在翻译时部分地予以更正。

〔2〕这是说未能创造出一个精确地进行语音分析的基础。

〔3〕"三十六字母"是晚唐僧人守温创制的。这并不是严格意义上的音节表,因为省略了韵母部分。最好是把"三十六字母"设想为一种说明辅音结合的方块字群,当个别发音起首时,"音节"就组成了。

〔4〕梅维恒译《七音序》,原载《新唐》,7(1986),pp. 134 – 135,这里有修改。原文见《通志略》卷 5,67 – 69 页;又《通志》,513 页 ab。

郑樵的《论华梵》的任何一个读者都会在理解这篇文章的几个大段落上遇到困难,特别是郑樵讨论印度字母一些应用上的特点环节的那几段。这是因为郑樵根本就无法掌握他所讨论的内容。一般人会以为郑樵所讨论的是悉昙的印度文字,而不是婆罗米文或佉卢文,更不可能是天城文字。其实,郑樵所讨论的多数字母文字都是不存在的。很明显的,他(和他的研究伙伴)只不过模糊地理解少数一些悉昙文字的样子,更完全对梵文和梵文语法毫无所知。郑樵从没接触过真正的梵文字,对梵文字是如何通过元音与辅音拼音组成,对字母(varṇapāṭha)的结构,在字母的基础上如何连音,音节(akṣara)所扮演的角色和建构等都毫无了解。郑樵所举例的众个“梵文文字”中,只有两三个可说接近真正的悉昙文字(如:[𑀬] > [𑀬] = 天城文[𑀬 ya])。[1] 雕刻《通志》的工匠大概对郑樵文中使用的悉昙文字出现大量错误也得负上一部分责任。但在郑樵的所有文章中,都不存在任何可证明他对梵文(无论是语言还是文字)有深入的认识的证据。郑樵无法理解中国文字和印度文字所存在的根本差异,在于他误解印度文字也有象形文字。为了确实地显示郑樵无法理解语义与音韵的差异,我在翻译时注明了所有的汉字。因为郑樵无法掌握真正的音素,他对辅音组的描述都是错误的。简而言之,《论华梵》并没有成功描述拼音的运作方式。

　　郑樵的分析的一大弊端是他分不清语言和文字,虽然他花了很多篇幅讨论中国文字的语音特征,但他没有发现语言最重要的一个元素是语言的音韵。语法和词汇所扮演的角色也是不可或缺的,文字则拥有一种附属性,因为它是依附在一个已存在的语言上的。文字的作用在于记录一个语言。还有,一个语言和一个文字系统并不存在必然的关系。例如,罗马字母被数百个来自不同语系的语言使用。相对的,一

---

　　[1]沈丹森(Tansen Sen)向我指出郑樵所引的文字有点与泰米尔文相近。David Ludden 确定这些字与南印度的 Grantha 字特别有关。Grantha 字在表示辅音与元音双连字(如 pa, ka, ve, yai, na, ka, ta, mu 等)时的类同,很难说只是偶然的巧合。最早的 Grantha 碑铭(原先仅用于书写梵语,但后来也用于书写当地的达罗毗荼语言)始于公元 5—6 世纪,但这种文字仍在使用。对此不必惊奇,郑樵是福建莆田人,与从海道来到中国的南印度人可能有过接触。这样,虽然他想说的是梵(Sanskrit,通常指婆罗米字),但实际上却指某种形式的 Grantha 字。

·欧·亚·历·史·文·化·文·库·

个语言,在经过时间的洗礼后,可以用不同的文字系统来书写。例如维吾尔语,在上千年前以如尼文、古维吾尔文字(蒙古和满族文字的始祖)、阿拉伯文字、西里尔字母和罗马字母为文字系统。很明显的,语言为主,文字为辅。

不管如何,郑樵尽力地理解拼音的现实情况,这是值得我们敬佩的。在阅读心理学上,拼音概念其实是十分难以理解的,因为它十分抽象。但一旦理解其基本概念,并记下几个不同的字母,想拼出任何一个说得出口的东西就十分容易了。这和一个词素音节文字系统是相对的。对一个词素音节文字系统而言,要掌握最初的 20 或 30 个形意文字是容易的,因为它们相当容易理解。但接下来要记下数以千计的个别方块字,这些方块字甚至与语言文字并无相对联系,这对使用者的记忆而言是个极重的负担。作为一个从小浸濡于中国词素音节文字系统的上层文人,郑樵在理解梵文拼音的基本原则时肯定遇上了几乎无法克服的难关。在这样巨大的困境下,郑樵仍然能够明确地认识到字母文字系统的优点,由此可见他具备着怎样的聪明睿智与洞察力。可惜的是,像他这样一个具有远见的学者,在近 1000 年后的中国,才再次出现。

(林宇思译。原载《庆祝饶宗颐教授七十五岁论文集》,香港中文大学中国文化研究所,1993 年)

7　欧亚鸟类对话作品的比较

Simurgh 故事的开始,啊,多奇妙!

一天半夜,Simurgh 飞过了中国,带着它所有的荣耀。

它掉下一片羽毛;落在中国的中原;

这造成每个省份,到处都是混乱和振荡。

人们描绘出这片羽毛的形象;

看到的人都被感动。

如今这片羽毛放进了中国的艺术大堂;

因此有了这样的话,"追求知识,甚至到中国那样遥远的
地方"[1]。

> ——Farid ud-Din Attar《百鸟大会》,735 – 738 行

7.1　引言

将近 35 年以前,我开始对敦煌俗文学积极研究。一篇叫作《百鸟

---

[1]这个真实性没有经过充分考订,却被广泛引用的谚语属于伊斯兰教 *hadith* 的智慧。Ha-dith 是一个报告穆罕默德和他同伴的言行以及这些言行连锁传播的传统。这方面认真的学术研究多半集中在辨别材料的真伪和注解数量极多的 hadith 文献上。这些文献的大部分收进了 10 来本主要的文集里,其中有 6 本是在伊斯兰时代第 3 世纪编纂的,也是公认最具有真实性的。它们正是伊斯兰教训谕和禁制令的法定资源。不幸的是,虽然 Simurgh 飞越中国这个传说非常著名,早期的文集当中却没有对它的记载。实际上,好几位专家认为这个传说是后来捏造的。即使是支持它的人也认为它的真实性只能算"马马虎虎"或者"很薄弱"。

名》的奇怪文本立刻引起我的注意。这之前,我曾经专心致志地研究过 Geoffrey Chaucer(吉福瑞·乔赛),知道他有一篇叫作《鸟类议会》的作品。两篇作品某些惊人的相似之处特别引起我的兴趣。后来我有幸跟从 Edward Conze(爱德华·康子)教授研习佛教,所以我对他用英文从藏文翻译过来的《鸟类当中的佛法》也很熟悉。前面两篇的许多共同特点,这一篇也有。以后我在哈佛大学教二年级宗教讨论课,很幸运地接触到波斯文本《鸟类大会》的英文翻译。这一篇又跟前面 3 篇有许多相似的地方。

四分之一世纪以前,我就已经开始琢磨着要把这 4 篇很可爱的作品加以研究比较。可惜,这样那样的责任和事务缠身,让我不能如愿,一直拖到现在才有机会重新捡起这个研究项目来。能再阅读这 4 篇惊人相似又各有千秋的关于鸟类谈话的叙述,是一件很有趣味的事情。

7.2　中国唐代

我从以上 4 篇文本里最早的,也是我头一次碰到的《百鸟名》[1]说起。[2] 这篇敦煌卷子收藏在大英图书馆,编号是 S.3835,它题目下面有一个重要的注释:"君臣仪仗"。文本末尾的题署说:"庚寅年(930?)十二月? 日押牙索不子自手记(?)者(?)。"这题署像前面题目下的注释一样,也显示出跟文本有关的重要意义。卷子的正面,在《百鸟名》的前面有《太公家教》和《千字文》;背面有 984 年关于划分土地界线的记载,显然是在正面抄写了《百鸟名》很久以后才加上去的。背面还有社司转帖,潦草的便条,各种涂鸦,以及为了练习而抄写的汉字。卷子黄褐色的纸张很粗糙,上面画着很不规则的线条。总的来说,书写的笔迹很普通,也很凌乱,有不少改正和改变的地方。这个卷子不像是属于

---

[1]这里的"百"不是一个确切的具体数字,只泛指一般不同的众多鸟类。

[2]《百鸟名》的手写本收进和出版在以下的著作中:王重民,王庆菽,向达等:《敦煌变文集》,人民文学出版社 1957 年版,页 851 – 854;项楚:《敦煌变文选注》,巴蜀书社 1989 年版,页 776 – 787;张涌泉,黄征:《敦煌变文校注》,中华书局 1997 年版,页 1207 – 1212。

高层或者知识阶层人士的物品,它显示出是来自识字能力比较差的低层社会。

《百鸟名》也抄写在 S.5752 号卷子上。S.5752 号卷子的纸张比较白,也很厚。一般来说,这个卷子的笔迹多少比 S.3835 号的强,各种写作的水平也高一些(但是背面材料的字写得很糟,也展示出练习写汉字的部分)。这个卷子有一个很明显的特点,就是不论写的是什么,都不完整;有时候正写到句子的中间,忽然断掉了。另一个值得注意的是,在这个卷子上,《百鸟名》抄写了两次(一次在正面,一次在背面)。两次的笔迹不一样,都只抄了一部分。

另外,收藏在法国国立图书馆(巴黎)的 P.3716 号卷子也包含了部分手写的《百鸟名》。这里的《百鸟名》也抄写在有不规则线条的纸张上,笔迹很普通。这个卷子比较装模作样地做出向儒家学习的姿态,但是除了在开始的地方多加了一个写正式书信的手册外,它的内容和写作水平与 S.5752 号卷子几乎一模一样。这里只抄写了《百鸟名》最前面的部分,之后突然停顿下来,没有抄完。

《百鸟名》是最不寻常的敦煌卷子之一,它的写作生动流畅,似乎是像京韵大鼓那样的某种讲唱俗文学篇章里的一节。那些鸟儿们如同人类一般。它们当中不少拥有武将或者文官不同等级的头衔。比如苍鹰和鹞子,很自然地被授予重要的武将地位。有些鸟类,如麻雀和鸳鸯,却没有一官半职。虽然《百鸟名》很短,却不适合在这里加以全部转写,因为这需要许多非常复杂的注解来讨论如何辨认各种不同的鸟。不过,可以把开头和末尾两节列出来。这对了解文本如何建立讲述框架来介绍各种被命名的鸟类以及体会一个偏远省份的文学作品有帮助:

> 是时二月向尽,才始三春[1]。百鸟林中而弄翼,鱼戏水而跃鳞。花照灼,色辉鲜。花初发而笑日,叶含芳而起津。山有大虫为长,鸟有凤凰为尊。是时之[诸]鸟即至,雨集云奔,排备仪仗,一

---

[1]按照中国的阴历,一年的开始也是一年的春天。

彷(放)人君。

这个开头的后面还有 10 个句子,我没有列出来。它们多半是七言一句的对子[1],中间穿插了一个很短的散文(全部一共 44 个字)。下面另外有 22 个也多半是七言一句的对子。所有对子的作用几乎都是给作为仪仗的鸟儿们分类和对它们做简单的描述。这以后就是下面这个急促的结尾:

……闻道凤凰林里现,皆来拜傩(舞)在天庭。了也。

最后两个字(了也)确定地提醒读者《百鸟名》到此处结束,而不是像常发生在一般敦煌卷子的叙述文或者歌词那样地,写到句子的中间就过早地断掉。列在卷末抄写者提记后面的题目——"百鸟名一卷",加强表示这个卷子的完整性。

澳大利亚学者 Lewis Mayo 认为《百鸟名》跟当地世袭军阀的武力结构有密切关系。[2] 这些地方军阀以归义军的名义统辖着敦煌这个遥远的地区。[3] 他们驱逐了吐蕃(今西藏)人,从 851 到 906 年,又从 914 到 1030 年左右,建立了亲唐朝的地方政府,控制了这个地区的军政将近 100 年。根据 Mayo 的说法,《百鸟名》里的等级划分很明显地反映出当地社会的政治级别。

《百鸟名》保存在讲唱艺术(如京韵大鼓)的基本形式里,一直到现代。[4] 这期间,用详细叙述鸟类名字来作为一种表演的手段,也偶尔会出现在文学的写作中,如诸圣邻在 17 世纪前 25 年(晚明时期)写的历史小说《大唐秦王词话》的第四十回。这是一段穿插在描写军队即将发动一场战役的散文中的华丽韵文。我们看到 12 组诗歌形式的七

---

〔1〕在七音节句子中,也有相当自由使用的少量六音节句子,多半在句子中间,有着很强的停顿性。

〔2〕Lewis Mayo, "Birds and the Hand of Power: A Political Geography of Avian Life in the Gansu Corridor, Ninth to Tenth Centuries", *East Asian History*, 2002, 24, pp. 1 - 66.

〔3〕Yang Jidong, "Zhang Yichao and Dunhuang in the 9th Century", *Journal of Asian History*, 1998, 32 (2): 97 - 144. 荣新江:《归义军史研究:唐宋时代敦煌历史考索》,上海古籍出版社 1996 年版。

〔4〕傅惜华:《北京传统曲艺总录》,中华书局 1962 年版;张鸿勋:《百鸟名》,见季羡林:《敦煌学大辞典》,上海辞书出版社 1998 年版,p. 578a。

言句子。每组七言句子都提到一种不同的鸟,在战役里负责不同的军事任务。从凤凰元帅到杜鹃巡逻,从孔雀文书到能呼风唤雨的斑鸠占卜者。[1] 这支持 Mayo 的论点:在中国,为聚集起来的鸟类命名含有政治和军事的目的。这跟下面别处作品里飞禽聚集的作用很不一样。

7.3 伊朗 Seljuk

按照时间排列,下一个焦点是《鸟类大会》。它最有可能写成于 13 世纪的前 25 年。它的波斯文题目 *Manteq at-Tair*,能表达很多意思。Tair 是"鸟",不成问题。但是 Manteq 却很麻烦,有"言语"、"谈话",或者"口才"和"逻辑",甚至于"争吵、争论"的意思。虽然这个词汇在这里的主要意思大概是"言语",却可能也包含上面其他意义的成分。我把这个题目从大家熟悉的英文直接翻译过来,叫作《鸟类大会》。[2]

这篇作品不但具有严肃的哲学意味,同时又绝妙地引人入胜。它的作者是波斯苏菲派(伊斯兰教神秘主义派)的 Farid ud-Din Attar。[3] Farid ud-Din Attar 生于 12 世纪。[4] Attar 很得意自己是 Nishapur 人。Nishapur 在伊朗东北部的 Khorasan 省。这个省自古以来就因为出产最好的马而非常有名。那个地方也是另一位著名伊朗诗人 Omar Khayyam 的故乡。Omar Khayyam 卒于 1123 年,接近 Attar 出生的时间。Attar 卒于 1193 到 1235 年之间。过去的说法是他卒于 1229 年,正当蒙古大军摧毁 Nishapur 后向巴格达和更西各地点推进的时候。让 Attar 死在蒙古人的大屠杀中固然是个很富戏剧性的结局,但是却让 Attar 活得

---

〔1〕诸圣邻:《大唐秦王词话》,上海古籍出版社 1990 年版,页 792(5.66b)。

〔2〕实际上 Attar 自己给了这个作品两个题目(在第 4457 行)。一个是 Mantiqu' t-Tair(鸟类的语言),一个是 Maqamatu' t-Tuyur(鸟类精神生活的阶段)。第一个题目指鸟儿们的讨论和戴胜鸟的说教。第二个指抵达苏菲派正道的修炼阶段(由于 maqam 也有"音乐、音阶"的意思,这个题目就兼有鸟类歌曲的双关意义)。

〔3〕Attar 的全名有许多不同的写法,包括五花八门的拼式和调号,非常复杂。这篇短文提到的其他阿拉伯和波斯作者的名字也有同样的情况。为了简便见,我原则上采用一般出现在西方语言里的比较短小的形式。其他波斯和阿拉伯的地名、文本题目和术语也都如此。这主要可以方便打字,也减少第二语言译音所引起的分歧。

〔4〕1120 年左右,不过有些专家把这个时间定得晚到 1157 年。

不可思议的长久。因此,多半的学者认为他大概卒于 1220 年前不久。像很多别的苏菲派诗人一样,Attar 也到处旅行。他去过埃及、叙利亚、阿拉伯、突厥斯坦(在中亚),以及对他高超的说故事本领最有意义的印度。完成了旅行以后,他在故乡定居:一面开一间药铺,一面写诗。他的姓(Attar)的意思实际上是"用花瓣提炼的香水或者香油"。英文的语词 attar of roses(玫瑰油)就来源于这个基本上是阿拉伯语的词汇。毫无疑问,Attar 这个姓多少能反映出诗人的职业,因为中古伊朗的药剂师往往也是制造香水的人。

《鸟类大会》是 Attar 最著名的作品。有两个手写本把作品完成的时间定在 1177 年。从作品里的一些证据看,诗人这时候已经不是一个年轻人了。这篇诗是针对伊斯兰教神秘主义而写的。这个神秘主义由锡克(伊斯兰教教长)传给了他的弟子。《鸟类大会》的内容涉及寻找一位理想的国王。这个探索构成了这首叙事诗的框架。

为了寻找一位国王,世界上的鸟类都集合在一起开会。在它们为自己的错误找借口或者在它们心灰意懒的时候,它们的指导者就会敦促它们、鼓励它们。这个指导者是一只外貌动人、声音悦耳的戴胜鸟(*Upupa epops*)。波斯人把戴胜鸟叫作 *hudud*。任何看过或者听到过戴胜鸟的人都能理解为什么 Attar 会选择这种最特殊的鸟来作指导者。[1] 戴胜鸟的羽冠像一把扇子。它弯弯向下的鸟喙极端尖锐,翅膀和尾巴上的黑白条纹羽毛非常醒目,更不用说它美丽的粉红中带着褐色的头和肩膀。虽然它不是特别大的鸟(只有 11 英寸长),却让人一看就不会忘记。

这只戴胜鸟告诉它带领的鸟儿们实际上它们已经有国王(上帝),就是[神鸟]Simurgh。但是国王住得很远。鸟儿们(伊斯兰教神秘主义派的内行们)急着要出发去寻找它。它们同时又很犹豫,因为怕路上会充满了困难和危险。在戴胜鸟坚定的说服下,鸟儿们终于朝着[自

---

[1]在 Aristophanes 的作品《鸟》里,戴胜鸟也扮演传布圣贤金玉良言的重要角色。不过《鸟》作为寓言的成分不多,它主要是一个逃避现实的"狂想喜剧",目的在讽刺雅典人想征服西那库斯(在西西里岛)的帝国野心。

我愿望实现的]目标前进。

寻觅中,鸟儿们穿越了7个山谷。Attar 的诗就是记录和叙述苏菲派内行们在不同阶段所进行的探索,并且借机以寓言的方式广泛地介绍伊斯兰教神秘主义的教义。戴胜鸟很像苏菲派的"长老":长老跟信徒们理论,为信徒们做解释,希望能让信徒们克服疑问和恐惧。《鸟类大会》有两个重点:一个是为了达到完全真实的境地,个人必须克服自己;一个是热烈的爱非常重要(爱的目标是神,不是女人或男人)。诗里所有五花八门的细节几乎都可以归纳进这两个重点之中。

实际的旅程进行得异常快,鸟儿们不久就到达了 Simurgh 的宫殿。为了考验鸟儿们的决心,Simurgh 起初表示不欢迎,但是最后还是接纳了它们。鸟儿们非常吃惊地发现,它们持续不断寻觅的 Simurgh 原来就是它们自己(Simurgh 的面孔好像一面镜子,"鸟儿们照见了自己")。通过朝圣路上的考验,最后能生存下来成功地实现了自我发现的,只有 30 只鸟。这是诗篇的高潮,跟 simurgh 这个词汇的[伪]通俗词源一致:si(30) + murgh(鸟)。不过这个词汇的真正词源显示它早就很深地植根于伊朗语(波斯语 *simurgh*、中古波斯语 *senmurv* 跟 Avestan 语的 *mərəghō saēnō* 同类 *mərəgha*"鸟"*saēna*——"老鹰",后面的成分接近梵文的 śyenah——"老鹰,猎鹰,猛禽")。[1] Simurgh 常常被翻译作"凤凰"或者"[阿拉伯和波斯传说中的]大鹏"。不管 Simurgh 这个名称的来源和意义是什么,它所代表的那个神话创造物都显赫得超乎我们的想象力,让它高居在一切鸟类之上。总之,这只从神话里创造出来的鸟非常独特。它为它原来的波斯名字(Simurgh)应该继续保存在世界文化里提出了充分的理由和保证。

至于戴胜鸟,不但可以被认为是鸟儿们寻找国王时候的领袖,并且是 Attar 的代言人。这个波斯文本整篇没有标点或者引号,因此某处

---

[1]我对 C. Coyajee 写的《古代伊朗与中国的教派和传说》(1936)非常仰慕。他指出了伊朗与中国的文学和神话有许多惊人的相似之处。但是深深地植根于伊朗文学和神话里的是 Simurgh,在中国却是仙鹤。他认为这两只从想象中创造出来的禽鸟彼此有关联,我不同意这个看法。Coyajee, *Cults & Legends of Ancient Iran & China*(《古代伊朗与中国的教派和传说》), Jehangir B. Karani's Sons, 1936, pp. 6 – 52.

·欧·亚·历·史·文·化·文·库·

是戴胜鸟在给鸟儿们讲故事还是 Attar 在给人们讲故事就非常难以判断。诗里的鸟儿们被教导要"做男子汉",但是这并不能澄清整个文本的暧昧。

虽然如此,有一件事情却很清楚,那就是诗人要用鸟儿们来代表不同类型的人。夜莺是永远的情人,燕雀成了懦弱者等等。鸟儿们问了各式各样的问题,让戴胜鸟有机会一个接一个地讲了许多有启发性的故事。虽然很多故事晦涩得要命,却不要紧,因为我们大概可以确定 Attar 为了激发他的读者思考非常复杂费解的存在问题,故意设计了这种方式。不管怎么样,细心注意各种故事的前后关系可以帮助我们理解故事的涵义。

毫无疑问,把许多故事嵌入《鸟类大会》以及用鸟类彼此谈话来讨论重大事情的基本设计都来自非常受欢迎、在中东叫作 *Kalila* 和 *Dimna* 的非凡故事集。这个深受喜爱的故事集直接来源于印度著名的被翻译成许多其他语言的作品 *Pañcatantra*(意思是"五章")。世界上很多让人喜爱的寓言也都来源于 *Pañcatantra*。在欧洲,这个故事集平常叫作 *Bidpai* 寓言,是 11 世纪传到欧洲的。有人认为 Bidpai(阿拉伯文是 Baydaba,法文是 Pilpay 等等)是 Vidyāpati 的讹误。据说 Vidyāpati 是一位印度圣人的名字,是该作品的叙述者。实际上,Vidyāpati 的意思不过是"朝廷的主要学者"而已。

现存波斯文的 *Kalila* 和 *Dimna* 是散文,日期比较晚。最早用新波斯文写作的诗人之一的 Rudaki(859 年生在也位于 Khorasan 省的 Rudak,940/941 年去世),把它翻译成新波斯文的韵文。Attar 很可能接触到了这个新波斯文的翻译本。Rudaki 用的同样的对子也出现在 Attar 的《鸟类大会》里。但是由于 Rudaki 的 *Kalila* 和 *Dimna* 只有很少的几个摘录残存下来,要证明 Attar 直接使用了 Rudaki 的材料几乎不可能。

Kalila 和 *Dimna* 里的动物像人类一样地行动、谈话。这种别出心裁的形式在印度的故事里十分普遍。此外,由于 *Kalila* 和 *Dimna* 里所有的寓言都用比喻的方式来处理人类的缺点和美德,这些故事就都包

含了某种的教训。《鸟类大会》和梵文 *Pañcatantra* 里的故事可以说也是如此。

　　梵文的 *Pañcatantra* 是由散文和韵文混合起来的说唱体。换句话说，就好像许多印度文学，特别是戏剧和小说，而更多的是宗教和哲学文本那样，*Pañcatantra* 的故事也在诗和散文的交替之中进行。*Pañcatantra* 里的 5 个主要故事包含 80 多个寓言，序言为全部作品建构了一个框架。按照序言，一位叫做 Viṣṇuśarman 的婆罗门学者（上面提到的 Vidyāpati）是 *Pañcatantra* 的作者。他用动物的故事来教导南方一位国王的 3 个笨儿子。根据下面一段话，我们可以看到 *Pañcatantra* 的编纂者从一开始就很清楚地表明了他的意图：

　　Viṣṇuśarman 从所有的文献中搜索有关政体和智慧的事务，并且深深思考这些事务的精髓，然后撰写了 5 篇让人感到愉快的故事集。

　　Pañcatantra 本身大约是在公元前 100 年到公元后 500 年之间发展成的，尽管它并入了一些早在这之前就开始流传的故事。[1] *Pañcatantra* 在公元 500 年已经存在（这是毫无疑义的），因为 Khosrau 一世的御医 Burzoe，在公元 6 世纪的时候把它翻译成了 Pahlavi（中古波斯文）。[2] 虽然这个译本已经佚失，但是它的叙利亚文译本还存在。不过，在中东，它最有影响力的早期文本是波斯作者 Ibn al-Muqaffa（730）用中古波斯文翻译成的阿拉伯文本子。阿拉伯文的翻译本叫作 *Kalilah wa Dimnah*。这个题目是根据第一个故事里的两只黑背胡狼而定的。其中一只胡狼叫 Karaṭaka（"谨慎"或者"小心翼翼"的意思），另外一只叫 Damanaka（"大胆"或者"狡猾"的意思）。这个故事集是 Rudaki 根据 Muqaffa 的本子翻译成新波斯文的。不过，把 Muqaffa 的阿

――――――――――

〔1〕许多佛教故事收集在大家知道的内容丰富的 *Jatāka* 文集（巴利校订了 22 本书，有 550 个故事）里。*Pañcatantra* 从中汲取了许多故事，这些都是佛（还是菩萨的时候）的前身故事。比如，有的故事说佛降生为孔雀、鹅、鹌鹑、鹦鹉等等。当然佛也降生为很多别的动物。转过来看，*Jatāka* 也借用了佛教前和非佛教的故事。我们所以知道，是因为大量 *Jatāka* 里的故事也出现在时间更早或同时的 *Mahābhārata*、*Purana* 和别的印度文学文集里。

〔2〕Khosrau 一世（531—579 年在位）又称作公正的 Anushirvan，是 Sassanid 国王里最著名的一位。他把他的朝代带到了光荣的巅峰。

165

拉伯文本用文雅波斯文翻译出来的人不是他,而是跟 Attar 同时代的 Nasrullah ibn Muhammad。Nasrullah ibn Muhammad 是 Ghaznavid 统治者 Bahram Shah 的抄写员(munshi)。因为 Bahram Shah 的统治到 1152 年结束,可以想象 Attar 对 Nasrullah 的翻译大概会很熟悉。

我们也许能把 *Pañcatantra* 当作一本关于 *artha* 的教科书。*Artha* 的意思是"世俗智慧",倾向于注重"目的、目标和能得到好处",把精明能干光荣化。我们也可以把它看成一种 nīti-śāstra(包括寓言和道德箴言的伦理说教作品)。总之,*Pañcatantra* 建立了含有道德教训的寓言形式,而这些寓言教训由鸟类和动物的对话表现出来。这种写作方式几乎影响到整个欧亚或欧亚以外的地区。所有用动物写寓言故事的作者们,从伊索[1]到 Orwell[2],从 La Fontaine[3] 到 Remus 伯伯[4],差不多都或明显或不太明显地受惠于 *Pañcatantra*。

一个多世纪以来,Theodor Benfey(1809—1881)、Emmanuel Cosquin(1841—1919)和 Joseph Jacobs(1854—1916)等学者对 *Pañcatantra* 以及它如何散布到世界各地做了大量卓越的研究。这些研究现在已经

---

〔1〕我们不能因为伊索(公元前 6 世纪〔?〕)表面上生活在 *Pañcatantra* 的编纂之前,就认为他是作者的《伊索寓言全集》跟 *Pañcatantra* 不可能有关联。实际上,我们今天所知道的《伊索寓言全集》欠了 Babrius 一笔债,因为伊索寓言是由 Babrius 在 1 世纪后期编纂的。因此,*Pañcatantra* 里的故事,即使是先 *Pañcatantra* 阶段的,都有充分的时间,根据可信的方法到达欧洲,并且被编纂进扩大了的《伊索寓言》经典里。至于伊索本人,他的名字可能只是一个聚宝盆,用来把挂在这个名字下面的寓言都收集在一起。各种各样围绕着伊索的传说很多,常常相互抵触,这就给伊索的真实历史性投下了一层可疑的阴影。

〔2〕动物农场(1945)。

〔3〕La Fontaine 寓言的源头有一半可以追溯到印度。他自己很清楚地认识到印度文学给予他的恩惠:"这是我呈献给大众的第 2 本寓言。……我必须承认绝大部分的故事是因为受到印度圣人 Pilpay 的启发而创作的(梅按:Pilpay 应该是 Bidpay 的讹误。Bidpay 来源于波斯 – 阿拉伯文)。"见 Jean de La Fontaine(1621—1695)寓言第 2 编(1678)的序。

〔4〕Joel Chandler Harris(1848—1908)写了关于 Brer 狐狸、Brer 兔子和它们许多兄弟姊妹(也包括会说话的老鹰先生、小小鸭、疯老鸦等等)的著名故事。这些故事是他从黑人奴隶那儿听来的,大概都是奴隶的祖先们传下来的,而奴隶的祖先们又是从 *Kalila* 和 *Dimna* 的口头翻译中得到这些故事的。这些口头翻译首先由近东传播到北非,然后往南到达了亚 – 撒哈拉非洲。见 Irving, "Thomas Ballantine", in Kalilah and Dimnah, *An English Version of Bidpai's Fables Based upon Ancient Arabic and Spanish Manuscripts*, Juan de la Cuesta, 1980, p. X. 请看《鸟怎么说话》的故事,见 Harris, *The Complete Tales of Uncle Remus*, Houghon Mifflin, 1955, pp. 449 – 456.

很少受到注意,虽然偶尔出现在网络上,但研究者的姓名却经常被忽略。

另外可能对 Attar《鸟类大会》有影响的是著名医生和哲学家 Avicenna(Ibn Sina,980—1037)写的 Risalatu' t-Tair(《鸟的论说》)。在《鸟的论说》里,一只代表人类灵魂的鸟以第一人称做叙述。这只鸟被许多别的鸟从鸟笼里释放出来,然后它们一起出发去寻找一位"伟大的国王"。为了到达国王的宫廷,鸟儿们必须飞越 8 座高山,这很容易让人联想到后来 Attar《鸟类大会》里所描述的鸟类飞行的路程,而再现于 Attar 作品里的意象也常常很接近 Avicenna 所采用的。[1]

也许带给 Attar 写作《鸟类大会》灵感的还有阿拉伯文夹着波斯文的 Risalatu' t-Tuyur(《鸟类的故事》),这是 Attar 的老乡——Ahmad(Ibn Muhammad) Ghazali(1126 年去世)写的。Ghazali 把鸟儿们试图到达 [圣鸟]Simurgh 宫廷的比喻写得很短很美,这让人不难在看到 Ghazali 的作品会时,觉得很可能对 Attar 的创造力起过作用。虽然 Ghazali 没有在他的鸟儿们努力寻找 Simurgh 的时候加进比较轻松的故事,但是他的作品却一定是在 *Kalila* 和 *Dimma* 的影响下写成的。更值得注意的是,《鸟类的故事》也是按照 *Pañcatantra* 的讲唱形式写的。[2]

我们可以很有信心地把《鸟类大会》的基本框架和它所使用的寓言形式追溯到 *Pañcatantra* 这个故事集。*Pañcatantra* 里不但有许多寓言以聪明(有时候也不怎么聪明)的鸟作为主要角色,它也至少有一个故事(下面附带几个小故事)讲不同种类的鸟儿们如何在一起开会选举国王。这个故事是第 3 章的第 2 个。我们可以相信的是:*Pañcatantra* 的寓言传统提供了一群意见很多的鸟儿们的谈话模式,而 Attar 从别人的口述或者阅读某种现成的翻译中获得了这种模式。

《鸟类大会》这首长诗有 4692 个对子,是 Attar 全部对子韵律诗的 1/10。诗的前面有赞美伊斯兰教先知、创始者和真神的祈祷文,后面跟

---

〔1〕Davis, "Introduction", in Attar, *The Conference of the Birds*, Afkham Darbandi and Dick Davis, tr. , Penguin, 1984, p. 16.

〔2〕Ghazali《鸟类的故事》的英文翻译见 Avery:《附录 II》(1998 ;551 – 560)。

着如果不是溢于言表就是若隐若现的作者对自己赞赏的跋,这令人觉得跟诗里要超越自我的信息有所冲突——但这是波斯诗歌的传统,Attar 只不过尽责遵守而已。尽管遵守的是波斯的传统,但《鸟类大会》在欧亚鸟类对话作品的银河中仍然有着自己的光芒。

7.4 后中古的英国

Geoffrey Chaucer(吉福瑞・乔赛 1340？—1400)是莎士比亚以前最伟大的用英文写作的诗人。他也是所有时代中最出色的诗人之一。除了有名的 *The Canterbure Tales*,他也写了很多别的美妙的诗篇。这些诗篇让白话文成为书写美文和趣味作品的有用工具。长达 699 行、题目很稀奇的《鸟类议会》是他最好的早期作品之一。在《鸟类议会》里,乔赛叙述对爱情的想象。他应用了以前在 *The Book of the Duchess*(《女公爵的书》)和 *The House of Fame*(《光荣之家》)里用过的写作特色:诗从阅读一本书开始,然后诗人在睡梦中碰到一位超自然的引导人,接着梦幻出现,末了是占据作品大部分的寓言形式的抽象概念。[1]

引起诗人睡梦的是《西比奥的梦》。《西比奥的梦》原来是《共和国》的第 9 卷,并且是这本书的末尾。《共和国》是拉丁政治家和演说家西赛罗的作品。在《鸟类议会》里,Scipio Africanus 长者来到乔赛的梦中,带领他去到一个美丽的花园。诗人在花园里看到爱神 Venus(维纳斯)的庙堂。然后他来到一座小山旁边,那里已经有许多鸟儿为了尊敬圣 Valentine(华伦泰)而聚集在自然女神面前。那天正是圣华伦泰日"情人节"。

鸟儿们总是利用这恰当的一天来选择它们的配偶,过后它们会各自离开,再回去过自己的生活。如此婚姻和传宗接代就一次一次地循环下去。

居于社会阶层顶端的那只雄性老鹰是帝王,有优先选择权。它宣

---

〔1〕Robinson, *The Works of Geoffrey Chaucer*, Houghton Mifflin, 1961, p. 309a.

告美丽的雌 formel 老鹰（意思就是匹配的伴侣），栖息在自然女神手上。地位比较低的第 2 第 3 只雄性老鹰立刻反驳。3 位追求者都热烈地向自然女神求告。由于是议会（中古英文是 parlement，老法文的意思是说话、开会的地方或者群体），所以所有别的鸟儿们都可以参与，对这件最重要的事情加以生动的辩论。最后，要说话的每只鸟都发表了意见，自然女神裁决让 formel 老鹰自己决定要跟谁结婚。不知道是出于智慧还是出于缺少果断，formel 老鹰要求延迟一年，让她有时间好好地做出决定。像乔赛许多别的比较次要的诗篇一样，《鸟类议会》的主题是爱情。Attar 也写爱，却是另外一种。Attar 的《鸟类大会》写的是神秘的向上帝发出的宗教爱；乔赛的《鸟类议会》跟《鸟类大会》相反，写的是所谓的宫廷爱情，那是中古时代欧洲贵族的一种生活方式[1]。鸟儿们说的话可以反映出不同的社会阶层。老鹰们（处于社会顶端）说的是文绉绉的宫廷爱情献殷勤的话，而处于社会低阶层的鸟儿们就说得比较通俗。在刻画语言的精髓方面，没有人比得上乔赛。下面是他对鸟群聚集情况的描述：

> For this was on Seynt Valentynes day,
>
> Whan every foul cometh there to chese his make,
>
> Of every kynde that men thynke may,
>
> And that so huge a noyse gan they make,
>
> That erthe, and eyr, and tre, and every lake,
>
> So ful was that unethe was there space,
>
> For me to stoned, so ful was al the place.

圣华伦泰那天。

鸟儿们去跟佳偶碰面；

其中有人们知道名字的每一种，

---

　　[1] 宫廷爱情的风尚从 12 世纪起由法国南部的行吟诗人加以发扬光大，而 Andreas Capellanus 在同一个世纪写的《论爱情》则为这种风尚奠定了基础，让它发展成为一种社会生活模式。宫廷爱情支配了骑士和他们的淑女们的举止，也引起常常是迸发而出的肉感诗歌的产生，为文学增添了一笔财富。要对这个乔赛时代在欧洲大陆兴起的骑士制度深入研究，请看 Huizinga 的作品（1954）。

它们制造出巨大的骚动,

的的确确,树上,湖泊,地面,天空,

拥挤得几乎没有地方,

让我站一站。处处都塞得满满。

(Chaucer,2004:20 – 23,Ⅱ.309 – 315)

7.5　Dge-lugs-pa[1]西藏

　　这里是第4,也是最后一篇我们在这次的欧亚文学旅行上要研究的鸟类集合的作品。作品的藏文题目是 *Bya chos rin chen ' phreng ba*,按照字面翻译是《珍贵的鸟类中的佛法花环》(简称《珍贵花环》),作者不详。不过由于西藏 Karmapa 派第十世教宗 Chökyi Wangchuk (1604—1674)对鸟类极端喜爱,人们推测《珍贵花环》的作者可能就是他。

　　浩瀚的西藏文学大部分倾向于佛教。《珍贵花环》这个典型的题目很清楚地显示出这篇作品是奉献给来自印度的佛教教义的。佛教在7世纪传到西藏,从一开始就非常兴旺。绝大多数的西藏文学除了带有印度文学的色彩外,也直接或者间接地汲取了印度文学的模式。《珍贵花环》的背景是真正的西藏,鸟儿们集合的地点是喜马拉雅山的山坡。但是它同时也坚定地遵守印度文学和宗教的传统。在《珍贵花环》里,世界所有的鸟都集合起来,一起简明地阐述佛教的基本教义。与上面3篇比较,《珍贵花环》里重要鸟儿们用的语言很接近实际的鸟语。我们可以听听山鹬说的话:

　　　　于是山鹬站起来敬礼,然后说:一定辜负你! 一定辜负你!

　　　　(当你住在这个生死交替的轮回世界[2],快乐一定辜负你。

　　　　当你已经不能活动,财富一定辜负你。

---

　　〔1〕这个西藏词汇可以比较不那么可怕地拼写成 Gelugpa。英文一般把这个教派称作 Yellow Hats(黄帽)。从17世纪以来,Gelugpa 就一直在西藏占领支配的地位。

　　〔2〕Saṃsāra 就是没有穷尽的生死轮回。只有涅槃可以摆脱它。

当你跟狐群狗党为伍,友谊一定辜负你。

当你思想邪恶,救赎一定辜负你。

当你跟充满仇恨的人在一起,你的仁爱一定辜负你。

当你匆匆忙忙过日子,你静坐沉思的能力一定辜负你。

当你跟不尊敬神的人在一起,你的信仰一定辜负你。

当你没有至高无上佛法的引导,你所做的一切都会辜负你。)

(Conze,1955:42)

在这篇可爱文本里的鸟儿当中,我们又遇见了戴胜鸟,不免引起我们对这位老朋友的回忆。不过它在这里不再是鸟类社群的领袖,这个地位现在派给了"伟大的鸟"杜鹃。这只杜鹃是慈悲观世音菩萨为了向禽鸟传布佛法而化身变成的。杜鹃受到委派这个情节出自一个非常流行的西藏老故事。有时候人们叫它做"蓝脖子鸟的故事"。一位住在拉萨哲蚌寺、名字叫作 Lo-dro 的和尚在 1857 年把这个故事写成了一个小说。小说题目的简单翻译是《成为杜鹃鸟的王子》。但是原来全部的藏文题目的意思是"观世音菩萨为显示佛法化身杜鹃鸟 Nila-kanthacandra 的历史故事——明了轮回世界万物皆空者耳边的装饰"。Lo-dro 说他不过重复他老师,一位西藏佛教格鲁派信徒,sTag-phu Blo-bzang bstan-pa'i rgyal-mtshan(1714—1762)给他讲的一个故事而已。

杜鹃鸟的显赫地位是西藏佛教从西藏本土的 Bon 教吸收过来的。该教认为杜鹃鸟("青绿鸟"或者"蓝脖子鸟")是最神圣的鸟,也是鸟类之王。因此,杜鹃在西藏文化里的作用跟 Simurgh 在波斯文化里的几乎一样重要。但是《珍贵花环》中杜鹃鸟谆谆教诲众鸟的目的跟《鸟类大会》里 Simurgh 传播的信息很不相同。杜鹃鸟教大家只需要遵守佛法,快快乐乐地过日子。

《珍贵花环》里的语言和思想都跟民间文学符合,所以很适合用来教导农民和牧民们。[1] 作品里只采用了最低限度的术语。它依靠不同鸟儿们既实际又很吸引人的谈话来宣扬佛法。这个文本彻底地受到 upaya(方便)教学法的影响。正如文本第一句("从前……")前面的韵文所展示出来的:

佛祖说:

天使的语言,

蛇的,

精灵的,

恶魔的,

人类的,

我都曾经用来阐述

佛法的深奥教诲,

并且

什么语言都用,

只要让任何生灵能体会

(Conze 1955:13)

同样的想法在接近文本末尾的地方又由伟大的杜鹃鸟重说了一遍:

他这样继续讲演佛法,所有的鸟儿都能体会。不论是大鸟还是小鸟,好鸟还是坏鸟。他的话让鸟儿们的心灵得到好处,也把有益的理解散布在它们的脑壳里。

(Conze,1955:41)

---

〔1〕佛坚持用适合听众的语言来介绍他的教导,这让各地方的白话因此而具有合法性,也让佛教的传教工作一开始就顺利地推向南亚、中亚、东亚和东南亚。Mair, "Buddhism and the Rise of the Written Vernacular in East Asia: The Making of National Languages", *The Journal of Asian Studies*, 1994.

7.6　结论

　　总览上面 4 篇不同时空的文学作品,在使用健谈的(《百鸟名》除外)鸟儿们热闹的聚集这一点上,4 篇作品惊人地相似。但是它们的背景和动机却各有千秋:《百鸟名》有一层伪装得薄薄的政治目的,《鸟类大会》倾向于神秘深奥,《鸟类议会》表达俗世宫廷爱情的精神特质,《珍贵花环》就很清楚地拥有一种专注于宗教的热忱。不管怎么样,4 篇作品有一个共同的意念,就是鸟类跟人类一样,也能很有秩序地举办会议。这方面,《百鸟名》的发展最少,它几乎仅仅包括一张不同鸟类的名单,每一种鸟的下面只有很简短的描写或者特点的分类,整个《百鸟名》什么对话或者插进去的故事都没有。

　　如果说 4 篇的作者各自偶然独立地设计了一个由鸟类皇帝或者神明统治的各类鸟儿们的论坛,恐怕可能性极小。而比较可能的是,4 位作者都受到了(当然不限于)如印度著名作品 *Jātaka* 和 *Pañcatantra* 里动物寓言的影响。至于这些印度故事凭借什么途径在世界流传,我们可以相当有把握地说,印度佛教的和尚们与这些世俗或者宗教寓言的传播有密切的关系,因为从佛教早期传教事业蓬勃发展的一开始,这些寓言就立刻借着佛教的传扬到达了中亚、东亚、东南亚——超出了印度所在地南亚的范围。[1]

致谢

　　我感谢下面的朋友和同事们,在我准备这篇短文的时候给了我慷慨的协助:Joseph Lowry(*Hadith*),Joseph Farrell(希腊和拉丁文学),William Hanaway(波斯的语言和文学),Wilt Idema(中国关于鸟类的文学),Patrick Hanan(明清小说),Ludo Rocher(梵文文学),Dan Martin

---

　　〔1〕金文京 2005 年写了一篇关于拟人化动物辩论的研究论文(这种辩论甚至出现在非生命物品如酒或茶或者柳树和梅花树之间)。1000 年来,这是东亚(中国、日本、朝鲜和越南)的一个特别的文学体裁。

（梵藏目录学），H. T. Toh（宋明历史和文学），Matthew Kapstein（西藏佛教），Daniel Boucher（中国和印度的佛教），Jonathan Silk（佛教目录学），David Lurie（日文目录学），Water Cohen（展望和理解）。我也感谢张立青把我的英文稿子翻译成中文。最后，任何留存下来的错误和不妥的地方都由我负完全的责任，跟上面诸位先生，不论是集体地还是个别地，毫不相干。

参考文献

Attar. The Conference of the Birds[M]. London：Penguin，1984.

Attar. The Conference of the Birds[M]. London and New York：Continuum，2000.

Áṭṭár. The speech of the Birds：Concerning Migration to the Real[M]. Cambirdge：The Islamic Texts Society，1998.

Chaucer G. The Parliament of Birds[M]. London：Hesperus Poetry，2004.

Conze E. The Buddha's Law among the Birds[M]. Oxford：Bruno Cassirer，1955.

Coyajee C. Cults & Legends of Ancient Iran & China（《古代伊朗与中国的教派和传说》）[M]. Bombay：Jehangir，1936.

Davis A R，Dick. Introduction[M]// Attar. The Conference of the Birds. London：Penguin，1984.

Harris J C. The Complete Tales of Uncle Remus[M]. Boston：Houghon Mifflin，1955.

Huizinga. The Waning of the Middle Ages：A Study of the Forms of Life，Thought and Art in France and The Netherlands in the XIVth and XVth Centuries[M]. Garden City：Doubleday，1954.

Irving，Thomas Ballantine. Kalilah and Dimnah：An English Version of Bidpai's Fables Based upon Ancient Arabic and Spanish Manuscripts[M]. Newark：Juan de laCuesta，1980.

Lo-Drö. The Price Who Became a Cuckoo: A Tale of Liberation[M].
New York: Theatre Arts Books, 1982.

Mair V H. Buddhism and the Rise of the Written Vernacular in East
Asia: The Making of National Languages[J]. The Journal of Asian Studies,
1994, 53(3): 707 - 751.

Mayo L. Birds and the Hand of Power: A Political Geography of Avian
Life in the Gansu Corridor, Ninth to Tenth Centuries[J]. East Asian History, 2002, 24: 1 - 66.

Meyer. Précieuse guirlande de la Loi des Oiseaux[M]. Paris: Éditions
des Cahiers du Sud, 1953.

Olivelle. Pañcatantra: The Book of India's Folk Wisdom[M]. Oxford:
Oxford University Press, 1997.

Robinson K G. The Works of Geoffrey Chaucer [M]. Boston:
Mifflin, 1961.

Ryder. The Panchatantra. Chicago: University of Chicago Press, 1925.

Tassy. Mantic Uttaïr ou le langage des oiseaux: poëme de philosophie
religieuse[M]. Paris: Imprimerie Impériale, 1863.

Viṣṇu Śarma. The Pancatantra. New Delhi: Penguin, 1993.

Yang Jidong. Zhang Yichao and Dunhuang in the 9th Century[J].
Journal of Asian History, 1998, 32(2): 97 - 144.

郭淑云. 敦煌《百鸟名》《全相莺哥行孝义传》与《鹦哥宝卷》的互
文本性初探. 敦煌研究[J], 2002, 5: 73 - 80.

傅惜华. 北京传统曲艺总录[M]. 北京: 中华书局, 1962.

金文京. 东アジアの异类论争文学[J]. 文学, 2005, 6(6): 42 - 52.

荣新江. 归义军史研究: 唐宋时代敦煌历史考索. 上海: 上海古籍出
版社, 1996.

王重民, 王庆菽, 向达, 周一良, 启功, 曾毅公. 敦煌变文集[M]. 北
京: 人民文学出版社, 1957.

项楚. 敦煌变文选注[M]. 成都: 巴蜀书社, 1989.

欧·亚·历·史·文·化·文·库·

张鸿勋.百鸟名[M]//季羡林.敦煌学大辞典.上海:上海辞书出版社,1998:P578a.

张涌泉,黄征.敦煌变文校注[M].北京:中华书局,1997.

诸圣邻.大唐秦王词话[M]//古本小学集成:第3辑.上海:上海古籍出版社,1993.

（张立青译。原载刘进宝、高田时雄主编《转型期的敦煌学》,上海古籍出版社 2007 年版）

8 作为传送印度文学到中国管道的中亚佛教

如果不考虑公元 3 世纪以来佛教所带来的冲击,想要既全面又清楚地了解中国文学的发展,就成了几乎不可能的事情,而其中特别难理解的是中国白话小说和戏剧的发展。不过,探讨佛教对中国文学的影响,并不只是从东亚文学中鉴定出上述那些成分在中国本土的特别演变,我们还不能忽略中亚是个广大的、传送各种不同文化的地区。用梵文、巴利文、Prakrit 文写的故事和他们写作风格上的特点,不是直接从印度传进中国的,大部分得经过中亚转口。这些中亚转口站的人民说不同的语言,有吐火罗语、粟特语和于阗语等等。[1] 中亚人民有自己显著的文化上的倾向和特别的习俗。印度佛教文学在经过西域进入中国的路途上,受到中亚这些倾向和习俗的很大影响。

本篇讨论 3 个具体的题目,试着用这 3 个题目来抓住中亚佛教文学的性质以及中亚佛教文学与印度和中国文学的关系。

第 1 个题目是介绍有关"变"表演者的一个新证据。这个证据来自 9 世纪上半期的一个佛教文献的注解。这个注解告诉我们,表演讲述"变"的人叫作"变家"。这个证据也证实我们从前的发现,就是"变"表演者的社会地位很低,并且"变"和图画有密切的关系。

第 2 个题目是再一次探讨著名的、有图画的、经过大量研究的敦煌 P.4524 号卷子。这个卷子描绘佛最爱的弟子之一舍利弗和 6 个邪教教徒领袖牢度叉之间变形变相的斗法。这个卷子背后有诗句,历来的

[1]有些印度文学也从阿萨姆和缅甸地区传进中国,不过这条"西南丝绸之路"历史上和文献上的证据还极端稀少。少数例外也经由海路来到中国,但是连海路也是路途长远而复杂,过路的人常常得在东南亚的许多地点长期逗留。

177

研究者都认为这些诗句是让表演者在讲述故事的时候作为参考的。可是,经过对诗句本身以及诗句在卷子的位置的精密研究以后,我们现在可以确定这些诗句最初并不是卷子整体的一个部分,而是后来添上去的附加物。为了进一步了解 P.4524 号卷子,我们得对故事的线索进行追踪。445 年,这个故事讲给于阗人听的时候,中国的和尚也听到了。他们把这个故事编进了《贤愚经》,让它成为《贤愚经》的一个部分。我们看到晚明时期的一个道教故事,也把 P.4524 号卷子里的一些成分掺和了进去。

第 3 个题目追随著名的中国玄奘大师(596—664)到西域取经的行踪。玄奘为了寻求佛经,经由中亚到达印度。我们可以看到有关他在各地经历的传说如何演绎成了著名的大众小说《西游记》。这个传说从一开始就帮助很可能是玄奘自己撰写的《心经》,使之合法化。

我 20 年来写了关于敦煌变文和有关各种题目的 3 本书和 20 几篇文章,所探讨的是通俗说唱文学如何从 8—10 世纪这个时期的用图画讲故事中演变出来。后来我转到别的题目上去了。从 1990 年左右开始,我把注意力集中在这几个方面。一个是研究中古汉语白话文[1];一个是编写几部词典,包括为《汉语大词典》编写按拼音字母排序的索引,参加编写一部新的以词为主、按拼音字母排序的汉英词典;还有一个是编写用英文翻译的中国传统和通俗文学的选集。最后一个是这 5 年来花我时间最多的课题。这是一个国际的跨学科的考古课题。这个课题以铜器时代和铁器时代中亚东部具有高加索人特征的干尸为中心。中亚东部也是本篇的焦点。所谓"东中亚"跟过去中国人所谓的西域一样,主要指现在的新疆一带,不过东中亚的范围比过去的西域小,比现在的新疆大。东中亚是一个地理概念,跟 Serindia 的概念对称。

但是最近于 1995 年夏天到日本作半年研究的时候,我的注意力又

---

〔1〕这个课题是直接从我对变文的研究产生出来的,因为变文不但是最早,而且也是篇幅比较长的半白话中文作品。

转回到变文上,因为我大部分的日本同事熟悉我在这方面的研究,都希望我多进行对敦煌通俗文学的研究。在完善的京都大学人文科学研究所、法国远东学院的《法宝义林》编辑部和在京都的意大利东方学研究所,以及别的一些日本的图书馆做研究,让我得到了一些我在美国不容易得到的资料。此外,除了参加花园大学以及京都大学本校资深学者如入矢义高、牧田谛亮的讲座以外,我也认识了像衣川贤次、松尾良树等优秀的年轻和中年学者。这一切都重新点燃我对变文的兴趣,所以除了进行上述我正在进行的各个课题外,我又开始再研究敦煌变文。

第一步是看了已故金刚照光教授的几本书,包括《敦煌之文学》(1971)和《敦煌之绘物言》(1981)。我也看了金刚教授的《敦煌文学之文献》(1992)。虽然我好几年以前就知道《敦煌文学之文献》这本书会在《讲座敦煌》系列出现,可是在美国却一直没有机会看到。这是一本很大的书。在日本阅读这本书的过程中,看到其中提到了入矢义高先生写的《变文二则》的时候,我感到幸运,因为入矢先生在《变文二则》里介绍了"变家"这个词儿,认为大约指演唱"变"的表演者。这个词儿原来出现在一个题作《圆觉经大疏钞》的佛教典籍里。《圆觉经大疏钞》的作者是中唐时代一个叫作宗密(780—841)的佛教出家学者。我们以前猜测讲述"变"的人社会地位很低,宗密的注解消除了我们的疑虑,支持了我们的这个看法。我们也第一次知道唐朝的时候人们称呼"变"的表演者为"变家"。

这个证据让我特别兴奋。我在研究撰写《唐代变文》(1989)的时候,尽可能地要把所有唐朝和宋朝当代提到"变"和"变文"的著作都搜集进去。那时候已经是 80 年代,我也知道入矢先生的文章,甚至把这篇章列进《唐代变文》的目录里,不过因为我没有读过这篇文章,就没有写明页数。虽然当时我费了很多力气在美国寻找入矢教授的这篇文章,可是因为文章刊登在一个发行量非常小的祝贺论文集里,没有办法找到。我到日本以后,去拜见了入矢教授,很容易地直接从入矢教授本人那里得到了这篇文章。现在我能读到这篇早在 1972 年(24 年

·欧·亚·历·史·文·化·文·库·

以前)就发表了的文章,觉得有责任把入矢先生这个很重要的研究成果介绍给西方和中国敦煌文学的专家们。我相信虽然这篇文章已经发表了20多年,学者们对它还是相当陌生。[1]

我的题作《绘画与表演》(1988)的书主要在尝试解开 P.4524 这个著名的图画卷子的许多谜。众所周知,这个卷子叙述的是佛主要弟子之一的舍利弗和6个邪教教徒领袖牢度叉彼此用变形来斗法。卷子的正面有一些图画,描绘故事里几个不同的场景。卷子的背后有一些诗句,讲述图画里的活动。

在《绘画与表演》这本书里,我竭力照顾到 P.4524 这个极端重要的卷子里所有关于文学和表演的各个方面。经过大量研究搜索,我找出很多关于故事来源以及这些故事对后来文学所产生影响的材料。故事的来源不能放进这篇文章,因为过分复杂,也过分专门。不过,我想用这篇文章指出变相的故事对后世中国通俗文学多么重要。最近我阅读了著名的晚明通俗文学编辑者冯梦龙(1574—1646)编辑的《喻世明言》(就是《古今小说》)。我非常惊奇地发现在《张道陵七试赵升》这个显然完全是关于道家内容的故事里,作者把舍利弗和牢度叉的斗法放了进去。后来知道李永宁和蔡伟堂两位先生已经在他们的《降魔变文与敦煌壁画中的"牢度叉斗圣变"》里指出了这两个故事的相似地方。现在我正在探索这个唐代通俗文学和美术最喜欢用来做主题的印度佛教故事,怎么会在9个世纪以后的晚明时期也被一个道教的短篇故事采用。这是一个特别有趣而又很难猜透的谜,因为敦煌卷子是11世纪上半期被封闭起来的,而舍利弗和牢度叉斗法的情节并不见于这个时候以后、晚明以前冯梦龙所能参考的任何道教著作。为了找到谜底,必须重新再看我曾经专心研究过很长时间的《贤愚经》,因为《贤愚经》是"降魔变文"的根源,而"降魔变文"就是叙述 P.4524 图画卷子的半白话说唱故事。我们已经知道《贤愚经》是中国和尚于公元445年在西域的于阗搜集到的,我们也就自然而然地被带领进比

---

〔1〕《变文二则》收入《鸟居久靖先生华甲纪念论集》,奈良:天理大学,1972年。

产生变文和变相早好几个世纪的西域中心地带。

重新考虑由印度经过中亚传进中国的《贤愚经》与另外的佛教因缘和缘起文学的重要性以后,我必须再思考中亚在发展中国通俗文学上的重要性,而这个重要性不仅仅体现在中国通俗佛教文学的发展上。《大唐三藏取经诗话》是这个研究的关键著作,保留于原来收藏在京都高山寺的两个密切相关的版本里。过去我曾经在藤枝晃纪念集里发表过关于这个题目的文章,指出《大唐三藏取经诗话》的第 17 回和《心经》之间的密切关系。这也催促我系统思考更受人喜爱的《西游记》来源的各种问题。《西游记》是《大唐三藏取经诗话》的庞大扩展。我以前也写了许多关于《西游记》的文章,特别注意到《西游记》里猴王孙悟空和印度不朽的叙事诗《罗摩衍那》里猴子英雄哈奴曼之间的关系。我很高兴看到太田辰夫的《西游记之研究》(1984)介绍了一部所谓的"小西游记"的作品。"小西游记"是明朝这部《西游记》最早的样板。这个明朝《西游记》的前身见于敦煌 S. 2464 号卷子,可以看作梵文和中文双文《心经》的一个共同的序。从这儿,我转到《心经》和《西游记》之间的关系上。那体慧(Jan Nattier)的重要文章指出,梵文的《心经》很可能是玄奘本人或者是著名的密宗大师不空(Amoghavajra)(705—770 或 774)从《般若波罗蜜多经》抽出来改写的。这让我们的研究尤其有趣。

在这个会议发表这篇很短的文章,我主要的目的是想从几个不同的角度指出中亚在理解中国文学和文化发展上的巨大意义。注意不到中亚在传送印度文学体裁和主题上所起的作用,将导致探讨中国文学发展观点上的贫乏和偏差。

(原载马大正、杨镰主编《西域考察与研究续编》,新疆人民出版社1998 年版)

9 看图讲唱通过中亚的传播

摆在我们面前的问题是：印度的看图讲故事传统到底是怎样进入中国的？只说它们是随着佛教而来的这个明显的事实是不够的，我们必须设法提出传播的途径和方式的确证来。在本章[1]和下面几章里，我们也将涉及是什么人把韵散相兼的看图讲故事形式传送到中国的问题。我们将以论述一篇特殊变文的叙述资料是汉地佛教徒们在中亚首次遇到的一事，来开始我们的研究。

已经有人指出："于阗的民众对于通俗佛教文献是熟悉的。"[2]《舍利弗[降魔]变文》最重要的来源《贤愚经》[3]，最初就是汉人在于阗听到的。我们有幸还可以看到一篇几乎是同时代的记录，准确地记录了事情发生的背景。僧祐（445—518）撰《出三藏记集》（约506—512年成书）细致而又迷人地描述了汉文本的来源：

> 河西（河的西边，即甘肃）沙门释昙学、威（一作成）德等，凡有八僧，结志游方，远寻经典。于于阗大寺[4]，遇般遮于瑟之会[5]。般遮于瑟者，汉言"五年一切大众集也"。三藏诸学，各弘法宝，说

---

〔1〕本篇为《绘画与表演》的第2章，王邦维、荣新江、钱文忠译，季羡林审定，中西书局2011年版。

〔2〕Bailey（贝利）：*The Culture of the Iranian Kingdom of Ancient Khotan in Chinese Turkestan*（《古代新疆于阗的伊兰系王国的文化》）；*The Expansion of Early Indian Influence into Nothern Asia*，The Oriental Library 29，1971，p. 25.

〔3〕445年译成汉文，参 Pelliot（伯希和）：Autour d'une traduction sanscrite du Tao Töking（《关于道德经梵文译本问题》），*T'oung Pao*，1912，13，p. 355 页注 4。

〔4〕Pelliot（伯希和）：Notes á propos d'un catalogue du *Kanjur*（《甘珠尔目录札记》，*Journal Asiatique*，1914，11（4），p. 139 认为此指瞿摩帝大寺。

〔5〕于阗文形式见 Bailey（贝利）：Irano-Indica IV（《伊朗、印度语札记》4），*Bulletin of the School of Oriental and African Studies*，1951，13（4），pp. 930 – 931。

经讲律，依业而教[1]。［昙]学等八僧，随缘分听。于是竞习胡音，折(一作析)以汉义，精思通译，各书所闻。还至高昌，乃集为一部。既而逾越流沙，赍到凉州[2]。

这部经后来(9 世纪上半叶)由河西僧法成译成藏文[3]。这样，这部文献的传承关系是：印度→于阗→高昌→河西(汉地)→吐蕃(西藏)。

威利·巴吕克(Willi Baruch)早就提醒我们注意，中亚地区普遍存在着一种弥勒信仰，这可以从艺术和文献的遗存中了解到[4]。其中对于我们研究变、变文、变相的中亚平行异本至关重要的文献，是《弥勒会见记》(Maitreyasamiti)剧本的回鹘文译本(Maitrisimit)。这篇回鹘文献是勒柯克在吐鲁番附近的胜金发现的，他曾在 20 世纪最初 20 年间为柏林科学院考察过这一地区。根据其中的一则题记，这个古突厥语译本来自一个用焉耆语(Toxrïtili，即吐火罗语，讲这种语言的人是回鹘人之前的塔里木盆地的主人)写的原本，它是用韵散相兼的叙述剧的

---

〔1〕此据伯希和与高楠顺次郎的译法(出处见下注)。但此处之"依业而教"是指依方便之法而教习。

〔2〕《大正藏》(2145 号)卷 55。此段的详细研究见 Lévi(列维)，"Le sūtra du sage et du foudans la littérature de l'Asie Centrale(《中亚文献中的贤愚经》)"，*Journal Asiatique*，1925，207 (2)，pp. 312 – 313；Pelliot(伯希和)，"Neuf notes sur des questions d'Asie centrale(《中亚史地丛考》)"，*T'oung Pao*，1928，26(4/5)，pp. 258 – 261；Takakusu(高楠顺次郎)，"Tales of the Wise Man and the Fool，in Tibetan and Chinese(《藏汉文本贤愚经故事》)"，*Journal of the Royal Asiatic Society of Great Britain and Ireland*，1901，7，pp. 458 – 459。

〔3〕Laufer(罗佛)，"Loan-Words in Tibetan(《藏语中的借词》)"，*T'oung Pao*，1916，17，p. 415 注 2；伯希和：《中亚史地丛考》，261 页。

〔4〕Baruch(巴吕克)，"Maitreya d'après les sources de Sérinde(《西域史料中的弥勒》)"，*Annales du Musée Guimet*，*Revue de l'histoire des Religions*，1946，132(1/2/3)；哈佛大学的吉恩·纳蒂尔－巴巴罗正在就此课题准备一篇博士论文。

形式写成的[1]。据戴密微的考证,回鹘文本与吐火罗文本十分接近[2]。另外,于阗文(一种中古伊朗语)译本则全用韵文写成。这个译本的一则题记透露了一个有趣的信息,即抄写者曾得到一位名叫福贤(Puṇyabhadra)的法师的帮助。

正如列维(Sylvain Lévi)已经指出的那样,德国探险队在焉耆地区叫作硕尔楚克的地方发现的用"吐火罗语 A 方言"所写的《弥勒会见记》剧本,"具有的特点与同一地区的其他著作一样,即一种戏剧传奇,其中歌咏与道白交替出现……"[3]根据列维的说法,正如《弥勒会见记》的题记所指明的那样,这一文艺作品的类型是用梵文 nāṭaka(舞、剧)一词来表示的。这部戏剧的各部分都被称作 nipāt 或 nipānt(或与paṛ、paṭ等词有关?),并用一种类似今天剧本中的舞台指导说明来结束:lcärpoñsä = 梵文 niṣkrāntāḥ sarve(全体退场,exeunt omnes)。如第 11幕是这样结尾的:" ‖ lcär pons ‖ Maitreyasamiti nāṭ[akaṃ Guru] dar śaṃñomā śākṣapint nipāntā ā ṛ- ‖ 全体退场。《弥勒会见记剧本》名为[世(师)尊之]darśan(展示)[4]的第十一幕闭幕。"[5]又如像praveśakkār

──────────

〔1〕Müller(缪勒)、Sieg(西额)"Maitrisimit und'Tocharisch'(《弥勒会见记与"吐火罗语"》",
Sitzugsberichte der Preussischen Akademie der Wissenschaften,1916,pp. 14 – 16,405,414)"列举了一些
《弥勒会见记》的题记。我们所讲的题记称,这部文献原用印度语写成,由毗婆娑派大师阿阇黎圣
月译成吐火罗语,又由大师阿阇黎智护从吐火罗语译成突厥语(即回鹘语)。显然,这两个都是印
度学者。见 Poucha(普恰),"Indian Literature in Central Asia(《中亚的印度文献》)",*Arch Or*,
1930,2(1),pp. 27,28,31。关于《弥勒会见记》的各种中亚译本及其题记的其他讨论,见巴吕克:
《西域史料中的弥勒》,79 – 91 页。

〔2〕Demiéville(戴密微),"Review of Annemarie von Gabain,ed,Faksimile der alttürkischen Ver-
sion eines Werkes der buddhistischen Vaibhāṣḷuisika-Schule(《为葛玛丽〈弥勒会见记:一部佛教毗婆
娑论经典的古突厥译本〉所写书评》)", *T'oung Pao*,1958,pp. 46,435。

〔3〕列维:《中亚文献中的贤愚经》,318 页。又见 Sieg(西额)、Siegling(西额林),*Tokharische
Sprachreste*(《吐火罗语残卷》),Berlin:Gruyter,1921,第 1 卷,pp. 51,101、125 – 126 注;Winter(温
特),"Some Aspects of 'Tocharian' Drama:Form and Techniques(《谈吐火罗语戏剧的几个问题》)",
Journal of the American Oriental Society,1955,pp. 75,28 页。

〔4〕译者按:作者对此字理解不确切,应译为"出世"或"诞生"。

〔5〕我的转写和翻译系据普恰《中亚的印度文献》(32 页);Poucha(普恰):"Institutiones Lin-
guae Tocharicae(《吐火罗语文献集》)", pars I,*Thesauras Linguae Tocharicae*, p. 268;Krause(克劳
希)、Thomas(托玛斯),*Tocharisches Elementarbuch*(《吐火罗语入门》),Heidelberg:Carl Winter und
Universitätsverlag,1964),第 2 卷,36 页第 6 节。

（梵文 praveśakaḥ samūptaḥ，幕间插曲）这种套语也是清楚明白的。[1]
或许最值得注意的是，《弥勒会见记》剧本和《舍利弗与六师外道》变文
所依据的《贤愚经》在内容上以及一些细节上有着如此多的相似之处，
以至于绝不能相信它们之间没有什么关系。[2]

　　葛玛丽（Annemarie von Gabain）在她对高昌回鹘王国（850—1250）
的研究中，曾经探讨了《弥勒会见记》的剧本性质和它结合着图画展示
而演出的情况：

> 　　在古突厥语文本中，《弥勒会见记》是戏剧艺术的开端。在正
> 月十五日这个公共节日里，信徒们聚集在寺院里礼拜圣地。他们
> 忏悔罪过，奉献物质的、精神的或是象征性的供物，举行拯救亡人
> 的宗教仪式。晚上，他们聆听教诲性的故事，或者高兴地观看展示
> 着的图画，观赏颇富才华的哑剧演员和朗诵者按照各自不同的角
> 色演出一些像《弥勒会见记》一类的作品，或是听法师与其弟子们
> 之间的学术对话。这些为演唱而撰写的宗教作品不是经典，但它
> 们却是由论（śastra，宗教理论）的权威们编写的，目的是通过生活
> 中的事例和各种优美表演的刺激，把民众吸引到神圣的教导
> 中去。[3]

对于她所指出的演出中对图画的使用，葛玛丽在其他地方更直接地说
到了文献的根据。吐火罗文本《弥勒会见记》虽然有梵文字 nāṭaka（戏
剧）这个名称，但看来更多地似乎是为了叙事的朗诵之用。回鹘文本
的一则题记说到，这种朗诵是在正月十五日举行的，其中出现的重要
词汇是 körünč（情景、场面）。据葛玛丽的说法，从该词的上下文意可
以看出，它意为与朗诵式的叙述相配合的图解或哑剧表演：

> 　　当我们在题记提到 Körünč 一词时，它一定指的是某种图画式

　　[1]普恰《中亚的印度文献》31 页对西额与西额林《吐火罗语残卷》第 1 卷中 288 叶背第 5 行
的注释。
　　[2]列维：《中亚文献中的贤愚经》，325－326 页。
　　[3]译自 Gabain（葛玛丽），*Das uigurische Königreich von Chotscho*,*850—1250*（《高昌回鹘王国，
850－1250》），Berlin：Akademie-Verlag,1961,pp.73－74.

·欧·亚·历·史·文·化·文·库·

的东西,比如,在《跋陀罗在婚礼上的选择》中[1],我们看到:özöz körünčlägülük qalïγlarïnda yïγïldïlar(他们聚焦在各自的演出台上)。其后又有:brahmadatï iligning körünč lügi qayu ärki(然后,哪个是关于梵摩达的样板呢?)[2]

葛玛丽的分析促使戴密微提出 körünč 相当于"变相"的卓见。[3] 在试图对这个比定提供一些文献证据之前,有必要仔细分析一下该词。

这个回鹘文词是个动词派生的名词,意为"幻象、幻象的出现、场面、景象、露天表演、情景、场景、表演、被看见的东西、某种东西的外表"[4]。从语源学来讲,它应有"出现"或类似的含义,但在黑韩语[5]中,它似乎具有更大的活力[6]。这说明它在某种情况下可以被理解为"使之出现的东西"或"被魔力变出的东西"。它的动词词根是 körün,这是 kör- 的反身形式,意为"是可见的、出现、让自己被看见"[7]。与此相关的一个重要词是来自名词的动词 körünčle,意为"表演、展示(某

---

〔1〕Müller(缪勒):*Uigurica* Ⅱ(《回鹘考》Ⅱ,Berlin,Königlichen Akademie der Wissenschaften,1910),p. 22 下端。

〔2〕译自 Gabain(葛玛丽),*Maitrisimit*(《弥勒会见记》):*Faksimile der alttürkischen Version eines Werkes der buddhistischen Vaibhāṣika-Shule*,2 vols,Wiesbaden:Franz Steiner,1957/1961,第 1 卷,19、29 –30 页;摘自 30 页。又见第 2 卷 19 页。参看 Semih T(塞米 · 特赞)在 *Das uigurische Insadi-Sūtra*(《回鹘文 Insadi 经》,Berlin:Akademie-Verlag,1974)中提到的演员和乐师表中的 Körünč-lük(舞台、平台)。

〔3〕戴密微为葛玛丽《弥勒会见记》写的书评,436 页。用来指"变相"的现代维文是 özgiriši(变),如用此字指称克孜尔 17 窟弥勒故事壁画。

〔4〕纳德里亚耶夫等编:《古突厥语字典》,列宁格勒,1969 年:319 页 a 栏;贾费尔奥格路:《回鹘语字典》,117 页。

〔5〕11 世纪及其后的一种突厥语。

〔6〕Clauson(克劳森):*An Etymological Dictionary of Pre-Thirteenth-Century Turkish*(《13 世纪前突厥语语源辞典》),Oxford:Clarendon Press,1972:746 页 a 栏。

〔7〕克劳森:《13 世纪前突厥语语源辞典》,746 页 a 栏;Radloff(拉德洛夫),*Versuch eines Wörterbuches der Türk-dialekte Südsibirfens*(《南西伯利亚突厥语方言词典试编》),Petersburg:Commissionnaires de l'Académie impériale des sciences,1888 — 1911,1254 栏。

物)"等。[1] 另一个相关的词是 körünüš，意为"相见、拜见"等。[2] 其他一些同源的回鹘文词汇是 körk（可见之物、形状、形式——通常用来表示梵文的 rūpa［形式］）、körkin（表现形式，用来表示信徒长时间关注的某一神祇的形式或形状）、körkürü（使被看见）和 körtgür-（表现）。[3] 还可以比较现代土耳其语的 görünüš（看、外表、出现）和东土耳其语的 köräng（形象、图画）。[4] 此外，还有一点有趣的信息，即 kör-（看）与kö:z（眼）有着古老的语源关系。[5] 最后，11 世纪 70 年代马合木·喀什噶里撰写的突厥语－阿拉伯语词典《突厥语词汇》一书，对 körünç（写本作 közünç）下的定义为 al-qawmu'l-naẓẓāra ilā šy'（在某物前的一群观众）。[6] 这可能指的是某种幻想的表现吧？无论如何，古突厥语的 √kör- 显然是在唐代佛教的"变"字的含义范围内的。

色那西·特肯（Şinasi Tekin）指出，大多数回鹘文本生故事，不论是在故事开头，还是在故事中间一段新的情节将要开始处，都出现如

〔1〕克劳森：《13 世纪前突厥语语源辞典》，746 页 b 栏。在贾费尔奥格路《回鹘语字典》117页中列作 körünčlä（mäk，暴露、展示）。

〔2〕拉德洛夫：《南西伯利亚突厥语方言词典试编》，1255 栏。其他引文和解释见 Bang（班格）、Gabain（葛玛丽），*Analytischer Index zu den Fünf Ersten Stücken der türkischen Turfan-texte*（《突厥语吐鲁番文献前五册词汇分析索引》），Berlin：Verlag der Akademie der Wissenschaften in Kommissionbei Walter de Gruyter，1931，p. 25；又见 Gabain（葛玛丽），*Alttürkische Grammatik*（《古突厥语语法》），Leipzig：Otto Harrassowitz，1950，316 页 a 栏。

〔3〕采自克劳森：《13 世纪前突厥语语源辞典》，741 页与 740 页 a 栏。

〔4〕Zeker（曾克尔），*Türkisch-Arabisch-Persisches Handwörterbuch*（《土耳其语－阿拉伯语－波斯语词汇对照手册》），Hildesheim：Georg Olms，1967，771 页 a 栏。威尔玛·赫斯顿提醒我注意（1984年 7 月 26 日信）一种古怪的词根中相似的 k→g 的音变现象，如在普什图语、粟特语和雅科诺比语中，这个词根分别表现为 √gor-、√ɣ'r-、√ɣor-，意为"看"，但缺乏明确的伊朗语背景。

〔5〕克劳森：《13 世纪前突厥语语源辞典》，736 页 b 栏。人们可能会推测，kara-göz（直译为"黑眼"）这个指皮影戏的突厥文是否与指某物可见的回鹘文复合词有某种联系。

〔6〕阿塔莱伊：《突厥语词汇》第 3 卷 373 页突厥语译文，引自克劳森：《13 世纪前突厥语语源辞典》，746 页 a 栏，又见前言第 18 页。

下一些相似的套语："下列故事必须设想是发生在摩揭陀国安呾耶山村。"[1]这种套语也出现在回鹘文本《弥勒会见记》中。

这种套语模式一定有某种特殊的含义。试想,如果这部作品只是为了默默地读,那么这样的一句开场白将没有任何意义。但是,如果我们把其后的文本(即全部本生故事或其中一部分)看作是在宗教节日里由作者高声朗读的,或者是有可能有僧人配合表演的剧本,那么这些套语就明白易懂了。在这些表演中,人物(菩萨或其他佛教神祇)的画像在更迭变动,或者还使用各种外景图画。这一假设的基础是回鹘文 körünč 一词(本意为"观看之物"、"场面"),此词从功能上看似为梵文 nāṭaka(舞、剧、演出)的对应词,而吐火罗文本《弥勒会见记》就用此词自称为戏剧。

《金光明最胜王经》[2]的一个段落,有助于我们更好地理解这个回鹘文的含义。[3] 虽然此经现存有一个梵本,但这里讨论的汉文和回鹘文本与之有着明显的不同,所以一定是译自另一个不同的梵本[4]。梵本相应的段落大概可在第 5 品(关于空)和第 6 品(关于四大天王)之间找到,遗憾的是没有发现,因此我们也就无法在该词和某个特定的梵文词汇之间建立确切的对应关系。但这段文字仍值得仔细研究,因

---

　　〔1〕引自色纳西·特肯 1978 年 5 月 27 日来信。关于"下列故事"或事件、故事,请参照汉文"事"字。关于回鹘文(saw/sav/sab),见班格与葛玛丽《突厥语吐鲁番文献前五册词汇分析索引》40 页。该套语原文 Ämtï bo savïγ magat uluš-ta ändayakri atlγ suzaq-ta bilmiš uqmïš krgäk,见 Gabain(葛玛丽)、Kowalski(科瓦尔斯基),*Turkische Turfan Texte*(《突厥语吐鲁番文献》),Berlin:Akademiet Verlag,1959,第 10 册,10－12 页,31－33 行。特肯在另一封信(1981 年 9 月 25 日)中谈到,"某人如此这般之时/之处"这种重要的叙述时/地的表示方法,在几乎所有的古突厥语本生故事中都能见到,特别是从吐火罗语、于阗语等中亚语译成回鹘语的本生故事。作为例证,特肯提到他刊布的 *Maitrisimit nom bitig*(《弥勒会见记》),Berlin:Akademie Verlag,1980)和缪勒所刊《回鹘考》(3)中,这种套语和变文中那种派生于看图讲故事的韵前套语相符(见第 4 章),并和装饰花边中的变相题记的铭文相同。
　　〔2〕6 世纪译为汉文,其后又译过两次。
　　〔3〕Tekin(特肯),*Die Kapitelüber die Bewusstseinslehre im uigurischen Goldglanzsūtra*(《回鹘文〈金光明经·付嘱品〉》),Wiesbaden:Otto Harrassowitz,1971)刊出此本并译成德文。该文献的梵文本前身有多种名称,我们下面将列举数种。
　　〔4〕Nobel(诺贝尔),*Suvarnabhāsottama sūtra*, *Das Goldglanz Sūtra, ein Sanskrittext des Mahāyāna-Buddhismus*(《金光明最胜王经》),Leipzig:Otto Harrassowitz,1937;Emmerick(恩默瑞克)译 *The Sutra of Golden Light*(《金光明经》,London:Luzac,1970),前言第 10 页。

为可以借此发现这个特别段落中该回鹘文及与之对应的汉文"幻"字之间的关系。特肯翻译的以下这个单句表明了这一关系:antaɣ yïlvï/ning tözin tüpinč y(i)ma atïrdlïg bilir/lär... birök ol körünč/tä(尽管他们确切发现那种幻力的根和基……)[1]。义净(637 — 713)[2]译本相应的汉文句子是"了于幻本"[3]。

然而,必须注意到的是,汉字"幻"在整个段落里并非始终对应于回鹘文的 körünč。显然,两种文本的译者在翻译中并不是绝对严谨的。一般说来,汉文本比较简洁,而回鹘文本比较冗长,因此可以说这两个字只能说是相对应,而不是完全相等。"幻"和 körünč 之间的完全对应的重要意义仍然在于:它说明了该词作为回鹘文佛教用语,不仅仅意为"情景"或"出现",其更确切的意思是"幻景"或"变现"。当我们想起梵文中间语态现在分词 vikurvamāṇa(即 vikurvāṇa,变幻)的存在,以及此词正好译作汉文的"变幻"时,更使我们进一步想到该回鹘文接近汉文佛教文献中"变"字的含义。在这里,我们在同一表现形式中看到了"变"和"幻"结合在一起的例子。

回鹘文译本《金光明最胜王经》的另一段落,有助于我们进一步明确地理解√kör-在佛教释义中的含义。[4] 克劳森(Cerard Clauson)在他的突厥语语源词典中,从该经中(64.6)摘译出如下一句:yarukluɣ körkadeşlerin orun orun sayu koḍu yarlikap([佛]神于诸处显现化身)[5]。义净汉译本相对应的句子是"现种种身,是句化身(即

---

〔1〕特肯:《回鹘文〈金光明经·付嘱品〉》,62 页,12 - 13 行(回鹘文本)和 90 页(德文翻译,此处转译成英文)。

〔2〕著名僧人,曾在印度留学 20 年,其中一半时间在那烂陀寺。

〔3〕《大正藏》(665 号)卷 16,页 426a,行 2。注意此处汉文无意地使用了拟似宾语形态成分"于"。

〔4〕尽管现存的回鹘文译本是 18 世纪的写本,但其成书年代要早得多。据克劳森《13 世纪前突厥语语源辞典》前言第 15 - 16 页,它译成于 8 世纪或稍晚一点。我相信很可能是在 9 世纪末或 10 世纪初,确切地说是在许多变文写本被抄成的时期。

〔5〕克劳森《13 世纪前突厥语语源辞典》742 页 a 栏。克劳森给 körkdeş 下的定义是"同形的、复制品"。又参看 Gabain(葛玛丽),Briefe der Uigurischen Hüen-tsang Biographie(《玄奘传书信的回鹘文译本》),Sitzungsberichte der Preussischen Akademie der Wissenschaften,1938,29:173 页注 156。

nirmāṇakāya)"。[1] 于是我们可以再次得出结论：√kör- 一定是在佛教的"变"字的含义范围之内。

回鹘文本《金光明最胜王经》第 16 和 17 品（《吉祥天女增长财物品》）提到对某一神像（körk）的绘制与供养。这里，宝花佛说：

> 若有人日日[发愿]，称："我之收获将增多！我之财富将扩大！我之仓库将盈满！"则应当发起敬信之心，净治一室，牛粪涂地，应画我像，种种璎珞周匝庄严。[2]

> 应让他亦以香花及诸饮食供养我像。[3]

作为有关这部分文献的最后一个注解，最使人感兴趣的是有些敦煌写本就明确提到了《金光明最胜王经》变相（或可看作是 paṭa）的存在。编号 P.4690 的写本题为《金光明最胜王一铺》。更值得注意的是，P.3425 题作《金光明变相一铺铭》（最后一字是后加的），此系将仕郎摄沙州军事判官守监祭[察]御史张球撰上。P.3425 的铭文不是对该经内容的叙述，而是称颂画像本身以及供奉画像者，还谈到"如来"如何"现其有相"，并接着描述画匠如何抓住了这个主题形象。遗憾的是，P.4690 或 P.3425 提到的"铺"都没有留存下来。

现存的一部唐代著名旅行朝圣者玄奘（596 — 664）的传记的回鹘文译本，已由葛玛丽做了研究[4]，这是由胜光阇梨都统从汉文直接译成回鹘文的。译者出生别失八里，他也是《金光明最胜王经》回鹘文本

---

〔1〕《大正藏》（665 号）卷 16，页 408b。在汉文中 nirmāṇakāya 有时也译作"变化身"。

〔2〕参看梵文 vaiḍūryasuvarṇaratnakusumaprabhāsaśrīguṇasāgara，直译作"充满光彩照人的青金石、黄金、宝石和花卉的海洋"。

〔3〕Finch（芬奇），*The Śrī-parivarta from sīngqu Sāli's Uighur Translation of I-tsing's Version of the Suvarnaprabhāsottama-sūtra*（《义净本〈金光明最胜王经〉的胜光阇黎回鹘文译本中的〈吉祥天女品〉》，Harvard University，1976）68、81 和 189 页；义净汉译本（应即回鹘文所据之原本）相应部分见《大正藏》卷 16，页 439b，行 10 和 16。芬奇的罗马字转写似不规范，如他给出 519 叶第 8 行的ḳwmyn（kwyrkwmyn）和 520 叶第 10 行的ḳwm-k'（kwyrkwm-k'）。克劳森《13 世纪前突厥语语源辞典》741 页 a 栏给 körk(g) 下的定义是"可见之物，形、状"，它可能也特指一个图像或塑像。又见贾费尔奥格路：《回鹘语字典》116 页。此字派生于√kör-。在 1980 年 7 月 27 日来信中，特肯告诉我，körk 的引申义是梵文 nāṭaka（舞、剧、表演）的对应词。

〔4〕葛玛丽：《玄奘传书信的回鹘文译本》。

的译者。〔1〕《玄奘传》的回鹘文本产生于 10 世纪第 2 个 25 年〔2〕,其中记载了在玄奘提到的他从印度收集到的材料中,有 körklärin,葛玛丽译作"像"或"画"〔3〕。相应的汉字是"像"(参考"相"字)。〔4〕

传记中还收录了两封极其珍贵的印度人写给玄奘的信,第一封信寄自智光,第二封信寄自慧天。二者均有回鹘文译本,所以,我们在此拥有这些文献的情形很有趣,即它们原本用梵文写成,然后译成汉文,最后再从汉文译成回鹘文。汉文和回鹘文的译者都很精通佛教术语,所以在汉文晦涩的地方,我们可以依靠回鹘文的帮助来理解,反之亦然。

对于我们的目的至关重要的是,第二封信中出现了有关"变"的记录。其中最关紧要的一句汉文作:"我慧天苾刍今造佛大神变赞颂。"〔5〕李荣熙的英译文作"我比丘慧天今编一诗,赞颂佛之大神力……"〔6〕回鹘文译本部分作 mn prtyadiwi toyïn tngri tngrisi burxan-nïng ritiwid körünč qïlu yrlïqamïšïn šlok taɣšut yaratïp,葛玛丽译作"然后,我比丘慧天编制一诗,关于最具神力的佛屈尊对梨俱吠陀的看法……"〔7〕她将 ritiwid köünč 理解为"梨俱吠陀的……看法"是值得怀疑的。汉文仅有"大神变",意为"巨大神奇之变"。"神变"一词可以译释巴利文的 iddha 或 sappāṭihāriyo dhammo、梵文的 prātihārya〔8〕或

────────────

〔1〕参看《大正藏》(2053 号)卷 50。葛玛丽给出了相对应的汉文部分。关于回鹘文献,见拉德洛夫与马洛夫刊《金光明经》343 页行 10 和 674 页行 4 以下。

〔2〕葛玛丽:《玄奘传书信的回鹘文译本》,152 页。

〔3〕葛玛丽:《玄奘传书信的回鹘文译本》,158 页,行 58。

〔4〕相同的用法又见于净土宗创始人慧远(334 — 416)的汉文传记的回鹘文译本:abit(a) burxanïg körkdäsi üskintä(在阿弥陀佛影像/像之前)。körkdä 在此是形容词用作名词,见卡哈尔·巴拉提的未刊稿《回纥文两件》,8 页原文行 8 – 9。

〔5〕《大正藏》卷 50,页 261b。

〔6〕慧立:《大慈恩寺三藏法师传》,北京:中国佛教协会,1959,235 页。儒莲(Julien, Stanislas):《玄奘传》,巴黎,1853,320 页。

〔7〕译自葛玛丽的德译文。克劳森《13 世纪前突厥语语源辞典》746 页 a 栏,据葛玛丽的译法翻译。

〔8〕见 Edgerton(爱哲顿),*Buddhist Hybrid Sanskrit Grammar and Dictionary*(《佛教混合梵文文法和字典》),New Haven:Yale University Press,1953,481 页 b 栏。

vikurvita 和藏文的 rnam par sprul pa[1]。所有这些表达方式,都和佛或菩萨把自身变成各种形式,以作为所有生物的指导的那种能力有关。另外,还可以比较"神变相"(mahā-nimittaṃ prātihāryaṃ)一词。把这种能力赋予佛是不足为奇的,也没有理由去寻求这个汉文词汇的其他解释。我认为回鹘文 ritiwid 很可能源于梵文的rddhi(超自然力),后者使其词义与汉文正相符合。无论如何,似乎没有任何正当理由再提"梨俱吠陀"。至于 körünč,显然意为神——此处特指佛的一种"显现"。因此,回鹘文译者一定理解"大神变"象征的是由"显现"而使之"能看见"的某种东西,这既是神的显灵,又是显灵的艺术再现,除了"变相"之外,很难说这是什么东西。[2] 而且,有关变相的"颂词"(梵文 stotra和 kārikā)例证如此之多,以至于此处的概念似乎是非常合乎逻辑和可以接受的。[3]

《佛陀十二功德经》是早期蒙古佛教文献的稀有例证,它是却吉斡色(1294 — 1307 年间人)所编之藏文原本的翻译,蒙文译者是萨迦派僧人喜饶僧格。除蒙文外,译者还懂藏文、回鹘文,可能还有汉文,但不懂梵文[4]。这部文献本身提供了明确的证据,说明蒙古佛教文学传统只是间接地与梵文本有关。

尼古拉·波卟(Nicholas Poppe)所译蒙古文本(51 叶背尾部)有如下一段:"北方有菩萨,名'庄严王',以神通力,令十方无边刹土诸佛皆现其像。"[5]此处"像"的蒙文字作 körüg,它可以追溯到那个重要的回鹘文字 körünč[6]。《方广大庄严经》(佛下凡为释迦牟尼以前在兜率

---

〔1〕中村元:《佛教语大辞典》,东京:1975,795 页 b 栏。

〔2〕又见同传(《大正藏》卷 50,页 272b)所记赠给太子的"道具"中,包括《报恩经变》1 部。参看儒莲:《玄奘传》,328 页。

〔3〕见梅维恒《变相铭文研究》所引大量的这种颂词例证,它们一般包括对绘制变相一事的赞美,对画匠和功德主的颂扬和对变相内容的评论。

〔4〕Poppe(波卟),The Twelve Deeds of Buddha:A Mongolian Version of the Lalitavistara(《佛陀十二功德经:〈方广大庄严经〉的蒙文译本》),Seattle:University of Washington Press,1968,11 和 13页。

〔5〕波卟译注:《佛陀十二功德经:〈方广大庄严经〉的蒙文译本》,149 页。

〔6〕波卟译注:《佛陀十二功德经:〈方广大庄严经〉的蒙文译本》,103 页。

天的神奇传记)梵文本相对应的段落,据富科(Foucaux)的法文刊本转译如下:

> 尔时北方世界,有国名曰转——此系世界中属掩蔽日月光佛土部分——彼有菩萨摩诃萨(完美的菩萨),名庄严王,因遇佛地所放大光明已,遂由无数菩萨围绕前导而来诣菩提道场(智慧坛),住菩萨前,为供养故,又令十方无边刹土与佛地相侔之庄严妙台,现于此菩提道场。众菩萨道心生奇特,相谓言:"以何因缘感此殊胜庄严妙台?"

> 于妙台中,出妙颂曰:由昔无边劫,身净凭福智;口净依其誓,简朴与妙法;意净以惭愧,文静及慈悲;今坐菩提座,释迦受供养。[1]

由于蒙文本过于简练,以至于不能确切地判断出其中某个单词与梵文哪个单词相对应。可是,我们可以说梵文中缺少任何意义为"像"的词,而且,庄严王使之形象化的东西,只是标志为 maṇḍala(台)的大供养道场的一部分。

地婆诃罗(613 — 687)所译汉文本与梵文十分接近。既然如此,其中就没有出现与 körüg 相对应的"变"字。然而,寓于对应的汉文本中的,显然是一种运用超自然能力使某种景象显出的幻想。[2] 该经常用的汉文标题是《方广大庄严经》(直译为"被广大地装饰了的经典")。值得注意的是,它又名《神通游戏经》。"神通游戏"是梵文 vikrīḍita(参看√kriḍ,表演)的一种汉文译法,在佛教混合梵文中,此词

〔1〕梵文本见 Vaidya(韦德亚),*Lalita-vistara*(《方广大庄严经》),Darbhanga:Mithila Institute of Post-Graduate Studies and Research inSanskrit Learning,1958,p. 212;Lefmann(莱夫曼),*LalitaVistara:Erzählung von dem Leben des Cakya-Simha*(《方广大庄严经:释迦佛的生活与教诲》),Berlin:Dümmler,1874,p. 292;Foucaux(富科),*Le Lalita Vistara-Développement desjeux-con-tenant l'histoire du Bouddha Cakya-Mouni depuis sa naissance jusqu'à sa prédication*(《方广大庄严经》),Paris:Leroux,1884 — 1892,p. 251. 富科译的藏文本表明,在所有实际效果上,它都和梵本对应。

〔2〕《大正藏》(187 号)卷3,页 588bc。其中大致对应于蒙文本的"令十方无边刹土诸佛皆现其像",梵本译文加点部分的汉文如下:"尔时菩萨以神通力,令十方无边刹土功德庄严之台,皆现于此菩提道场。"

可能有"奇迹、神力展现"之意[1]。该词的另一种汉文译法是"神变"。[2] 实质上,全部《方广大庄严经》就是一部关于诸佛和众菩萨变现的滑稽而又有教育意义的专题作品,这也正是使我们理解汉文佛教术语"变"和回鹘文佛教术语 Körünč 概念的关键。

现存的一件回鹘文本《妙法莲华经》残片,可以帮助我们进一步理解√kör-的佛教含义。[3] 此即《观世音菩萨普门品》第24,它描述了观世音的现33身。在每种情况下,汉文作"现……身"的地方,回鹘文则作 körkin körtkürü(使某显现),körk(in)在此意为"显现"或"形成",而körtkür(ü)意为"使之被看见"。这部分十分清楚地说明了√kör-意指某神祇本体的显现,这就再次把它很完满地放进汉文"变"、梵文nirmāṇa 和一批其他与变现有关的佛教术语的概念范围之内了。

中亚地区流行的印度用图画讲故事的最重要而又最清楚的证据,是克孜尔"摩耶第二洞"发现的著名壁画。这幅壁画上描绘了聪明而又忠诚的行雨大臣向佛法的热心保护者阿阇世王展示着一卷帛画,上面描绘着佛陀一生事迹的4个主要场面:(1)其母摩耶在兰毗尼园生下佛;(2)佛在菩提树下经受住魔军的攻击;(3)在贝拿勒斯鹿野苑初次说教而转法轮;(4)在拘尸那揭罗城的娑罗林入涅槃。[4] 展示这些画面的目的是尽可能平缓地把佛去世的消息告诉国王。壁画描绘阿阇世王正在檀香酥水中洗澡,这是想帮助他镇静下来。[5]

20 世纪初德国探险家在中亚的记录指出,这实际上是他们在那里

---

〔1〕爱哲顿:《佛教混合梵文文法和字典》,482 页 a 栏。

〔2〕荻原云来、辻直四郎编:《梵和大辞典》,1202 页 a 栏。

〔3〕缪勒:《回鹘考》(Ⅱ),14 - 20 页,残卷第 3。参看《大正藏》(264 号)卷 9,页 192a。

〔4〕见 Waldachmidt(瓦尔德施密特),*Gandhara, Kutscha, Turfan*(《犍陀罗、库车、吐鲁番》),Leipzig:Klinkhardt and Biermarnn,1925,pp. 73 - 75 和图 42;Grünwedel(格伦威德尔),*Alt Buddhistische Kultstätten in Chinesisch-Turkistan*(《新疆古代佛教文化遗址》),Berlin:Georg Reimer,1912,图92、321、383、384;Hartel(哈特勒)、Yaldiz(雅尔迪兹),*Along the Ancient Silk Routes*(《沿着古代丝绸之路》),New York:The Metropolitan Museum of Art,1982),p. 87。

〔5〕参看 LeCoq(勒柯克),*Buried Treasures of Chinese Turkestan*(《新疆地下宝藏》),New York:Longmans Green and Co,1929)137 页所附的一张克孜尔壁画线描图(据格伦威德尔);又见Grünwedel(格伦威德尔),*Alt Kutscha*(《古代龟兹》),Berlin:Otto Elsner,1920,第 2 卷,pp. 103 -104。

的佛教遗址中经常遇到的场景[1]，但遗憾的是它对理解叙事文学作品性质的深远意义，却几乎被所有中国文学研究者所忽视[2]。这个故事在佛典中的存在及其用壁画再现的传统，为印度的看图讲故事和中国的变文演唱提供了坚实的联系。因为目前已知的大部分描绘此景的壁画都产生于6—7世纪（此为克孜尔石窟绘画的中期），所以稍晚一点时间在中国开始出现看图讲故事是可以讲得通的。这一事实构成可靠的证据，说明在唐朝前期或更早一些时候，用绘在布帛上的图画作为讲唱故事的帮手的做法就已经在中亚传播开来。在一部根本说一切有部文献中对这幕场景所做的详细描述的事实，更进一步地证明了这种做法有其印度的原形。

在《根本说一切有部毗奈耶杂事》中，我们找到了这一图像的主题——把佛涅槃的消息披露给未生怨王即阿阇世王[3]的文献印证，这对于研究变文的形式是非常重要的[4]。根据该书的记载，未生怨王的行雨大臣有一系列图画，上面描绘着佛一生的主要事迹，最后是入涅槃。行雨大臣想以这些图画为据，来依次[5]向王解说佛一生中的这些转折点（即依次第而为陈说）[6]。在同一段落的后部，更明确地说道："行雨大臣即次第为王陈说[佛一生主要事迹]，一如图画"（彼即次第

---

〔1〕松本荣一《库车壁画中的阿阇世王故事》（载《国华》1938年566号）3-7页追溯了这一题材从中天竺到西域的流传过程。在同一期《国华》上，有一幅精美的彩色木版画，再现了克孜尔附近明屋摩耶洞发现的部分画面，该画藏于柏林民俗艺术博物馆。又见格伦威德尔：《古代龟兹》，图86、87、92、321，图版23和42-43页图版314（精美的彩版）；LeCoq（勒柯克），*Die Buddhistische Spätantike in Mittelasien*（《中亚中古时期的佛教》），Berlin：Reimer，1922—1933），第3卷图版Aa；Seckel（塞克勒），*The Art of Buddhism*（《佛教艺术》），New York：Crown，1963），图264；结城素明：《西域画聚成》卷10（东京，1940—1941年）1和2号。佩里奥特手抄本第3352页上抄有一份阿阇世王故事画的榜题，写成漩涡花饰的长条幅形，许多都以"时"字结尾。这种形式与敦煌佛教通俗叙事作品关系十分密切，见梅维恒：《唐代变文》，第4章。

〔2〕Gaulier（戈利埃）、Begard（贝扎尔）、Maillard（玛雅尔），*Buddhism in Afghanistan and Central Asia*（《阿富汗与中亚的佛教》，Leiden：Brill，1976），图版1，18页认识到"除了它的图像学旨趣之外，这一形象还是图画易变形式及其所指示的诚意和传达的神秘形象的现存证据"。见该书图10的另一个复原图。

〔3〕见苏熙勒、霍都斯：《中国佛教术语辞典》，伦敦，1937年，293页。

〔4〕《大正藏》（1415号）卷24，页339bc。

〔5〕［Anu］krama意为"依条理、正当顺序"。

〔6〕《大正藏》卷24，页339b，行25。

·欧·亚·历·史·文·化·文·库·

为王陈说,一如图画)。〔1〕 此处"陈说"一词的藏文对应部分是常用的
bśad-pa 一词〔2〕,这对我们要想找到"而为陈说"的梵文原语是什么没
有任何帮助。然而,最值得重视的是我们在一部从梵文译过来的佛典
中,辨认出变文中韵文前解释一系列画面内容的套语的部分文字。

对于中亚看图讲故事传统而言,不那么肯定的证据是重新发现的
各种形式的大批叙事画。其中特别引起我注意的是一件敦煌发现的
图画残片,上面写有经比定与画面内容一致的回鹘文题记〔3〕。因为此
前从未有人研究过这些题记,所以值得在此给出原文。以下按从上到
下、从左到右的顺序,依次将残片上的文字翻译出来〔4〕:

(1)

     A. ……已将……烦恼……

     B. ……[天中天或世尊]

     ……[屈尊]说

     C. ……[人众]……[共四]

存在形式[及五种生活形式]

(2)……

(3)……作……面/一百

     ……正作……

---

〔1〕《大正藏》卷 24,页 339c,行 12。

〔2〕东北大学编《西藏大藏经总目录》戒律部 da 卷 No.6,290 叶 b 栏行 7。现据巴内尔吉《说
一切有部文献》97 页,给出该故事藏文本的摘要(那塘版 635 叶正面第 7 行至 639 叶正面第 4
行):

时高寿之大迦摄波在王舍城中住,知如来已入涅槃,复作此念,阿阇世王对如来如此忠诚,彼
若突闻佛入涅槃之讯,必死无疑。为救此王性命,他命行雨大臣图画佛一生不同经历场景——最
后展示他在拘尸那揭罗城最终弥留情景。场景将依次为王陈说,而后向他展示并解释最后一幕
情景。此王必将闷绝不醒,其身将依次置于七个盛满生酥之罐中。最后,其身被放入内装牛头栴
檀香水之第八罐中,国王将被救活。行雨大臣依嘱而行,此王性命得以挽救。

〔3〕梅津次郎解说《敦煌出土回鹘佛教断片》,这幅保存在日本奈良天理大学图书馆的图画,
年代不明,梅津认为系 12 或 13 世纪产物。葛玛丽 *Kṣitigarbha-Kult in Zentralasien*(《中亚的地藏信
仰》,Wiesbaden:Franz Steiner,1973)介绍了其他一批回鹘文画卷残片,大多是画地狱情景的。因
为许多残片上有残字,因此仍值得做进一步的研究。葛玛丽的图 64 特别有意思,它画着一个握
着他面前一轴未展开的卷子的人,似乎正要将它展示给一些观众。

〔4〕我深深地感谢特肯把这么残的题记转写并翻译出来。

196

……他(他们)带来……

……君主(君王)

(5)……坏人们……

(6)……正消失……/……正供给……

(7)……丑陋之众……

(8)……就是〔在如此这般〕……

在突厥〔语〕中,意为:"……〔数〕种图画〔……与……〕。"

以上译文最后一行似乎表明,带铭文的图画是源自另一种佛教传统和语言的。请注意出现在第 8 句的重要词 körk(kwyrk)[1] 此处我们很可能明确地辨识出一个回鹘文本的变相,如果不是写本过于残缺,我们也可能会知道用另外某种语言记录的相对应的词。

早在 16 世纪或许更早以前,看图咏赞的技法肯定就已经传到了突厥语区的西部中心地带。埃夫利亚·艾凡迪(Evliyā Efendi,约 1611 — 1660)在有关他在伊斯坦布尔的生活的传记中,对一组被称作"绘画算命者"(Fáljián músavirán)的人做了迷人的描写:

他们之中最有名的是霍伽·穆罕默德·希莱比,他在穆哈木德·帕沙有一家商店。他是位老人,见过而且荣幸地与苏丹苏莱曼谈过话。他的商店中挂满了图画或画像,都是用笔在粗糙的纸上画的古往今来的英雄斗士,用意是使那些在他门前逗留的行人,可以通过观看这些图画,来得到他们希望得到的好兆头,即:是将有战争还是和平;是玉素甫还是朱莱卡、是梅浓还是莱拉、是法赫德还是希仁、是维尔伽还是玉尔沙哈将堕入情网。画匠要考虑这些英雄和美人画的结果,而且要用幽默的韵语做出引人大笑的回答。他靠这些画来维持生计。有时,他带着他们去觐见皇帝,并且作为这些绘画预言家的头领,在公开场合展示他的画。这些预

---

〔1〕此据百济康义的看法翻译 körk 一词,他的《天理图书馆藏回鹘语文献》一文是本书即将付印时才得到的。特肯提出译为"形式"(梵文 rūpa)。百济暂定此画年代为蒙元时期(13 — 14 世纪),他判定此画的内容是根据有关佛教地狱的十王的回鹘文伪经。百济还在同一论文中发表了另外一些与同一伪经相关的绘画残片,其中有如下回鹘文题记:onunč bäg uuta(o……)luin wang bäg(-ning)〔K〕örki ol "此为第十王,五道转轮王像"。

197

言家用幽默的语言,配上滑稽的手势,来讲说他们的先见之明。[1]

这里描写的这位特别的朗诵家早已不是巡行者了,并已得到了皇帝本人的赞助,但他没有丢掉他的预言和使人愉快的作用,这些作用泄露了他来源泉于民俗传统。

在克里失(位于库车东北 25 英里)武士窟发现的一幅 7 世纪的壁画上,绘有一列叙事画,场面出自佛教寓言《大光明譬喻》[2]。在壁画的上沿,有一条吐火罗语铭文,施密特(K. Schmidt)译作:"为他[详]细吟诵此……本生:为此一像,他(即大光明王)遁世[而]得授记。"这证明了基于本生故事而编的口头传奇与描绘它们的故事画之间有着密切的联系,这也为吐火罗人作为通过中亚的印度文化负荷者而起的作用提供了例证。在这些画面的下沿,写有另一条吐火罗文题记,但因为它所指的画面残缺过甚,以致无法辨认。

现在,让我们考察一下唐代及唐以前中亚的文化结构,以便于理解印度主题和技法是怎样能够经过中亚而被传入中国,以及它们是如何相对完整地保存下来的。帕威尔·普恰(Pavel Poucha)曾简单地说道:"印度文化在西域十分流行,纪元头一千年中,中亚的文献内容基本上是佛教的;甚至在回鹘的摩尼教里,也能找到佛教的影响。在中亚诸语言中,特别是吐火罗语中,有大量的印度词汇存在。[3]但是,正如格鲁塞(René Grousset)所观察到的那样,经中亚传到敦煌的佛教文化,并不仅仅是印度文明的产品[4],它实质上也包含了希腊系佛教和伊朗系佛教等要素,如果我们考虑到在中亚传播文化的各种类型的个人,这一点就不难理解了。正如刘茂才所解说的那样:"途经龟兹的商人、传教师、使者和士兵,也都是文化的负荷者,因此,在艺术上就可以明显

---

〔1〕Evliya Efendi(埃夫利亚·艾凡迪,1611—1660),*Narrative of Travels in Europe, Asia, and Africa, in the Seventeenth Century*(《17 世纪欧亚非三洲旅行记》),New York:Johnson Reprint, 1968, p. 210。

〔2〕此壁画现藏柏林印度艺术博物馆。见哈特勒、雅尔迪兹:《沿着古代丝绸之路》,pp. 105－106。

〔3〕普恰:《中亚的印度文献》,27 页。

〔4〕Grousset(格鲁塞),*Chinese Art and Culture*(《中国艺术与文化》),New York:Orion, 1959, p. 221。

地看出是一种不同信仰调和的产物。"[1]

在 5 — 7 世纪之间,沿伟大的丝绸之路进行的国际贸易的扩大,使得中亚和世界其他地区的联系更加紧密。在这条路上,最为活跃的各种文化要素的转输者,要数粟特人了。[2] 结果,粟特语也发展出一批详尽的佛教词汇。[3] 在叙事艺术方面,粟特人使用了"连环画史诗"的技法,这是借用了盖蒂·阿札帕(Guitty Azarpay)的术语,她给这个术语下的定义是:"用连环有序的各个场景,使世俗和史诗中的同样一些人物,出现在不同时间的情节和故事当中。"[4]这实际上是和所有看图讲故事传统所用的方法一样。公元 1 世纪,佛教已经深入粟特地区。[5] 但到 8 世纪早期,阿拉伯军队严重地破坏了这种文明[6],使它作为西亚和南亚文化向中亚其余地区并指向东方的传播者作用降低了。

摩尼教或许是中亚的所有文化的最大的混合体。因为可能对汉

〔1〕Liu Mau-tsai(刘茂才), *Kutscha und seine Beziehungen zu China*(《龟兹及其与中原的关系》), Wiesbaden: Otto Harrassowitz, 1969, vol. 1, p. 34.

〔2〕别连尼茨基:《片吉肯特的伟大艺术品》,莫斯科,1973,59 页;Lieu(刘南强), *The Diffusion and Persecution of Manichaeism in Rome and China: A Comparative Study*(《摩尼教在罗马与中国的传播与受害的比较研究》), Oxford University, 1981), 56 页以下。

〔3〕MacKenzie(麦肯吉), "Buddhist Terminology in Sogdian: A Glossary(《粟特语佛教术语词汇表》)", *Asia Major*, 1971, 17(1)。中古伊朗语专家戴维·尤兹 1984 年 6 月来函说他掌握了许多粟特语佛教术语,它们都来自汉文。从吐鲁番发现的文献也可以看出中亚佛教文化多种语言混合的情况,如汉字夹在其他语言文字中,特别是回鹘文中的例子。参看施米特、梯娄编:《汉文佛教文献残卷目录》,柏林,1975 年。

〔4〕Azarpay(阿札帕), *Sogdian Painting*(《粟特绘画》), Berkeley: University of CaliforniaPress, 1981, p. 102。

〔5〕别连尼茨基与马尔沙克文,见 Azarpay(阿札帕), *Sogdian Painting*(《粟特绘画》), 28 页。尤兹否定印度和粟特地区之间有任何密切的联系。但最近的考古发现却倾向于肯定别连尼茨基与马尔沙克的观点,特别是在社会下层的联系上(即指不是文献中指明的事件)。达尼《赤拉斯城考》和洪巴赫《印度河上游(巴基斯坦)的粟特语铭文》的研究表明,粟特人和其他中亚民众并没有被动地等着印度人把佛教带给他们,而是经常南行到远达喀拉昆仑的地区。邦旺尼斯特《拉达克的粟特语铭文》,《粟特语研究》170 - 173 页并附图,也记录了这一现象。辛姆斯·威廉姆斯《帕提亚语与粟特语中的印度语因素》,考订出一批出现在粟特文献中的梵语、犍陀罗语和其他俗语词汇。详细情况又见李特文斯基《中亚佛教史概要》和桑德尔《中亚佛教文献》。

〔6〕比鲁尼(973 — 1048)和其他阿拉伯与中国史家的记述都支持这一解释。但也有一种相反的解释指出势力与文化的错综复杂变化(正如以前的波斯化那样),见《剑桥伊朗史》,第 3 卷, 1217 页。

地通俗佛教图画的喜爱有直接的影响,所以对这一传统的某些方面加以仔细考察是重要的。

摩尼教是公元 3 世纪出身帕提亚王室的摩尼创立的,他于 216 年出生于巴比伦,240 年他宣称自己成为先知。这种宗教在它的西亚基地缓慢地发展,直到大约 600 年前后,由沿丝绸之路从事贸易的粟特人把它传给了回鹘人。675 年,它首次在唐朝出现。694 年,第一位传教师到达唐朝,这是唐朝征服西域并重建通往西亚的商路所带来的后果。731 年,唐朝皇帝诏命一位摩尼教大德(拂多诞)编撰一部有关该教教义的解释性文献[1]。他应命编成了一部纲要书,以阐述摩尼教教义、经典和教规依据,结果是为了努力想让人接受而产生了一种道教、佛教和真正摩尼教的混合物。这种拼合显然有效,因为在 732 年皇帝下诏宣布可以自由信奉摩尼教,从此,摩尼教的传播开始取得巨大的成功。摩尼教在华历史上的下一个重要事件,是 744 或 745 年在建都于哈喇和林的回鹘大汗国中确立了它的地位。漠北高原的回鹘汗国,向西扩张到伊犁河,向东则到黄河。汗国建立后,回鹘人成了统治唐朝北疆的势力。被回鹘人取代的东突厥人一直是唐朝的劲敌,但回鹘人却愿意成为唐朝政府的盟友,而且确实帮助唐朝平定了安禄山(死于 757 年)叛乱。由于他们的国王牟羽可汗(760 — 780 年在位)于 762 年正式皈依了摩尼教,摩尼教从此成为回鹘的国教。但 840 年回鹘汗国被黠戛斯突厥人破灭后,摩尼教大为衰落,仅在西域保存下来几个据点。到 13 世纪初,蒙古成吉思汗的入侵,使之在原回鹘汗国范围内彻底绝迹。在中原地区,回鹘汗国一破灭,唐朝就在 843 年禁断了摩尼教。然而,它的踪迹还在,直到 14 世纪末叶,它作为一种独立的宗教仍分散在一些地区(特别是在东南沿海福建地区的穷乡僻壤中[2])。另外,摩尼教的一些要素还作为一种思想观念,保存到 17 世纪的某些秘

---

〔1〕见梅维恒:《唐代变文》,216 页注。

〔2〕这一段所说的情况主要得自 Klimkeit(克林凯特)*Manichaean Art and Calligraphy*(《古代摩尼教艺术》,Leiden:Brill,1982)以及《大不列颠百科全书》中蒲立本关于安禄山的词条和皮埃奇关于摩尼教的词条。我还参考了麦克拉斯《两唐书所记之回鹘汗国》和吕光东《游牧帝国》。

密会社中。[1] 我们应当注意的是,正像许多在华的外来宗教一样,在9世纪中叶,也出现了强烈反对摩尼教的行动。

有一个值得我们仔细研究的奇怪现象,即变文盛行于中国的时间,与摩尼教的盛行时间大致相同的事实,如果这不是一个简单的巧合的话,那么我们就应当集中在以下事实的一个方面或两个方面,来解释二者的关系:(1)同样强调图画;(2)在中国最适合外来文化要素流行的同一时期流行。摩尼教如此明显地在礼拜时使用图画,以至于我想把摩尼教徒称作"图画之人"。图画甚至赫然列入摩尼教经典。夏伦(G. Haloun)和恒宁(W. B. Henning,译者按:原文 B 作 G,系印刷错误)在研究开元十九年六月八日(公历 731 年 7 月 16 日)成书的《摩尼光佛教法仪略》时,发现了《大门荷翼图》[2]的至关重要性:

> 该图是在所列"七部经"的末尾提到的,用这样的方式指明它和整套经典具有同样的重要性:"凡七大部,并图一","七部大经及[一]图"和题目"经图仪",无论如何都清楚地表明这个"图"不是文本,而是确指一幅图或画,或许是指一组图或画。圣典目录中的这一条目,在科普特文摩尼教著作中有其确切的对应词,该处在七部经后紧接着写有 Eik ών 一名。普洛茨基(Polotsky)正确地指出,此名是指一部连环画册或一种图卷,用以描绘摩尼的教义。汉文文书肯定了这种观点……[3]

富安敦(Antonio Forte)在解说 1120 年(译者按:北宋宣和二年)的一篇摩尼教文件中出现的"图经"一词时,肯定了这一解释:

> 毫无疑问,这里牵涉到一本书,相当于科普文献中的 Eikών、帕提亚语的 Ārdhang、波斯文献中的 Ertenk。其标题在 731 年的《摩尼光佛教法仪略》中用汉文音译为"门荷翼",并用汉文释为

[1] 参看傅路德:《中华民族简史》,132 页。
[2] 由邦旺尼斯特提出并由皮埃奇报道的观点(《摩尼教》149 页注 262——见夏伦与恒宁:《摩尼光佛教法仪略》,210 页注 6)是,"门荷翼"大概来自帕提亚语的 bungāh(原则),*mbon-γa-yīeg("门荷翼"的复原形式)可能是个未经证明的形容词形式 *bungāhīg。尤兹在未刊论文《中国摩尼教传统中的两个帕提亚字》11 页,给出的帕提亚语形容词形是 *bunγāhang(原则的)。
[3] 夏伦、恒宁:《摩尼光佛教法仪略》,209 – 210 页。

"大二宗图"。在同一件文书中,又仅以"图"的题名,在摩尼的著作目录中,列于七部经书之后。这里显然也把它看作是[摩尼教]经藏的补充部分。普洛茨基已经注意到,Eikών肯定是一部连环画册,或一种图卷,用来描绘摩尼的教义。恒宁在夏伦的《摩尼光佛教法仪略》英译本附录二中,也肯定了普洛茨基说法的正确性。我们现在这部文献确切地澄清了这个问题,因为"图经"的字面意思就是"带图的经书",确是普洛茨基所讲的"连环画册"。[1]

在以《胡威达曼》(Huwīdagmān = 为我等祝福)著称的摩尼教《下部赞》的汉译本中,我们找到下面两行文字:

皆从活语妙言中,

圣众变化缘斯现。[2]

非常遗憾的是残存的帕提亚文原本和古突厥语译本都缺少这一特别的段落,但仅从汉文译本我们也能确定,摩尼教义认为明界(即天国)的圣众是经由引起感情的变现而显现的。同样,在中国民俗佛教传统里,变文的讲唱者也同样运用他的幻影图像和迷人的言词等方法,努力使精灵显现。

摩尼教在中国最活跃的时期是开元年间(713 — 741),正如我们已经看到的那样,此时恰好是变文讲唱传统巩固下来的时期。另一方面,陆游(1125 — 1210)在他的《条对状》中,提出了一些禁止摩尼教徒在福建地区活动的建议,也表明了所谓"明教"与变文后身的联系,其中包括对"图画妖像及传写刊印明教等妖妄经文"者给予处罚。[3] 这种妖像和伪经的联结,一直是中国官吏打击摩尼教的持续主题,所以,我认为我们可以解释变文演唱的兴起和衰落的时期,部分地与摩尼教的命运相联系[4]。然而,要使这种提法完全被人信赖,还有必要证明佛教和摩尼教之间在思想和术语上都有着广泛的交流。上引《下部

---

〔1〕富安敦:《中国摩尼教研究二题》,240 – 241 页。

〔2〕《大正藏》(2140 号)卷 54,页 1277c。

〔3〕陆游:《渭南文集》,四部备要本,卷 5,叶 4b。

〔4〕支持这一假说的坚实史料见梅维恒《唐代变文》第 6 章。

赞》中提到的"变"字(含义大概是"可变化的通俗图画"),就确切地是与摩尼教经义联系在一起的。[1] 元末兴起的披着佛教外衣的秘密会社白莲教,在其发展过程中就受了摩尼教的影响,这一点众所周知,毋庸赘言。但在中亚和中原地区,佛教对摩尼教的影响更为明显。

摩尼教在中国的佛教化倾向在 1120 年的一篇状文中有生动的例证,其中把"神像"和"神名"分别写作"佛像"和"佛号"[2],同一状文还提到听上去很像是佛教文献的《父母经》[3]、《七时偈》和《妙水佛帧》。这种摩尼教术语的佛教化并不始于中国,在比较早的时期,中亚就有清楚的先例。[4]

在这种关系中,我们一定要记住在中亚进行的文化交流中,伊朗语的关键地位。至少从 7 世纪开始,粟特语就是西部和北部中亚广大地区的混合语,直到它被另一种伊朗语——波斯语取代为止。[5] 中亚重要的佛教王国于阗的民众也讲一种伊朗语,他们和敦煌的汉人有着密切的联系。由于在中亚存在一种巨大的文化混合现象,以至各种来源的艺术、宗教、文学、语言及其他影响很容易失掉本身的"纯洁性"。因此,中亚的佛教吸收了伊朗的因素,而中亚的摩尼教则吸收了印度的成分[6],这种逐渐混合的结果,转而给佛教和摩尼教在中国的发展以决定性的影响。

在以上探讨的基础上,我们可以得出结论说:配有图画的散韵相兼的说唱故事的技法是在印度出生的,由佛教化的伊朗族"伯父"和突厥族"伯母"培养长大,最后由中国"双亲"收养。

---

〔1〕参见梅维恒:《唐代变文》,第 6 章。

〔2〕见富安敦《中国摩尼教研究二题》,238-241 页和 244-245 页谈到我们此处及以下讨论的例子。类似的佛教化情形在早期汉译摩尼教文献中也经常见到。

〔3〕参看中村元:《佛教语大辞典》,1174 页 d 栏、1183 页 a 栏。

〔4〕范·通格洛:《摩尼教回鹘语与中古伊朗语文献中的印度佛教术语》。

〔5〕伯希和:《伊朗文化对中亚和远东的影响》,105 页。

〔6〕充满佛教术语和概念的摩尼教文书的最好例证,见班格、葛玛丽:《突厥语吐鲁番文献》,第 3 册。其他佛教与摩尼教交互影响的例证,详见龚天民:《唐代基督教之研究》第 4-6 章。又参看克林凯特的其他论著。

·欧·亚·历·史·文·化·文·库·

主要引用文献

Azarpay G(阿札帕). Sogdian Painting(《粟特绘画》): The Pictorial Epic in Oriental Art[M]. Berkeley: University of CaliforniaPress, 1981.

Bailey J T(贝利). The Culture of the Iranian Kingdom of Ancient Khotan in Chinese Turkestan(《古代新疆于阗的伊兰系王国的文化》): The Expansion of Early Indian Influence into Nothern Asia[J]. The Oriental Library: 29. 1971: 17 – 29.

Bailey J T. Irano-Indica: IV(《伊朗、印度语札记》4)[J]. Bulletin of the School of Oriental and African Studies, 1951, 13(4): 920 – 938.

Bang(班格), Gabain(葛玛丽). Analytischer Index zu den Fünf Ersten Stücken der türkischen Turfan-texte(《突厥语吐鲁番文献前五册词汇分析索引》)[M]. Berlin: Verlag der Akademie der Wissenschaften in Kommissionbei Walter de Gruyter, 1931.

Baruch W(巴吕克). Maitreya d'après les sources de Sérinde(《西域史料中的弥勒》)[J]. Annales du Musée Guimet, Revue de l'histoire des Religions, 1946, 132(1/2/3): 67 – 92.

Clauson C(克劳森). An Etymological Dictionary of Pre-Thirteenth-Century Turkish(《13 世纪前突厥语语源辞典》)[M]. Oxford: Clarendon Press, 1972.

Demiéville P(戴密微). Review of Annemarie von Gabain, ed, Faksimile der alttürkischen Version eines Werkes der buddhistischen Vaibhāṣika-Schule(为葛玛丽《弥勒会见记:一部佛教毗婆娑论经典的古突厥译本》所写书评)[J]. T'oung Pao, 1958, 46: 433 – 440.

Edgerton(爱哲顿). Buddhist Hybrid Sanskrit Grammar and Dictionary(《佛教混合梵文文法和字典》)[M]. New Haven: Yale University Press, 1953.

Emmerick R(恩默瑞克). The Sutra of Golden Light(《金光明经》)[M]. London: Luzac, 1970.

Efendi E(埃夫利亚·艾凡迪, 1611 — 1660). Narrative of Travels in

Europe,Asia,and Africa,in the Seventeenth Century(《17 世纪欧亚非三洲旅行记》)[M]. New York:Johnson Reprint,1968.

Finch(芬奇). The Śrī-parivarta from sīngqu Sāli's Uighur Translation of l-tsing's Version of the Suvarnaprabhāsottama-sūtra(《义净本〈金光明最胜王经〉的胜光阇黎回鹘文译本中的〈吉祥天女品〉》)[D]. Harvard University,1976:XVI – XVII.

Foucaux(富科). Le Lalita Vistara-Développement desjeux-con-tenant l'histoire du Bouddha Cakya-Mouni depuis sa naissance jusqu'à sa prédication(《方广大庄严经》)[M]. Paris:Leroux,1884—1892.

Gabain(葛玛丽),Kowalski(科瓦尔斯基). Turkische Turfan Texte (《突厥语吐鲁番文献》):X[M]. Berlin:AkademieVerlag,1959.

Gabain. Alttürkische Grammatik [M]. Leipzig: Otto Harrassowitz,1950.

Gabain. Briefe der Uigurischen Hüen-tsang Biographie(《玄奘传书信的回鹘文译本》)[J]. Sitzugsberichte der Preussischen Akademie der Wissenschaften,1938,29:371 – 415.

Gabain. Das uigurische Königreich von Chotscho,850 — 1250(《高昌回鹘王国,850 — 1250》)[M]. Berlin:Akademie-Verlag,1961.

Gabain. K ṣ itigarbha-Kult in Zentralasien(《中亚的地藏信仰》): Buchillustrationen aus den Turfan-Funden [M]. Wiesbaden: Franz Steiner,1973.

Gabain. Maitrisimit(《弥勒会见记》):Faksimile der alttürkischen Version eines Werkes der buddhistischen Vaibhāśika-Shule[M]. Wiesbaden:Franz Steiner,1957/1961.

Gaulier(戈利埃),Begard(贝札尔),Maillard(玛雅尔). Buddhism in Afghanistan and Central Asia(《阿富汗与中亚的佛教》)[M]. Leiden: Brill,1976.

Grousset(格鲁塞). Chinese Art and Culture(《中国艺术与文化》) [M]. New York:Orion,1959.

Grünwedel(格伦威德尔). Alt Buddhistische Kultstätten in Chinesisch-Turkistan(《新疆古代佛教文化遗址》)[M]. Berlin:Georg Reimer,1912.

Grünwedel. Alt Kutscha(《古代龟兹》)[M]. Berlin:Otto Elsner,1920.

Hartel(哈特勒),Yaldiz(雅尔迪兹). Along the Ancient Silk Routes(《沿着古代丝绸之路》):Central Asian Art from the grest Berlin State Museums[M]. New York:The Metropolitan Museum of Art,1982.

Klimkeit(克林凯特). Manichaean Art and Calligraphy(《古代摩尼教艺术》). Leiden:Brill,1982.

Krause(克劳希),Thomas(托玛斯). Tocharisches Elementarbuch(《吐火罗语入门》)[M]. Heidelberg:Carl Winter und Universitätsverlag,1960 – 1964.

Laufer(罗佛). Loan-Words in Tibetan(《藏语中的借词》)[J]. T'oung Pao,1916,17:403 – 552.

LeCoq(勒柯克). Buried Treasures of Chinese Turkestan(《新疆地下宝藏》):An Account of the Activities and Adventures of the Second and Third German Turfan Expeditions[M]. New York:Longmans Green and Co,1929.

LeCoq. Die buddhistische Spätantike in Mittelasien(《中亚中古时期的佛教》)[M]. Berlin:Reimer,1922 — 1933.

Lefmann(莱夫曼). Lalita Vistara:Erzählung von dem Leben des Cakya-Simha(《方广大庄严经:释迦佛的生活与教诲》)[M]. Berlin:Dümmler,1874.

Lévi(列维). Le sūtra du sage et du fou dans la litté rature de l'Asie Centrale(《中亚文献中的贤愚经》)[J]. Journal Asiatique,1925,207(2):304 – 332.

Lieu(刘南强). The Diffusion and Persecution of Manichaeism in Rome and China:A Comparative Study(《摩尼教在罗马与中国的传播与受害的比较研究》)[D]. Oxford University,1981.

Liu Mau-tsai(刘茂才). Kutscha und seine Beziehungenzu China(《龟兹及其与中原的关系》)[M]. Wiesbaden:Otto Harrassowitz,1969.

MacKenzie(麦肯吉). Buddhist Terminology in Sogdian:A Glossary(《粟特语佛教术语词汇表》)[J]. Asia Major,1971,17(1).

Müller(缪勒),Sieg(西额). Maitrisimit und "Tocharisch"(《弥勒会见记与"吐火罗语"》[J]. Sitzugsberichte der Preussischen Akademie der Wissenschaften,1916,14 - 16:395 - 417.

Müller(缪勒). Uigurica(《回鹘考》)[M]. Berlin:Königlichen Akademie der Wissenschaften,1910.

Nobel(诺贝尔). Suvarnabhāsottama sūtra, Das Goldglanz Sūtra, ein Sanskrittext des Mahāyāna-Buddhismus(《金光明最胜王经》)[M]. Leipzig:Otto Harrassowitz,1937.

Pelliot(伯希和). Autour d'une traduction sanscrite du Tao Töking(《关于道德经梵文译本问题》)[J]. T'oung Pao,1912,13:351 - 430.

Pelliot. Neuf notes sur des questions d'Asie centrale(《中亚史地丛考》)[J]. T'oung Pao,1928,26(4/5):291 - 265.

Pelliot. Notes á propos d'un catalogue du *Kanjur*(《甘珠尔目录札记》[J]. Journal Asiatique,1914,11(4):110 - 150.

Poppe(波丕). The Twelve Deeds of Buddha:A Mongolian Version of the Lalitavistara(《佛陀十二功德经:〈方广大庄严经〉的蒙文译本》)[M]. Seattle:University of Washington Press,1968.

Poucha(普恰). Indian Literature in Central Asia(《中亚的印度文献》)[J]. Arch Or,1930,2(1):27 - 38.

Poucha. Institutiones Linguae Tocharicae(《吐火罗语文献集》):I. Thesauras Linguae Tocharicae,1955.

Radloff(拉德洛夫). Versuch eines Wörterbuches der Türk-dialekte Südsibirfens(《南西伯利亚突厥语方言词典试编》)[M]. Petersburg:Commissionnaires de l'Académie impériale des sciences,1888 — 1911.

Seckel(塞克勒). The Art of Buddhism(《佛教艺术》)[M]. New

York:Crown,1963.

Sieg(西额),Siegling(西额林). Tokharische Sprachreste《吐火罗语残卷》[M]. Berlin:Gruyter,1921.

Takakusu(高楠顺次郎). Tales of the Wise Man and the Fool,in Tibetan and Chinese(《藏汉文本贤愚经故事》)[J]. Journal of the Royal Asiatic Society of Great Britain and Ireland,1901,7:447 – 460.

Tekin(特肯). Die Kapitel iiber die Bewusstseinslehre im uguriscken Goldglanzsūtra(《回鹘文〈金光明经·付嘱品〉》)[M]. Wiesbaden:Otto Harrassowitz,1971:IX,X.

Tekin. Maitrisimit nom bitig(《弥勒会见记》)[M]. Berlin:Akademie Verlag,1980.

Tezcan(特赞). Das uigurische Insadi-Sūtra(《回鹘文 Insadi 经》)[M]. Berlin:Akademie-Verlag,1974.

Vaidya(韦德亚)Lalita-vistara(《方广大庄严经》)[M]. Darbhanga:Mithila Institute of Post-Graduate Studies and Research in Sanskrit Learning,1958.

Waldachmidt(瓦尔德施密特)Gandhara,Kutscha,Turfan(《犍陀罗、库车、吐鲁番》)[M]. Leipzig:Klinkhardt and Biermarnn,1925.

Winter(温特). Some Aspects of"Tocharian"Drama:Form and Techniques(《谈吐火罗语戏剧的几个问题》)[J]. Jorrnal of the American Oriental Society,1955,75:26 – 35.

Zeker(曾克尔). Türkisch-Arabisch-Persisches Handwörterbuch(《土耳其语 – 阿拉伯语 – 波斯语词汇对照手册》)[M]. Hildesheim:Georg Olms,1967.

慧立. 大慈恩寺三藏法师传[M]. 北京:中国佛教协会,1959.

儒莲(Julien,Stanislas). 玄奘传[M]. 巴黎:1853.

中村元. 佛教语大辞典[M]. 东京:1975.

(荣新江译。本篇原为《绘画与表演》汉译本[王邦维等译,季美林审定]第二章,中西书局 2011 年版)

10 唐五代变文
对后世中国俗文学的贡献

　　自从 20 世纪初发现了敦煌文书并对其中的变文[1]作品展开研究以来,人们普遍认为这一流行于唐代(618 — 906)和五代(907 — 960)的佛教通俗叙事文学体裁,对以后中国文学的发展产生了至为重要的影响。可惜的是,这些观点并没有体现出足够的严谨态度和提供让人信服的材料。变文不仅是目前已知的中国最早的韵散结合(chantefable)的文学体裁,同时也是中国俗语文学的第一批范例。它们在一千多年以前的中国的产生以及近来的被发现,显然都是具有非常重要的意义的。我们所面对的问题是,如何恰当地和准确地评估它们在中国文学史上的地位。

　　　佛教文学对于中国叙事文学的重大影响曾由普实克(Průšek)予以概括:对现存的宋代(960 — 1279)民间故事的分析表明,这种文学形式是唐代变文的改编和发展。因此,唐代的民间说书人已经受到宗教布道的影响的假说可能是成立的。尽管说书人在

---

[1]有关变文的背景和性质请参人:*Tun-huang Popular Narratives*(Cambridge:Cambridge University Press,1983);*T'ang Transformation Texts:A Study of the Buddhist Contribution to the Rise of Vernacular Fiction and Drama in China*(Havard-Yenching Institute Monograph Series:28,Cambrige,Massachusetts:Harvard University Council on East Asian Studies,1989);*Painting and Performance:Chinese Picture Recitation and Its Indian Genesis*(Honolulu:University of Hawaii Prss,1988);"Lay Students and the Making of Written Vernacular Narrative:An Inventory of Tun-huang Manuscripts",*Chinoperl Papers*,1981,10,pp. 5 – 96;"A Partial Bibliography for 'The Study of Indian Influence on Chinese Popular Literature'",*Sino-Platonic Papers*,1987,3(3),pp. iv,214。如需进一步参考,可利用这些著作中的文献目录。

中国出现得很早[1]，但是在唐代，这种民间艺术受到通俗佛教文学的深刻影响，以至于变成一种全新的文学体裁，而这种新体裁，至少在形式上，与古代的通俗故事，即在汉代文学史上已经出现的"小说"，是很不一样的。因此，我们可以认为中国通俗故事和小说——它们一直存在到近代晚期——的产生年代不晚于唐代；而且，尽管这种文学作品在其发展过程中完全是以中国的故事为其创作素材的，但它在实质上仍是一种宗教的产物和佛教的副产品，并在很长时期内仍带有其产生初期的特征。[2]

普实克在这段文字的后半部分所表达的观点对于中国俗文学史来说是非常重要的。本篇的目的便是汇集研究各种中国文学体裁的学者们所做出的一些重要发现，并以此来支持普实克的观点。我们将会看到，佛教的转变和变文对于后来的中国叙事文学——无论是小说还是戏剧——的影响，从总体上说是非常巨大的。

柳无忌已经看出，"小说和戏剧的萌芽……早在唐代以前即已出现，但是它们直到唐、宋时代才走出各自的萌芽状态"。[3] 这种看法是非常恰当的，但是人们还希望了解，在唐宋时代是什么因素促使这些"萌芽"出土发芽，并最终硕果累累。

戴密微（Paul Demiéville）将中国俗文学（书面的而非口头的）的产生年代定在八九世纪[4]，这也正是敦煌变文兴起的年代。而且，尽管他没有对这两者间的关系做详细的论述，但是他认为要探讨俗文学在那个特定年代里产生的原因，就必须将佛教于7—10世纪之间在中国达到极盛的史实联系起来进行考察。[5] 这是一个十分正确的观点。

---

〔1〕比较 Edwards E D：*Chinese Prose Literature of the Tang Period*，vol. Ⅱ，London：1938. ——Průšek原注。

〔2〕Průšek：" Researches into the Beginnings of the Popular Chinese Novel"，*Archiv Orientalni*，1939，11（1），pp. 91 – 132/1955，23（4），pp. 620 – 662（引文出自页 108 – 109）。加上了着重号。

〔3〕柳无忌：*An Introduction to Chinese Literature*，Bloomington，London：University of Indiana Press，1966，p. 141。

〔4〕Demiéville Paul：" Les débuts de la littérature en Chinois vulgaire"，*Acadénie des Inscriptions et Belles-Lettes*，*Comptes Rendus*，1952，11/12，pp. 563 – 571（引文出自页 564）。

〔5〕Demiéville Paul：" Les débuts de la littérature en Chinois vulgaire"，p. 564。

我们还可以将戴密微的观点进一步推展开去,指出佛教对于中国俗文学的出现的作用是多方面的,它们包括佛教在社会、教育、宗教、文学、艺术、语言和其他一些方面对中国人的生活所产生的影响。孙楷第曾将佛教说讲的影响,视作直至明代(1368 — 1644)晚期的中国俗文学史的前提:

> 现在研究起来,从艺术的发展上看,没有晋南渡后至唐五代的转变说话,就不可能有宋朝的说话,元、明的词话。没有宋朝的说话,元、明的词话,就不可能有明末的短篇小说。[1]

我认为这段表述中唯一可以商榷的是,除了一些可能存在过的原始的形式以外,变的演示不可能出现在唐代以前。

小川环树对于这个问题的表述是最为直截了当的:

> 在中国,通俗小说并不是从自身内部产生的,其文学形式也不是独立发展起来的。相反,它是在印度的影响下产生的。换句话说,我们可以公正地认为,它的源头在印度。时至今日,这种外来影响的痕迹在许多方面已经模糊不清了。但是,如果我们提出这样一种假说,即在中国本身,通俗小说的直接源头是佛教文学尤其是变文,那么尽管会有一些不同的观点,但我仍然相信这是一个正确的解释。[2]

大多数研究宋代及宋代以后各种韵散结合的俗文学体裁的著名学者,都将这些体裁的源头追溯至变文。郑振铎曾经描绘了变文对中国说唱文学的整体发展产生影响的大致情况。[3] 邱镇京将变文看作宋元时代的"评话"和后来所有说唱文学的前驱。[4] 李世瑜认为"宝

---

〔1〕孙楷第:《中国短篇白话小说的发展》,收入《沧州集》,北京:中华书局,1965,页77。
〔2〕小川环树:《变文と讲史——中国白话小说の起源》,收入《中国小说史の研究》,东京:岩波书店,1968,页127。
〔3〕郑振铎:《中国俗文学史》,两卷本,长沙:商务印书馆,1938,180页以下(第1卷)。亦请参谢无量:《佛教东来对中国文学之影响》,收入《佛教与中国文学》,台北:大乘文化出版社,1978,页15-32。尤其第29-32页,论及变文对各种韵散结合的说书体裁的影响。
〔4〕邱镇京:《敦煌佛经变文述论》,第1及第2部分;《狮子吼》,1967,6(7/8),24-27页;《狮子吼》,1967,6(9),页19-23(本文引自页24)。

卷"是从变文和宋代的"说经"发展而来的。[1] 傅惜华认为,清代(1644—1911)的"子弟书"来自于"弹词",而其最初的源头则是唐代的变文。[2] 但是到现在为止,尚没有人能够令人信服地说明这些体裁与变文的关系究竟如何,更重要的是,俗文学的说唱形式为什么不能追溯到唐代以前,也没有得到恰当的解释。

叶德钧认为[3]所有的说唱文学体裁[4]起源于唐五代时期,并以此开始了他对宋、元、明的说唱文学的重要研究。青木正儿在 1941 年夏写的一个注释[5]中,受到东北大学教授土居光知的启发,指出欧洲小说同样也受到印度式说讲的影响。这便补充了他早期的一种观点,即佛教文学对于中国的说唱文学来说是一种仿效的榜样。傅芸子也曾强调敦煌俗文学在宋代说书发展过程中的关键作用。[6] 罗振玉认为,宋代艺人的"说经"是直接从变文演变而来的。[7] 此外,还有人指出,在变文、宋代艺人的"讲史"和后代的历史小说之间,存在着一种直接的关系。[8]

乐蘅军曾指出敦煌变文对于研究中国通俗小说的重要性:"事实上,如果没有变文,肯定也就无法理解话本的产生……然而,话本与变文的这种关系,也可以为变文研究的某些方面提供一个立足点。"[9] 乐氏所说的"某些方面"是不断变化发展的。

---

〔1〕李世瑜:《宝卷综录》,北京:中华书局,1961,页 1。

〔2〕傅惜华,《子弟书总目》,上海:上海文艺联合出版社,1954,页 4。谭正璧和谭寻亦支持此观点,参《弹词叙录》,上海:上海古籍出版社,1981,页 235,作者认为弹词源于变文。

〔3〕叶德钧:《宋元明讲唱文学》,上海:上杂出版社,1953,页 1。泽田瑞穗《佛教と中国文学》(东京:国书刊行会,1975,页 43)亦有相似观点。

〔4〕他提到了宋代的陶真、涯词、鼓子词、诸宫调、覆赚,元代的词话、驭说、货郎儿,明清的弹词、鼓词和宝卷。

〔5〕青木正儿:《支那文学艺术考》,东京:弘文堂,1949,页 181。

〔6〕傅芸子:《敦煌俗文学之发现及其展开》,收入《白川集》,东京:文求堂,1943,页 192 - 193。

〔7〕在"佛曲"(罗氏对变文的广义称呼)部分的题识上,见罗振玉:《松翁近稿》,作者自刊,1925,页 22a。除了"说经",我们还可以补充"说参请"、"说浑请"。

〔8〕参小川环树《变文と讲史》以及谢海平《讲史性之变文研究》,台湾政治大学中国文学研究所硕士论文,台北:天一出版社,1970。

〔9〕乐蘅军:《宋代话本研究》,台北:京华印书馆,1969,页 11。

邱镇京发现,变文对于后代俗文学的重大影响主要有两个方面,即韵散结合的形式和内容的生动性。[1] 前一方面的影响对于宝卷、诸宫调、鼓词、弹词等体裁的发展具有重要的意义[2],而后一方面的影响对于通俗短篇故事和小说的产生来说更为深刻。[3] 邱氏还认为,这两方面的影响对于中国戏剧的发展具有同样的效果。余国藩(Anthony Yu)也承认变文(以及其他一些可能存在的早期口头文学),在宋元说书及戏剧发展过程中的地位。尽管他小心翼翼地避免给人们一种所有主要的小说都有一个"口头创作过程"的印象,但是他的动机并不是想否认口头创作传统存在的可能性:"这样一些修辞上的特征,比如'话说','且/却说',以及位于古典小说每一回的开头和结尾的'欲知详情,且听下回分解',都明白无误地反映出口述传统的表达特征。"[4]

这样一些修辞套语同样也经常出现在平话中。我找了一些例子[5]来说明它们的特征:

"怎见得高?"(韵文之前)

"夜色二更,月明如昼,如何见得?"(韵文之前)

"那筵会如何?"(场景之前)

"说个甚的?"(韵文之前)

"那四句道甚么?"(韵文之前)

"怎道?"(在直接讲述之前,出现两次)

"看那留守坐厅时如何?"

这些套语与变文中引导韵文的套语,以及其他一些在敦煌俗文学中找到的提示套语之间的亲缘关系,是很明显的。这种诗前套语的延续,还

〔1〕邱镇京:《敦煌变文述论》,台北:商务印书馆,1970,页111。

〔2〕对这些体裁的名称,请参本人所著《唐代变文》。

〔3〕Jan Jaworski, "Notes sur l'ancienne littérature populaire en Chine", *Rocznik Orientalistyczny*, 1936,12,pp.181 – 193,引见页193)。他认为该演变过程为:变文→宝卷→弹词、鼓词→白话小说。

〔4〕Anthony C. Yu, "Heroic Verse and Heroic Mission:Dimensions of the Epic in Hsiyu chi", *Journal of Asian Studies*,1972,31(4),pp.879 – 897(引文见页882 – 883)。

〔5〕《新编五代史平话》,上海:古典文学出版社,1954,页 12 – 13、21、35、20、24、123、127,以及170。

可以在后世的通俗短篇故事中找到,如"但见"、"有诗为证"等等。

孟列夫(Men'shikov)注意到,变文和敦煌曲在解释后代俗文学的各种体裁——故事、小说和戏剧——的产生原因时的重要性,"它们与佛教文学有着亲缘的关系"[1]。周绍良认为[2],变文对于后代俗文学的主要贡献是:(1)这些民间文学体裁如宝卷、弹词等是变文的直接后代;(2)小说中大段韵文的使用;(3)戏剧中的说唱形式。郑振铎讨论了从变文到"弹词"的发展过程[3],而何德佳(Hrdlička)则将20世纪的"大鼓书"与变文直接联系起来[4]。看来这种影响是以宋代一种演出性的俗文学体裁"鼓子词"为中介的。

50年以前,在江苏和浙江还活跃着说"宝卷"的艺人,他们中的有些人是流动的乞丐(注意),穿着和尚的衣服(但不是真和尚),经常出入茶馆等场所。报道这一情况的钱南扬认为他们是宋代说书艺人的后人。[5] 这个看法看来是合理的,而且,由于宋代的说唱文学可以追溯到唐代的转变,因此可以假设在20世纪的"宝卷"和唐代的民间佛教文学之间,存在着一系列的关联环节。研究"宝卷"的学者们大多公认"宝卷"的底本,可以在变文以及其他有关的唐代演出性艺术中找

---

〔1〕Л. Н. Менъщиков, "Изуцение Древекитайских Писъменнъх Памятников", Вестник Акацемии Наук СССР,1968,5,pp. 59–62(引文见页61)。Jeanne Kelly 在她编写的近年来苏联的中国文学研究文献目录中提到了 Менъщиковr 的一篇有关诸宫调的论文(item no. 284,我本人未见):"他将这种体裁置入从变文到元代杂剧的发展链中。"亦请参 Kelly 文中 item no. 286,这是 Менъщикои 另一篇讨论变文体裁史的文章。"A Survey of Recent Soviet Studies on Chinese Literature", *Chinese Literataure*: *Essays*, *Articles*, *Reviews*,1980,2(1),pp. 101–136(尤其页131–132)。

〔2〕周绍良:《敦煌所出唐变文汇录》,载《现代佛学》,1951,1(10),页7–10(引见页10)。

〔3〕郑振铎:《从变文到弹词》,收入《中国文学研究》第3册,北京:作家出版社,1957,页1102–1105。亦请参刘经庵、徐傅霖:《中国俗文学论文汇编》,台北:西南书局,1978,页159–162。

〔4〕Zdeněk Hrdlička, "Old Chinese Ballads to the Accompaniment of the Big Drum", *Archiv Orientální*,1957,25(1),pp. 84–143(引见页84)。

〔5〕钱南扬:《通讯》,见《歌谣周刊》,1925,1(90),5b–8a(引见8a)。事实上,宝卷艺人直至1949年以及此后一段时期,仍活跃在中国许多地区,但后来他们被政府遣散去从事其他职业了。1984年9月20日在 University of Pennsylvanis 的 East Asian Studies Colloquium 举行的讲座上,关德栋提交了一段录音,表明此前数年在甘肃省仍有宝卷表演。

到[1],比如叙述佛教圣者目犍连和烈女孟姜女的宝卷,以及百鸟名宝卷[2]、药名宝卷[3]等。

通过对孟姜女故事流传史的研究,可以发现敦煌的孟姜女故事在其发展过程中起着一种关键性的作用。在敦煌文书中,女主人公的名字第一次固定为现在的样子,此外还出现了许多与早期流传内容不同的情节,这些情况被后来的各种版本所继承。比如在敦煌文书中提到,孟姜女长途跋涉,为丈夫喜良送冬衣。这个添加的情节具有重要的意义,因为具有插叙特征的韵散结合的作品,很适合于叙述旅途、飞行等等[4]。在"王陵变文"与后来表达同一主题的小说和戏剧之间,也存在许多相似性,而这个故事并不见于早期的历史记载[5]。与此类似,有关王昭君的变文在这个故事的演变过程中,也处于非常关键的地位[6]。

张敬文认为,变文对后世俗文学的形成有关键性的意义,他说道:"只是由于变文的发现,人们才能理解宋代话本和诸宫词('词'应为'调')以及后来的戏剧、宝卷、弹词、鼓词等产生的原因,并解决近代文学史上的许多问题。"[7] 而且,"戏剧中歌曲和对白的交替使用无疑是直接受到了变文的影响"[8]。

学界一般公认,元代的杂剧是直接从宋代的诸宫调和其他早期戏

〔1〕泽田瑞穗:《增补宝卷の研究》,东京:国书刊行会,1975,页28;酒井忠夫:《中国善书の研究》,东京:弘文堂,1960,页438－441(1972年重印)。

〔2〕王重民等编:《敦煌变文集》,2册,北京:人民文学出版社,1957,页851－853。

〔3〕王重民等编:《敦煌变文集》,页10,行3－11。

〔4〕这个分析基于王秋桂(Wang Ch'iu-kuei),*The Transformation of the Meng Chiang-nü Story in Chinese Popular Literature*(Cambridge:University of Cambridge PH. D. dissertation,1977),chapter 3 "The Tun-huang Versions",pp.36－51。

〔5〕王重民:《敦煌古籍叙录》,上海:商务印书馆,1958,页348。

〔6〕张寿林:《王昭君故事演变之点点滴滴》,载《文学年报》1,1932年1月,无页码,全文共25页,收入周绍良、白化文编:《敦煌变文论文录》,上海古籍出版社,1982,第2册,页609－648(引见页645)。Eugene Eoyang,"The Wang Chao-chün Legend:Configurations of the Classic",*Chinese Literature:Essays,Articles,Reviews*,1982,4(1),pp.3－22。

〔7〕张敬文:《中国诗歌史》,台北:玉石书店,1970,页169。

〔8〕张敬文:《中国诗歌史》,页173。有关变文及印度文学对中国文学的影响的一般情形,参周贻白:《中国戏剧史》,3册,上海:中华书局,1953,页183以下。

·欧·亚·历·史·文·化·文·库·

剧发展而来的。至少有一部元代杂剧的标题中包含了"诸宫调"的字样[1] 这也就是说,如果进一步追溯的话,可以在变文中找到元代杂剧的起源,因为变文已被证明与宋代的戏剧有着密切的关系[2] 施钟雯对敦煌叙事文学对中国戏剧的发展所产生的重要影响有恰当的认识,她说:"变文(早期俗文学)和宋代的说书对于元代戏剧文学的产生具有最重要的意义。"而且,"变文和诸宫调是元代戏剧的散文创作的萌芽"[3]

即使我们对宋代的戏剧毫无所知,也可以从逻辑上得知元代的杂剧和唐代的变文之间存在着某种联系。它们在形式、主题和叙事特征上都存在明显的相似性。甚至元代杂剧中的某些词汇,如"橖(或臺)举"[4]、"断送"[5]等,也可以通过诸宫调追溯到唐代的通俗佛教作品。尽管芮效卫(David Roy)认为变文和元代杂剧"难以比较",但他还是将两者并列[6] 此外,孙贤照对许多最流行的中国戏剧的起源的研究[7]表明,变文及与之相关的艺术形式在构成这些剧目的情节的故事的流传过程中,扮演了一个重要的角色。向达也正确地强调了敦煌材料在诸宫调、元代杂剧和白话小说等起源的研究上的重要意义,这种

---

〔1〕参分别由石君宝和戴善甫所作:《诸宫调风月紫云亭》,列入傅惜华编:《元代杂剧全目》,北京:作家出版社,1957,页181,201。

〔2〕Li-li Ch'en, "Outer and Inner Forms of Chu Kung-tiao, with Reference to Pien-wen, Tzu and Vernacular Fiction", *Harvard Journal of Asiatic Studies*, 1972, 32, pp. 124 – 149, 尤其页141 – 143。Ch'en列举了伍子胥故事和两个诸宫调作品中所描写战争场面之间的一系列惊人的相似性。我认为伍子胥故事是变文与唐代以前即已存在,并延续到变文流行时代的小说化历史结合的产物。

〔3〕Shih Chung-wen, *The Golden Age of Chinese Drama*: *Yüan Tsa-chü*, Princeton: Princeton University Press, 1976, pp. 11, 163。有关此问题,亦请参川口久雄:《话话とり戏剧へ——敦煌变文の性格と日本文学》,收入《金泽大学法文学部论集》,文学编12,1964,页1 – 11。Stephen West亦承认变文与诸宫调之间存在着一种有机的联系,但他还正确地指出,前者更多的是一种叙事体裁,后者更接近于戏剧。参其 *Vaudeville and Narrative*: *Aspects of Chinese Theater*, Münchener Ostasiatische Studien 20, Wiesbaden: Franz Steiner, 1977, pp. 52 – 53。

〔4〕蒋礼鸿:《敦煌变文字义通释》,北京:中华书局,1962,页76 – 77。

〔5〕蒋礼鸿:《敦煌变文字义通释》,页76 – 77。

〔6〕Davd Roy, "Review of Li-li Ch'en, Master Tung's Western Chamber Romance", *Harvard Journal of Asiatic Studies*, 1977, 37(1), pp. 207 – 222(引文见页212)。

〔7〕孙贤照:《国剧故事溯源》,7册,台北:正中书局,1976。

意义体现在语言和内容两个方面。[1]

　　要恰如其分地估计变文在中国戏剧起源过程中的作用,就必须探讨在变文之前还有什么样的戏剧传统——如果这种传统确实有的话。在此,我无意详细地描述唐代以前的戏剧发展过程,这一工作王国维[2]和 Tadeusz Żbikowski[3] 都已专门做过了。我只想提一下一种被许多学者称为“中国戏剧的雏形”[4]的戏剧形式。在我对这些观点进行评判之前,我想声明自己对什么是真正的戏剧的理解。在这个问题上,我赞同周贻白的观点,他于讨论戏剧在中国何时才成为一种独立的艺术时,提出判断真正的中国戏剧的主要标准是“故事的演出”[5],或者用我们的话来说,也就是“扩大的插叙式叙事作品的演出”。这也正是变文传给中国戏剧传统的特征。[6]

　　王国维在《宋元戏曲史》中提出,中国戏曲的最初萌芽是商周时代的萨满舞蹈。在向神灵献祭的时候,巫师们须歌舞以取悦神灵。必须承认,在萨满巫师和传统戏剧演员的演出之间,确实存在着某些相似的动作和宗教上的密切联系,但与此同时,还应强调这种观点只具有部分的真理性,因为成熟的中国戏剧包含有比从献祭仪式、魔术和驱邪中传下来的多得多的内容。比如说,将直到近代还在江西、安徽等地表演的“傩戏”与它的前身、汉代的“驱傩”等同起来,便是一种容易使人产生误解的观点。后者是一种驱除魔鬼的仪式,而傩戏则是加入这种仪式的戏剧。另一方面,我们还应看到一些原始的戏剧表演如拉贾

　　[1]向达:《唐代长安与西域文明》,北京:生活、读书、新知三联书店,1957,页250－251。

　　[2]见 Edward Erkes 所译王国维的开拓性著作《宋元戏曲史》第一章,收入《文艺丛刊》,上海:商务印书馆,1915。"Das Chinesische Theater vor der T'ang-Zeit von Wang Kuo-wei", *Asia Major*,1934/1935,10(2),pp. 229－246。

　　[3]Tadeusz Żbikowski, "On Early Chinese Theatrical Performances", *Rocznik Orientalistyczny*,1962,26(1),pp. 65－77,图版6幅。

　　[4]本人 *Tun-huang Popular Narratives* 的《导言》部分提供了更多有关该项研究的另外一方面的材料。

　　[5]周贻白:《中国戏剧的起源和发展》,北京:中国戏曲出版社,1957,页3－24,插图7幅(特别是页3)。

　　[6]亦请参谢无量《佛教东来对中国文学之影响》第3部分《佛教普及平民文学及变文以后新体文学之发展》,页22－32。

斯坦的 bhopo、印度尼西亚的 wayang bèbèr dalang[1]，以及其他一些有关的半宗教、半戏剧的演出，它们在本质上也具有部分的萨满性质。

出自楚国的南方民歌《九歌》也被认为是中国戏剧的一个前身。尽管这种民歌和其他一些相似的民歌可能对中国戏剧的形成产生过一些影响，但是将它们视为中国戏剧产生的唯一原因，则是不正确的。它们更多地代表了萨满教文学的一种形式[2]，而缺乏成熟戏剧的许多最本质的特征。

《史记·滑稽列传》中记载了一个"优孟"。这一记载经常被引用来证明汉代以前的中国已经有戏剧了。不过这个推理是有问题的，因为《史记》的记载非常清楚地表明，"优孟"仅仅是个模仿演员而已，材料中没有提到在舞台上演出故事。

《后汉书·蔡邕传》中有这样一段文字：

> 而诸生竞利，作者鼎沸。其高者颇引经训风喻之言；下则连偶俗语，有类俳优，或窃成文，虚冒名氏。[3]

这证明后汉的俳优表演的内容不仅限于丑角、哑剧和滑稽等。但是我们并不能从中得出结论说，汉代的表演已经有了铺展的剧本。

汉代的"百戏"也经常被人提出来作为中国戏剧的萌芽。张衡（78—139）在《西京赋》[4]（创作于 107 年）里对"百戏"中的许多种进行了简单的描述。它们中包含举重物、爬杆、翻筋斗、舞木球、角力、走

---

[1]有关这两种变的同类物，请参本人 *Painting and Performance*，第 3、4 章。

[2]Arthur Waley，*The Nine Songs：A Study of Shamanism in Ancient China*，London：Allen and Unwin，1955.

[3]《后汉书》卷 90 下。

[4]《文选》卷 2。

索、舞龙等等。这些汉代娱乐项目中的大部分可以追溯到外来的影响[1]，而且其中没有一种可以被视作戏剧，因为它们都不是表现复杂的故事情节的。

清代早期的作家纳兰性德曾正确地认识到了西域与戏剧产生的关系："优伶盛于元世，而梁时（502—556）大云之乐[2]，作一老翁演述西域神仙变化之事，优伶实始于此。"[3]虽然"优伶"是有可能由这种演出发展而来的，但是戏剧却不可能从此产生。我们从有关"大云之乐"的记载中所能得到的认识无非是：这种演出是由音乐和舞蹈构成的，没有证据表明它表现了复杂的故事情节。

对中国戏剧起源的现实而准确的认识必须考虑到这样一个事实，即中国戏剧是一种复杂的艺术形式，它由歌曲、对白、音乐、动作、舞蹈、服装等等众多的因素构成。上面提到的所有演出形式，都曾为发展中的戏剧传统贡献了一些因素。在中国戏剧的起源问题上，Taduesz Żbikowski的观点是非常值得重视的："中国戏剧的产生很可能是两种独立的因素相互影响的结果，其中之一是模仿和优伶艺术，另一因素则是说书和民歌演唱传统。"[4]不过，Żbikowski 的观点对于北方戏曲传统来说更适用些，对于他所研究的南方戏曲传统来说则不尽然。富善（L. Carrington Coodrich）也曾提到唐代的外来影响在中国戏剧成熟过程中的作用："在戏剧领域里，由宫廷弄臣表演的早期短戏发展为具

---

〔1〕比如，张衡便明显地提到过佛骨的梵文（舍利 śarīra）。曾有许多娱乐节目（包括许多幻术和魔术）从中亚、南亚和西亚各国传入汉朝。参安作璋：《两汉与西域关系史》，山东：齐鲁书社，1979，页 171 - 174。有关汉代娱乐的考古学证据，参 Judith Magee Boltz, "Divertissement in Western Han", *Early China*, 1975, pp. 156 - 163。南北朝以后，"百戏"亦被称作"散乐"，参中国音乐辞典编辑部编：《中国音乐辞典》，北京：人民音乐出版社，1984，页 333b。出于将这些表演艺术与真正的戏剧联系起来的愿望，许多戏剧史家们都试图将"散乐"与日本的"猿乐"等同起来（显然是因为两者的发音有那么一点相似性），后者是"狂言"戏和"能"戏的前驱。参 Hagen Blau, *Sarugaku und Shushi*, Studien zur Japanologie 6, Wiesbaden: Otto Harrassowitz, 1966。这个明显错误的观点的主要问题是：据有关的日本古代画卷和文献来看，"猿戏"正如其名称所指，是指"猴子的音乐"。

〔2〕指梁武帝所作 7 首作品，见《乐府诗集》卷 51。

〔3〕纳兰性德：《渌水亭杂识》，收入《昭代丛书》卷 69，世楷堂，1833，24. 22a。

〔4〕Żbikowski, *Early Nan-hsi Plays of the Southern Period*, Warsaw: Wydawnictwa Uniwersytetu Warszawskiego, 1974, p. 16.

有一定长度的戏剧,这个发展过程可能有一个来自中亚的源头。"[1]

我在上面表述的所有观点的要旨是:佛教叙事文学绝不是中国戏剧产生和发展的唯一原因。中国戏剧有多少构成因素,就有多少种来源。但必须指出的是,大多数中国表演艺术所具有的韵散结合和插叙特征,包括各种各样的舞台传统,都可以追溯到佛教的说故事、宣教和讲经。所有试图找到形成这些特征的更早的、本土的原因的努力都失败了,因为不存在支持这种假说的必要证明。而那些支持将佛教口述文学视作这些特征的来源的证据,却是大量的和不容忽视的。

由于本篇的目的是评估变文对中国小说和戏剧发展的重要意义,因此我不能在此详尽地讨论印度对中国戏剧的总体影响。不过,由于变文是佛教性质的,并且明显地有一个印度的来源,所以我们应该对变文所由产生的早期表演艺术有一个了解。对印度戏剧许多方面的研究,都有助于更好地理解变文的起源,但是我在这里只提一点。在研究印度对中国戏剧传统的影响时,我经常考虑"介"和"科"(姿势、舞台动作,也写作"科范"、"科汎"、"科泛"等)这两个词语的来源。文学史家们迄今为止还没有对这两个术语的来源做出令人信服的解释。通常的解释是,"介"同于"界"("交叉"或"中断"或"分界"),而"科"则是演员的特征动作,它重复出现在一部戏当中的某些重要时刻。这实际上等于没有解释。我认为,这两个术语可能来自于梵文的 Karaṇa(姿势)。在 Bharata 的 Nāṭyaśāstra [2]——该书建立了印度的戏剧科学——中,描写了 108 种姿势。它们被雕刻在 Chidambaram 的石刻上。我曾着手对元代戏曲中的标准动作和印度戏剧理论中的姿势进行比较研究 [3],其初步成果是令人振奋的,值得做更深入的探讨。

---

〔1〕L. Carrington Coodrich, *A Short History of the Chinese People*, New York: Harper and Row, 1969, pp. 139 – 140.

〔2〕Bharata 曾被 Bhāsa(公元 2 世纪末)提到,因此其生活年代不可能在后者之前很久。不过这只是一个下限,有些学者认为他是公元前 2 世纪的人物。在 Bharata 名义下编辑整理的戏剧传统中含有许多无疑是公元前若干世纪的因素。参 Sten Konow, *The Indian Drama*, S. N. Ghosal 译自 *Das Indische Drama*, Calcutta: General Printers and Publishers, 1969, p. Ⅸ X X ⅱ, 3, 81。

〔3〕我曾搜集过许多证据证明敦煌壁画及其他唐代绘画作品中描绘的舞蹈动作与古代印度舞蹈著作中整理的动作之间的相似性,伊朗舞蹈亦被证明与之有密切关系。

另外一个在研究中国戏剧发展史时必须考虑到的重要因素,是皮影戏和傀儡戏对戏剧发展的贡献。我将这两种表演艺术的出现定在唐代变文之后,我的这个观点会受到重视的。人们常将这两者的产生追溯至汉代,但是对这些说法必须进行严格的审查。[1]

应劭在《风俗通义》中曾提到在汉代首都的节日里有"魁櫑"表演。[2] 但是在研究中国傀儡戏史的时候,在我们对这种表演的性质和意义做出任何结论之前,必须考虑到几个重要的事实。第一个事实便是唐及唐以前的权威注释家们都认为,这种表演不可能出现在汉灵帝(168—188 年在位)以前,它是由歌曲和舞蹈组成的,而且从一开始便是丧葬音乐的一部分。在宋代以前,没有任何记载表明傀儡曾被用来讲述一个故事或演出一部戏剧。这些材料使得我们可以对中国傀儡戏的历史得出这样的结论:"傀儡"在产生之初是丧葬上使用的"俑"[3],被用来代替殉葬的人牲,后者在商代陵墓的发掘中是经常可见的。近来在中国进行的考古发掘,证明这种俑曾被广泛使用。日本的丧葬土俑(埴轮)也可以追溯到遥远的古代。但是,正如中国的俑一样,没有证据表明这些土俑被运用于戏曲表演中。傀儡戏的发展完全是另外一码事,它是以早期的说书传统为依据的。当然,这并不是否认制造各种偶像和俑的技术,可能会被充分地运用于制造傀儡戏中的傀儡。在汉代,用线操纵的傀儡传入中国,它比不能动的葬俑具有明显的

---

〔1〕William Dolby,"The Origins of Chinese Puppetry",*Bulletin of the School of Oriental and African Studies*,1978,61(1),pp. 97 – 120。此文搜集了中国文献中有关傀儡戏的材料,但是完全没有提及当代的研究成果,尤其是日本和西方学者在此课题上的论著。Dolby 似乎忽视了中国的牵线傀儡很有可能传自国外这一事实。欲了解有关中国傀儡戏的研究著作,可参入矢义高和梅原郁翻译并注释:《东京梦华录——宋代の都市と生活》,东京:岩波书店,页 174 注 6。

〔2〕应劭:《风俗通义》,法文译本 *Le Fong Sou Tong Yi*,北平,Centre Franco-chinois d'Études Sinologiques,1943,ch. 4,p. 112。

〔3〕有关周代"俑"的用途,见《礼记·檀弓下》,《十三经注疏》本,台北:艺文印书馆,1976(影印 1896 年版,页 172b[出版者题记作 1815 年是错误的])。陶俑在古代埃及亦有类似用途,参 Francisco Porras,*Titelles Teatro Popular*,Madrid:Editora Nacional,1981,p. 24ff。

·欧·亚·历·史·文·化·文·库·

技术上的优势。[1] 而且看来傀儡在传入中国以后与叙事作品分离了，因此这种用线操纵的傀儡在中国被用来与歌舞相结合，在宴会上取悦宾客。[2] 需要再次强调的是，在宋以前，它们始终没有与戏曲和叙事作品再次结合。

罗锦堂在一篇简短而有力的文章中[3]，对傀儡戏源于汉代的观点提出了怀疑。他在季羡林[4]之后，无可辩驳地证明了《列子》[5]中有关一个傀儡的材料，对于寻找中国傀儡戏的早期源头来说，是没有价值的。首先，这本书从整体上说乃是晋代的伪造物。[6] 其次，尽管《列子》自称是道教著作，但它在两个关键点上表现出强烈的佛教影响。该书的序言——作者假托的 4 世纪的编者张湛[7]——声称佛教和道教实际上是一回事。而且，《列子》中叙及傀儡的段落与竺法护译于 285 年的《生经》中的有关记载，有许多相似之处，甚至在细节上亦如此。[8] 两种记载都描述了制作这些个栩栩如生的傀儡的艺匠的高超

---

〔1〕1979 年，在山东莱西地区一座属于西汉中期的墓葬中，发现一个 1.93 米高的分节牵线傀儡。这个单独出现的傀儡的确切用途尚未明确，很可能，它是在葬礼上被用来当作死者的象征。参俞为民：《傀儡戏起源小考》，载《南京大学学报》（哲学社会科学），1980，3（8），页 98 - 100。亦请参邱坤良：《台湾的傀儡戏》，载《民俗曲艺》（傀儡戏专辑），1983，22/23/24（5），页 1 - 24（特别请参阅页 2）。

〔2〕木制傀儡最早被用于娱乐节目（以及宴会上）的记载见色诺芬（Xenophon，前 430？—前 355？）4.55。参 Hugo Blümner, "Fahrendes Volk in Altertum", *Sitzungsberichte der Königich Bayrischen Akademie der Wissenschaften, Philosophisch-philologische und historische Klasse*, 1918, 6.9.2, p. 23。

〔3〕罗锦堂：《傀儡戏的由来》，载《大陆杂志》，1970，41（12），页 3 - 5。亦请参常任侠选注：《佛经文学故事选》，北京：中华书局，1961，页 8 - 19，尤其页 19 注 1。

〔4〕季羡林（Hiän-lin Dschi）, "Lieh-tzu and Buddhist Sūtras: A Note on the Author of Liehtzu and the Date of Its Composition", *Studia Serica*, 1950, 9(1), pp. 18 - 32。遗憾的是，罗锦堂没有承认季羡林所做出的显著贡献。亦请参郭立诚：《小乘经典与中国小说戏曲》，收入《佛教与中国文学》，页 161。

〔5〕参 A. C. Craham 译, "The Questions of T'ang", 收入 *The Book of Lieh-tzu*, London: Murray, 1960, pp. 110 - 111。

〔6〕参 A. C. Graham, "The Date and Composition of Lieh-tzu", *Asia Major*, 1961, 8(2), 139 - 198。

〔7〕他的父亲或祖父可能做过将各种不同来源的新旧材料汇集成书的工作。

〔8〕该故事的一个译本，见 Édouard Chavannes, *Cing Cents Conter et Apologues-extraits du Tripitaka Chinois et Traduits en Francais*(4 vols), Paris: Librairie Ernest Leroux, 1910 — 1911, vol. 3, pp. 170 - 172。

技能,以及国王在看到它们后的反应,也都提到当傀儡盯着王后看时,国王勃然大怒的情节。季羡林相信这些相似性不可能是偶然的。同样的故事还出现在《大事》(Mahāvastu)[1]和一篇吐火罗语文献[2]中。

汉语中"傀儡"一词有着许许多多的变体[3],这一事实本身便表明它是一个外来词。毫无疑问,它与欧亚大陆上许多语言中的 kukla[4](傀儡)是同一个词。目前获得的有关带线傀儡的材料表明,这种艺术在亚洲和欧洲有广泛的分布,很可能是被游徙的吉普赛人从其在印度西北部和中北部的故乡带出来的。[5] 从世纪初开始,曾有大量的印度

〔1〕É. Senart, ed. , *Le Mahâvastu* (3 vols), Paris: I' Imprimerie Nationale, 1882 — 1897, vol. 3, pp. 33 – 41。

〔2〕E. Sing. "Das Märchen von dem Mehaniker und dem Maler in tocharischer Fassung", *Festschrift für Friedrich Hirth zu seinem* 75, Geburtstag 16, Berlin: Oesterheld, 1920, special number of *Ostasiatische Zeitschrift*, 8(1920), pp. 362 – 369, 以及 Emil Siegt, W. Siegling, ed. , *Tokharische Sprachreste*, Berlin, Leipzig: W. de Gruyter, 1921, vol. 1, pp. 1 – 14。

〔3〕参本人 *Tun-huang Popular Narratives*《导言》。

〔4〕有关该词来源的各种学术观点,可参 Otto Spies, "Türkisches Puppenthester: Versuch einer Geschichte des Puppentheaters im Morgenland", *Die Schaubühne* 50, Emsdetten: Lechte, 1959, pp. 7 – 12。

〔5〕Otto Spies, "Türkisches Puppenthester: Versuch einer Geschichte des Puppentheaters im Morgenland", p. 9.

· 欧 · 亚 · 历 · 史 · 文 · 化 · 文 · 库 ·

音乐家、说书人、魔术师和其他演艺者分布到中东、欧洲和中亚[1],他们中也有一部分来到了东亚。

我们可以有根据地说,在唐代晚期以前的中国已有真正的傀儡戏出现。这个结论可由《镇州临济慧照禅师语录》中的一段叙述得到证实:

师云:

> 看取栅头弄傀儡,
>
> 抽牵都来里有人。[2]

在一篇敦煌文书(S.3872)中对带线傀儡有一段比较详细的隐喻描写,这是《维摩诘经讲经文》中的一段:

> 也似机开傀儡,
>
> 皆因绳索抽牵,
>
> 或舞或歌,
>
> 或行或走,
>
> 曲罢事毕,

---

[1]参 A. L. Basham, *The Wonder That Was India:A Survery of the Culture of the Indian Sub-Continent before the Coming of the Muslims*, New York:Grove Press,1959,"Appendix XII:The Gypsies"。作者在谈及此问题时说(页513 – 514):

根据11世纪的波斯诗人 Firdūsi(他曾经搜集许多伊斯兰化以前的波斯传说并写成《诸王史》[Shāh-namah])的记载,5世纪的萨珊王 Bahrām Gur 曾邀请1万名印度乐人来到他的国家,并向这些乐人赠送牛、谷物和财产,以使他们能在这里定居并为穷人们提供娱乐,因为那些穷人们老是抱怨只有富人才能享受到音乐和舞蹈的快乐。可是这些乐人们拒绝在此定居下来。他们吃掉了国王赠送给他们的牛和种粮,然后像狼和野狗一般在这个国家里到处游荡。

尽管 Firdūsi 的故事不可能完全真实,但是它反映了低种姓的印度乐人很早以前即闻名于中东地区。8世纪初阿拉伯人征服信德以后,更多的印度乐人向西迁移,后来直到非洲和欧洲。据记载,公元810年的君士坦丁堡城内活跃着 Athinganoi 人;后来的拜占庭文献又把这些 Athinganoi 人或 Azinganoi 人称作魔术师和幻术师。他们很可能是中世纪晚期出现在中欧和西欧各地的茨冈人的祖先。欧洲除巴尔干之外,最早的有关吉普赛人的记载均出自德国城市 Hildesheim,1407年有一群吉普赛人路经此城。一个庞大的吉普赛人部落于1422年经过巴塞尔,其首领是个自称为"埃及太子米彻尔"的人。此后几十年内,他们遍布了整个欧洲。早期的记载显示出他们具有其子孙的所有特征——粗鲁、懒惰、肮脏、快活,擅长金属加工和修补活,是出色的乐师和舞蹈家,他们穿戴着鲜艳的服装和珠宝首饰,男人是精明的马商,而女人则是预言家,男人和女人都不会放弃从没有防备的非吉普赛人那里小偷小摸的机会。

[2]Hui-Jan,comp., *The Recorded Sayings of Ch'an Master Li-chi Hui-chao of Chen Prefecture*,tr. Rugh Fuller Sasaki,Kyoto:The Institute for Zen Studies,1975,p.6(中文原文第6页)。

抛向一边。[1]

需要特别注意的是,这段记载中不仅提到成熟戏剧的一些基本特征,而且它还提到了"故事"(事)。另外一些提到傀儡的敦煌文书有S.4037,我们在该文书第13行中找到了短语"弄傀儡";此外还有彼得格勒亚洲人民研究所藏 флуr 365号文书,该文书将傀儡戏的某些方面与正定(samādhi)相比较。

可以想象,可操纵的傀儡曾在敦煌被用来表演宗教戏剧。巴黎国家图书馆藏 P.2975[2] 号文书背面,有一个宗教协会向其成员发出的因违背会约而需支付罚款的通知。在罚交的物品——这些东西看来是被该协会用来举行集会的——中有一项是"隗儡子"。[3] 人们不禁要问,一个居士组成的佛教协会要傀儡做什么?

如果在唐代以前的中国不能找到纯粹的傀儡戏的话,那么看来也没有证据表明宋代以前已有皮影戏出现。《汉书·外戚传》叙述了一个来自齐地、名叫少翁的神奇方士,向武帝显示了他所日夜思念的、已于公元前121年去世的李夫人的影像。[4] 方士是在夜里完成这一杰作的,他运用了灯烛和帷幕等器具。《南史·后妃传》中也有一段惊人相似的描述[5],记载了一个巫者向刘宋孝武帝(452—464年在位)显示了殷淑仪的影像。这两段记载经常被人提出来作为中国在汉代以

---

〔1〕王重民等编:《敦煌变文集》,页581,行15。唐代诗人梁鍠曾有过一首与此非常相似的诗,见计有功(1126年):《唐诗纪事》,《四部丛刊》本,219页6b。参彭定求(1645—1719)主编:《全唐诗》,北京:中华书局,1960,第1册,页42。这里有一个注释说该诗由唐玄宗作于长安失陷后向西逃难途中。

〔2〕那波利贞:《唐代の社邑に就きて》,第1—3部分,载《史林》,1938,23(2),页15-57 / 1938,23(3),页71-110,附图版2幅 / 1938,23(4),页93-157,附图版2幅。此文后又收入作者的《唐代社会文化史研究》,《东洋学丛书》8,东京:创文社,1974,页459-574(引文见页482)。

〔3〕该词可以被解释为"牵线傀儡"。

〔4〕《汉书》(中华版),页3952。

〔5〕《南史》(中华版),页324。

后已有皮影戏的证据。[1] 但是,除了它们之间非常明显的相似以外,两段记载都提到了为纪念李夫人而写的一篇赋,单单这一点便使得《南史》的记载颇值得怀疑。即使《南史》的记载可靠的话,我们仍应该说这种将影像投射到屏幕的技术在宋代(直到这时它才流行开来)以前是十分稀有的,因为只有这两段相距500多年的记载提到了它。[2] 此外,即使我们承认这种技术确实存在于汉代及刘宋时期,也无法据此回答皮影戏第一次在中国出现于何时的问题。这两段材料除了提到给患相思病的皇帝看了一幅其死去的妃子的逼真画像外,再也没有透露别的什么消息,它们丝毫没有提到故事或戏剧的演出。因此,它们与对中国皮影戏历史的研究是远不相干的。

庞元英(鼎盛年为 1078 — 1082 年)在他的《谈薮》中简略地重复了少翁为汉武帝显灵的故事,然后评论道:

> 由是世间有影戏。历代自汉武以来无所见。宋朝仁宗时,市
> 人有能谈三国事者,或采其说加缘饰作影人[3],始为魏吴蜀三战
> 争之像,流传至今。[4]

我们必须注意到,在少翁故事和宋代真正皮影戏的出现之间有 1000 多年的间隙。高承(鼎盛年为 1078 — 1085 年)在《事物纪原》中重复了

---

〔1〕大多数中国戏剧史的研究者不加辨别地引用过《汉书》中有关少翁变幻出李夫人的动影的故事,但是没有人试图将它和后来的发展(宋代以后)有意地联系起来。请参李约瑟(Joseph Needham),*Science and Civilisation in China*,Cambridge University Press,1977,vol. 4,Part 1,Section 26,g. 6,p. 12ff(第 4 卷第 1 分册与王铃特别是与 Kenneth Girdwood Robinson 合作)。李约瑟在此书中列举了许多制造视觉幻象的工具和方法。他的叙述也是开始于少翁故事。李约瑟提醒我们,该故事亦出现在《史记》(开明本)12. 43b 及 28. 11bc,或中华本 12. 458 及 28. 1387 - 1388。《史记》对此事记载稍微简单些,而且记载这位武帝夫人姓王。李约瑟还指出,这是有关影戏的一个早期记载。可是这个故事的两种记载都比较粗略,以致很难说清楚这到底是怎么回事。从记载来看,皇帝似乎坐在两道屏幕后面,很有可能,少翁让一个少女在屏幕之间来回走动。闪烁的烛光、屏幕、少翁的暗示,以及皇帝本人希望见到爱妾的迫切心情,都有效地导致了幻觉的出现。无论如何,这不能表明已经使用了任何一种戏剧表演形式。少翁只不过在皇帝的眼前制造了一个移动的影像而已,除此之外,不宜做任何推论。

〔2〕还有《史记》,见上注。

〔3〕这里也可以句读为:"……作影,人始为……"

〔4〕陈梦雷(1615 —约 1723 年)主编:《古今图书集成·艺术典》,上海:图书集成监版印书局,1884,卷 805,页 2 下。

这段话,并冠以"影戏"的标题。高承的书中包含有涉及中国皮影戏史的重要材料。在引用这段话之前,高承不无怀疑地叙述了少翁为汉武帝显示李夫人影像的传说。[1] 在他的表述下,这段话看来相当直截了当地表达了这层意思,即单就三国故事来说,皮影戏是从宋代的说书发展而来的。

张耒(1052 — 1112)的《明道杂志》中的一则报道,证实了宋代初期以后,中国有了繁荣的皮影戏。我们在这本书中读到,汴梁的一个富有的年轻人曾看过许多影戏。[2]

那么是什么因素导致唐代以后皮影戏的诞生呢?孙楷第将它与当时的风俗联系起来:"设无唐五代俗讲僧[3]之于讲筵设图像者,则宋之影戏或即无由发生。"[4]

值得一提的是,佛教叙事文学的目的之一,用佛陀本人的话来说,便是"显示世界的虚幻本性"。皮影戏和伴以绘画的说书特别适合于这一目的,因为它们是在黑暗的背景里伴以灯光和烛光的照明进行表演的。人工照明对于皮影戏表演来说是必备的,但是我们从现代印度的以图画为道具的说书艺术中得知,灯光通常被打在图画上正在被解说的那一部分。摇曳的灯光使得画上的场景和人物在观众的眼中似乎是从虚无变幻出来的一般。我曾目睹一出 wayang kulit(印度尼西亚语"皮影戏")所表现出来的恐怖效果。1976 年 10 月 25 日,我有幸在哈佛大学南楼观赏了天才的美国 Dalang Larry Reed 的演出。总而言之,我深深地被那种用油灯投射出来的朦胧的舞蹈形象所震撼,而我从现代电影的清晰而稳定的画面中得到的感觉,则远没有这样强烈。这种效果更由于说书人的萨满表演而得到加强。印度尼西亚的 wayang 艺术证明了印度式的有插图的故事演出可以被用来直接表达这样

[1] 高承(鼎盛年 1078 — 1085):《事物纪原》,《丛书集成初编》本,卷 9,页 351。
[2] 张耒(1052 — 1112)编:《明道杂志》,《丛书集成初编》本,页 14 – 15。
[3] 我们须理解他们是非常特殊意义上的"僧人",而且这里的"俗讲",并不是通常所说的"为俗人举办的佛经讲座"。
[4] 孙楷第:《近世戏曲的唱演形式出自傀儡戏影戏考》,收入《沧州集》,页 238 – 307(引文见页 261 及 303)。

·欧·亚·历·史·文·化·文·库·

一种观念,即世界是虚幻,尽管它可能看上去很真实。正如 Chaire Holt 指出的那样,wayang 艺术的所有形式"反映出同样虚幻和朦胧的宇宙,它渗透了超自然的力量,充满了紧张……"[1]

明代,皮影戏的演出在河北被称作"宣卷"[2],这个事实反映出它的宗教说教目的,同样的说法还流行于长江下游地区;而在黄河流域,有与之相同的词汇"念卷"。特别是在中国北方,那里的农民们被卷入白莲教叛乱,官方将叛乱部分地归咎于皮影戏艺人。他们被指控为"利用纸人来制造鬼怪和煽动叛乱"。官兵们将这些艺人称作"玄灯匪",并将他们大量地逮捕。[3]

在福建和台湾,皮影戏被称作"皮猴戏"。人们由此不禁联想到印度的猴王哈奴曼(Hanuman),以及它在中国的旁系后裔孙悟空。皮影戏以这些戏中主角的名字命名是很自然的,众所周知,这些主角都具有超自然的无可比拟的能力。

对于皮影戏,我们也应该提出它是否有可能从国外传入中国的问题。此问题的答案是肯定的,正如伴有图解的说书艺术[4]和傀儡戏一样,皮影戏肯定是通过中亚传来的。在一种于阗语文献中,找到了俗语

---

〔1〕Claire Holt, *Art in Indonesia: Continuities and Change*, Ithaca: Cornell University Press, 1967, p. 218; Valentina Stache-Rosen, "Shadow Players and Picture Showmen", *Quarterly Journal of the Mythic Society*, 1975, 66(3/4), pp. 43 – 55。此文强调(p. 50)某些印度民间娱乐节目的神秘的黑暗氛围。另外两种研究印度、印度尼西亚和其他地区皮影戏的杰出著作是: Cünter Spitzing, *Das Indonesische Schattenspiel: Bali, Java, Lombok*, Köln: Dumont, 1981, 以及 Pter F. Dunkel, *Schattenfiguren, Schattenspiel: Geschichte, Herstellung, Spiel*, Köln: Dumont, 1984。亦请参 Friedrich Seltmann, *Schattenspiel in Kerala: Sakrales Theater in Süd-Indien*, Stuttgart: Franz Steiner 〔Wiesbaden〕, 1986。

〔2〕关俊哲:《北京皮影戏》,北京:北京出版社,1959,页 6。该词亦被用来——尤其在南方——指"宝卷"的演出。"宣卷"通常被解释为"宣讲宝卷"的省略。参 Lily Chang, "The Lost Roots of Chinese Shadow Theater: A Comparison with the Actors' Theater of China", Los Angeles: University of Californis, Ph. D. dissertation, 1982, pp. 212 – 213 及其所引参考文献。

〔3〕参阿维:《皮影戏》,北京:朝花美术出版社,1955,页 1 – 2;关俊哲:《北京皮影戏》,页 6。

〔4〕在中国,变文的口述祖先曾演出过这种说书。

名词 chāyā-nālai[1]，这是唐代及唐代以前的佛教中亚存在起源于印度的皮影戏的证据。Chāyā 的字面意义是"影子"（比较希腊语的 σχιά）[2]，而 nālai 在梵文中的词形为 nāṭaka，其意义是"舞蹈"或"戏剧"[3]。在所谓的《赞巴斯塔书》（V.98）中，Chāyā-nālai 与几个表示虚妄的词汇并列：

> 他如此认识这个 parikalpa（骗局）：它像一个梦，像海市蜃楼。在达到 bodhi"证觉"以前，他像处于一种魔术般的虚幻中，只是表演了一场皮影戏而已。

> tta ttuto parikalpo paysendä hūni mānānda marīce yā — va balysūstä khomāya samu chāya-nālai ggeiste[4]

该词词形在一篇晚期于阗文文献中演变为 naule[5]，它看来是指成熟

〔1〕H. W. Bailey，"The Culture of the Iranian Kingdom of Ancient Khotan in Chinese Turkestan：The Expansion of Early Indian Influence into Nothern Asia"，*Memoirs of the Resarch Department of the Toyo Bunko*，The Oriental Library 29，1971，pp. 17 – 29（引文见页 27，该文处理的年代为公元前 100 年至公元 400 年）以及同作者，"Story-Telling in Buddhist Central Asia"，*Acta Asiatica—Bulletin of the Institute of Eastern Culture*，1972，23，pp. 63 – 77（引文见 p. 66）。

〔2〕Manfred Mayrhofer，*Kurzgefasstes Etymologisches Wörterbuch des Altindischen*，Heidelberg：Carl Winter，Universitätsverlag，1956 — 1963 及以后，vol. 1，p. 407。

〔3〕Sushilkumar De，*History of Sanskrit Literature*，Calcutta：University of Calcutta，1947，p. 501 及 p. 501 注 2 对 chāyā-nātaka（比如 Dūtāngada 和 Mahānātaka）与梵文戏剧演变的内在联系表示怀疑。他甚至认为 chāyā-nātaka 不可能是"皮影戏"的意思，而很有可能是指"早先戏剧的摘要改编"。但是，最近 Jiwan Pani 在其 *Ravana Chhaya*（New Delhi：Sangeet Natak Akademi，n. d.）一书中（pp. 8 – 9）无可辩驳地证明某些 chāyā-nātaka，比如 Megha-prabhācāya 的 "Dharmābhyudayam" 以及 Someśvara 的 "Ullagharaghava"（13 世纪）都可以由内在证据表明是真正的皮影戏。参 Ceorg Jacob，Hans Jensen，Hans Losch 编译，*Das indische Schattentheater*，Stuttgart：W. Kohl hammer，1931。事实上，这些据知曾流行于中亚的 Chāyā-nālai 无疑是皮影戏。参 F. W. Thomas 选译，*Tibetan Literay Texts and Documents Concerning Chinese Turkestan*，parts Ⅰ – Ⅳ，Oriental Translation Fund，n. s. pp. 32，37，40 – 41，London：Royal Asiatic Society，1935 — 1963，vol. 1，p. 116 以及 vol. 2，p. 312；R. E. Emmerick 编译，*Tibetan Texts Concerning Khotan*，London Oriental Series 19，London：Oxford University Press，1967，pp. 42 – 45 及 p. 151；H. W. Bailey 编，*Indo-Scythian Studies，Being Khotanese Texts*，vol. 6，Prolexis to the Book of Zambasta，Cambridge：Cambridge University Press，1967，pp. 131 – 132。

〔4〕R. E. Emmerick 编译，*The Book of Zambasta：A Khotanes Poem on Buddhism*，London Oriental Series 21，London：Oxford University Press，1968，pp. 92 – 93。比较 Ernst Leumann 编译，*Das nordarische（sakische）Lehrgediche des Buddhismus*，Abhandlungen für die Kunde des Morgenlandes，20. 1 – 3，Leipzig：F. A. Brockhaus für Deutsche Morgenländischen Cesellschaft，1933 — 1936，pp. 66 – 67。

〔5〕H. W. Bailey 对此有讨论，见其 "Mā' hyāra"，*Bulletin of the Deccan College Research Institute*，1960，20（1/2/3/4），pp. 276 – 280。

的戏剧。

演出一场皮影戏所需的道具可以是非常简单的:两只手、一块白布,以及一盏灯。这是从一个佛教僧人的一首名为《手影戏者》的诗中得知的。该诗刊载在 12 世纪洪迈编的《夷坚志》中:

三尺生绡作戏台,

全凭十指逞诙谐。

有时明月灯窗下,

一笑还从掌握来。[1]

因此,不存在长途搬运复杂道具可能会遇到的困难。演出者本人就可以搬运所有必需的器具,即使包括整套的皮影人物。

综合各种材料来看,中国皮影戏的起源归根结底可以与佛教叙事文学和戏剧体裁的传入相关联。尽管这个传入和演变的具体过程已不可能得知,但是上面举出的历史材料证明,确实存在这种联系。刘茂才(Liu Mau-tsai)进一步指出,皮影戏和傀儡戏在风格上与变文很相似。[2]

孙楷第在一篇重要文章《近世戏曲的唱演形式出自傀儡戏影戏考》[3]中提出的观点虽然没有被所有的学者所接受,但是也从来没有受到有力的反驳。[4] 在这里我们无须复述孙氏的全部论述过程,只需

----

[1]洪迈(1123 — 1202):《夷坚志》,见《三志》卷 3,页 3b – 4a。

[2]刘茂才(Liu Mau-tsai),"Puppenspiel und Schattentheater unter der Sung-Dynastie, Ihre Enstehung und ihre Formen",*Oriens Extremus*,1967,14(2),pp. 129 – 142(引文见页 129 及 134 – 135)。

[3]《近世戏曲的唱演形式出自傀儡戏影戏考》。王国维亦论及傀儡戏是中国戏曲的一个重要源头,见其《录曲余谈》,收入《增补曲苑》第 6 则,上海、杭州:六艺书局,1932 年,页 1。

[4]周贻白在其最近发表的《中国戏剧与傀儡戏影戏》(收入《戏剧论文选》,长沙:湖南人民出版社,1982,页 32 – 80)一文中,对孙楷第的观点提出了全面的批评。在我看来,周氏并未能成功地驳倒孙氏,因为前者的论证有点勉强,而且带有先入之见,这一点可以从周文中大量使用的反问中看出来。周氏只举出很少一些孙氏未见的材料,而这些材料多能从另一角度解释孙氏的观点。相比之下,孙氏的理论是严谨的、系统的,而周氏的观点却不然。周氏对"铺"的解释完全不涉及图画的展示,因此是非常牵强而且不能成立的。这只是周氏观点的弱点之一。在孙楷第看来,傀儡戏和皮影戏对中国戏剧的发展产生过重要影响,他的这个理论并没有与周贻白和其他一些学者相冲突,后者认为,像舞蹈、杂技以及其他一些人类表演艺术都是对戏剧发展起作用的因素。周氏在许多文章中表现出来的一个中心思想,即故事在戏剧产生过程中占有中心地位的观点,事实上为孙氏的理论所支持。很遗憾,周氏未能理解皮影戏和傀儡戏这一最重要的方面。

指出,按孙氏的观点,下述中国戏剧的 3 个特征是直接从傀儡戏和皮影戏发展而来的:[1]

(1)演员出场后面向观众独白(这样他就不会与其他演员相混淆),在独白中他告诉观众他是谁,经常还要介绍他要做什么。

(2)各种脸谱(涂面)的作用:

①表示剧中人物的特性,

②表示其社会地位,

③表示其在剧中的地位。

(3)演员的手势和动作具有强烈的表演性,而且是有意模仿傀儡的。这确实是中国戏剧演员的特征动作。他的膝盖曲折成一个特定的角度,垂直而且机械地跳起并落下。如果人们不了解它与可操纵傀儡的动作的一致性,这是很难理解的。

中国戏曲的所有这些特征都是从傀儡和皮影传下来的。在我看来,除了孙氏的观点以外,再也没有别的符合逻辑的解释了。已知的印度尼西亚和土耳其戏剧的发展过程也可以证实这种解释。[2]

由孙楷第归纳为纯粹的理论表述的这些观点,似乎在他提出之前若干年便已出现了。比如说,Genevieve Wimsatt 早在 1936 年以前,便部分地以梅兰芳的观点为基础,进行了这样一些深入的分析:

> 中国戏曲演员的许多特征动作显然是模仿傀儡的动作的,因此,这些表演性的动作不可能出现在人的日常生活中。兼有杰出演员和渊博学者两种身份的梅兰芳认为,人类演员是仿生傀儡的直接后裔,并从这个精神祖先那里继承了特定的姿势和动作,它们至今仍是中国戏曲技巧的特征。正如梅博士所指出的那样,这可以从戏曲中常见的转圈动作得到很好的解释,演员以这个动作完成翻身,其形式无一不是从傀儡的动作样式中传袭而来的。在

---

〔1〕《沧州集》,页 291-305。

〔2〕参本人 *Painting and Performance*,chapter 3 以及 Metin And, *Karagöz:Turkish Shadow Theatre*,Ankara:Dost Yayinlarli,1975,pp.36-37。

日本,派生的舞台艺术完全承认牵线木偶为其祖先。[1]

孙楷第还就这样一个事实,即元代杂剧中所有唱词都由一个角色演唱,发表过评论[2],他认为这是由比较纯粹的叙事文学形式发展而来的、符合逻辑的结果。正如我们在下面将要看到的那样,在成熟的、以人为演员的戏剧与口头叙事文学之间,存在着许多过渡性的通俗叙事戏曲体裁。傀儡戏和皮影戏在戏曲从其故事原型分离出来的初期,便占有一席之地。而作为一种配画说书形式的变,则构成这一分离过程的更早远的背景。所有这些艺术的目的都是造成这样一种印象,即演出者所表现的故事是真实的。由此可以顺利提到京剧中的一个有趣事实,即经常用彩色的烟雾来制造一种特殊的虚幻气氛。人们不禁想到,这种技术是否在某种程度上与宋代的"药发傀儡"有联系。

有关宋代都市生活的记载中,包含有一些很有价值的有关通俗娱乐节目的材料。《东京梦华录》记载道,每逢中元节,汴京的"构肆乐人,自过七夕,便般《目连救母》杂剧,直至十五日止,观者增倍"[3]。这段记载很有意思,它告诉我们这样一些事实:那个最著名的变文文学故事到北宋时已演变为杂剧,它受到广泛的欢迎,上演时间长达9天,而且演出者多半是职业演员而不是僧侣。

《都城纪胜·瓦舍众伎》中有一段关于南宋首都杭州的皮影戏的重要材料:

　　　凡影戏乃京师人初以素纸雕镞[4],后用彩色装皮为之。其话

〔1〕Genevieve Blanche Wimsatt, *Chinese Shadow Shows*, Cambridge, Massachusetts: Harvard University Press,1936,p. 44.

〔2〕《沧州集》,页291。

〔3〕《东京梦华录(外4种)》,上海:古典文学出版社,1956,页49。参泽田瑞穗:《地狱变》,京都:法藏馆,1968,页142。亦参朱参维之:《沙恭达拉与宋元南戏》,载《福州协和大学学报》,1935,3,抽印本页8。

〔4〕wayang kulit(皮影)的另外一个名称是 rekha-carmma,它很可能是与 valulang-inukir(皮雕)对应的梵文词,尽管在印度文献中尚没有找到这个词。参 J. Ensink, "Rekhacarmma, on the Indonesian Shadow-play with Special Reference to the Island of Bail", [Brahma-vidyā] *Adyar Library Bulletin*, Dr. V. Raghavan Felicitation Volume, 1967 — 1968, pp. 412 – 441(引见 p. 414 注5)。有趣的是,这也许可以解释这段引文中"镞"字的含义。亦请比较 camma rupa(皮傀儡),该词显然来自梵文的 carma rupa([俗语 Prakrit]camma rupa, Oriya carma nataka)。

本与讲史书者颇同,大抵真假相半,公忠者雕以正貌,奸邪者与之丑貌,盖亦寓褒贬于市俗之眼戏也。[1]

这段记载中最令人注意的地方是,它暗示着影戏中的角色最初是用素纸上的图画剪制而成的。这也正是我在分析印尼的 wayang 和印度说书艺术传统的基础上,推论出来的中国戏剧演变的过程。这段记载中令人感兴趣的地方还有,皮影戏表现的故事内容与说书人所说的相同。这与我提出的中国的小说和戏剧实际上是同一枚硬币的两面的观点,也是一致的。

《都城纪胜·瓦舍众伎》谈及"杂手艺"时,还提到了"变线儿"。[2]这里的"变",似乎是指一种杂耍或戏法。人们马上可以注意到它与印度的 sāubhika 的相似性,后者既是一种配有图画解说的说书艺术,同时又是一种魔术。

最后,这一段材料中还说道:"说经,谓演说佛书。"[3]《梦粱录·小说讲经史》中也有一段差不多相同的文字。[4] 而在《武林旧事·诸色伎艺人》中,则列举了 17 个"说经诨经"的艺人。他们当中只有 4 人被称作"和尚",其中第 1 人有一个很有特色的称号:"长啸和尚"。[5]这 4 种艺人不太可能是真正的佛教和尚。很可能在宋代存在过几种显然是由宗教性的变文和讲经文(敦煌佛教俗文学的另外一种体裁)发展而来的文学类型。[6] 而"变"字本身则由于它带有外来色彩,被废弃不用了。只需将这些有关宋代娱乐节目的材料粗略地考查一遍,就可以明显地感受到中国化的佛教叙事文学的题材和形式正在形成。这

〔1〕《都城纪胜》,见《东京梦华录(外 4 种)》,页 97－98;比较《梦粱录》,见《东京梦华录(外 4 种)》,页 311。

〔2〕《东京梦华录(外 4 种)》,页 97。

〔3〕《东京梦华录(外 4 种)》,页 98。

〔4〕《梦粱录》卷 20,见《东京梦华录(外 4 种)》,页 313。

〔5〕《武林旧事》卷 6,见《东京梦华录(外 4 种)》,页 455。

〔6〕参罗振玉对"佛曲"的解释,见《敦煌零拾》(作者自刊,1924?)卷 4 页 11 上。有关讲经文请参本人"Oral and Written Aspects of Chinese Sūtra Lectures(chiang-ching-wen)"(载《汉学研究》,1986,4〔2〕,页 311－334)及"Lay Students and the making of Written Vernacular Narrative:An Invertory of Tun-huang Manuscripts"(p.5 及 91)。

与以滑稽模拟和杂技为重心的有关唐代娱乐节目的材料,形成了鲜明的对比。我们可以从中得出结论:唐代的佛教演出艺术对中国戏曲的发展产生过深刻的影响。

周叔迦曾指出,中国小说起源于唐代变文的观点为学者们所广泛接受。[1] 尽管如此,仍有一些学者对此表示怀疑,因为迄今提出的变文对小说影响的证据,并不是十分严谨的。让我们看看我们能否在消除这个缺陷上做些什么。

按照霍世休的说法[2],唐代文学的两个主要成就是诗歌和传奇。这两种文学体裁都可以追溯到六朝时期,前者与佛教翻译家的声律研究有关,而后者则可以追溯到直接受印度影响的"志怪"。霍氏指出:"许多六朝志怪从佛教经书和外族传说那里剽窃故事情节……"[3] 传奇的作者们以比他们的六朝前人更高的技巧和成就,采用并改编了这些外国故事。通过对《五卷书》(Pañchatantra)、《故事海》(Kathā-sarit-sāgara)和佛经的研究,可以证实唐代传奇与印度说书艺术的关系。这种影响不仅明显地表现在内容上(许多故事的主题、动机甚至整个情节都是外来的),而且还表现在形式上。霍氏令人信服地指出[4],唐代最著名的短篇小说之一、沈既济的《枕中记》(亦称《黄粱梦》)的原型,

---

〔1〕周叔迦:《漫谈变文的起源》,载《现代佛学》,1954(2),页 13 – 15(引文见页 13)。

〔2〕霍世休:《唐代传奇文与印度的故事》,载《文学》(中国文学研究专号),1934,2(6),页 1051 – 1066。

〔3〕霍世休:《唐代传奇文与印度的故事》,页 1051 下。

〔4〕霍世休:《唐代传奇文与印度的故事》,页 1052 – 1053 上。

便可以在一种佛教故事集[1]中找到。众所周知的"杜子春"故事[2]、一些悲壮的剑客故事[3]和无数其他唐代传奇,也有同样的情况。

毫无疑问,印度很早就有丰富的叙事文学传统。"在上座部佛教的众多经典中,有一种包含有547篇作品的故事集[4],如果译成标准的英文可长达1800页[5] 这些故事构成了巴利文的《本生经》,通常被译成'本生故事'(The Jatakas),它可能是古代世界诸文明中最大的和最好的叙事文学作品。"[6]

艾伯华(Eberhard)曾提出一种令人惊异的观点[7]:"中国的动物故事或其他故事可以追溯到6世纪甚至更早。几乎可以肯定的是,这些故事起源于印度,这可以从印度佛教典籍的汉译中得到证实。"在进行了深入的考查之后,这个结论便不再令人吃惊,因为专攻中国早期小说的学者们提出了确凿的证据。霍世休提出了相似的观点:"对于许多唐代著名的传奇来说,我们几乎都能在佛经或印度故事中找到它们的原型。"[8]他举出许多例子来支持自己的观点。同样,胡怀琛曾说过:"古代中国的通俗故事和小说,毫无例外地从佛经故事或其他外国

---

〔1〕《杂宝藏经》,收入高楠顺次郎和渡边海旭编:《大正新修大藏经》(100册,东京:大正一切经刊行会,1922 — 1934)第4册,203号,卷2。这个集子由5世纪后半叶昙曜和吉迦夜(Kimkūra)合编而成。有关这种影响的另外一些例子,亦请参胡怀琛:《中国古代小说之外国资料》,载《逸经》,1936,1(4),页3 – 7。

〔2〕郭立诚:《小乘经典与中国小说戏曲》,页168 – 169。

〔3〕台静农:《佛教故事与中国小说》,收入《佛教与中国文学》,页61 – 126。

〔4〕V. Fausbøll, *The Jātaka*,共7册,London:Kegan,Paul Trench,and Trübner,1875 — 1897。

〔5〕E. B. Cowell编,*The Jātaka*,or *Stories of the Buddhas Former Births*,由多人译自巴利文,共6册,London:Luzac for the Pāli Text Society,1895 — 1907)。

〔6〕A. L. Basham, "The Pali Jatkas", *Literature East and West*,1968,12(2/3/4),pp. 114 – 128(引文见页114)。

〔7〕Wolfram Eberhard, "The Girl that Became a Bird",见于Walter J. Fischel编,*Semitic and Oriental Studies:A Volume Presented to William Popper*,University of California Publications in Semitic Philology11,Berkeley:University of California,1951,pp. 79 – 86(引文见页79)。

〔8〕霍世休:《唐代传奇文与印度的故事》,页1052。季羡林("Indian Literature in China", *Chinese Literature*,1958,4,pp. 123 – 130[引文见页125])亦认为印度文学对唐代古典小说有重要影响。

文学中汲取素材。"[1]"总之",台静农写道:"事实是印度故事如此深入地渗透在民间作品中,以至于人们不再熟悉[其中的]外来思想。"[2]刘开荣也谈到了印度(尤其是佛教)在内容和形式两方面对六朝时期形成的中国小说的影响。她还认为,这导致了唐代真正短篇小说的产生。她进一步论证说,宋元时代民间文学的产生也是这种印度影响的直接后果。[3]

变文本身(与其他佛教文学体裁相区别)与传奇的关系很难说清楚。刘开荣认为这两者之间有直接和密切的关系[4],但是她没有详细说明这种联系是如何形成的。在另一方面,前野直彬对刘的论断有所保留。[5] 他主张,作为从一种表演艺术发展而来的变文,最好被视作比传奇低一级的体裁。

也许,在做深入的探讨之前,我应该就有关的概念问题发表一些评论。汉语中与英语的 fiction 对应的术语是"小说"。该词与英语的 fiction 明显不同,因为后者来源于拉丁文 fingere(形成、作)的过去时。也就是说,汉语的"小说"暗指某种街谈巷议或掌故趣闻,而英语的 fiction 则指由某个作者创作出来的东西。"小说"——尽管不是很主要地——在人们心目中是确实发生过的事件的描述,而 fiction 则表示某个作者用头脑想象出来的东西。如果一个作者称其作品为 fiction,说明他认为该作品直接反映了现实的事件或人;而如果一部文学作品被称作"小说",我们便可以想到这是一种风闻传说或报道。因此,许多"小说"的记录者都竭力让我们知道他们是从谁那里得知这些故事的。

---

〔1〕胡怀琛:《中国古代小说之外国资料》,页 3 下。胡氏还有一篇更早的文章论及此问题,即《中国古代小说的国际关系》,载《世界杂志》,1931,1(4),页 629 – 638 以及 2(4),页 631 – 636。在此文中,他这样表明自己的谨慎态度:"晋唐之小说,凡涉及怪异之事者,恒从佛经中采取材料,或疑其袭自印度故事。然苟无决定性之证据,尚不敢断言此为必然之事。"

〔2〕台静农:《佛教故事与中国小说》,页 122。

〔3〕刘开荣:《唐代小说研究·前言》,上海:商务印书馆,1946,页 1 – 2。

〔4〕刘开荣:《唐代小说研究·前言》,页 3。程毅中也讨论过变文对唐代传奇的影响,见其《关于变文的几点探索》,载《文学遗产增刊》第 10 期,北京:中华书局,1962,页 80 – 101(引文见页 89 – 90)。

〔5〕前野直彬:《中国小说史考》,东京:秋山书店,1975,页 170。

以这些标准来衡量,唐代以前能够被称作 fiction 的作者是很少的。

《汉书·艺文志》曾试图解释"小说"这个术语的起源。[1] 它认为"小说"的作者出身于"稗官"。"街谈巷语,道听途说者之所造也。"很可能,官府为了解人民的真实感受,有意地搜集这些街谈巷议,就像搜集乐府诗歌一样。从这段记载看不出汉代有真正的 fiction 存在,也不存在当时已有某种说书艺术的证据。这并不是说唐代以前没有叙事文学。《左传》和《史记》便是一种高度发达的历史叙事文学的绝好例证。但是它们不是 fiction。不过,大约在汉代前后,在《战国策》、《吴越春秋》、《越绝书》[2]等著作中,出现了一些可以被称作"fiction 式的历史"(fictionalized history)的东西。再往后,我们看到了像《汉武帝内传》、《西京杂记》之类的著作,从整体上来说,这些著作不能被视作 fiction,而像是知情者对宫廷轶事的记录。

要对中国小说的产生有一个正确的理解,我们必须再确定一下这样一个事实,即差不多所有唐代以后的通俗虚构小说,都假托了一个说书者。这个现象普遍存在,以至于任何一种中国文学史的著作在谈及小说起源时,都不得不将它列入被考虑的因素。因此,当上世纪50年代末期在四川成都附近的天回镇的一座东汉时期的墓葬中,发现了一个祭祀用乐人陶俑时,曾引起不小的轰动。这件可爱的艺术作品表现了一个胸部丰满的男人正在使劲地敲打一个小鼓。该陶俑发现后不久,便被说成是一个说书人,[3]后来又被许多文学史专家视作是东汉时期即已存在说书艺术的有力证据。此后,四川新都县出土的另外

---

〔1〕《汉书》(中华本),页 1745。潘重规在其《中国古代短篇小说选注》(台北:台湾学生书局,1976)的导言中曾引用庄子的话:"饰小说以干县令,其于大达亦远矣",来证明中国小说的古老性。我所看到的对这句话的6种注释中,没有一种说这里的"小说"是指现代小说(fiction),而都将它解释为"庸俗的或猥琐的想法"。参 Burton Watson 译 *The Complete Works of Chuang Tzu* (New York:Columbia University Press,1968,页 296):"如果你炫耀你的微不足道的理论来谋求县令的职位,你将离大觉悟很远。"

〔2〕似可译为英语:*Book of the Demise of Yüeh*?

〔3〕比如《人民画报》1959 年第 9 期,页 31;《宋元小说话本的艺术成熟》,载《北京师范大学学报》,第 4(总 13)期,1959 年 7 月 20 日,页 41 - 47(引文见页 41);以及"A Performance of Story-Telling and Ballads",*Chinese Literature*,1961,7,页 131 - 134。

· 欧 · 亚 · 历 · 史 · 文 · 化 · 文 · 库 ·

一件相似作品也被称作"说唱艺人"。[1] 然而这是不可能的,正如我在
《唐代变文》第 4 章中所讲的,在直至汉代之后好几百年以前的中国,
不存在韵散结合的艺术的任何可靠证据。即使在东汉时期已具备了
韵散结合的说唱艺术的文字基础,仍无法将这些陶俑与说唱艺术联系
起来。将这些陶俑乐人说成说唱艺人的观点,充其量只是一种奇异的
想象,如果说得严重些,则是一种不负责任的、非学术性的谬见。有关
这个天回镇陶俑的最初的详细考古报告,谨慎地将它定名为"击鼓
俑"。[2] 1987 年 3 月 29 日,一些中国朋友和我一起在费城艺术博物馆
观察了新都陶俑,他们将它说成"舞蹈者"、"杂技团鼓手"、"袒胸乐
人"等等。我曾要求他们在下结论之前不要读博物馆为之设立的解说
词,以免受"正式的"解释的影响。毫无疑问,没有任何理由根据这些
诱人的、谜一般的塑像,杜撰出一个汉代的说书艺术。[3] 赵俊贤曾指

---

〔1〕Los Angeles County Museum of Art and Overseas Archaeological Exhibition Corporation
(PRC), ed., *The Quest for Eternity : Chinese Ceramic Sculptures from the People's Republic of China*, San
Francisco : Chronicle Booksand Los Angeles County Museum of Art, 1987, 页 117, 图版 38。参 Ross Ter-
rill and Cary Wolinsky, "Sichuan : Where China Changes Course", *National Geographic*, 1985, 168, 3,
pp. 280 – 317(引文见页 298)。令人庆幸的是,近来对这些图像的处理采取了更负责任的态度。
Lucy Lim 组织的一个展览的目录, *Stories from China's Past : Han Dynasty Pictorical Tomb Reliefs and
Archaeological Objects from Sichuan Province*, *People's Republic of China* (San Francisco : The Chinese
Cultural Foundation of San Francisco, 1987, pp. 133 – 134、139, 彩色图版 2、4, 图版 42、46[有细节],
图像 6 和 7), 报道了 10 多个从四川西汉墓葬中发现的"说书人"图像。作者(Lucy Lim 及 Kenneth
J. Dewoskin)注意到这些人像都似乎发育不全。事实上,这些人像中的几个,尤其是那些坐着的人
像,都显示出各种骨病和抑郁症的症状。从这点以及他们夸张的怪相和奇异的动作来看,他们
很容易使人们联想到古代世界的许多地区都普遍出现过的宫廷小丑或弄臣(多是残疾或发育
不全者)。Lim 及 Dewoskin 将他们正确地描述为乐伎,并引用一些有关他们活动情况的历史和文
学记载。他们显然与杂技演员、歌唱家、舞蹈家以及魔术师有关,很可能他们也讲述笑话、表演讽
刺剧、用鼓来伴奏、使用顺口溜等,但是没有丝毫的证据表明他们是说唱结合的说书人。
〔2〕刘志远:《成都天回山崖墓清理记》,载《考古学报》,1958,1(19), 页 87 – 103、104, 包括
12 页图版(引文见页 98 – 99 及图版 13 号)。
〔3〕当我写完这一部分后,余国藩(Anthony Yu)指点我看一篇马幼垣(Yan-Woon Ma)的文
章,该文彻底否定将这一人像当作说书人的观点。参其"The Beginnings of Professional Story Telling
in China : A Critique of Current Theories and Evidence", 载于 *Études d'histoire et de littératrue Chinoises
offertes au Professeur Jaroslav Průšek*, *Bibliothéquede l'Iinstitut des Hautes Études chinoise*, 24, Paris : Pres-
ses Universitaires de France, 1976, pp. 227 – 245。

出过,尚没有任何证据可以被用来证明汉代已存在专业化的说唱艺术。[1] 即使当时已有了出现专业说书人的种种可能性,但是我们仍然没法得到任何特别的证据来支持这个论断。

同样情况对于小说创作亦然。明代晚期的文学评论家胡应麟认为,唐及唐以前的作者们没有创作小说的自觉意识:

> 凡变异之谈,盛于六朝,然多是传录舛讹,未必尽幻设语,至唐人乃作意好奇,假"小说"以寄笔端。[2]

当代的文学史家霍世休得出过相似的结论,他还指出,外来文学影响是中国人对小说的观念发生根本转变的动因:

> ……虽然我们早就有"小说"一词,但直到唐代传奇,才开始了有意识的创作。而且,由于大量吸收外来的故事——特别是印度的,中国小说才得以丰富和振兴,并开启了以后小说发展的无限可能性。[3]

柳无忌也看到了唐代和唐代以前叙事文学的本质区别:"这些[唐代以前的]掌故轶闻,在性质、情节和人物性格描写上都有粗糙、低级的特色,从文学质量上来说是无法与后世的故事相比拟的。直至唐代,中国小说才在其发展过程中迈出了一大步。"[4] 因此,我们可以这样说,在佛教传入以前的中国,不存在有意识创作的小说或戏剧叙事文学。当然还必须承认,这一时期存在有大量的历史叙事文学和神话传说。而在佛教传入以后,便出现了真正的小说创作的可能性,这主要是由于一种新的世界观的传入。[5] 就小说的发展过程来说,六朝可以被看成是一个转变的时期,这一转变期甚至延续到唐初。

《法苑珠林》的编者道世(鼎盛年为 668 年),将他自己搜集的故

---

〔1〕赵俊贤:《说书起源问题质疑》,载《文学遗产增刊》第 10 期,北京:中华书局,1962,页 102 –107。

〔2〕胡应麟:《少室山房笔丛·二酉缀遗引》,北京:中华书局,1958,页 486。

〔3〕霍世休:《唐代传奇文与印度的故事》,页 1066。

〔4〕*An Introduction to Chinese Literature*, p. 150.

〔5〕有关此论点的深入讨论,参本人"The Narrative Revolution in Chinese Literature:Ontological Presuppositions", *Chinese Literature:Essays*, *Articles*, *Reviews*, 1983,5(1), pp. 1 – 27。

事——其中有些包含超自然的内容,因而是完全不可信的——差不多视成今天的报刊新闻汇编。[1] 对于他来说,这些故事是精神事迹的真实记录。干宝(约 300 年)在《搜神记》的《序》中亦明确表示他的目的是记录一些客观的、可以检验的神迹。他指出,他力图写出一部精神世界的真实历史,以此来补充像司马迁的《史记》那样的人类世界的历史。这些神迹的记录都比较简略,这表明作者的主要兴趣在于故事内容,而不在于故事情节及其因素的发展。许多故事明显来自佛教或印度的传说;也有一些带有早期中国神话传说的色彩,但已显得支离破碎。这些故事集本身的特性以及编者的一些注释,表明这些奇异故事可能有一个口头传说的基础,但是我们无从得知这些传说是由职业的说书人流传下来的,还是由许多个个人在偶然的情况下口耳相传下来的。在这些故事本身中,倒有一些证据显示后一种推测可能是成立的。

鲁迅对于六朝鬼神志怪书的评论是有启发意义的:"盖当时以为幽明虽殊途,而人鬼乃皆实有,故其叙述异事,与记载人闻常事,自视固无诚妄之别矣。"[2] Jordan Paper 对于"志怪"也有正确的看法:"它们不是本来意义上的小说,而是用新闻笔法记录的故事。"[3] 他还将它们的特征归纳为:"通常比较简短,是一种奇异而真实的事件的记录,其风格近乎新闻而不是小说。"[4] 徐嘉瑞声称,唐代以前不存在铺陈的小说。[5] 他还认为,平话在宋代的发展是由于从变文那里受到了佛教的影响,因此中国小说的源头在印度。

六朝小说发展过程中的另一项重要成就,便是一种被称为"清谈"的小范围内的演说辞。这是一种幽默和智慧的交流,在诸如"竹林七贤"那样的群体中曾流行一时。这种社会和哲学的说教是从"玄学"思

---

〔1〕参 Kuen-Wei Lu Sundararajan, *Chinese Stories of Karma and Transmigration*, Cambridge, Massachusetts:Harvard University Ph. D. dissertation,1979,尤其"Introduction(ⅳ. Choice of Material)"。

〔2〕鲁迅(Lu Hsun), *A Brief History of Chinese Fiction*,杨宪益(Yang Hsien-yi)、戴乃迭(Gladys Yang)译,Peking:Foreign Languages Press,1959,p. 45。

〔3〕Jordan D. *Paper*, *Guide to Chinese Prose*,The Asian Literature Bibliography Series,Boston:G. K. Hall,1973,p. 13.

〔4〕Jordan D. *Paper*, *Guide to Chinese Prose*, p. 82。

〔5〕徐嘉瑞:《中国长篇小说的起源》,载《俗文学》第 61 期,《中央日报》1948 – 04 – 02。

潮中诞生的。西方学者们经常把它称作"新道教"（neo-Taoism），不过我们还应该记住，它包括了佛教和儒教的因素。清谈故事也是非常简短的，它所包含的思想非常微妙，经常令人难以捉摸。这些故事并不自称为小说，更像是真实对话或交谈的记录。[1]

现在，让我们将眼光移向唐代，这时在小说（古典的和民间的）的流传和写作方式上发生了一些非常重要的变化。可以得到文献证明的一些最重要的变化（韵散结合的形式，大量的铺陈，不再宣称故事本身是一些可在历史上得到证实的事实记录，等等），都起因于佛教的大量渗透和印度文化的传入。人们不禁要问，为什么这些变化发生在唐代而不是唐代以前？至少，汉代末年以后佛教不是已经传遍中国了吗？这些变化之所以发生在唐代，是因为只是在唐代，佛教才真正地成为中国本土的一种宗教。在唐代，出现了真正的中国化的佛教宗派。越来越多的中国朝圣者前往印度（已知的朝圣者名字超过100），越来越多的印度人和佛教化的中亚人来到中国。在如此强大的佛教文化传播面前，任何抵抗都是无济于事的。最后，中国的思想界做出了妥协，以使自己适应于印度的世界观。该世界观的基本前提即一切皆虚妄，一切事物都是一种"造化"或"虚构"。而在正统的中国观念中，一切事物都是真实的；事物不是思想的产物，而是可以用经验和历史证实的物质力量的构造。尽管宇宙的物质内容经常被忽视，但是现象世界从来没有被看成是想象的产物。由于存在着这样的本体论的差别，虚构小说自然容易在印度流行；而在非常注重实际的中国环境中，则显得不适应。因此，只有当佛教彻底地渗透到中国社会各个阶层以后，中国民众（至少是一部分）才变得熟悉并习惯印度的哲学思想，才能接受真正的小说创作。

我们不仅无法在佛教传入以前的中国找到铺陈的、想象的叙事文

---

〔1〕这种逸话轶闻的一个很好的集子，便是刘义庆的《世说新语》。它有一个出色的英译本，*A New Account of Tales of the World*, tr. Richard B. Mather, Minneapolis: University of Minnesota Press, 1976。

学,而且也不能发现有连续叙事风格的艺术作品。[1]

Bulling 在其一系列带有很多想象成分的文章[2]中,曾试图说明汉代墓葬中的某些壁画表现了戏剧中的场景,或是对场景的某种说明。即使她的假说被证明是对的,我们也无从得知这些"戏剧"是否伴有对话或旁白。无论如何,这些壁画多属历史题材而非虚构内容,而且只表现了单一的场面;它们没有给人留下铺设叙事或戏剧表演的印象,因此不能被看成是那些后来才出现的文学形式的表现。

戴闻达(Duyvendak)在其"An Illustrated Battle-Account in the History of the Former Han Dynasty"一文中曾论证说,某些汉代历史故事事实上是从绘画演变而来的。问题仍然是,即使他的结论是正确的,这种故事也是历史的而非虚构的。

我们确实知道,《山海经》在历史上某一时期配有插图。[3] 比如,在陶潜(372 — 427)的一首诗中我们读到:"流观山海图。"[4]但是这些记载清楚地表明,这些插图要么是后来在经文(看来是《海经》的一些段落)中加入的单幅图像,要么便是对原先经文的某一部分进行描绘的单一场景图。没有证据说明这些插图本身具有连续的或叙事的性质。而且,即使有这样的证据,也不能说这些插图是虚构故事存在的例证,因为它们只是对《山海经》的一种补充,而后者是一种表面上真实

---

〔1〕近年来在原楚国地区进行的考古发掘,发现了许多有趣的绘画作品,它们有助于复原南方的神话传说。但是我所见的这些作品中,没有一个是描绘铺陈故事的事件流的。

〔2〕A. Bulling, "Die Kunst der Totenspiele in der' Östlichen Han-Zeit' ", Oriens Extremus, 1956, 3 (1), pp. 28 - 56; "Historical Plays in the Art of the Han Period", Archives of Asian Art, 1967 — 1968, 21, pp. 20 - 38; "Three Popular Motives in the Art of the Eastern Han Period: The Lifting of the Tripod, the Crossing of a Bridge, Divinities", Archives of Asian Art, 1966 — 1967, 20, pp. 25 - 53, 尤其页 27 - 28。

〔3〕有关此问题的简单讨论,参河洛图书出版社编《中国神话故事》,台北:河洛图书出版社,1976,页 4 - 6。亦请参梅应运:《敦煌变文与佛寺壁画之关系(变文与变相)》,载《新亚书院学术年刊》第 11 期,1969,页 291 - 316,有 14 幅图版(引文见页 295 及 307 - 309)。

〔4〕"On Reading the Seas and Mountains Classic", 收入 James Robert Hightower, tr., The Poetry of Tao Ch' ien, Oxford: The Charendon Press, 1970, p. 229 以及页 230 注 3 对此经中插图的讨论。A. R. Davis, tr. and comm., Tao Yuan-ming(AD 365—427): His Works and Their Meaning, 2 vols, Cambridge: Cambridge University Press, 1983, vol. 1, p. 154, 将此句诗译成"我浏览这些山和海的画"。Davis 的注释(页 152)认为这种绘画作品可以追溯到汉代。

的地理学著作。

相比之下,只需粗略地考查一下便可以发现,佛教艺术从它在印度产生的时候开始,直至后来传播到亚洲其他国家,始终具有明显的叙事特征。Bharhut 和 Sāñchi 的石刻艺术很好地证明了从很早以前(公元 2 世纪及以前)开始,故事画便在佛教艺术中占有重要地位。阿旃陀第 16 窟中有一段属于 5 世纪晚期的铭文,提到了一处宗教建筑群中的绘画:"它装饰有窗、门、美丽的画廊(su-vīthi)、岩石、因陀罗少女像,等等。它还装饰有美丽的石柱、楼梯,并有一座供奉佛陀的寺庙。"[1]

视觉效应在佛教传道和崇拜中始终扮演着一个重要的角色。斯坦因在丹丹乌里克发现过一幅描绘两个传教的"和尚"的画。其中一个和尚手持某种卡片(可能是画)。[2] 斯坦因的搜集品[3]中还有一套《维摩经》的插图草稿,它说明可视艺术是对宗教故事进行充分理解的一个重要因素。其他一些佛经亦发现有插图草稿,如《弥勒下生经》,对此,秋山光和有很好的描述。[4] 在讨论密宗艺术的时候,Conze 曾提出一番值得重视的理论:"这种艺术形象被看成是目睹神祇的基础。它是一种辅助性的工具,在正式的传教过程中,由于所谓的神灵'幻觉'会自发产生,因此它可以被省去不用。"[5]尽管 Conze 在这里讨论的神灵显现没有涉及必要的叙事文学作品,但是在阅读佛教故事的时

〔1〕V. V. Mirashi, ed, and tr. , *Vākātaka Inscription in Cave ⅩⅥ at Ajanta*, Hyderabad Archaeological Series14, Calcutta: The Archaeological Department of his Exalted Highness the Nizam's Government, 1941, pp. 2,12,14(verse 24) ,14 注 4,以及 15。Sheila Weiner 曾讨论过 Ajanta 在佛教叙事艺术中的重要性,见其"The Narrative Tradition of the Buddha Imago", *Ajanta: Its Place in Buddhist Art*, Berkeley: University of California Press, 1977, p, 80ff.

〔2〕Mark Aurel Stein, *On Ancient Central-Asian Tracks: Brief Narrative of Three Expeditions in Innermost Asia and North-Western China*, London: Macmillan, 1933, 有 29 幅图版。

〔3〕Ch. 00122, 收入 Mark Aurel Stein, *Serindia: Detailed Report of Explorations in Central Asia and Westernmst China*, 5 vols(Oxford: Clarendon Press, 1921) , vol. 4, 图版 XCV。

〔4〕秋山光和《弥勒下生经变白描粉本(S. 259V)と敦煌壁画の制作》,收入《西域文化研究》,京都:法藏馆,1958 — 1963,第 6 册,页 47 – 74;有法文概要、2 幅图版,以及许多插图。

〔5〕Edward Conze, *Buddhism: It Essence and Development*, New York: Harper Torchbooks, 1965, pp. 186 – 187.

候,也会产生同样的情绪变化,它一开始是具体的,但后来便抽象化了。"想象出来的"形象被认为比艺术形象更具真实性,但是如果没有后者的帮助,则亦无法达到前者。这一点对于普通的佛教信徒来说更是如此。

在泰国东北部的农村里,每逢 Bun Phraawes 节,便要在一块巨大的画布(长达 40 英尺以上)前演讲 Wesandaun 的故事。这块画布被分成若干个可用许多画板来替换的部分[1] Winston King 曾论及宗教画对于缅甸的普通民众来说是何等重要:"……一般人的信仰是通过周游各地、朝礼佛塔的方式来表现的,他们以这种方式表达对偶像或佛塔本身的崇拜,从佛塔上的绘画中得到教诲,偶尔也接受和尚的布道。"[2] 在缅甸的 Tilaw-Waguru,有许多描绘《本生经》故事的壁画,它们约 1 英尺高,成带状。[3] 每一行画面的底部都有一行文字,简单地解释了画的内容,就像被平整地粘贴在墙上的 Wayang bèbèr 画卷。两行画之间是用山岩、树木(注意山岩和树木在舍利弗变文画卷[P. 4524]中也起到同样的作用)、植物等来区分的,有时候也用建筑物。

阿英对中国故事画的发展史进行过有价值的研究,他证实了我们的推断,即至今还没有发现过汉代及汉代以前的连环画。[4] 他所提到的最早的连环画作品是一件属于公元 527 年的、描绘佛陀生平的雕刻作品,另一件早期作品的年代为 543 年。[5] 阿英认为,敦煌壁画,比如那些描绘《法华经》片断和佛陀前世故事的作品,构成了中国连环画后一个重要的发展阶段。他还强调了在敦煌发现的 20 多种绢画的重要

---

〔1〕S. J. Tambiah,*Buddhism and the Spirit Cults in North-East Thailand*,Cambridge:Cambridge University Press,1970,有图片 3 幅(页 160)。

〔2〕Winston King,*A Thousand Lives Away*,Cambridge:Harvard University Press,1964,p. 50.

〔3〕Jane Terry Bailey,"Some Burmese Paintings of the Seventeenth Century and Later,Part I:A Seventeenth-Century Painting Style Near Sagaing",*Atribus Asiae*,1976,38(4),pp. 267 – 286.

〔4〕阿英(钱杏邨):《中国连环图画史话》,北京:中国古典美术出版社,1957,页 2。

〔5〕阿英:《中国连环图画史话》,页 3。费城大学博物馆的助理研究员 Elfriede R. Knauer 是研究传播到古典世界以外的希腊、罗马艺术的专家,他曾向我展示有关西方对中亚和中国叙事画的发展所产生影响的许多证据(通过斯基泰人和其他中介者得以实现)。

性[1],这些绢画大多描绘佛陀的生平,而且明显的是被用来挂在寺院的墙壁上的,这一点可以从被缝在绢画顶角上的布条以及绢画的装裱式样中看出来。这些绢画通常每边分成 4 段,它们显然被当作一种说明性的工具,来表现佛陀生平中重大事件的意义。已知最早的配有插图的雕印小说与戏剧文学作品,属于元代和明代。[2] 总之,任何人读了阿英《中国连环图画史话》后,都会对佛教的重要作用产生深刻的印象。

在讨论了几个有助于从整体上与理论上研究中国小说和戏曲起源的课题之后,我们现在可以回过头来,对一些代表着这种艺术萌芽的个别作品和形式进行考查。

《大唐三藏取经诗话》和变文在语言(很少使用文学性的虚词,非常口语化)、风格(经常使用 4 字句)、比喻(多是比较具体的)和题材(佛教)等方面都很相似,这说明它们之间有密切的关系。[3] 然而更令人注意的是,这部关于著名的中国朝圣者玄奘的故事中的章节标题,是以"处"字结尾的。我们只能将"处"字在这里的作用,看成是与它在变文里引导韵文的套语中的作用一样,除此之外没有别的符合逻辑的解释。[4] 玄奘诗话和变文之间可以证实的联系,使得我们可以将《西游记》产生过程中一些关键性的发展阶段串联起来:(有关玄奘朝圣事迹的一些彼此没有联系的故事)→(固定了的口头故事)→(配有图画解释的故事讲唱)→(书面的变文作品)→《大唐三藏取经诗话》→

〔1〕阿英:《中国连环图画史话》,页 7。
〔2〕阿英:《中国连环图画史话》,页 7。有关其他类型中国连环画的历史,参郭昧蕖:《中国版画史略》,北京:朝花美术出版社,1962。
〔3〕Lai Ming 曾指出佛教对这个故事的想象性的影响,他认为玄奘故事是"少数具有浪漫色彩和想象特征的小说之一。这必须归因于佛教文学的影响。因为在佛教文学传入中国以前,中国式的故事多半只是一些简单的事件概述"。参 A History of Chinese Literature,New York:John Day,1964,p. 280。
〔4〕有关这个套语(处若为陈说)的讨论,参本人 Tan-huang Popular Narratives 的附录以及《唐代变文》第 4 章。

·欧·亚·历·史·文·化·文·库·

《西游记》。[1] 事实上,佛教对于《西游记》和《封神演义》之类的小说的影响是如此明显,几乎用不着证明。[2]

徐筱汀曾论证[3]中国通俗小说中的结构名词"回"[4](章节)来源于佛教。在唐代以前,"回"的字义多是"回来"、"回去"等,而没有"一次"的意义。徐氏认为"回"字的这种用法来自于佛教术语 parināmanā (回向)。[5] 佛教文献(比如《大乘起信论》)经常以一段"回向偈"(parināmanā gāthā)结尾,由此文章的效力可以"回到"(即"献给")众生。[6] 佛教法会也总是以"回向文"为结尾的。比如,著名的唐代日本求法僧圆仁曾在山东文登县的青宁乡赤山院听过一次讲经,讲经者在结束演讲之前便朗诵了一段回向文。Reischauer 在翻译《入唐求法巡礼行记》中这段材料后写的一则注释中认为:"回向文(这里写作'回向词')是在礼拜仪式结束时诵唱的赞美诗或祈祷词,目的是将礼拜的效力带给众人。"[7]在认识了这种被用来结束一个宗教仪式的祝祷文的作用以后,便很容易对"一回"这种说书段落做出定义。如果说民间宗教仪式中的"押座文"与说书中的"入话"和戏曲中的"引子"相当的话,那么也可以将俗讲末尾的 parināmanā 与说书人在每段末尾对其故事的简单总结,以及戏曲结束时的套语相比拟。汉语中有时被用来表

---

〔1〕带括号的阶段表示缺乏正式的证据。当然,《西游记》的演变过程,要比这个简略的假设示意图复杂得多。有关详情请参 Glen Dudbridge, *The Hsi-yu chi : A Study of Antecedents to the Six-teenth-Century Novel* , Cambridge : Cambridge University Press , 1970。

〔2〕柳存仁(Liu Ts'un-yan), *Buddhist and Taoist Influences on Chinese Novels* , vol. I , The Author-ship of the Feng Shen Yen I , Wiesbaden : Otto Harrassowitz , 1962。

〔3〕徐筱汀:《小说戏剧中"回"、"折"、"出"三字的来历》,载《东方杂志》,1964,42(2),pp. 55 -59。

〔4〕参柳存仁(Liu Ts'un-yan), *Chinese Popular Fiction in Two London Libraries* , Hong Kong : Lung Men Bookstore , 1967 , pp. 19 - 20。

〔5〕徐筱汀:《小说戏剧中"回"、"折"、"出"三字的来历》,页 55。

〔6〕陈祚龙(Chen Tsu-lung), *Éloges de personnages éminents de Touen-houang-sous les T'ang et les cing dynasties* , Partie I-avant-propos , introduction , textes chinois. Publications de I'École Française d' Extreme-Orient 80。Paris : École Française d'Extreme-Orient , 1970 , pp. 61 - 68 , 有一篇这种体裁的文献被用于俗讲(p. 3770)。

〔7〕Edwin O. Reischauer, tr., *Ennin's Diary : The Record of a Pilgrimage to China in Search of the Law* , New York : The Ronald Press , 1955 , p. 153 注 614.

示一个说书段落或戏曲演出终结的词汇"散场",原来是禅宗对死亡的委婉说法(比较英语的"make one's exit")。

至此,我已尽力说明了小说和戏曲都受到了佛教叙事文学的重要影响。如果大家承认佛教对中国俗文学的形式产生过影响,我们自然可以推断,小说和戏曲从它们共同的祖先那里继承了某些特征。这种推断是成立的,而且很容易得到证明。

前野直彬曾注意到:"中国文学中有两种体裁的形式是显然陈旧的,它们便是戏曲和小说。"[1]对于这个谜自然不存在简单的答案。阻碍戏曲和小说发展的因素有许多,对它们进行全面的探讨完全是另外一个课题。然而,我们却比较有希望找出自唐代以降促使它们生长的某些因素。在这个过程中,佛教俗文学的中心作用,尤其是变和变文的作用,是不能忽视的。

孟列夫对变文对于所有后世中国俗文学的影响给予了最具说服力的描述:

> 变文对以后的中国文学产生了巨大的影响……产生这种影响的原因首先而且主要是它的全新的形式……[此外还有]其他一些特点造成了变文的影响……所有后世的中国文学体裁(戏曲、短篇小说、早期长篇小说,以及宋代各种故事体裁)都或多或少地带有这些特征,它们显示着与变文直接或间接的联系。[2]

艾伯华也注意到了"长篇小说、说书和戏曲之间的基本一致的特点"。[3]

宋代的民间艺人,如说书人、傀儡戏和皮影戏表演者,都使用"话本"(基本的情节概括,而不是"提词"用的剧本)作为其故事的依

---

〔1〕Maeno Naoaki, "The Origin of Fiction in China", *Acta Asiatica*, 1969, 16, pp. 27 – 37(引文见页 27)。

〔2〕Л. Н. Меъщиков, пер. Ъянъвзнъ о вэймоцзе. —Ъянъвэнъ《Десятъ блапих энамений.》М. , Иэл. вост. лит. , 1963, pp. 28 – 29(加上了着重号)。

〔3〕Wolfram Eberhard, "Notes on Chinese Storytellers", *Fabula*, 1970, 11(1/2), pp. 1 – 31(引文见页 30)。

据.[1] 据说各种体裁使用的话本都是基本一致的,因此无法在逻辑上推断这些通俗文艺形式之间存在着由此至彼的发展关系。让我们通过几个实例来看看这会是一种怎样的关系。

李家瑞在一篇很有见地却未被引起重视的论文《由说书变成戏剧的痕迹》中,对于造成小说与戏剧之间密切联系的历史原因,给出了最具说服力的说明.[2] 在这篇文章中,李论证了中国戏曲表演的各种形式(包括诸宫调和灯影戏)都有着从说书发展而来的明显特征:

> ……从古至今,无论哪一种戏剧,开头都是念两句引子,或念一首上场诗,这就是说书前头的致语(又称入话)的遗迹。又剧中人自表姓名,且自言自语地自述来历,这等地方,不能不说是受了说书的影响。初看中国戏的人,往往以这种戏剧体裁为奇怪,但要知她是从说书转变来的,那就不觉得奇怪了.[3]

我要比较详细地讨论一下这些中介形式中的一种,即"打连厢",人们认为它是以"金辽大乐"为基础发展起来的。这种戏团的组成人员有演员(男的叫末泥,女的叫旦儿,等等),他们在舞台(勾栏)上来回走动,做出各种姿势,但是并不说话或演唱。叙述者(司唱),他坐在舞台外的观众中间,以及一些乐师(使用琵琶、笙、笛等乐器)。司唱以韵散结合的形式演说故事,演员听其指挥,动作须与司唱的唱词相一致。至于"打连厢"的其他特征,毛奇龄曾指出:"舞者不唱,唱者不舞。"[4]正如李家瑞所指出的:"实在就是说书人用人做傀儡以表现他所说的书里的人物。"[5]这不禁使人联想起日本的一种叫文乐的傀儡戏,只是在后者中,傀儡并没有完全被人所代替。更值得注意的是,"打连厢"这种介乎口头叙事文学和真正戏剧之间的中介形式发展到清代,也不

---

〔1〕《梦粱录》卷20,见《东京梦华录(外4种)》,页311。

〔2〕李家瑞:《由说书变成戏剧的痕迹》,载《中研院史语所集刊》,1937,7(3),页405-418。

〔3〕李家瑞:《由说书变成戏剧的痕迹》,页418。

〔4〕毛奇龄(1623-1716):《西河词话》,收入《词话丛编》第4册,南京:词话丛编社,1935,卷2页4下。毛氏亦主张元代杂剧的4折来自于打连厢。有关打连厢乃是一种杂技艺术的观点,参李家瑞:《北平风俗类征》,2册,《中研院史语所集刊专刊》第14种,上海:商务印书馆,1937,页371。

〔5〕李家瑞:《由说书变成戏剧的痕迹》,页409。

再使用单独的司唱了。尽管其名称还是"打连厢",但演员已开始自演自唱了。这一点与文乐也是很相似的,因为我们知道,比如近松(Chikamatsu)的戏剧,开始时也是傀儡戏的脚本,但是现在通常由人来演出了。这种戏剧表演的形式直至20世纪的北京还保留着。简言之,原先用仿人傀儡来进行说明性表演的口头叙事文学,后来演变成了真正的戏剧。当某个代替傀儡或皮影的人类演员第一次自演自唱时,这个演变过程便完成了。但是由场外旁白者叙述故事情节的痕迹还是经常保留着。根据这样一种发展程序,戏曲肯定会带上其雏形——口头叙事文学的明显特征。

Donald Keene 在讨论文乐时曾明确指出,有多少种口头叙事文学,便有多少种戏剧形式:

> 文乐……从根本上来说是一种叙事艺术。演唱者(太夫)宣讲故事情节,在对话中不断改变自己的声调,模拟武士、妇人或小孩的发音特征,并经常在韵文段落中,由说话变成演唱。但他既不是演员,也不是歌手,而是一个讲故事者。……有些日本表演艺术只有演唱者而不用傀儡,就好像后者对于太夫的演说来说是不必要的,甚至是无益的附加物。至于文乐戏剧,几乎用不着特别指出,它是专门为讲故事者而不是为演员而创作的,人们可以从它的差不多一成不变的结束语——如"如此他说"、"他微笑着说"——直接得出这些结论。这些附加语出现在叙事作品中是很自然的,而在由演员表演的戏剧中则是毫无必要的。因此,文乐是一种讲故事的形式,它有音乐的伴奏,并通过舞台上的傀儡表演具体地表现出来。[1]

在另外一篇文章中,Keene 还注意到直至今天,在歌舞伎戏剧的表演中,"演员有时亦模仿傀儡的动作,这显示着它与早期艺术传统的渊

[1]Donald Keene, *Bunraku: The Art of the Japanese Puppet Theatre*, Tokyo and Palo Alto, California: Kodansha International, 1937, p. 25.

· 欧 · 亚 · 历 · 史 · 文 · 化 · 文 · 库 ·

源关系"。[1] 这个观点与孙楷第的中国戏曲史理论正好吻合。

　　Bastian 于 1863 年去暹罗时,曾考察过一种叫 Len Khon 的假面具戏剧的不寻常特点。[2] 演员自己并不说话,而由一个旁白者替他们说词。如果他了解暹罗戏剧的印度特色的话,他就不会对此感到惊讶了。暹罗西部皮影的 dalang 在为孩童演说故事的时候,使用"甲说'如何如何'"和"乙答'如何如何'"的口语格式。而且,在实际的演出过程中,他使用各种声调来代表不同的角色,从而使对话更具戏剧性。Sweeney 在分析这两种由同样的演出者表演的艺术形式时,曾分别用"叙事形式"和"戏剧形式"来表示非正式的和正式的表演形式。[3] 毫无疑问,印度尼西亚 wayang bèbèr(配有图示的讲故事)和 wayang kulit(皮影戏),是相互依赖、相互关联的。它们都被用来讲述同样的故事,使用相同的乐队(gamelan),而且其角色亦是相同的。显然,必有一者是从另一者中发展而来的,而且从技术改进的需要来看,简单者必须是复杂者的前身。有一些证据表明,wayang bèbèr 是一种比较早期的形式。其中一个证据便是,印度的配画说书人亦偶尔使用傀儡和皮影来使其演出更具生动性。配画是早期的、原始的,而皮影和傀儡则是次生的。因此,Batchelder 对 wayang bèbèr 的认识,即它"是一种有局限性的戏剧形式———一种配有图示的说书"[4],确实是非常正确的。换一种说法,wayang bèbèr 是 wayang kulit 的前身,同时也是后来 wayang wong(使用人类演员的戏剧)的前身。

　　Soeripno 对爪哇古典舞蹈的研究,也证实了皮影戏和傀儡戏是由人演出戏剧的前身的观点:

　　　　这种舞蹈剧起源于被称作 wayang poerwa 或 wayang koelit 的

　　[1]Barbara Adachi,*The Voices and Hands of Bunraku*(Tokyo,New York,and San Francisco:Kodansha International,1978)的《导言》。

　　[2]Adolf Bastina,*Reisen in Siam im Jahre 1863*,Die Voelker des oestlichen Asien,Studien und Reisen 3,Jena:Hermann Costenoble,1867,p.503.

　　[3]P. L. Amin Sweeney,*The Ramayana and the Malay Shadow-Play*,Kuala Lumpur:The National University of Malaysia Press,1972,pp.49-51.

　　[4]Marjorie Hope Batchelder,*Rod-Puppets and the Human Theatre*,Contributions in Fine Arts 3,Columbus:The Ohio State University Press,1947,p.22.

皮影戏。wayang 的意义是影子,而以人为演员的戏剧也被称作 wayang,即 wayang wong,这说明皮影戏乃是戏剧的原始形式。这一点还可以从舞蹈剧的其他两个特点看出来。舞蹈者的面部缺乏表情,如同戴了面具一般,而且他们的动作也总是有意模仿皮影戏中皮制傀儡的动作,并在二维方向上运动。[1]

Soeripno 只是忽视了研究配画说书的皮影戏和傀儡戏产生中的意义。Claire Holt 也讨论过皮影戏对爪哇古典舞蹈的影响。[2]

Pischel 赞同亚洲的人演戏剧起源于皮影戏和傀儡戏的观点:

> 很可能傀儡戏在所有地方都是最古老的戏剧形式。毫无疑问,在印度是这种情况。而正是在印度,我们可以找到戏剧的起源。[3]

印度戏剧的舞台经理至今仍被称作 sūtradhāra,即"操线者",这肯定是从傀儡戏发展而来的。将这个词解释为"[故事]线索的操纵者",显然是过于牵强附会了。事实上,sūtradhāra 至今仍是印度傀儡戏演员的名称。[4] 而且,在早期印度戏剧中,还有一种被称作 sthāpaka 的人物,实际上是舞台经理的助手。如今,sthāpaka 意味着"创造者",此术语亦极有可能来源于皮影戏和傀儡戏。[5]

研究印度舞台艺术的权威人物之一 Kapila Vatsyayan 曾阐述过傀儡戏、皮影戏、配画说书以及"叙事剧"与以人为演员的戏剧之间的关系。[6] 比如,出自印度南部 Karala Kalamandalam 地方的一种名为 Kathakali 的舞蹈剧——其源至晚可追溯至 16 世纪——便经常被称作"故事戏",这并不是偶然的。另一方面,H. K. Ranganath 则将印度的说

---

〔1〕R. M. Soeripno, "Javanese Classical Dances", *London Geographical Magazine*, 1946, 19, pp. 220 – 221,有 8 幅图版(引文见页 220)。

〔2〕Chaire Holt, "The Dance in Java", *Asia*, 1937, 37, pp. 843 – 846,有 2 幅图版。

〔3〕Richard Pischel, *The Home of the Pupet Play*, Mildred C. Tawney 译自德文, London: Luzac, 1902, p. 5。

〔4〕Richard Pischel, *The Home of the Pupet Play*, p. 9。

〔5〕Richard Pischel, *The Home of the Pupet Play*, pp. 10 – 12。

〔6〕Kapila Vatsyayan, *Traditional Indian Theatre: Multiple Streams*, New Delhi: National Book Trust, 1981, pp. 10 – 13, 113ff。

· 欧 · 亚 · 历 · 史 · 文 · 化 · 文 · 库 ·

书说成是"独角戏"。[1]

Gargi 在讨论当代印度的民间戏剧时,曾正确地从电影摄影术和魔法的角度来归纳其特征,它们与我们所知的亚洲各地配画说书艺人的特征有惊人的相似性:

> Sutradhara(舞台导演,字面意义是"操线者")就像一个电影编辑,制作出由各种不同的戏剧片断组成的蒙太奇效果。在同一个舞台上,每时每刻都可以变幻出不同的场影。他使用很少的道具,魔术般地制造出宫殿、河流、森林、战斗场面以及宫廷等。[2]

泽田瑞穗曾敏锐地注意到,目犍连变文中插叙段的配置和推展非常近似于电影中的连续画面。[3] 这很可能是由于变文的基本形式是由某个故事画卷的结构所决定的。舍利弗变文显然就是这种情况。在变的艺术传统中,就像叙事画对于叙事文学作品一样,配画的重要性是确定无疑的。然而,Weitzmann 的断言"作品配以图画的第一个条件是其通俗性"[4],则与事实有不尽符合之处。Weitzmann 这个论断实质上是说,先出现叙事文学作品,而后由于其为大众所熟悉,才产生了配以图画解说的要求。Weitzmann 在得出这个结论的时候,没有将南亚和东亚的其他文学传统列入考虑之中。在这些地区,书面文学作品的出现差不多总是以口头流传的故事为基础。当某个口头故事为大众所熟悉并形成了固定的内容时,它会被配上图画和雕塑加以解说。此后,当这些图画逐渐发展并形成相对固定的叙事程式时,便出现了相反的过程:图画成了书面作品的基础。当然,在这些过程中,口头故事一直在发展着。至少在日本,图画被理解为配画说书的基础。这一点可以从"绘解"中看得很清楚。自然,图画并不是无缘而生的,就像我

---

〔1〕见 Cathy Spagnoli,"A Storyteller's India",*The National Storytelling Journal*,1984,1(2),pp.3–6(引文见页3注)。

〔2〕Balwant Gargi,"Folk Theatre In India",*Indian Drama*, ed. H. H. Anniah Gowda, Mysore: Prasaranga, University of Mysore,1974,pp.106–107.

〔3〕泽田瑞穗:《地狱变》,京都:法藏馆,1968,页138。

〔4〕Kurt Weizmann,*Ancient Book Illumination*, Cambridge, Massachusetts: Harvard University Press,1959,p.31.

在上面说过的那样,它们源自早已存在的、流传很广的口头文学故事。在中国,如果我们在某部作品的题目中找到"并图"的字样,那么我们可以将该作品的插图和文字两部分内容理解为相辅相成的关系。同样还是在中国,对变文与变相关系的总体考察,使得人们得出结论:对于书面作品和图画来说,后者应被视作是第一位的,而前者则是解释性的。因此,在《汉将王陵变》中写道:"从此一铺,便是变初。"[1]这篇变文作品还表现出对某个早已存在的或当时存在的画铺的崇敬。由于这一点非常重要,因此有必要加以重复。在中国和日本,当一个口头流传的故事流行到一定程度并被绘成图画后,图画对于此后出现的书面作品来说便具有重大的意义,这些作品是以图画为起点的。当然,书面作品经过长期的发展后,它又可以获得相对于此后出现的配画来说更为重要的地位。

然而 Weitzmann 所描述的情况看来并不适合于古代埃及。Gaston Maspero 曾指出,埃及的墓画可能是固定化了的书面文学故事的图示。"底比斯(Thebes)岩墓中的壁画极有可能是《两兄弟的传说》开头部分的解说:画中和书中所表现的情节几乎是丝丝相扣的。"[2]

Güterbock 在讨论亚述宫殿中的叙事壁画时,曾对文学和图画之间的两种关系做过重要的区分:"'标签'中的铭文是被用来解释图画的,这与用图画来解释作品正好相反。"[3]这种区分在印度、中国和印度尼西亚同样有效。在那些图画占主要地位的地方,解说的文字是简短的,至多不过是些题签和铭文。敦煌和中亚各地绘画中存在的大量空白边框,说明文字并不是这些复合叙事作品最重要的组成部分。另一方面,如果文字部分在画卷、书籍、画旗或壁画中占有一个较大的比例,那

---

[1]王重民等编:《敦煌变文集》,页36,行12。

[2]Gaston Maspero, *Popular Stories of Ancient Egypt*, tr. from the fourth French edition by A. S. John, New Hyde Park, New York: University Books, 1967, p. XIII. "The Tale of Two Brothers" 亦由 Maspero 译出。王重民等编:《敦煌变文集》,页1-20。

[3]Hans G. Güterbock 在美国考古研究所第57届大会举行的"古代艺术中的叙事"讨论会上发表的对安纳托利亚、叙利亚、亚述等地故事画的诠释,收入 *American Journal of Archaeology*,1957,61,pp.43-91,图版11-36(引文见页70)。

么图画便处于一个相对次要的地位。[1] 但是,无论文字或图画的相对重要性如何,总是有一个预先存在的故事。这个故事可能通过文字的或非文字的形式为艺术家和说书人所知晓,尽管非文字的形式在亚洲的民间文学中占有优势。

亚述式配画作品的最早范例是 Ashurbanipal 王图书馆的素描。[2]值得注意的是,有一篇作品中的插图前都有这样一句话:"如图所示"[3],它使人联想起变文中经常提示图中的某"处",并继以"若为陈说"。

目前要对公元前一千年以前印度和中东文明之间的文化交流做出评估尚有诸多困难,因为人们不清楚在这么早的年代里会存在何种形式的交流。而且,在摩亨佐 – 达罗(Mohenjo-Daro)和哈拉巴(Harappa)遗址(年代为公元前 3000 年)中,都发现了叙事绘画艺术,因此,该种艺术在印度很可能有一个独立的发展过程。

Weitzmann 对连环故事画的基本特征有过一番说明:真正的故事画的本质,并不是某个表现故事高潮情节的大画面中的单个场景……而是将一段故事分解成一系列连续性的画面,故事中的人物在这些画面中反复出现。……这种铺陈性的叙事画艺术……直到今天才在动画中达到了完满的程度。[4]

正如我在上面说明的那样,中国俗文学曾经受到配画说书艺术的强烈影响,因此我们可以推断它有一种基本的片段性的特征。下面我将试图提供证明。

研究中国文学的学者们经常被这样一些(实际上是无益的)问题所困扰,比如为什么描写英雄人物绝望奋斗的悲剧以及具有连续情节并以人物心理发展为重点的长篇小说在中国不发达。首先,这些文学

---

〔1〕尽管文字和图画之间并没有固定的比例标准可据以确定其主从性,但据我的经验,如果文字部分占据了全部作品内容的三分之一以上,其配画一般可以被视作文字的图解。

〔2〕Güterbock 在"古代艺术中的叙事"讨论会上的发言,页 70 – 71。

〔3〕*Cuneiform Texts from Babylonian Tablets*, & c, in the British Museum 31, London:Trustees of the British Museum,1911,图版 10 以下,尤其参图版 14(K2089)以及 40(K1999)。

〔4〕Kurt Weizmann,*Ancient Book Illumination*,p. 31。

体裁没有非要在中国发达不可的必要。中国和西方在哲学世界观以及由此产生的价值观念上有很大的不同,因此它们各自产生不同的文学形式也是很自然的。我从未听到人们提出这样的问题:"为什么西方没有对联?"或"为什么西方没有发达的联诗艺术?"在中国,有许多文学体裁是西方完全没有的。显然,任何一个民族都有资格创造和发展自己的文学形式,而不必理会这些形式是否适应其他民族的口味和文学创作。另外一个相关的事实是,没有哪种文学体裁是永恒不变的,所有文学体裁都要经历一个产生、成长、改造和消亡的过程。我们在西方已经目睹了传统形式的长篇小说开始走向衰亡。乔伊斯(James Joyce)的《芬尼根的守灵》(Finnegans Wake)和格拉斯(Günter Grass)的作品都表现出对传统的长篇故事作品的直线式情节的背离。在艺术领域中也出现了对直线的否定。比如毕加索(Pablo Picasso)、蒙德里安(Pieter Mondriaan)的绘画,以及摩尔(Henry Moore)的雕塑。麦克卢恩(Marshell McLuhan)曾指出,这种变化在西方"电子时代"的文化中具有普遍性。解构派甚至将对被视为西方逻辑思想基础的"直线"的否定,当作本派的中心纲领。这些变化是否过眼云烟还须作进一步的考察,但是人们可以从中得出结论说,所有这些东西,比如长篇小说,其形式和特征都不能被看成是一成不变的。

我们没有必要拿这样一些问题——比如为什么中国作家们"没有"创作出连续性的叙事小说——来困扰自己。比较可取的态度是,对中国文学诸体裁本身的发展过程做出总结,而不是将它们与欧洲文学进行对比并做出褒贬。中国小说结构的间断性对于第一次接触它们的读者来说确实是很新奇的,比如《儒林外史》(成书于1739—1750年间,刊行于1768—1777年间),甚至老舍的一些早期作品。可以这样说,由于中国戏曲和小说是在一种盛行口头说书艺术——其特点是注重区别前后次序中的时间和地点——的历史环境中发展起来的,所以自然具有间断性而非连续性的特点。可是如果要把这个特点说成是中国文学的某种先天不足,则是毫无意义的。因此,我想在此提出一个"插入式情节结构"(episodic plot structure)的概念,这一概念基于中国小说和戏曲的历史,并且对两者都适用。

所有这些导致这样一种认识:中国小说和戏曲的基本要素是叙述的时间(时)和叙述的地点(处)。这些时间和地点的前后连续便构成了插入式的叙事作品。这是中国所有的韵散结合的小说和戏曲的一个基本形式。因此,要想在古代中国找到西方人所理解的戏剧和小说是不太可能的。由于中国的戏曲和小说实出同源,我们不妨将它们定义为戏曲式的故事或故事式的戏曲(在这里,小说的概念包含在故事概念中)。这也就是说,其中每一种文学体裁的大部分作品都或多或少地带有另一种体裁的因素。我们不妨看看 Skwarczyńska 对西方史诗式(亦即叙事式)和戏剧式情节之间的区别的分析,因为中国文学的情形正好相反,它不存在如此强烈的对立:

> 我们知道史诗和戏剧有巨大的相同之处,它们都是以对情节的构造为基础的。但是在典型的史诗情节和典型的戏剧情节之间,存在着重要的区别。毫无疑问,它们都表现事件的发展过程,都有开端和结局的框架。这些事件决定了人物的命运。它们不仅以彼此间的前后顺序,而且还以内在的因果关系相联系。但是对于一种典型的史诗情节来说,大部分事件是永恒发生的,它们与角色本身无关,超然于角色之外并决定着他们的命运;而构成一种戏剧情节的大部分事件则是由剧中角色的意志所决定的,并有其独特的行为特征。而且,典型的史诗情节表现事件发展的方式,通常是直线式的,由一串时常变幻、有内在的和循序的联系的事件流组成,而戏剧情节则是通过两种相反势力的冲突、斗争来表现故事的发展的。对于史诗来说,只需指出故事的发展就可以了;对于戏剧来说,则须指出这种发展起源于何种冲突。[1]

可见,在研究西方文学体裁时,有关小说和戏剧的相互依赖性的观点是很不适用的;然而这一概念对于解释中国俗文学的特征却具有关键意义。

---

〔1〕Żbikowski 引用并翻译,*Early Nan-hsi Plays*,p. 129.

对于中国文学来说,"故事式的戏曲"或"戏曲式的故事"这两个概念不仅可以,而且有必要加以利用,因为它们对研究人员来说是两个可以用来正确解释和阐明许多作品的概念工具。某一部特定作品可能更近似于一种体裁,但是它必然兼有戏曲和叙述式作品(小说)的特征。对中国俗文学这一本质特征的认识,来源于对一些为人熟知的戏剧和小说的考察。因此,Scholes 和 Kellogg 提出的记叙体作品的概念,并不完全适用于古典亚洲文学:

> 记叙体作品是指这样一些文学作品,其基本特征是:一个故事情节的展开和一个讲故事的人。戏剧是没有叙述者的故事,戏剧演员——用亚里士多德的话来说——直接"模仿"日常生活中的动作。一首抒情诗,就像一部戏剧,也是一种直接的表现形式。在诗中,只有一个演员,即诗人或其代替者。他或唱、或说、或沉思,为我们所聆听或阅读。加上第二个说话的人,就像弗罗斯特(Robert Frost)在"The Death of a Hired Man"中所做的那样,就成了戏剧。如果让这个说话人开始讲述一件事情,就像弗罗斯特在"The Vanishing Red"中所做的那样,就成了叙述体作品。一件作品成为叙述体作品,其条件是,而且只需要是有一个叙述者和一个故事情节。[1]

但是印度、中国、印度尼西亚以及日本的某些戏剧,会使用一个叙述者,这对于研究文学体裁的西方文论家来说,像是术语上的矛盾。此外,亚洲的各种说书艺术形式也使用傀儡、皮影,甚至演员来产生仿生的视觉效果。

Francis Westbrook 曾认识到中国小说的戏剧特征和韵散结合的特点,他指出:"……《红楼梦》由许多简短的、快速变化的'场景'和短剧组成,作者的插话有时候就是真正的舞台指导。"[2] H. C. Chang 曾注意

〔1〕Robert Scholes, Rober Kellogg, *The Nature of Narrative*, New York: Oxford University Press, 1966, p.4.

〔2〕Francis A, Westbrook, "On Dreams, Saints, and Fallen Angels: Reality and Illusion in Dream of the Red Chamber and The Idiot", *Literature East and West*, 1971, 15(3), pp. 371 – 391(引文见页372)。

到短篇小说《快嘴李翠莲记》中小说和戏剧因素的结合:"它融合了两种基本的因素……说书和戏剧表演艺术。"[1]人们在编撰于 15 世纪初的《永乐大典》第 13,991 卷中发现过一个有关《张协状元》的剧本。其开场白是一个诸宫调,接着便问:"似怎唱说诸宫调,何如把此话文敷演?"[2]这便进一步表明,既便在明代,口头叙述文学和戏剧之间的转换也被看作是顺理成章的。

有些作品,比如《错斩崔宁》的模糊性质,亦可通过对故事中旁白者的插入语的考察而得以澄清。在一段有"却说"、"闲话休提"等插入语的文字中,我们还发现叙述者用"看官听说"[3]来提请听众的注意。"看官"通常被解释为"读者",然而根据上下文义来看,这种解释似乎不通。它多半是一种早期的残余,来自那个说书中"看"和"听"具有同等重要地位的年代。

一般人想象中的皮影戏使用直接的、第一人称的对话,然而中国皮影艺人却经常用第三人称的叙述方式来解说角色的动作。[4] 这显然是其由说书艺术发展而来的一条线索。Eggeling 对印度事务部图书馆收藏的一份 Dūtāṅgada 手稿所做的注释在此问题上是有启发性的:"这个本子不仅通过插入许多添加的段落而使得对话本身大大地扩充,而且还插入了一些叙事韵文,从而使得该作品被有意识地改造成一种剧本(伴有舞台指导语)和叙事诗的混杂物。"[5]值得注意的是,这部作品在许多手稿中被称作 chāyā-nāṭaka(字面意义为"皮影戏",请参考我在上面对中亚佛教的 chāyā-nālai 进行的讨论)。另外一方面,需要特别注意"宝卷"(它通常被视作一种叙事文学体裁)。在这种体裁中,说书人可以变换自己的人称。因此,这种作品——比如《何文秀

〔1〕H. C. Chang, *Chinese Literature: Popular Fiction and Drama*, Edinburgh: Edinburgh University Press, 1973, p. 23.

〔2〕《永乐大典》,台北:世界书局,1962,页 146;也可以参一种缩微印本,上海:商务印书馆,1954。

〔3〕《京本通俗小说》,上海:古典文学出版社,1954,页 87。

〔4〕孙楷第:《近世戏曲的演唱形式出自傀儡戏影戏考》,页 262。

〔5〕Julius Eggeling, comp., *Catalog of the Sanskrit Manuscripts in the Library of the India Office*, London: Order of the Secretary of State for India in Council, 1904, p. 1604, No. 4189, 1520e.

宝卷》——代表着叙事小说和叙事戏剧之间的一个中介、演化的阶段。

在山东"鼓书"这种艺术形式中,由一对说书人共同表演,故事的叙述便由两人来回进行。其中一人说主角,而另一人说次要角色。其艺术效果显然介乎于口头叙事和戏剧之间。

前不久,我接触了一种至今仍在沈阳地区表演的叙事剧(或舞蹈剧)形式[1],这便是"二人转"。这种表演伴有一个相当大的乐班(使用笛、筝、3个板胡,若干响板、口琴、唢呐和大提琴[!]等乐器)。两名演员穿着戏服,利用动作、舞蹈、歌唱、对白等进行表演。有时他们以第三人称进行叙述,故事情节便在两人之间来回展开。"二人转"有一种比较高级的形式,被称作"拉场戏",是在舞台上演出的,表演者各有其固定的角色。在这种表演形式中,演员不止两个人,但是在舞台上任何时候都只有两个演员在表演。与"二人转"仅仅利用歌唱和舞蹈的表演形式不同,"拉场戏"还使用道具和布景。"拉场戏"的乐班还采用了京剧中的打击乐器,而"二人转"中则没有。这种戏曲的最高形式被称作"吉剧"。在这种戏曲中,舞台上可以出现第三个演员以及类似合唱队的演员群。演员们使用着成熟的戏剧对白,穿着戏服,如高跷和长袖。这样,我们在中国的同一个地区,仍能观察到整个一系列彼此相关的表演艺术,它们代表着从叙事文学向戏曲发展的过程。

元、明戏曲中有许多段落暴露出它们来源于说书艺术。这些段落明显地带有叙述性,而与戏剧对白截然不同。如果没有中国戏剧史的背景知识,是很难理解这些段落产生的原因的。甚至直到今天,在中国的许多说书艺术中,表演者还使用着大量的、丰富的动作和姿势,从而使得这些表演的性质多少有点介乎纯粹的叙事文学和戏剧之间:

> 要表现某个人正在拼命奔跑,他便摆动胳膊,并耸起肩膀。所谓"道具"只是一把扇子或一块手帕。将扇子折起来,可以表示一把剑或一条鞭子;将扇子打开,可以表示一顶帽子或一张帆。手帕

---

[1]Iris Pian 在 1982 年 4 月 3 日于芝加哥举行的亚洲研究协会年会的 CHINOPERL 分组会上展示了一盘录像带,并就此课题发表了一个演讲。

可以用来表示一封信或一纸诉状,或其他许多东西。说书人的动作幅度很小,但是可以通过目光的一瞥或者手和扇子的一个象征性动作,来表现故事中人物的内心世界。在过去,一个年轻人在学艺 4 至 5 年后,便被认为已经具备了基本的技能。但要真正熟练地掌握这门艺术,则必须通过终身的实践。[1]

中国说书艺术的半叙事、半戏曲特征可以从底下这段苏州艺人表演的《西厢记》台词中看得很清楚:

（说白）:其实,莺莺没有睡着……红娘走了后,她对自己做的事觉得惊异。她想（扮演、仿莺莺）:"我是相国之女,但我竟然指使侍婢给张生传书寄简。我相信她不会把这事告诉旁人,但我怕她会在背后取笑我。"（说白）:这姑娘躺在床上,脑子里胡思乱想。她听到楼梯上红娘的脚步声。红娘进来,莺莺闭上眼,假装睡着……红娘掀起床上帐子,这触怒了莺莺,她觉得红娘太粗鲁。然后红娘说道:"小姐你总是夜间不眠却爱白天睡,究竟有什么心事?"

莺莺很生气。（演莺莺）:"她说话像是高高在上……她敢这样还不是因为我叫她传信。她可得意,认为她帮了我大忙……"（说白）:怒火在莺莺胸中烧,但她双眼紧闭没说话。[2]

这位苏州弹词艺人根据他所表演的不同角色而改变音色和措辞,他不断地变换叙述、对白、动作神态等表演手段,做出各种声响,介绍故事背景,等等。要将这样一种表演严格地定性为叙事或戏剧都是不可能的。在许多场合中,演奏三弦的主要演员还伴有另外一个演奏琵琶的演员,后者也可以扮演一个临时的角色。到 20 世纪,弹词表演中偶尔也使用一些其他的乐器,而且使用这些乐器的演员也可以唱和表演。这样,它与原始的叙事剧之间的区别就很小了。

---

〔1〕Chen Chung-hsien，"Soochow Storytelling"，*China Reconstructs*，1961，10（10），pp. 19 - 21（引文见页 20）。曾永义亦描绘了说唱艺人如何以服装、动作等手段来处理戏剧中的演员特征。他还说明了傀儡戏如何与人演戏剧相联系,参《中国地方戏曲形成与发展的径路》,该文提交给 1986 年 12 月 29 - 31 日在台北举行的第二届国际汉学会议（Second International Conference on Sinology，Academia Sinica）,后来发表在这次大会的论文集中。

〔2〕Chen Chung-wen，"Soochow Storytelling"，pp. 20 - 21.

在民间文艺界,多少还保留着一些对作为一种叙事方法的"变"的模糊记忆。苏州评话艺人金声伯曾于 1983 年 11 月说过:"如果你要用一个字来归纳我的说书艺术的特征,那就是'变'。"当被问及这个"变"字具体何所指时,金氏本人也没有做出很清楚的解释。[1] 也许他所说的"变"只是"变化"的意思,但是重要的是,他使用了一个可以追溯至中国韵散结合的、戏曲式叙事文学的、佛教源头的字,来总结自己的艺术。

蒋伯潜也曾注意到了中国口头表演艺术的双重特征。他指出:"流行至今的鼓词、宝卷以及弹词,严格地说来,既非真正的小说也非戏曲……"[2]

17 世纪的剧作家和文学理论家李渔(1611—1680)非常强调叙事文学与舞台艺术之间的关系。就如韩南(Patrick Hanan)所指出的那样:"……他在讨论戏剧时偶尔亦提及故事,而其小说中大量的自注,总是使用那些适用于戏剧的术语。"[3]

总之,从一方面来说,中国小说具有强烈的戏曲成分;而另一方面,中国戏剧也有着显著的叙述性特征。尽管偶尔也渲染矛盾冲突,但这并不是其主要特征。用西方的标准来看,即使在喜剧中,也应制造矛盾冲突或情节高潮。而对于中国戏曲来说,情节的开展由一连串的插叙段构成,它们在本质上是叙事性的。因此,我反复强调使用"叙述性戏曲"或"戏剧式叙事"这两个术语的重要性。在中国,这两者从来没有真正地分离过。我用这两个术语来指示两种彼此密切相关的文学体裁,它们既不是纯粹的叙事性小说,也不是纯粹的戏剧,而是在各种不同的程度上包括了两者的因素。这部分地是考虑到那些习惯于在叙事和戏剧体裁之间做一截然划分的文论家们,总是试图找出中国俗文

----

〔1〕金声伯的访问者 Susan Blader 在"Yan Chasan Thrice Tested:Printed Novel to Oral Tale",*Chinoperl Papers*,1983,12,pp. 84 - 111(引文见页 87)一文中写到,金氏认为变有两种形式:丰富和改造。金之所以未能指出变的确切含义,很可能因为这是一个由他的先师们传给他的旧概念。

〔2〕蒋伯潜:《小说与戏剧》,台北:世界书局,1956,页 90。

〔3〕韩南(Patrick Hanan),*The Chinese Vernacular Story*,Cambridge,Massachusetts:Harvard University Press,1981,p. 168.

学的缺陷。在本文中,我尝试从历史演变的角度,论证中国戏曲和小说的特征部分地来自于它们共同的祖先——佛教说书艺术。因此,我完全赞同 Vandier-Nicholas 的观点,她将变文说成是"叙事体裁和戏剧体裁之间的一种中介物"。[1] 对这个观点的唯一保留是,不能把历史上一度发生的事件扩展至整个历史过程中去,否则就容易使人误解。这也就是说,虽然来自印度佛教的变文代表着中国小说和戏剧发展的第一个联系环节,但此后还有许多其他说书艺术形式存续并发展下来,而且还产生出新的戏剧形式和新的"中介"体裁。我在本文中所讨论的中国小说和戏曲由说书发展出来的过程,可以用图解方式揭示如图 10-1。这里描绘的有些发展阶段可能会重复或变化许多次,因此,这张图解应该被视作演化过程和类型联系的展示,而不是年代学的顺序图。还应指出的是,戏曲和小说在自产生之日起发展的每一阶段不断地互相丰富,而且,它们之间以及它们与其他体裁之间(从正史到格律诗)自然也存在着相互影响。这张图解略去了许多次要的影响(舞蹈、伶戏、杂技,以及其他舞台表演艺术),中间阶段(诸宫调、院本),副产物(宝卷、弹词),以及混合体裁(四折、鼓书)。

我们已经看到,宋及宋以后的小说和戏曲与唐代的佛教说书艺术有着密切的联系。韵散结合的形式、白话语言、插叙式的特征,以及许多其他戏剧式叙事的特征,都是变文对近一千年来中国俗文学的发展具有决定性影响的证据。

---

〔1〕Nicole Vandier-Nicholas, tr. and comm. , *Śāriputra et les Six Maitres d' Erreur*, Mission Pelliot en Asie Centrale, Série in-Quarto V, Paris; Imprimerie Nationale, 1954, p. 2.

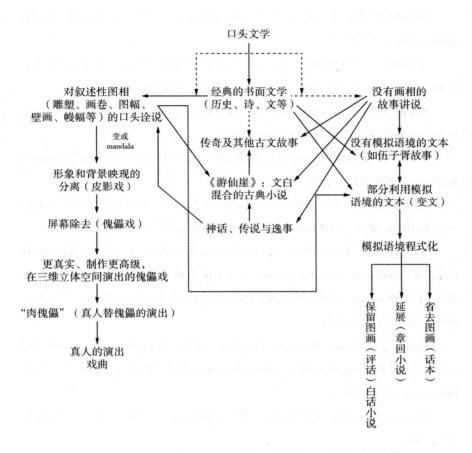

图 10 - 1　口头文学对中国白话小说与戏曲发展的若干影响

主要引用文献

Adachi B. The Voices and Hands of Bunraku[M]. Tokyo：Kodansha International,1978.

Anthony C Y. Heroic Verse and Heroic Mission：Dimensions of the Epic in Hsiyu chi[J]. Journal of Asian Studies,1972,31(4).

Bailey H W. Indo-Scythian Studies,Being Khotanese Texts[M]. Cambridge：Cambridge University Press,1967.

Bailey H W. Mā'hyāra[J]. Bulletin of the Deccan College Research Institute,1960,20(1/2/3/4).

Bailey H W. Story-Telling in Buddhist Central Asia[J]. Acta Asiatica—Bulletin of the Institute of Eastern Culture,1972,23.

Bailey H W. The Culture of the Iranian Kingdom of Ancient Khotan in Chinese Turkestan：The Expansion of Early Indian Influence into Nothern Asia[J]//Memoirs of the Resarch Department of the Toyo Bunko. The Oriental Library：1971,29.

Bailey J T. Some Burmese Paintings of the Seventeenth Century and Later,Part I：A Seventeenth-Century Painting Style Near Sagaing[J]. Atribus Asiae,1976,38(4).

Basham A L. The Pali Jatkas[J]. Literature East and West,1968,12(2/3/4).

Basham A L. The Wonder that Was India：A Survery of the Culture of the Indian Sub-Continent before the Coming of the Muslims[M]. New York：Grove Press,1959.

Bastina A. Reisen in Siam im Jahre 1863[M]. Jena：Hermann Costenoble,1867.

Batchelder M H. Rod-Puppets and the Human Theatre[M]. Contributions in Fine Arts：3. Columbus：The Ohio State University Press,1947.

Blader S. Yan Chasan Thrice Tested：Printed Novel to Oral Tale[J]. Chinoperl Papers,1983,12.

Blau H. Sarugaku und Shushi [M]. Wiesbaden: Otto Harrassowitz, 1966.

Boltz J M. Divertissement in Western Han[J]. Early China, 1975.

Bulling A. Die Kunst der Totenspiele in der"Östlichen Han-Zeit"[J]. Oriens Extremus, 1956, 3(1).

Bulling A. Historical Plays in the Art of the Han Period[J]. Archives of Asian Art, 1967 — 1968, 21.

Bulling A. Three Popular Motives in the Art of the Eastern Han Period: The Lifting of the Tripod, the Crossing of a Bridge, Divinities[J]. Archives of Asian Art, 1966 — 1967, 20.

Ch'en Li-li. Outer and Inner Forms of Chu Kung-tiao, with Reference to Pien-wen, Tzu and Vernacular Fiction [J]. Harvard Journal of Asiatic Studies, 1972, 32.

Chang H C. Chinese Literature: Popular Fiction and Drama[M]. Edinburgh: Edinburgh University Press, 1973.

Chang L. The Lost Roots of Chinese Shadow Theater: A Comparison with the Actors' Theater of China[D]. Los Angeles: University of Californis, 1982.

Chavannes É. Cing Cents Conter et Apologues-extraits du Tripitaka Chinois et traduits en Francais[M]. Paris: Librairie Ernest Leroux, 1910 — 1911.

Chen Chung-hsien. Soochow Storytelling [J]. China Reconstructs, 1961, 10(10).

Chen Tsu-lung(陈祚龙). Éloges de personnages éminents de Touen-houang-sous les T'ang et les cing dynasties, Partie I-avant-propos, introduction, textes chinois[M]. Paris: École Française d'Extreme-Orient, 1970.

Conze E. Buddhism: It Essence and Development[M]. New York: Harper Torchbooks, 1965.

Coodrich L C. A Short History of the Chinese People[M]. New York:

Harper and Row,1969.

Cowell E B. The Jātaka,or Stories of the Buddhas Former Births[M]. London:Luzac for the Pāli Text Society,1895 — 1907.

Craham A C. The Date and Composition of Lieh-tzu[J]. Asia Major, 1961,8(2).

Craham A C. The Questions of T'ang[M]//The Book of Lieh-tzu. London:Murray,1960.

Davis A R. Tao Yuan-ming(AD 365 — 427):His Works and Their Meaning[M]. Cambridge:Cambridge University Press,1983.

De S. History of Sanskrit Literature[M]. Calcutta:University of Calcutta,1947.

Dolby W. The Origins of Chinese Puppetry[J]. Bulletin of the School of Oriental and African Studies,1978,61(1).

Hiän-lin Dschi(季羡林). Lieh-tzu and Buddhist Sūtras:A Note on the Author of Liettzu and the Date of Its Composition[J]. Studia Serica,1950,9 (1).

Hiän-lin Dschi(季羡林). Indian Literature in China[J]. Chinese Literature,1958,4.

Dudbridge G. The Hsi-yu chi:A Study of Antecedents to the Sixteenth-Century Novel[M]. Cambridge:Cambridge University Press,1970.

Dunkel P F. Schattenfiguren, Schattenspiel:Geschichte, Herstellung, Spiel[M]. Köln:Dumont,1984.

Eberhard W. Notes on Chinese Storytellers[J]. Fabula,1970,11(1/2).

Eberhard W. The Girl that Became a Bird[M]// Fischel W J. Semitic and Oriental Studies:A Volume Presented to William Popper. Berkeley:University of California,1951.

Edwards E D. Chinese Prose Literature of the Tang Period:Ⅱ[M]. London:1938.

Eggeling J. Catalog of the Sanskrit Manuscripts in the Library of the India Office[M]. London: Order of the Secretary of State for India in Council, 1904.

Emmerick R E. The Book of Zambasta: A Khotanes Poem on Buddhism [M]. London: Oxford University Press, 1968.

Emmerick R E. Tibetan Texts Concerning Khotan[M]. London: Oxford University Press, 1967.

Ensink J. Rekhacarmma, On the Indonesian Shadow-play with Special Reference to the Island of Bail[J]. [Brahma-vidyā] Adyar Library Bulletin, 1967 — 1968.

Eoyang E. The Wang Chao-chǔn Legend: Configurations of the Classic [J]. Chinese Literature: Essays, Articles, Reviews, 1982, 4(1).

Fausbøll V. The Jātaka [M]. London: Kegan, Paul Trench, and Trübner, 1875 — 1897.

Francis A, Westbrook. On Dreams, Saints, and Fallen Angels: Reality and Illusion in Dream of the Red Chamber and The Idiot[J]. Literature East and West, 1971, 15(3).

Gargi B. Folk Theatre In India[M]//Gowda H H. A Indian Drama. Mysore: University of Mysore, 1974.

Hanan(韩南). The Chinese Vernacular Story[M]. Cambridge: Harvard University Press, 1981.

Hightower J R. The Poetry of Tao Ch'ien[M]. Oxford: The Charendon Press, 1970.

Holt C. Art in Indonesia: Continuities and Change[M]. Ithaca: Cornell University Press, 1967.

Holt C. The Dance in Java[J]. Asia, 1937, 37.

Hrdlička Z. Old Chinese Ballads to the Accompaniment of the Big Drum[J]. Archiv Orientální, 1957, 25(1).

Hui-Jan. The Recorded Sayings of Ch'an Master Li-chi Hui-chao of

Chen Prefecture[M]. Kyoto:The Institute for Zen Studies,1975.

Jacob C,JensenH,Losch H. Das indische Schattentheater[M]. Stuttgart:Kohl hammer,1931.

Jaworski J. Notes sur Lancienne littérature populaire en Chine[J]. Rocznik Orientalistyczny,1936,12.

Keene D. Bunraku:The Art of the Japanese Puppet Theatre[M]. Tokyo:Kodansha International,1937.

King W. A Thousand Lives Away[M]. Cambridge:Harvard University Press,1964.

Konow S. The Indian Drama[M]. Calcutta:General Printers and Publishers,1969.

Leumann E. Das nordarische(sakische) Lehrgediche des Buddhismus [M]. Leipzig:Brockhaus für Deutsche Morgenländische Cesellschaft, 1933 —1936.

Liu Mau-tsai(刘茂才). Puppenspiel und Schattentheater unter der Sung-Dynastie,Ihre Enstehung und ihre Formen [J]. Oriens Extremus, 1967,14(2).

Liu Ts'un-yan(柳存仁). Buddhist and Taoist Influences on Chinese Novels:I[M]. Wiesbaden:Otto Harrassowitz,1962.

Liu Ts'un-yan(柳存仁). Chinese Popular Fiction in Two London Libraries[M]. Hong Kong:Lung Men Bookstore,1967.

柳无忌. An Introduction to Chinese Literature[M]. Bloomington:University of Indiana Press,1966.

Lu Kuen-Wei Sundararajan. Chinese Stories of Karma and Transmigration[D]. Cambridge:Harvard University,1979,

Ma Yan-Woon(马幼垣). The Beginnings of Professional Story Telling in China:A Critique of Current Theories and Evidence[M]//Études d'histoire et de littératrue Chinoises offertes au Professeur Jaroslav Průšek, Bibliothéquede Pinstitut des Hautes Études chinoise:24. Paris:Presses Universitaires de France,1976.

Mair V H. A Partial Bibliography for "The Study of Indian Influence on Chinese Popular Literature"[J]. Sino-Platonic Papers,1987,3(3).

Mair V H. Lay Students and the Making of Written Vernacular Narrative: An Inventory of Tun-huang Manuscripts [J]. Chinoperl Papers, 1981,10.

Mair V H. Oral and Written Aspects of Chinese Sūtra Lectures[J]. 汉学研究,1986,4(2).

Mair V H. Painting and Performance: Chinese Picture Recitation and Its Indian Genesis[M]. Honolulu: University of Hawaii Press,1988.

Mair V H. T'ang Transformation Texts: A Study of the Buddhist Contribution to the Rise of Vernacular Fiction and Drama in China[M]. Cambrige: Harvard University Council on East Asian Studies,1989.

Mair V H. The Narrative Revolution in Chinese Literature: Ontological Presuppositions[J]. Chinese Literature: Essays, Articles, Reviews, 1983,5 (1).

Mair V H. Tun-huang Popular Narratives[M]. Cambridge: Cambridge University Press,1983.

Maspero G. Popular Stories of Ancient Egypt[M]. New Hyde Park: University Books,1967.

Mayrhofer M. Kurzgefasstes Etymologisches Wörterbuch des Altindischen[M]. Heidelberg: Universitätsverlag,1956 — 1963.

Metin, Karagöz: Turkish Shadow Theatre[M]. Ankara: Dost Yayinlarli.

Ming Lai. A History of Chinese Literature[M]. New York: John Day, 1964,p. 280。

Mirashi V V. Vākātaka Inscription in Cave X Ⅵ at Ajanta[M]. Calcutta: The Archaeological Department of his Exalted Highness the Nizam's Government,1941.

Naoaki M. The Origin of Fiction in China[J]. Acta Asiatica,1969,16.

Needham J(李约瑟). Science and Civilisation in China[M]. Cambridge:Cambridge University Press,1977.

Paper J D. Guide to Chinese Prose[M]. The Asian Literature Bibliography Series. Boston:Hall,1973.

Paul D. Les débuts de la littérature en Chinois vulgaire[J]. Acadénie des Inscriptions et Belles-Lettes,Comptes Rendus,1952,11/12.

Pischel R. The Home of the Pupet Play[M]. London:Luzac,1902.

Porras F. Titelles Teatro Popular[M]. Madrid:Editora Nacional,1981.

Prušek. Researches into the Beginnings of the Popular Chinese Nover [J]. Archiv Orientalni,1939,11(1)/1955,23(4).

Reischauer E O. Ennin's Diary:The Record of a Pilgrimage to China in Search of the Law[M]. New York:The Ronald Press,1955.

RoyD. Review of Li-li Ch'en,Master Tung's Western Chamber Romance[J]. Harvard Journal of Asiatic Studies,1977,37(1).

Scholes R,Kellogg R. The Nature of Narrative[M]. New York:Oxford University Press,1966.

Seltmann F. Schattenspiel in Kerala:Sakrales Theater in Süd – Indien [M]. Stuttgart:Franz Steiner [Wiesbaden],1986.

Senart É. Le Mahâvastu [M]. Paris:I' Imprimerie Nationale, 1882 — 1897.

Shih Chung-wen. The Golden Age of Chinese Drama:Yuan Tsa-chü [M]. Princeton:Princeton University Press,1976.

Siegt E, Siegling W. Tokharische Sprachreste [M]. Berlin:Gruyter,1921.

Sing E. Das Märche von dem Mehaniker und dem Maler in tocharischer Fassung[M]//Festschrift für friedrich Hirth zu seinem:75. Geburtstag:16. Berlin:Oesterheld,1920.

Soeripno R M. Javanese Classical Dances [J]. London Geographical

Magazine,1946,19.

Spagnoli C. A Storyteller's India[J]. The National Storytelling Journal,1984,1(2).

Spies O. Türkisches Puppenthester: Versuch einer Geschichte des Puppentheaters im Morgenland[M]. Emsdetten: Lechte,1959.

Spitzing C. Das Indonesische Schattenspiel: Bali, Java, Lombok [M]. Köln: Dumont,1981.

Stache-Rosen V. Shadow Players and Picture Showmen[J]. Quarterly Journal of the Mythic Society,1975,66(3/4).

Stein M A. On Ancient Central-Asian Tracks: Brief Narrative of Three Expeditions in Innermost Asia and North-Western China[M]. London: Macmillan,1933.

Stein M A. Serindia: Detailed Report of Explorations in Central Asia and Westernmst China[M]. Oxford: Clarendon Press,1921.

Sweeney P L A. The Ramayana and the Malay Shadow-Play[M]. Kuala Lumpur: The National University of Malaysia Press,1972.

Tambian S J. Buddhism and the Spirit Cults in North-East Thailand [M]. Cambridge: Cambridge University Press,1970.

Terrill R, Wolinsky C. Sichuan: Where China Changes Course[J]. National Geographic,1985,168(3).

Thomas F W. Tibetan Literay Texts and Documents Concerning Chinese Turkestan[M]. London: Royal Asiatic Society,1935 — 1963.

Vandier-Nicholas N. Sāriputra et les Six Maitres d'Erreur[M]. Paris: Imprimerie Nationale,1954.

Vatsyayan K. Traditional Indian Theatre: Multiple Streams [M]. New Delhi: National Book Trust,1981.

Waley A. The Nine Songs: A Study of Shamanism in Ancient China [M]. London: Allen and Unwin,1955.

Wang Ch'iu-kuei(王秋桂). The Transformation of the Meng Chiang-nü Story in Chinese Popular Literature[D]. Cambridge:University of Cambridge,1977.

Watson B. The Complete Works of Chuang Tzu[M]. New York:Columbia University Press,1968.

Weiner S. Ajanta:Its Place in Buddhist Art[M]//The Narrative Tradition of the Buddha Imago. Berkeley:University of California Press,1977.

Weizmann K. Ancient Book Illumination[M]. Cambridge:Harvard University Press,1959.

West S. Vaudeville and Narrative:Aspects of Chinese Theater[M]. Wiesbaden:Franz Steiner,1977.

Wimsatt G B. Chinese Shadow Shows[M]. Cambridge:Harvard University Press,1936.

Żbikowski T. Early Nan-hsi Plays of the Southern Period[M]. Warsaw:Wydawnictwa Uniwersytetu Warszawskiego,1974.

Żbikowski T. On Early Chinese Theatrical Performances[J]. Rocznik Orientalistyczny,1962,26(1).

Меъщиков Л Н. Ъянъвзнъ о вэймоцзе—Ъянъвэнъ《Десятъ блапих энамений》[J]. МИэлвостлит,1963.

Менъщикои Л Н. A Survey of Recent Soviet Studies on Chinese Literature[J]. Chinese Literatate:Essays,Articles,Reviews,1980,2(1).

Менъщикои Л Н. Изуцение Древекитайских Писъменнъх Памятников[J]. Вестник Акацемии Наук СССР,1968,5.

阿维. 皮影戏[M]. 北京:朝花美术出版社,1955.

阿英(钱杏邨). 中国连环图画史话[M]. 北京:中国古典美术出版社,1957.

安作璋. 两汉与西域关系史[M]. 山东:齐鲁书社,1979.

常任侠. 佛经文学故事选[M]. 北京:中华书局,1961.

陈梦雷(1615—约1723年). 古今图书集成·艺术典[M]. 上海:

图书集成监版印书局,1884.

程毅中.关于变文的几点探索[M]//文学遗产增刊:10.北京:中华书局,1962.

川口久雄.话话とリ戏剧へ——敦煌变文の性格と日本文学[M]//金泽大学法文学部论集.文学编:12,1964.

东京梦华录(外 4 种)[M].上海:古典文学出版社,1956.

傅惜华.元代杂剧全目[M].北京:作家出版社,1957.

傅惜华.子弟书总目[M].上海:上海文艺联合出版社,1954.

傅芸子.敦煌俗文学之发现及其展开[M]//白川集.东京:文求堂,1943.

高承(鼎盛年 1078 — 1085).事物纪原[M].《丛书集成初编》本,卷 9.

关俊哲.北京皮影戏[M].北京:北京出版社,1959.

郭立诚.小乘经典与中国小说戏曲[M]//佛教与中国文学.台北:大乘文化出版社.

郭味蕖.中国版画史略[M].北京:朝花美术出版社,1962.

洪迈(1123 — 1202).夷坚志·三志[M].

胡怀琛.中国古代小说的国际关系[J].世界杂志,1931,1(4).

胡怀琛.中国古代小说之外国资料[J].逸经,1936,1(4).

胡应麟.少室山房笔丛·二酉缀遗引[M].北京:中华书局,1958.

霍世休.唐代传奇文与印度的故事[J].文学,1934,2(6).

计有功(1126 年).唐诗纪事[M].《四部丛刊》本.

蒋伯潜.小说与戏剧[M].台北:世界书局,1956.

蒋礼鸿.敦煌变文字义通释[M].北京:中华书局,1962,页 76－77。

酒井忠夫.中国善书の研究[M].东京:弘文堂,1960.

乐蘅军.宋代话本研究[M].台北:商务印书馆,1969.

礼记·檀弓下[M]//十三经注疏.影印 1896 年版.台北:艺文印书馆,1976.

李家瑞.北平风俗类征[M].上海:商务印书馆,1937.

李家瑞.由说书变成戏剧的痕迹[J].中研院史语所集刊,1937,7(3).

李世瑜.宝卷综录[M].北京:中华书局,1961.

刘经庵,徐傅霖.中国俗文学论文汇编[M].台北:西南书局,1978.

刘开荣.唐代小说研究·前言[M].上海:商务印书馆,1946.

刘志远.成都天回山崖墓清理记[J].考古学报.1958,1(19).

罗锦堂.傀儡戏的由来[J].大陆杂志.1970,41(12).

罗振玉.敦煌零拾[M].作者自刊,1924(?).

罗振玉.松翁近稿[M].作者自刊,1925.

毛奇龄(1623—1716).西河词话[M]//词话丛编:4.南京:词话丛编社,1935.

梅应运.敦煌变文与佛寺壁画之关系(变文与变相)[J].新亚书院学术年刊,1969,11.

那波利贞.唐代の社邑に就きて[M]//唐代社会文化史研究.东京:创文社,1974.

纳兰性德.渌水亭杂识//昭代丛书[M]:69.世楷堂,1833.

潘重规.中国古代短篇小说选注[M].台北:台湾学生书局,1976.

彭定求(1645—1719).全唐诗[M].北京:中华书局,1960.

前野直彬.中国小说史考[M].东京:秋山书店,1975.

钱南扬.通讯[J].歌谣周刊,1925,1(90).

青木正儿.支那文学艺术考[M].东京:弘文堂,1949.

邱坤良.台湾的傀儡戏[J].民俗曲艺:傀儡戏专辑,1983,22/23/24(5).

邱镇京.敦煌变文述论[M].台北:商务印书馆,1970.

邱镇京.敦煌佛经变文述论[J].狮子吼,1967,6/7/8/9.

秋山光和.弥勒下生经变白描粉本(S.259V)と敦煌壁画の制作[M]//西域文化研究.京都:法藏馆,1958—1963.

孙楷第.近世戏曲的唱演形式出自傀儡戏影戏考[M]//沧州集.北

京:中华书局,1965.

孙楷第.中国短篇白话小说的发展[M]//沧州集.北京:中华书局,1965.

孙贤照.国剧故事溯源[M].台北:正中书局,1976.

台静农.佛教故事与中国小说[M]//佛教与中国文学.台北:大乘文化出版社,1978.

谭正璧,谭寻.弹词叙录[M].上海:上海古籍出版社,1981.

王国维.录曲余谈[M].上海,杭州:六艺书局,1932.

王重民,王庆菽,向达,等.敦煌变文集[M].北京:人民文学出版社,1957.

王重民.敦煌古籍叙录[M].上海:商务印书馆,1958.

向达.唐代长安与西域文明[M].北京:生活、读书、新知三联书店,1957.

小川环树.变文と讲史[M].台北:天一出版社,1970.

小川环树.变文と讲史——中国白话小说の起源//中国小说史の研究[M].东京:岩波书店,1968.

谢海平.讲史性之变文研究[M].台北:天一出版社,1970.

谢无量.佛教东来对中国文学之影响[M]//佛教与中国文学.台北:大乘文化出版社,1978.

新编五代史平话[M].上海:古典文学出版社,1954.

徐嘉瑞.中国长篇小说的起源[N].中央日报,1948 – 04 – 02.

徐筱汀.小说戏剧中"回"、"折"、"出"三字的来历[J].东方杂志.1964,42(2).

叶德钧.宋元明讲唱文学[M].上海:上杂出版社,1953.

俞为民.傀儡戏起源小考[J].南京大学学报:哲学社会科学,1980,3(8).

杂宝藏经[M]//高楠顺次郎,渡边海旭.大正新修大藏经.东京:大正一切经刊行会,1922 — 1934.

泽田瑞德.佛教と中国文学[M].东京:国书刊行会,1975.

泽田瑞穗.地狱变[M].京都:法藏馆,1968.

泽田瑞穗.增补宝卷の研究[M].东京:国书刊行会,1975.

张敬文.中国诗歌史[M].台北:玉石书店,1970.

张耒(1052－1112).明道杂志[M].《丛书集成初编》本.

张寿林.王昭君故事演变之点点滴滴[M]//周绍良,白化文.敦煌变文论文录.上海:上海古籍出版社,1982.

赵俊贤.说书起源问题质疑[M]//文学遗产增刊:10.北京:中华书局,1962.

郑振铎.从变文到弹词[M].北京:作家出版社,1957.

郑振铎.中国俗文学史[M].长沙:商务印书馆,1938.

中国神话故事[M].台北:河洛图书出版社,1976.

中国音乐辞典编辑部.中国音乐辞典[M].北京:人民音乐出版社,1984.

周绍良.敦煌所出唐变文汇录[J].现代佛学,1951,1(10).

周叔迦.漫谈变文的起源[J].现代佛学.1954,2.

周贻白.中国戏剧的起源和发展[M].北京:中国戏曲出版社,1957.

周贻白.中国戏剧史[M].上海:中华书局,1953.

朱维之.沙恭达拉与宋元南戏[J].福州协和大学学报.1935,3.

（杨继东、陈引驰译。原载梅维恒著,杨继东、陈引驰译,徐文堪校:《唐代变文——佛教对中国白话小说及戏曲产生的贡献之研究》,中西书局2011年版)

11 《心经》与《西游记》的关系

11.1 导言

《心经》的梵文全名是 *Prajñāpāramitā-hṛdaya-sūtra*,中文全名是《般若波罗蜜多心经》(《大正大藏经》8[251]898c;此后简称《大正藏》)。它被公认是浩繁的般若波罗蜜多(*Prajñāpāramitā*)文献的一个小小概括。它也是举世皆知,在东亚最著名,最受欢迎的佛教经典之一。并且,印度、西藏、汉地等地最卓越的佛教学者为《心经》做了大量注解和说明。[1] 许多20世纪的宗教教主也长篇大论地讲解《心经》。[2] 与只有五千言的《道德经》相比,《心经》更加短小,长度大约只是《道德经》的二十分之一。这样篇幅有限的极短篇经文,受到极大的爱戴和注意,却很可能没有原版的梵文佛经作底。不少有说服力的证据指出,《心经》原来也许是暗中先用中文写作,然后翻译成梵文,好像是为了要让人产生原来的《心经》是梵文佛经的印象。

美国佛学家 Jan Nattier 写了一篇很有启发性的文章。[3] 她详尽地搜集了大量文献研究、语言学、文本,以及历史上的各种证据,表示《心经》几乎是一字不差地从巨大得多的《摩诃般若波罗蜜经》(*Pañcaviṃśati-sāhasrikāa-prajñāpāramitā-sūtra*)抄录出来。具体地说,《心经》是从由著名龟兹佛经翻译家鸠摩罗什(Kumārajīva,350—401)翻成中文的

---

[1]参见 Donald Lopez 写的关于这个题目的两本书,David Eckel 和 John McRae 的文章。请注意,现存印度注解一律是8世纪或者8世纪以后写的,而《心经》的几个中文注解是在7世纪后半叶或者更早写的。

[2]如 Bhagwan Shree Rajneesh 的书,见参考文献。

[3]"The Heart Sūtra:A Chinese Aprocryphal Text?(《〈心经〉:一篇伪造的中文佛经?》)"

·欧·亚·历·史·文·化·文·库·

《摩诃般若波罗蜜经》里抽出来的一小段。这一小段经文随后成为一部单独的佛经。而在最初的鸠摩罗什的中文翻译本面世几个世纪以后,又有人把这部从(中文的)《摩诃般若波罗蜜经》独立出来的中文《心经》翻译成梵文。

与平常的佛经比较,这部独立出来的《心经》的确有许多异常的地方。首先,也是最重要的,就是它的篇幅极为短小,完全不像一般的佛经。第二是《心经》缺少大多数佛经起头的标准惯用语"如是我闻"(*evam mayā śrutam*),也没有指出说法地点的"尔时佛在……"。其次是《心经》里面唯一主要的说话人是观[世]音菩萨(Avalokiteśvara Bodhisattva),而观音在《心经》出处的般若波罗蜜文献里,通常不是主动的角色。确切地说,在任何佛经里,说法者不是佛陀而是观音者,极不寻常。实际上,现存这一段经文的梵文抄写本没有一本把它题署为sūtra(经),因为按照佛经的格式,《心经》根本不是一部经。最后,《心经》的末尾有一段咒语"揭谛揭谛波罗揭谛波罗僧揭谛菩提萨婆诃"(等于梵文 *gate gate pāragate pārasamgate Bodhi svāhā*),在大乘佛经里尤其罕见。

这样短小的一篇佛经,却有这么多可疑的地方,令人不得不怀疑它原来就是一部经的真实性。对梵文《心经》的语言加以密切分析以后,一些在语法、词汇,以及句子描述方式上的不妥和怪诞就展现出来,表示这篇经文是由一位母语非梵文的人翻译到梵文的,这让人们对现存梵文《心经》的可信度更加感到不安。尽管梵文《心经》疑点很多,中文《心经》的题目下面却附有中国著名的往印度取经的佛经翻译家玄奘(602—664)的名字。因此,玄奘跟《心经》搭上关系。而玄奘跟《心经》的关系后面悬挂着一个玄奘如何得到《心经》的故事,我个人认为后来极受欢迎的明朝通俗小说《西游记》就是从这个故事逐渐演变出来的。当然,明朝的《西游记》已经把玄奘往印度求学和取经的事迹很生动地小说化了。下面我将试图说明《心经》和玄奘故事土壤里一鳞半爪的种子如何经过不同阶段,渐渐生长成明朝有 100 回的小说《西游记》。

11.2 玄奘和《心经》

　　各种不同的中文本《心经》都在前面注明玄奘是翻译者,而玄奘跟《心经》的关系非常密切,远远超过翻译者和一篇被他翻译的经文。这个极端密切的关系最早出现在慧立(614年生)和彦悰(688年序)写的《大唐大慈恩寺三藏法师传》里面。从日期上看,这个传记的年代跟玄奘生活的时期很接近。最关键的一段文字是慧立和彦悰对玄奘取经过程中特别艰难的一个部分的描写:

　　　　过了这个地方就是横亘八百多里的莫贺延沙漠,古人叫它沙河。天上没有飞禽,地上没有走兽。没有草,也没有水,只有法师孤独的影子伴随着他往前行进。法师唯一能做的事情就是不断地重复观音的名号和背诵《心经》。

　　这之前,法师在蜀[1]时,曾遇见一个穿着肮脏破烂衣服、浑身长着脓疮的病人。由于不忍,法师把病人带到一座寺庙,给病人钱买衣服和食物。为了报答法师,病人把以后法师常常背诵的这个经(《心经》)传授给法师。法师抵达沙河的时候,遇见各种奇形怪状的妖魔,虽然不断重复观音菩萨的名号,也不能完全驱散他们。但是,法师一张口念《心经》,所有妖魔就都立刻应声消失了。千真万确,法师是靠着《心经》才能安稳地度过许多劫难。原文是:

　　　　莫贺延碛长八百余里,古曰沙河。上无飞鸟,下无走兽,复无水草。是时顾影唯一但念观音菩萨及《般若心经》。初法师在蜀见一病人,身疮臭秽衣服污,愍将向寺施与衣服饮食之直,病者惭愧乃授法师此经,因常诵习。至沙河间逢诸恶鬼奇状异类遶人前后,虽念观音不能令去,及诵此经发声皆散。在危获济实所

────────────

〔1〕四川,特别是四川的西部。玄奘在四川旅居的时间是618—622年左右。

凭焉。[1]

从这个几乎跟玄奘同年代传记的记述往下发展,就是我个人认为的《西游记》最早的雏形。这个原型以序文的形式出现在一个很奇特的《心经》的本子上。如果说我们上面所看到的《心经》的原始状态很古怪,在敦煌 S.2464 号卷子上的《唐梵翻对字音般若波罗蜜多心经》就更古怪。这个卷子上的《心经》是由汉字转写梵文发音构成的,并不是把梵文句子翻译成中文句子后真正的中文本,而每一个用汉字表示发音的梵文词旁边都附带有比较小的汉字写的中文注解。[2] 这个《心经》的前面有一篇序文,序文前面有一小条题记,说序文是从刻在坐落于西京(长安)的大兴善寺的一面石头墙壁上抄录下来的,而序文是慈恩和尚(请注意)奉皇帝诏令所写。这很蹊跷,也许正是要用慈恩和尚晦涩地影射玄奘,而实际上慈恩和尚很可能不是玄奘,写作者也不是玄奘本人。

上面引的玄奘传记,题目里提到的慈恩是玄奘居住寺庙的名字。玄奘是慈恩寺的住持,大家都是习惯于称他为慈恩三藏,至今还矗立着的雄伟的大雁塔就是由他规划,在慈恩寺里建造的。[3] 大兴善寺则是著名的密宗和尚不空(Amoghavajra,705—774)居住的寺庙。[4] 既然题记说序文是从大兴善寺的一面石头墙壁上抄录下来的,就难免让人怀疑:也许不空直接或者间接促成这篇序文的写作,他署名慈恩和尚的动机是想暗中表达他对玄奘的敬仰。被皇帝选定写作序文的僧侣必然是威望很高的人。大兴善寺里没有谁的威望比不空更高。以后我

---

〔1〕《大正藏》50(2053),224b5–13. Li 翻译,*Biography*,26–27 页。参见 Beal 的首译,*Life*,21–22 页。在 22 页有 Beal 的一段很有趣的关于《心经》的注解:"直到今天,中国人还把这个佛经当作一个真言或随身护符。我[在中国的时候]的本地老师之一虽然声称自己蔑视佛教,却经常背诵《心经》。"

〔2〕这里所讨论的全部文稿都记录在《大正藏》8(256),851a–852a。

〔3〕住在慈恩寺的另外一位法师是法相宗名义上的创始人窥基(632—682)。这个宗派实际上是在玄奘从印度回国把瑜伽师(Yogācārya)经典如世亲(Vasubandhu)的《成唯识论》(*Vijñaptimātratāsiddhi-śastra*)等翻译成中文以后才建立的。为了支持法相宗的宗旨,窥基写了大量著作。他是玄奘的亲密宗教伙伴,人们称他为慈恩大师,他的宗派为慈恩宗。

〔4〕慈恩寺和大兴善寺都坐落在长安。

们会进一步来解释不空在 S. 2464 号卷子的形成中所扮的角色。

敦煌S.2464号卷子上的极短篇《西游记》也就是出现最早的《心经》序文。不过,只有研究《心经》本身的专家们才认真地对敦煌S. 2464号卷子上的这篇序文感兴趣[1],研究文学的专家们,除了日本学者以外[2],都没有注意到这篇最早的《心经》序文对后来《西游记》的形成有什么意义。[3] 由于一般研究中国文学学者们的忽略,也由于这篇序文对《西游记》的萌芽具有极大的重要性,我不揣简陋,把这篇序文全部翻译成现代白话文,并且加以讨论。

《心经》序文的现代白话翻译如下:

汉字转注梵文发音般若波罗密多心经及序文

自西京大兴善寺石头墙壁抄录下来慈恩和尚奉皇帝诏令记述的序文

梵文本《般若波罗蜜多心经》的译者是大唐三藏法师。三藏法师立志往印度游学取经,路上抵达益州,晚上借住在空惠寺打坐修道的大厅里,遇见了一位有病的僧人。法师询问和尚情况怎么样,谈话中,他告诉和尚自己要去的地方。和尚关心法师而感叹地说:"为佛法而忘记自己的人实在少见。不过,包括 5 个部分的印度非常遥远,有 10 万多里的路程,要穿过有流沙的地方,也要渡过比弱水还要浪高底深的沙域。在胡人异地刮起的狂风震撼边疆的草木,让人忐忑不安。山里鬼怪凄厉地像哭泣一样地嗥叫的时候,让人感到像残兵面对凋零的落叶。早上,要行走在积雪的山巅;傍晚,要露宿在冰冷的悬崖。树上挂着各类的猿猴,边界有不同的魑魅鬼怪。一层层的山峦重叠跟葱岭一样高,好像一团团带着雪花的白云。各种树丛聚集在灵鹫山(Gṛdhrakūta)山峰上,好像高耸入云霄的碧绿山峦。这一段路程上有许多磨难,怎么走得过去?[好在]我这里有各位(过去,现在,未来)三

---

[1]见 Hurvitz, "Hsüan-Tsang… and the Heart Scripture", 108—113 页。Hurvitz, 108 页,跟着《大正藏》(851a4) 的注解后面误认 S. 2464 号卷子为 S. 700 号卷子。

[2]见太田辰夫著《西游记の研究》,第 62、276 – 277 页。

[3]Dudbridge 在 The Hsi-yu Chi,第 14 – 16 页略微讨论了《心经》对《西游记》的整体影响,但是没有提到 S. 2464 号卷子。

世佛意念专一的佛法揭谛（就是《心经》）。法师如果愿意接纳并且仰赖它，就能在来往的路程上得到保护。"和尚用口头传授的方法把这佛法揭谛教给法师。到了第二天早晨，这位和尚不见了。

三藏把行装整理好，逐渐离开了大唐的国界。有时候他会经历困厄磨难，有时候得忍受艰辛饥饿。在饥饿中，法师想起了这佛法揭谛（《心经》），背诵了49遍。以后，他一迷路，就有人化生出来指引他；一想到食物，对面就会出现鲜美的素斋。只要三藏诚恳地祈祷，都会获得保佑。他来到了印度中部摩揭陀（Magadha）的那烂陀僧伽蓝（Nālandāa-samghārāma）。在绕行佛经宝库的时候，他忽然又看到上次的和尚。和尚对他说："很高兴你经过多次的艰难危险，终于来到这里。从这里到你以后要经过的地方，只要仰赖我以前在中国传授给你来自各位（过去，现在和未来）三世佛心意专一的佛法揭谛（就是《心经》），都能一路获得平安。你取得经典以后，要及早返回，完成你的心愿。我是观音菩萨。"说完，观音就腾空而去。

这件事显现出奇妙的吉祥，是《心经》最高的验证，也是智慧和成圣的中枢法门。如果这样去做，一定会超越知觉分界限制，悟得如来佛主旨，通过三祇的无限时间（进入永世永生）。如果讽诵如来经文，就能消除三重业障。一个人要是虔敬地接受这些，就能体会佛法，勤勉奉行。

序的原文为：

唐梵对字音般若波罗蜜多心经（并序）

西京大兴善寺石壁上录出慈恩和尚[1]奉诏述序

梵本《般若多心经》者，大唐三藏之所译也。三藏志游天竺，路次益州[2]，宿空惠寺。道场[3]内，遇一僧有疾。询问行止[4]，

---

〔1〕慈恩和尚可能是后来定居在慈恩寺的玄奘。大兴善寺是长安的另外一个重要佛寺。

〔2〕就是现在的四川省成都市。

〔3〕道场就是梵文的 hadhimaṇda。仅从中国佛教的立场来说，这个词是寺庙里静坐修道大堂的名称。

〔4〕字面上的意思是他（生病和尚）的"行和止[怎么样]"。

因话所之。乃难叹法师曰:"为法忘体,甚焉希有。然则五天[1]迢递,十万余程,道涉流沙,波深弱水[2]。胡风起处,动塞草以愁人;山鬼啼时,对荒丘之茗叶[3] 朝行雪岳,暮宿冰崖。树掛猿猱,境多魑魅。层峦叠于葱岭[4],蒙似带雪之白云;群木簇于鹫峰,耸参天之晤峤。程途多难,去也如何? 我有三世诸佛心要法门,师若受持,可保来往。"遂乃口授与法师讫[5] 至晓,失其僧焉[6] 三藏结束囊装,渐离唐境。或途经厄难,或时有闻斋馑[7]。忆而念[8]之,四十九遍。失路即化人指引,思食则辄现珍蔬。但有诚祈,皆获戩祐。至中天竺摩揭陀国那烂陀寺,旋绕经藏次,忽见前僧,而相谓曰:"远涉艰险,喜逢此方。赖我昔在支那国[9]所传三世诸佛心要法门。由斯经历,保尔行途。取经早遂,满尔心愿。我是观音菩萨[10]。"言讫冲空。既显奇祥,为斯经之至验。信为般若,实为圣枢。如说而行,必超觉际。突如来[11]旨,巨历三祇[12],讽如来经,能销三障[13]。若人虔诚受持者,体理斯而勖焉。

---

〔1〕"五天"是"五天竺"的简称。传统解释是印度的 5 个地区:东、西、南、北、中。

〔2〕弱水是一条古代神话里的河,它的所在地跟中国西边边远地区的好几个地方有联系。用"弱"作名字是种文字游戏,因为"弱"加上三点水就成了"溺",有"淹死"的意思。

〔3〕这个句子的下一半意思不清楚。

〔4〕葱岭就是帕米尔山脉。

〔5〕这里用的字眼是禅宗的,但是内容却是密宗的,所谈的几乎一定是密宗的指引。

〔6〕这只暗示那个神秘的和尚不见了。

〔7〕这里的意思很难弄清楚。阆(饥饿?)和馑(挣扎?)都是极端生僻的汉字,而斋作为一个佛教术语,意思是绝食或者吃素。

〔8〕"念"是用心地大声诵读,引申为先记住,再根据记忆诵读出来,也引申为阅读。不过对《心经》来说很少使用"阅读"这个意思。

〔9〕"支那"是梵文"Cina"的音译,跟英文"China"一样,最早的来源是中文"秦"。

〔10〕"观音菩萨"是最通行的跟梵文"Avalokiteśvaro Bodhisattvaḥ"对等的中文名称。

〔11〕等于梵文的"Tathāgata"。

〔12〕"三祇"是"三[大]阿僧祇劫"的简称。这三大 asamkhya kalpa 指菩萨修炼成佛陀所经历的无限时间的三大过程。见 Soothill 和 Hodous,Dictionary,71b、79b 和 232a 页。

〔13〕"三障"大概等于 trīṇyāvara ṇāni 或者 āvara ṇatraya。参见 Abhidharmakośa(L. de La Valée-Poussin 译),3. 201:"Bhagavat dit qu'il ya a trios āvaraṇas outacles:1'obstacle constitue par l'acte,ouobstacle d'acte(karmāvaraṇa),I'obstacle constitue par la passion(kleśāvaraṇa)I'obstacle constitue par la retribution(vipākāvaraṇa)"。同一页的注解有关于"三障"的其他资料。"三障"也可能指三 vighng,即"障碍"、"阻碍"。所列各条请看 Soothill 和 Hodous,Dictionary,80a 页。

283

特进鸿胪卿开府仪同三司封肃国公赠司空官食邑三千户[1]

我们看到传奇里写的玄奘从前在四川遇见了一个病人(实际上就是观音菩萨),这件事情,在序文里是在去印度路上的时候发生的,从地理位置看,这条路线跟历史上玄奘走的中亚东部的路线大有出入。从玄奘的传记着眼,事情的经过也明显不符合事实。不过从建立起一个强劲有力的叙述文的角度来观察,这种篡改和增添无可厚非。

敦煌 S. 2464 号卷子上《心经》的序文让我们发现了产生后来《西游记》的最精简最主要的几项素材:玄奘、他到印度取经在路途上遇到的艰难困苦、普度众生的慈悲观音菩萨[2],以及观音口头传授给玄奘的《心经》。

用汉字转写的梵文发音的《心经》在开始的部分有这样的记载:"观自在菩萨与三藏法师玄奘亲教授梵本,不润色。"就是说,观自在菩萨亲自把梵文本的《心经》传授给三藏法师玄奘,没有加上任何润色。很明显,这位筹划用汉字转写所谓梵文《心经》的负责人要斩钉截铁地说明:梵文《心经》是玄奘直接从观自在菩萨手里得到的,这部《心经》是一字未改的原本。这篇转写梵文发音的《心经》末了的题记说:"《梵语般若波罗蜜多心经》一卷,僧全识之。"意思是这篇转写梵文发音的《心经》是由名字叫"全"的一位和尚抄写的。因此,S. 2464 号这个卷子并不是不空或者其他负责写序文(雏形《西游记》)、《莲花部赞》(请看下一段)和转写梵文《心经》(卷子存在的主要原因)的人的原作。僧全的生平不见于任何经传。我个人觉得他可能是敦煌当地的一个和尚或长安寺院里的抄写人。

值得注意的是,除了有转写梵文发音,并且加上注解和序文的《心经》,在同一个 S. 2464 号卷子上还有一篇也是用汉字转写梵文发音的《莲花部普赞叹三宝》。题目里"普"这个字的出处可能就是《法华经》

---

〔1〕为了准备上面的白话翻译,我参考了 Hurvitz 著"Hsüan-tsang…and the Heart Scripture"。以上注解也大多根据 Hurvitz 论文的注解。所引 S.2464 的原文主要是按照缩微胶卷,但是我也参考了《大正藏》8(256),851ab 和方广錩《集成》,第 39 页。

〔2〕对这位深受爱戴的菩萨的详细介绍见 S. K. Nanayakkara 的文章及 Chün-fang Yü(于君方)关于观音的专题著作。

的《普门》(梵文 *samantamukha*)这一节。[1] 普门跟观音菩萨广济大众的品德有密切联系,也可能泛指所有佛陀和菩萨的广大无边和包容万有。这一节(卷8,第25号)也是中亚最为大家熟悉的佛经经文之一——可以跟《心经》受欢迎的程度比美。《普门》也常常从《法华经》里抽出来,单独出版,这很像《心经》是从《般若波罗蜜多经》里抽出来的情况。不同的是,《心经》还多了一层从中心倒转过来,翻译回梵文的曲折。而最耐人寻味的是,这一首《莲花部赞》的写作者不是别人,正是不空。[2] 这篇比《心经》还要短小的赞文(一共只有84个汉字)前面有这样的记载:"特进鸿胪卿开府仪同三司封肃国公赠司空官食邑三千户敕谥大辨(辩?)正广智不空奉诏译。"这么认真列出不空如此多的官衔和谥号,可见很可能赞文是不空本人作的。然而,既然有不空的谥号,就意味着这篇赞文的钞本应该是在不空去世以后写的。

汉字转写梵文《心经》发音的抄本也出现在敦煌 S. 3178、S. 5627 和 S. 5648 号卷子上,因此 S. 2464 号卷子上的汉字转写梵文《心经》不是独一无二的。但是,为了让《心经》成为一篇单独存在的佛经而加上一篇包含雏形《西游记》序文的做法,却只出现在 S. 2464 号卷子上,S. 3178 号卷子上转写梵文发音的《心经》前面也同样地有《莲花部普赞叹三宝》。我们可以说 S. 3178 号卷子确证了 S. 2464 号卷子把不空跟《心经》联系起来了的事实,虽然 S. 3178 号卷子上的《心经》没有像 S. 2464 号卷子上那样一篇序文(后来演变成《西游记》),但是两者都有署名不空的《莲花部普赞叹三宝》,所以不空跟两者都有关系。

不空参与 S. 2464 的创造表示这个卷子的内容(包括那篇对《西游记》具有关键性的序文)产生的时间是 8 世纪的中叶左右或者以后,这个日期跟雏形《西游记》序文,为我们所知道的第一次把前一个世纪中叶慧立和彦悰所写传记里描写玄奘到印度取经的经过加进了虚构情

---

[1]《观世音普门品》,Hurvitz 和 Watson 翻译的《法华经》里,前者是"The Gateway to Everywhere of the Bodhisattva",后者是"The Universal Gateway of the Bodhisattva Perceiver of the World's Sounds"。

[2]中文的"不空"是"不空金刚(Amoghavajra)"的简称。

·欧·亚·历·史·文·化·文·库·

节而搭配得非常好。现在,我们应该试一试找出不空为何及如何插手编写 S.2464 号卷子上著作的答案。

11.3　不空

　　中国佛教密宗最著名的两位尊师是不空和金刚智(Vajrabodhi)。金刚智毕业于那烂陀僧伽蓝(Nālandā-samghārāma),可能也毕业于伐腊毗(Valabhi)。他是专精密宗的一位三藏法师,曾云游到锡兰,也曾到中国去过。在把 11 本密宗经卷翻译成中文以后,金刚智于 732 年在中国去世。不空(705—774)是金刚智的弟子。按说不空原来是印度北部的一个婆罗门。741 年,他得到唐玄宗的允许,从中国出发,经过爪哇到了锡兰。在爪哇的时候,他跟他的 37 位弟子(包括和尚和居士)研究陀罗尼(dhāranī)、印相(mudrā)、曼荼罗(mandala),以及其他各种奥秘的佛教习俗。他在 746 年把他搜集的大约 100 多部经论带回中国。跟著名的往印度取经的中国先行者玄奘一样,不空也把大部分的晚年奉献给翻译自己搜集的经论。唐玄宗和他的继承者肃宗都非常敬重不空,可以说,在皇室的大力支持下,不空让佛教在中国的发展达到了顶峰。

　　不空的传记是他的弟子赵迁写的,题目是《大唐故大德赠司空大辨(辩)正广智不空三藏行状》(《大正藏》50[2056],292b1 – 299c13)。这个传记说,“大师本西良府北天竺之婆罗门族也”。(第 7—8 行)考证西良府有些困难,但是“良”很可能是“凉”的别字。西凉府出现在赞宁(919—1001)写的《宋高僧传》的不空传记的末尾(《大正藏》50[2061],714a2)。如果赞宁的说法是正确的,就可以说不空是现在甘肃武威一带的人。换句话说,按照不空及门弟子赵迁记载,不空大概出生在一个定居在中国的印度家庭里。这恐怕是不空临死的时候被授予肃国公的谥号的原因。

　　关于不空出生和成长的地方,以及他早年的生活,有许多内容不同的记载。[1] 因此,上面的推测还不能作为定论。但是有些方面几乎是毫无争议的,那就是大家都同意不空的父亲在他童年时期就去世了,而他最晚在 10 岁左右就住在中国。还有,他在 10 岁的时候开始跟一位舅父旅行中国各地,而去的最多的地方是西北一带。这表示他年轻的时候过着漂泊不定的生活。这种情况跟生活在一个安定的有宗教信仰的印度家庭里很不一样,这也使得他没有机会完全掌握梵文。实际上,如果他在少年时代以前就到中国居住,他后来的母语恐怕只能是汉语,而不是印度语言。不空搜集了 500 多部密宗经论和其他各种有关材料。他到印度取经以后,于 746 年回到中国。根据他的一封书信,从 746 年到 771 年,他一共翻译了 77 部经典(从梵文到中文)。而一般记载说他一共翻译了 108 部。不空于 774 年去世。[2]

特别值得注意的是,不空对大乐(Mahāsukha)的玄奥仪式具有强烈兴趣。这些玄奥的仪式来源于《般若理趣经》(*Prajñāpāramita-naya sūtra*)。不空翻译了大乐系统的 10 多部佛经和这些佛经的注解,也翻译了其中各种仪式、条例和规定。不空与玄奘的缘分可以从后者于 663 年正式翻译《般若理趣经》看得出来。不过该经后面的真言早已被亲光(Prabhāmitra)翻译出来,而亲光是 627 年到中国的。因此,我们知道两个人共享了对产生《心经》的般若波罗蜜多文献的兴趣,而不空当然特别关心这些文献的密宗色彩。

赵迁写的不空传记里有一段描写不空左手把《般若波罗蜜多经》当护身符握着,命令海上的大风大浪平息下去(《大正藏》292c26 - 27)。另外一处说不空有一次替锡兰国王尸罗迷伽(Silāmegha,727— 766 在位)把这部经连同其他一些昂贵的礼物呈献给中国皇帝(293a18)。赞宁写的不空的传记也提到这两件事情(712b22 - 23, 712c12)。不空从静坐和背诵陀罗尼和真言得来的法力非常有名,这些是禅宗和其他宗派实际修炼时候采纳的《心经》各方面。

---

〔1〕参见如 Kuo 著"Amoghavajra"和 Chou 著"Tantrism in China"。他们引不同的文献说不空出生地有北印度、锡兰、撒马尔罕,或者中亚其他地方。

〔2〕见 Joshi 著,*Buddhistic Culture*,第 169 页。

·欧·亚·历·史·文·化·文·库·

不空跟鸠摩罗什、真谛(Paramārtha,499—569)以及玄奘并称中国的四大佛经翻译家,他在奠定梵文和汉文确切的音韵对照上做出了巨大的贡献。[1] 不过,从他写作的汉文制诰、碑铭等高质量的文言文看[2],他的汉文造诣大概远远超过他的梵文。他很可能是一位把梵文翻译成汉文的高手。但是从汉文翻译成梵文的时候,他的工作可能会出现一些非母语使用者能力不足的痕迹。比方说,他会看不出来玄奘在把中文《心经》翻译回梵文时候所犯的一些不符合自然梵文语句的微小毛病。当然,退一步说,在他把玄奘从中文翻译回梵文的《心经》反过来又用汉字转写成梵文发音的时候,即使发现了什么不妥当的地方,也许出于对玄奘的敬畏,未必有胆量加以改动。不管怎么样,梵文《心经》的梵文不十分纯正。

11.4 梁武帝

《心经》和《西游记》关系的最奇特之处在于梁武帝(502—549)参与其中。梁武帝比玄奘(602—664)早100年,他的参与让这个关系成为在年代上完全错位的三角形。在福建省泉州开元寺双塔[3]西边那座塔的南面墙壁上的一个浮雕,很清楚地描绘了玄奘把《心经》呈献给梁武帝。玄奘到印度取经的时间是公元627—645年,正当比梁武帝晚得多的唐太宗在位(626—649)的时候。除了这个浮雕以外,另一个浮雕描绘的是孙悟空(陪玄奘的猴行者)和《孔雀明王经》(*Mahāmayūrī-vidyāājñī-sūtra*)。《孔雀明王经》是关于前世释迦牟尼轮回为孔雀王的一部经,把这部经翻译成中文的不是别人,又是不空!这让情节变得更加浓厚。跟《西游记》有关的另一条线索也直接指向梁武帝:在明朝

---

〔1〕慈怡编《佛光大辞典》,1.975ab。
〔2〕不空的此类写作有一大部分保留在圆照(766年左右在世)编辑的《不空表制集》。这个集子收在《大正藏》52(2120)。见慈怡编《佛光大辞典》4.3514b。
〔3〕泉州开元寺东塔及西塔初建于公元686年,东塔于1250年重建,西塔于1237年重建。双塔石壁上不同凡响的浮雕当中,不少跟《西游记》的故事有关系;这些浮雕年代自然跟双塔重建的年代一样。

《西游记》第 37 回开头的地方,提到了跟梁皇水忏关系密切的《孔雀真经》。[1]

关于梁武帝和十八罗汉的传说很多。印度罗汉的数目只有 16 位,但是中国的罗汉却有 18 位,多了两位。[2] 罗汉是佛最完美的弟子,许多虔诚的中国佛教徒相信梁武帝是这多出的两位罗汉之一。[3] 更值得注意的是,中国佛教徒也常常认为玄奘就是叫作达摩多罗(Dharmatrāta)的罗汉,也常常把他列为多出的两位罗汉之一。[4] 可见中国佛教徒对梁武帝和玄奘非常崇敬。

综上所述,我们看到梁武帝、玄奘、不空、观音菩萨、《心经》和《西游记》之间有高度的错综复杂的密切关系。这些多层的关系不像是偶然发生的。在我个人看来,这些关系的诱发因素基本上是《心经》对玄奘的吸引力和不空对玄奘的景仰,以及他们两个人在教义上的偏爱。[5]

11.5　有关玄奘传说的进一步铺陈

继敦煌 S.2464 号卷子《心经》的序文之后,另一个早期关于玄奘的传说出现在 10 世纪后半期的《太平广记》(978 年成书)卷 92 的第一个故事里。这个故事的题目很简单地就叫作"玄奘",见于异僧的第 6 篇、23 条。故事取材于 9 世纪初年李亢/尤写的《独异志》和 8 世纪刘

---

〔1〕《西游记》第 37 回一开始就有玄奘默念《梁皇水忏》一小段情节(487 页)。日本学者中野美代子对梁武帝、《心经》和玄奘的关系进行了详尽的研究,她仔细看了泉州开元寺东塔及西塔上的浮雕,参见中野著《孙悟空》,第 303 – 327 页《泉州开元寺》及《三藏法师》。

〔2〕罗汉的数目以后在中国无限制地增加到 500 或更多位,这不在本文考虑之内。

〔3〕见 Williams, *Chinese Symbolism*,第 160 页。

〔4〕见 Mair, "The Origins of an Iconographical Form"。

〔5〕公元 758 年,不空在呈给皇帝的奏折中建议把自玄奘、义净(635—713)、善无畏(Śubhanara-simha,637—735)、菩提流志(Bodhiruci,562? —727?)和其他大师们带回来散布保留在长安和洛阳慈恩寺和其他重要寺庙,以及散布保留在全国各县大小寺庙里的梵文原本佛经集中起来,并且让他来主持翻译的工作。唐朝时候,不空自己的大兴善寺就有可观的多样的梵文经文收藏。见 Kuo 著"Amoghavajra",第 4896 页。

肃写的《大唐新语》。不过,现存这两本书都没有收进这一条。[1]

按照《太平广记》的故事,玄奘于武德年间(618—626)初出发往印度取经。他到罽宾(就是现在的克什米尔)的时候,路途变得无比的艰难危险,不可前行。玄奘闭门静坐。夜里,他打开门,看见一位满脸长着癞疮、满身流脓的老和尚。老和尚独自一人,坐在一张卧榻上。虽然不知道老和尚的来历,玄奘却直觉地感到他不寻常。玄奘向老和尚顶礼,请求他指点往西方取经的途径。看到玄奘诚心诚意,老和尚就口授了《心经》给玄奘,并且嘱咐玄奘背下《心经》。[2] 故事说玄奘一路不断地背诵《[多]心经》一直到奇迹出现:本来盘踞在路途上的各种妖魔鬼怪、布满在各处的峻岭长河都消失了。这让玄奘平安地到达了印度,取得了 600 多部佛经。据说,这就是以后大家效法玄奘,人人背诵《心经》这个做法的起源。

《太平广记》里的玄奘故事和 S.2464 号卷子上《心经》序文记述的内容和各事件发生的前后次序没有大的差异。虽然地点不同,但《太平广记》的故事和 S.2464 号卷子上的序文都说玄奘是从一位病人那里得到了《[多]心经》,也都把这篇经文当作可以避邪的吉祥物。不过,《太平广记》的故事在书末三分之一的地方用一段与主体无关的情节来做结束,即玄奘在去西方(印度)以前以及在回国以后,都莫名其妙地到一座灵岩寺(今山东省长清县)去拜见一棵老松树。这给人的印象是,S.2464 号卷子上的故事比较接近慧立和彦悰写的玄奘的传说,所以比较完整一致;而《太平广记》一方面继承了故事基本的脉络,一方面却朝着纯小说的方向发展,这种小说在唐朝称作"传奇"。

下面要讨论的是玄奘往印度取经这个故事在《大唐三藏取经诗话》(也称《大唐三藏法师取经记》)里的进一步发展。这部作品大约完成在南宋末年到元朝初年,它让玄奘取经的故事向小说的演义跨了一

---

〔1〕这里讨论的现存《大唐新语》里关于玄奘的故事只有几个开场白跟《太平广记》里的故事一样。见 Ducbridge, *The Hsi-yu chi*,第 15 页注 2。

〔2〕这里的《心经》被写成了《多心经》,这是唐朝时候常见的一个错误。抄写人把"般若波罗蜜多"的最后一个音节"多"错误地割裂下来,放在《心经》的"心"字前面。由于汉字不分词连写,文言文也没有标点符号,这样的错误很容易发生。

大步。小说里的主要人物(三藏、孙悟空、沙僧)和许多脍炙人口的章节(如王母娘娘瑶池蟠桃大会、女儿国,等等)都出现了。我们也可以注意到,在《大唐三藏取经诗话》里,观音菩萨和《心经》都显得更加重要。

《大唐三藏取经诗话》这个中篇小说原来一共有17章(诗话里叫"处"),现存的版本缺了第1章。第15章(进入印度,渡过大海)描述玄奘最后取得他不远万里从外国来寻找的佛经。他向这些佛经作揖,点数以后,发现一共有5048卷,但是"唯一缺少的是《心经》"。虽然《心经》只是一篇极为短小的经文,但缺少《心经》所遗留下来的空白却是异常的巨大。因此,第16章全章都用来描述这篇宝贵的经文是如何赐给玄奘的。下面是《大唐三藏取经诗话》第16章前面三分之二的部分:

转至香林寺受《心经》处第十六

竺国回程,经十个月至盤律国地名香林市(原文如此)内止宿。夜至三更,法师忽梦神人告云:"来日有人将《心经》本相惠,助汝回朝。"良久惊觉,遂与猴行者云:"适来得梦甚异常。"行者云:"依梦说看经"。一时间眼瞤耳热[1],遥望正面,见祥云霭霭,瑞气盈盈,渐睹云中有一僧人,年约十五,容貌端严,手执金镮杖,袖出《多心经》,谓法师曰:"授汝《心经》归朝,切须护惜。此经上达天宫,下管地府,阴阳莫测,慎勿轻传。薄福众生,故难承受。"法师顶礼白佛言:"只为东土众生。今幸缘满,何以不传?"佛在云中再曰:"此经才开,毫光闪耀,鬼哭神号,风波自息,日月不光,如何传度?"法师再谢:"铭感!铭感!"佛再告言:"吾是定光佛[2],今来授汝《心经》。回到唐朝之时,委嘱皇王,令天下急造寺院,广度僧尼,兴崇佛法。今乃四月,授汝《心经》。"[3]

---

[1]"眼瞤耳热",表示大事即将发生或者重要人物即将出现。

[2]定光佛的梵文是 Dīpaṃkara Buddha。

[3]Charles, J. Wivell 已经把《大唐三藏取经诗话》全部翻译成英文,收在 Mair 编辑的 Columbia Anthology,1181–1207 页。这里引诗话的原文据李时人和蔡镜浩的校注本,第44、49 页。

《心经》的极端重要性在小说末尾的第 17 章[1]又受到肯定。玄奘和他寥寥几个取经伴侣回到京城长安以后：

> 日日朝中设斋,敕下诸州造寺,逢迎佛法。皇王收得《般若心经》如获眼精[2],内外道场,香花迎请。又值七月七日,法师奏言："臣启陛下：臣在香林[寺]受《心经》时,空中有言,臣僧正月十五日午时为时至,必当归天。"[3]

在《西游记》这部小说的演进过程中,玄奘得到《心经》的那一刻有明显的向后推迟。最早,慧立和彦悰写的玄奘的传记说玄奘在规划去印度以前到过四川,他在这次的旅行当中在四川得到《心经》。S. 2464 号卷子序文说玄奘得到《心经》的时间是在他开始去印度的时候,地点也在四川。《太平广记》里的小故事说玄奘得到《心经》的时间是在他即将进入佛教圣地的时候,地点是克什米尔。最后,《大唐三藏取经诗话》说他得到《心经》的时间是在取经任务快要完成,他即将离开佛教圣地印度返回本国的时候。这个时刻的推迟似乎是为了加深读者或者听者对故事发展的期盼,加强读者对故事悬宕性的感受,而《心经》的重要性也就因为把这个时刻挪到故事高潮的地方而被强调了。得到《心经》以后,就可以快快地收场。

我们还可以进一步看到,在《大唐三藏取经诗话》里,《心经》是玄奘带回来的几百部佛经当中唯一有名称的一部,并且玄奘在给皇帝的奏折中也特别提到这个名称。如果说《诗话》的主题就是玄奘往印度寻求《心经》来呈献给大唐皇帝,大概不至于过分离谱。

11.6 《心经》的持久中心地位

如果《西游记》是一棵树,它的根就生长在 S. 2464 号卷子上。这

---

[1]《大唐三藏取经诗话》里这最独特的一回的分析见 Mair 写的"Parallels"。这一回的内容跟《舜子至孝变文》(P. 2721 和 S. 4654)的故事令人惊奇地相似。

[2]中国和一些国家有一个受到印度文化很大影响的古老传统,就是绘画人物或神的时候艺术家最后的工作是"点睛"。台湾至今保留着这个传统,那里有道士专门以给新神像点睛为生。

[3]这里"归天"就是离开人世回到天上去。

棵树不断地长出新的枝干,比如从印度《罗摩耶那》(*Rāmāyana*)的哈奴曼(Hanumat)得到灵感而创造出孙悟空[1]。《西游记》到明朝已经发展累积至 100 回,但是它与《心经》血缘上密切关系的线索仍然清晰可见。下面我们可以粗略地看看这些残余的脉络。[2]

(1)第 19 回(第 251 页),鸟巢禅师把《心经》经文传授给玄奘,除了微小的出入,整个记载基本上跟历史上僧人写的《心经》一样。(《大正藏》251)

(2)第 20 回(第 261 页),描写玄奘为了自卫不断背诵《心经》。有趣的是,似乎这一次并不灵验,因为玄奘还是被一个妖魔劫持走了。

(3)第 43 回(第 572 页),第一次出现孙悟空告诫师傅的情节。孙悟空提醒师傅,虽然他不断背诵《心经》,却忘记了经文的寓意。借此,孙悟空责备师傅没有彻底灭掉六贼/根(眼,耳,鼻,舌,身,意)。

(4)第 80 回(第 1077 页),玄奘背诵《心经》的时候听见一个"救救我!"的微弱呼声,由此开始了新一轮他被妖魔劫持的节段。

(5)第 85 回(第 1147 页),孙悟空再次责备师傅忘记了经文寓意。玄奘提出抗议的时候,孙悟空宣称师傅对以下偈语缺少认知:"佛在灵山莫远求,灵山只在汝心头。人人有个灵山塔,好向灵山塔下修。"

(6)第 95 回(第 1299 页),玄奘和孙悟空对经文不同解释的最后辩论。在宣称他的认知才是经文最精萃的解释以后,孙悟空立刻再也不出一声了。最后,玄奘终于领悟到这才是真正的"无言的诠释"。

11.7 结论

很多迹象显示玄奘把他最喜爱的一段经文从《般若波罗蜜多经》里抽出来,取名《心经》。为了让这部他命名的《心经》具有正统合法性,他又亲自把它翻译成梵文。虽然玄奘的梵文不十分地道,但是可以说《心经》的梵文作者就是玄奘。鉴于这个做法毫无疑问地不大妥当,

---

〔1〕见 Mair, "Suen Wu-kung = Hanumat?"

〔2〕本书引用的《西游记》,均为上海古籍出版社 1994 年版。

·欧·亚·历·史·文·化·文·库·

把这部原来不是梵文经,而只是一段汉文《心经》的经文抄写下来,加上一段序文,这就是我们看到的 S.2464 号卷子的来历。玄奘和不空都有充分的宗教动机要强调《心经》,要促使人们对《心经》的重视,而 S.2464 号卷子上的短小序文引发了《西游记》的开始和发展。

谈到梁武帝,他所扮演的是一个理想的佛教皇家赞助者。把他加进玄奘前往印度取经的故事里有时代上的误差,但是佛教徒相信他修成了罗汉,所以人们能够接受他也跟取经有关系。

观音菩萨在《西游记》里扮演的是最突出、最关键的角色,是玄奘的守护神。观音以慈悲著称于世,但是他/她也具备符咒方面的特性,这个方面对佛教密宗信徒有很大的吸引力。Lal Mani Joshi 说中世纪印度的 Avalokita(就是观音的前身)群信徒崇拜了"唵嘛呢叭咪吽"(Om Maṇi padme hūm)这个有 6 个音节的祈祷文,而这个简短的祈祷文可以说是嚩卢枳谛(Avalokita)最深奥的精粹中心(hṛdaya)[1],深深地引起了不空对观音的兴趣。

最后要提到的是:《心经》本身对智慧和专心(静坐无虑)的极端注意,以及这种专心能够产生辟邪威力等等,都是《西游记》母胎的主题。总而言之,慧立和彦悰写的玄奘传记里面的一小段传说,后来累积发展成明代长篇小说《西游记》的过程,可以在 S.2464 号卷子上找到源头。因此,我们可以下结论说,明代的这部关于往西方(印度)取经的长篇小说,最开始的时候是要为《心经》建立合法的正统权威性。从出现在 S.2464 号卷子上的极微型小说,到明代完全成形的长篇小说,经过了一段非常漫长的时间。在这漫长的历史演进过程中,自然有无数其他奇妙和世俗的材料融合进来。然而,无论《西游记》的内容如何丰富,《心经》是《西游记》中心的这个观点促使我们深刻体会宗教上的虔敬和执着是如何广泛地弥漫在社会上和文化里。

附记:我希望能借此机会向京都的佐藤时彦和 Hubert Durt 两位先

---

〔1〕见 Joshi,*Buddhistic Culture*,第 250 页。

生致以诚挚的谢意。在两位教授的善意帮助下,作者才能搜集到足够材料来完成这篇文章。也要感谢东京的福井文雅教授和芝加哥的 Anthony C. Yu(余国藩)教授。福井文雅教授对《心经》的完满研究和 Anthony Yu 教授及时而快速提供的《西游记》中有关《心经》的材料都对作者有莫大帮助。

主要引用文献

中文、日文部分

慈怡. 佛光大辞典[M]. 高雄:佛光出版社,1988.

方广錩.《般若心经》译注集成[M]. 上海:上海古籍出版社,1994.

李时人,蔡镜浩,校注.《大唐三藏取经诗话》校注[M]. 北京:中华书局,1997.

罗时宪.《般若波罗蜜多心经》导读[M]. 香港:密乘佛学会,博益出版集团有限公司,1993.

Miyoko N(中野美代子). 泉州开元寺东西塔浮雕考——十八罗汉、梁武帝、目连戏和初期《西游记》. 岷雪,译[M]//中国与日本文化研究:第1册. 北京:中国大百科全书出版社,1991:279 – 341.

Miyoko N(中野美代子). 三藏法师:三千世界を跋涉す[M]//中国の英杰:6. 东京:集英社,1986.

Miyoko N(中野美代子). 孙悟空はサルかな?[M]. 东京:日本文艺社,1992.

Tatsuoō(太田辰夫).《西游记》の研究[M]. 东京:研文出版社,1984.

陈先行,包于飞,点校. 李卓吾评本《西游记》[M]. 上海:上海古籍出版社,1994.

叶阿月. 超越智慧的完成[M]. 台北:新文丰出版公司,1980.

西文部分

Beal. The Life of Hiuen-tsiang[M]. London:Kegan Paul, Trench,

Trübner Co. ,1911.

Dudbridge G. The Hsi-yu Chi: A Study of Antecedents to the Sixteenth-Century Chinese Novel[M]. Cambridge: Cambridge University Press, 1970.

Eckel D. Indian Commentaries on the Heart Sūtra: The Politics of Interpretation[J]. Journal of the International Association of Buddhist Studies, 1987, 10(2): 69 – 79.

Fox. The Heart of Buddhist Wisdom: A Translation of the *Heart Sūtra* With Historical Introduction and Commentary [M]//Studies in Asian Thought and Religions: 3. Lewiston: Edwin Mellen, 1985.

Giles. Descriptive Catalogue of the Chinese Manuscripts from Tunhuang in the British Museum[M]. London: The Trustees of the British Museum, 1957.

Hucker. A Dictionary of Offical Titles in Imperial China[M]. Stanford: Stanford University Press, 1985.

Hui-li. The Life of Hsüan-tsang[M]. Peking: The Chinese Buddhist Association, 1959.

Hurvitz. Hsüan-tsang(玄奘 ,602—664) and the *Heart Scripture*[M]// Prajñāpāramitā and Related Systems: Studies in Honor of Edward Conze. BerkeleyBuddhist Studies Series: 1. Berkeley: Berkeley Buddhist Series, 1977: 103 – 121.

Hurvitz. Scripture of the Lotus Blossom of the Fine Dharma(The Lotus Sūtra) [M]. New York: Columbia University Press, 1976.

Joshi L M. Studies to the Buddhistic Culture of India(During the 7th and 8th centuries A. D.) [M] Delhi: Motilal Banarasidass, 1977.

Kuo. Amoghavajra, Encyclopaedia of Buddhism[M]. Ceylon: Government of Ceylon, 1964: 482b – 487a.

Poussin, Louis. L' Abhidharmakośade Vasubandhu[M]. Brussels: Institut Belge des Hautes Études Chinoises, 1971.

Li. A Biography of the Tripiṭaka Master of the Great Ci' en Monastery of the Great Tang Dynasty[M]. BDK English Tripiṭaka:77. Berkeley:Numata Center for Budhist Translation and Research,1995.

Liu. Wu Ch'êng-ên(吴承恩):His Life and Career[M]// Selected Papers from the Hall of Harmonious Wind. Leiden:E J Brill, 1976:259 -355.

Lopez D. Elaborations on Emptiness:Uses of the *Heart Sūtra*[M]. Princeton:Princeton University Press,1996.

Lopez D. The *Heart Sūtra* Explained:Indian and Tibetran Commentaries[M]. Albany:State University of New York Press,1988.

Mair V H. The Columbia Anthology of Traditional Chinese Literature [M]. New York:Columbia University Press,1994.

Mair V H. Parallels between Some Tun-huang Manuscripts and the Seventeenth Chapter of the Kōzanji [J]. Journey to the West, Cahiers d'Extréme-Asie,1987,(3):41 -53.

Mair V H. Suen Wu-kung = Hanumat? The Progress of a Scholarly Debate[M]. Proceedings of the Second International Conference on Sinology:Section on Literature. Taipei:Academia Sinica,1989:659 -752.

McRae J. Ch'an Commentaries on the *Heart Sūtra*:Preliminary Inferences on the Permutation of Chinese Buddhism[J]. Journal of the International Association of Buddhist Studies,1988,11(2):87 -115.

Nattier J. The *Heart Sūtra*:A Chinese Apocryphal Text? [J]. Journal of the International Association of Buddhist Studies, 1992, 15 (2):153 -223.

Nanayakkara S K. Avalokiteśvara, Encyclopaedia of Buddhism[M]. Ceylon:Government of Ceylon,1967:407b -415a.

Rajineesh. The *Heart Sūtra*:Discourses on the Prajnaparamita-Hṛdaya Sutra of Gautama the Buddha[M]. India. India:Rajneesh Foundation.

Watson B. The *Lotus Sutra* [M]. New York:Columbia University Press,1993.

欧·亚·历·史·文·化·文·库·

梅维恒内陆欧亚研究文选

Monier-Williams M. Chinese Symbolism and Art Motifs[M]. Rutland:
Tuttle,1974.

Yu Anthony C. The Journey to the west[M]. Chicago:University of
Chicago Press,1977—1983.

Yü Chün-fang. Kuan-yin:The Chinese Transformation of Avalokiteśvara-
ra[M]. New York:Columbia University Press,2001.

（原载《唐研究》第 10 卷,2004 年）

12　近体诗律的梵文来源[1]

　　近体诗在中国诗歌史上的地位很是特殊。它最早出现于南朝的文学沙龙活动中,盛唐时期,近体诗已经成为进士考试的必考内容。[2] 在许多才华横溢的诗人们的共同努力下,这种诗歌形式不断得以完善,杜甫更是使它成为一种灵活的抒情表达方式。[3] 王维、李商隐、杜牧,以及其他唐代诗人也写出了许多优秀的近体诗。[4] 宋代,尽管许

　　〔1〕本篇的写作得益于许多学者:Ludo Rocher, George Cardona 和 Ernest Bender 向作者讲解了印度诗律的精妙之处;James Robert Hightower 与辞世不久的 Roman Jakobson 向作者推介《文镜秘府论》;与 Richard Bodman 的多次讨论令作者颇受启发。作者在此一并致以诚挚的谢意。

　　本文使用的缩写形式如下:

AP　*Agni-purāṇa*,《火神往世书》,见 350 页注 2。本篇也参考了 Manmatha Nāth Dutt Shastrī 的英译本,见于 The Chowkhamba Sanskrit Studies（Chowkhamba 梵文研究丛书）卷 54（Varanasi:The Chowkhamba Sanskrit Series Office, 1967）。

BK　《文镜秘府论》（见 300 页注 4）。

KD　*Kāvyādarśa*,《诗镜》（见本篇附录 IIE）。

KL　*Kāvyālaṅkāra*,亦作 *Kāvyālaṃkāra*,《诗庄严论》（见 348 页注 1）。

NS　《舞论》（见 303 页注 2）。

TT　《大正新修大藏经》。

WH　《文选》,萧统编。本篇使用的是台北艺文印书馆影印 1809 年的本子。

d　病（诗律术语）;去（音韵学术语）。

e　入（音韵学术语）。

l　平（音韵学术语）。

r　上（音韵学术语）。

u　upamā-doṣa,喻病。

v　viparyaya（与"诗德"相对）。

y　yamaka,叠音（诗律术语）;平（音韵学术语）。

　　*译注:梵文诗学术语的汉译及解释参看金克木:《梵语文学史》,人民文学出版社,1964 年;金克木:《古代印度文艺理论文选》,人民文学出版社,1980 年;黄宝生:《印度古典诗学》,北京大学出版社,1998 年。

　　〔2〕王利器:《文镜秘府论校注·序》,中国社会科学出版社,1983 年,页 13 - 14。

　　〔3〕叶嘉莹:《杜甫秋兴八首集说》,台北:中华丛书编审委员会,1966 年,页 1 - 62。

　　〔4〕参见高步瀛:《唐宋诗举要》,中华书局,1959 年。

多文人开始填词,那些热衷于功名的士人为了参加科举考试,仍然不得不娴熟地掌握近体诗的写作技巧。因此,苏轼、陆游和黄庭坚等人不但是著名的词人,在近体诗方面也留下了若干名篇[1]。"直至 20 世纪,文人们仍然保持着这种传统。即使在当代,鲁迅和陈寅恪的近体诗虽然表现出不同的政治倾向,却都在社会上广为流传,为人们所津津乐道。"[2] 无论从存在时间、艺术活力,还是作品数量上考虑,近体诗都在中国诗歌史上处于主导地位,是最具代表性的组成部分。当西方学者讨论"中国诗歌"或"中国古典诗歌"时,有时他们指的实际上就是近体诗。[3]

12.1 问题

近体诗的一个显著艺术特色就是它精妙的声律模式。我们的问题便是:近体诗是在什么时候,又是如何产生的? 前贤认为,声律起源于沈约的"四声八病"说。[4] 这些研究指出了公元 488—551 这 60 年间,一条条声律规则如何依次产生,它们又是如何首先促成齐梁体声律,继而形成了近体诗这种更为严格的声律模式。学者认定,唐代以前有 25 首 8 行诗符合律诗的声律。[5] 此外,对于促使声律发展的社会、

---

〔1〕参见高步瀛:《唐宋诗举要》。

〔2〕周振甫:《鲁迅诗歌注》,浙江人民出版社,1980 年;余英时:《陈寅恪晚年诗文释证》,台北:时报文化出版事业有限公司,1984 年。

〔3〕*Encyclopaedia Britannica*,(《大不列颠百科全书》,第 15 版,1975),15:75e;Roman Jakobson,"Linguistics and Poetics(《语言学与诗学》)",in Thomas Sebeok,ed.,*Style in Language*,Cambridge:MIT Press,1960,P. 360.

〔4〕有关声病更为详尽清楚的记载参见空海(774 — 835)《文镜秘府论》,它是仅存的一部唐代及唐以前有关诗病与声律的文献汇编。本篇 3 种重要的参考资料是:Konishi Jin'ichi(小西甚一),*Bunkyō hifuron kō*(《文镜秘府论考》),卷 33(Dainihon yubenkai kodansha[大日本雄辩讲谈社],1948—1953);Richard Bodman,"Poetics and Prosody in Early Medieval China:A Study and Translation of Kūkai's *Bunkyōhifuron*"(《中国中古初期的诗学与声律学:〈文镜秘府论〉的翻译与研究》),Ph. D. diss. Corenll Univeristy,1978;王利器:《文镜秘府论校注》。我们从 Bodman 的论文中获益颇多。文中引用 *BK* 时标出的章节数字与小西甚一的著作第 3 册里的校勘本保持一致。

〔5〕Takagi Masakazu(高木正一):《六朝律诗之形成》,郑清茂译,《大陆杂志》,1956,3(9/10),页 17 - 18、24 - 32;原文发表于《日本中国学会报》1951 年第 4 期,页 35 - 49。该文中标出了声调的平仄,更便于阅读。

政治背景,以及当时由此产生的文学争论,学者们在著作中也多有
涉及。[1]

　　上述研究提供了大量资料,但有一个问题仍未得到解决,那就是
他们未能解释汉语诗律引入的 3 个史无前例的演变:(1)四声两元化
形成平仄;(2)声律规则兼顾句子当中的平仄;(3)每联中的两句诗或
四行诗中的两联应该对仗。这些概念在中国诗律史上是空前的。沈约
以前,诗律学中所说的四声不过是对韵律模糊的定义而已,每个声调
都是一种独立的韵律范畴,对一句诗中的各个字不做任何韵律要求,
四行诗尚未成为一种诗律单位。以往的研究关注的是声律的发明者
是谁,他们是在什么背景下如何进行诗歌创作实践活动的,有哪些人
以何理由支持或者反对他们的诗律主张,诗律思想经过多长时间才为
人们所接受。简而言之,以往研究的共同之处在于,他们理所当然地认
定诗律思想是沈约及其追随者开创的,并把研究集中在这些思想后来
的发展上。我们的问题是,诗律发明者最初是如何获得这些史无前例
的变革性思想的?

　　现代学者陈寅恪率先将这一问题的讨论引向深入。在《四声三
问》[2]中,陈寅恪指出:汉语四声是在佛教的影响下发现的。他引用了
大量中文历史文献,其中包括慧皎《高僧传》(成书于 519 — 533 年)[3]
第 13 章。该书主要记载通晓佛教经文与颂诗的经师们的有关事迹。
陈寅恪注意到如下几个重要情况。5 世纪下半叶,在皇室的资助下,诵
经师梵胡客僧聚集于南朝的国都建康(今南京)。许多僧人都是中亚
人士,在梵文与佛典方面受过良好的训练。他们与建康的文人交往频
繁,常常在竟陵王萧子良位于建康郊外鸡笼山的官邸聚会,其中包括
沈约、谢朓(464 — 499)、王融(468 — 494)、任昉(460 — 508)和范云

　　〔1〕網祐次(Ami Yūji):《中国中世文学研究》,新树社 1960 年;林田慎之助(Hayashida Sinno-
suke):《中国中世文学评论史》,创文社 1979 年。
　　〔2〕陈寅恪:《四声三问》,载《清华学报》1934 年第 2 期,页 275 – 287。
　　〔3〕背景知识参看 Arthur Wright, " Biography and Hagiography(《圣徒的传记:慧皎〈高僧
传〉》)", *Silver Jubilee Volume of the Zinbun Kagaku Kenkyusyo Kyoto University*, Kyoto:Jimbun kagaku
kenkyujo, 1954, pp. 383 –432.

（451—502）。他们一致倡导把声调韵律运用到诗歌创作当中。至关重要的是，据《高僧传》记载，"永明七年二月二十日，司徒竟陵文宣王梦于佛前咏维摩一契，便觉韵声流好，著工恒日。明日即集京师善声沙门龙光、普智、新安、道兴、多宝、慧忍、天保、超腾及僧辩等，集第作声"。此前一年（488），沈约的《宋书》完稿，他在《谢灵运传》后记中阐明了自己的声律理论。

依据上述以及其他史实，陈寅恪认为，沈约与其助手早于488年以前便已开始研讨声律问题。所以，489年竟陵京邸的集会表面上讨论经呗新声，其真正目的在于对外公布诗律研究的最新进展。陈寅恪进而指出，在佛教的影响下，中国的文人创造了以四声为基础的新型诗律。

陈寅恪的文章极富创见，但奇怪的是，陈寅恪并没有把他的注意力转到最重要的方面。他在论述四声问题时指出，吠陀声明分为三声：udātta（"升"，即"锐"或"高"），anudātta（"非升"，即"重"或"低"）与svarita（从高至低）。汉语以平、上、去三声与之相配，又将以-p、-t、-k 等辅音结尾的入声另立一类。这也就是汉语创立"四声之说"，而不是"五声"或"七声"的原因。可是事实上，从《诗经》到公元5世纪的五言诗，大多数都能保证韵脚在声调上的一致，这表明中国人很早以前就能够区分声调了。佛教的传入可能帮助他们更加清楚地意识到了四声的存在。不过，佛陀或任何人都无法改变中古汉语有4个声调这一事实。[1] 与此同时，陈寅恪以确凿的证据证明，在汉语声律创建过程中，沈约及其追随者与沙门僧人往来频繁。陈寅恪未下断言，只是据实推测声律的发展受到了佛教的影响。接下来的问题是：中国的声律发明者了解梵语诗律与诗学方面的哪些知识？这些知识又是以何种方式促成了汉语声律的产生？

---

〔1〕参看周法高：《说平仄》，载《中央研究院历史语言研究所集刊》（台湾）1948 年第 13 期，页 153－162；俞敏：《中国语文学论文选》，光生馆（Koseikan），1984 年，页 303－306；饶宗颐：《文心雕龙声律篇与鸠摩罗什通韵》，载《中华文史论丛》1985 年第 3 期，页 215－236，特别是页 227－230。

本文认为,沈约及其追随者在梵语诗病理论的影响下创制了汉语声律,目的在于使汉语诗歌取得与梵文诗歌同样悦耳动听的艺术效果。

文章第一部分介绍梵语诗学中对诗病或 doṣa(错误,缺陷)进行分类辨析的悠久传统。[1] 诗病理论最早可以上溯至成书于公元前 1 世纪到公元后 1 世纪之间的婆罗多《舞论》。[2] 尽管《舞论》是一部戏剧方面的专著,但其中一些章节对诗律问题做了有史以来第一次系统总结。在"口语表达与诗律(Verbal Representation and Prosody)"一章中,婆罗多将 yamaka(叠音)定义为"在韵脚开端或其他位置上,词语(或是音节或是语音)的重复",继而又把这种诗病分为 10 类。此类探究的进一步完善是在婆摩诃《诗庄严论》(下文记作 KL)和檀丁《诗镜》(下文记作 KD),二者均成书于公元 7 — 8 世纪,并且对以往的诗律研究成果多有继承。我们认为,声名赫赫的沈约"八病"与《文镜秘府》"二十八病"(819 年,下文记作 BK)都来源于梵语诗学著作。我们发现,在梵语与汉语的诗学著作中,有些具体诗病的名字相同,诗病的种类与数目相互对应,评述诗病的文字格式保持一致,并且都会旁引用例加以说明解释。

本文第二部分论述沈约等人受到梵文诗律的启发,将四声二元化为两种诗律范畴。梵语诗歌的基础是音节的长短对立,在诗律中分别叫作 laghu(轻)和 guru(重)。在《谢灵运传》后记中,沈约用术语"轻""重"指称后来称之为平仄的两种诗律概念:"一简之内,音韵尽殊;两句之中,轻重悉异。"

本文第三部分论述齐梁时代与佛教有关的梵语诗歌多采用"颂(śloka)"格律,沈约等人很熟悉这种诗体,所以才会引发诗律变革。为了突显梵语诗律在这一时期的重要影响,文学史学者需要了解为当时佛教徒们所熟悉的梵文诗歌的基本情况。梵文诗律著作通常会列出

---

〔1〕参看 Bechan Jha, *Concept of Poetic Blemishes in Sanskrit Poetics*(《梵语诗学中的诗病概念》),The Chowkhamba Sanskrit Series Office, 1965.

〔2〕Manomohan Ghosh 编译:*The Nāṭyaśāstra*(《舞论》,婆罗多牟尼作),第 2 版,Calcutta:Manisha Granthalaya,1967,卷 1,第 1 – 27 章。

二三百种格律诗体,但是需要认真考虑的只有一种。在可以确定是公元 450 — 550 年间译成汉语的梵语文献中,"颂(śloka)"是最常见的诗体格律。保存于敦煌写卷中的梵语诗歌的情况也是如此。另外,在《妙法莲花经》频繁使用的诗歌形式中,"颂(śloka)"居第二位。《妙法莲花经》在公元 400 年前曾先后几次被译为汉语,其中鸠摩罗什(344 — 413)译本(406?)的影响最大,经由齐梁一直流传延续到唐代。对于 5 —6 世纪大多数粗识梵文知识的人而言,"颂(śloka)"与"佛教诗歌"是一回事儿。他们或是听胡僧吟唱过这种诗体格律,或是偶然看到对这种格律诗体的介绍。

"颂(śloka)"是从吠陀(Veda)每行 8 个音节的 anuṣṭubh 诗律发展而来。anuṣṭubh 与 ^śloka 的基本词义都是"赞美诗",对应于汉语的"颂"或"赞"。śloka 有几种变体,学者们意见各不相同,但其基本格律模式是清楚的。[1]

奇数韵脚(pāda):X X X X ˘ (–) (˙ –) (˘)

偶数韵脚(pāda):X X X X ˘   –   ˘   X

包括 4 个音步(或称为"四行"),每个音步有 8 个音节;或者分为两行,每行 16 个音节。每行除第五、第十三、第十四与第十五音节有韵律的限定外,其余各个音节长短不拘。在上文图示中,"X"表示长短皆可,"—"表示长音节,"˘"表示短音节。学者们对于第六、第七与第八音节如何用韵、有什么约束,尚有争议,因此标以"(–)"或"(˘)"。

汉语声律的某些要素直接来源于梵语诗歌格律。具体地讲,是来源于 śloka。首先是四声二元化为平仄,对应着梵语中的"轻/重"对立。平仄不但是近体诗律的基础,对于各种词曲的格律也至关重要。其次,声律兼顾句中用字的平仄,每行的首字较为自由,每行或每联都要讲究平仄。在诗歌的布局谋篇中,由于受 śloka 四音步结构的影响,两联 4 句成为诗歌的基本模式。

---

〔1〕Monier Monier-Williams, *A Sanskrit-English Dictionary*(《梵英词典》), Oxford: Clarendon, 1899, p. 1104.

12.2　动因

近体诗律的创造者就是这样在梵文诗律的实践活动中获得灵感的。由此引出两个问题:汉语诗律产生的动因是什么? 新诗律的具体形式从何而来? 慧皎《高僧传·译经中·鸠摩罗什一》记载:

> 初沙门僧睿,才识高明,常随什传写。什每为睿论西方辞体,商略同异,云:天竺国俗,甚重文制。其宫商体韵,以入弦为善。凡觐国王,必有赞德。见佛之仪,以歌叹为贵。经中偈颂,皆其式也。但改梵为秦,失其藻蔚,虽得大意,殊隔文体,有似嚼饭与人,非徒失味,乃令呕哕也。[1]

其中最关键的一句是:"凡觐国王,必有赞德。见佛之仪,以歌叹为贵。经中偈颂,皆其式也。"在这里,"颂"对应梵语的 śloka(hymn of praise or glory,用来称扬赞颂的赞美诗),而"偈"对应梵语 gāthā(the metrical part of a sūutra,佛经中的韵律部分)。鸠摩罗什清楚地表明,在印度传统中,向佛陀和国土唱颂歌时,必须用 śloka。这些颂歌的内容可以直接译为汉语,但却不符合 gāthā 的格律。慧皎在《高僧传·译经中·鸠摩罗什一》中,用略微含混的说法做了类似的解释:

> 然东国之歌也,则结咏以成咏;西方之赞也,则作偈以和声。……自大教东流,乃译文者众,而传声盖寡。良由梵音重复,汉语单奇。若用梵音以咏汉语,则声繁而偈迫;若用汉曲以咏梵文,则韵短而辞长。是故金言有译,梵响无授。

如何准确地反映原文的风格与格律,是每个译者都会遇到的困难。但对齐梁时代笃信佛教的士族而言,不能准确传达梵文诗歌的意旨就是对神灵的亵渎。他们不仅要膜拜佛陀并享有来自信佛臣民的敬意,更渴望这些情感能够得到像在佛国里一样的准确表述。也就是说,要采用 śloka 的格律写诗。可是即使有佛陀的帮助,王国的文人们

---

[1]*TT* 50:332b. Robert Shih(史接云) 的法译本《高僧传》(Louvain: Iinstitut orientaliste, Bibliothèpque de l'Universitè, 1968,p. 37)将"偈""颂"分别译为"les gāthā"与"les śloka"。

·欧·亚·历·史·文·化·文·库·

也难以用梵语作诗。因此,一个更加实际可行的办法,就是使汉语诗歌取得与梵语śloka同样悦耳动听的听觉效果。

在这样的背景下,我们不难理解为何萧子良会梦到自己向佛陀唱赞歌。无论它是史实还是杜撰,这个梦都反映了萧子良力图以恰如其分的方式礼拜佛陀的迫切渴望。值得注意的是,在萧子良资助编纂的佛经目录中,有3篇与梵呗相关,其中一篇名为《转读法并释滞》。[1]而且,王室成员中不只萧子良一人积极关注并参与诗律创制工作。第一代先行者谢世以后,梁武帝的皇太子萧纲(503 — 551,建文帝)成为领导声律运动的关键人物。由于得到一系列具备佛教徒与诗人双重身份的名人的支持,创制新诗律掀起了全国性的热潮,并先后持续了两个朝代。

然而,梵文诗律或准梵文诗律与汉语诗歌的结合遇到了一些难以应付的困难。首先,汉语与梵语性质迥异。汉语是不屈折/孤立语,而梵语是已知最典型的屈折语之一。汉语最突出的超音段的语音特征是声调差异,在沈约以前这种特点并未与汉语诗律充分结合;而梵语音节长短对立,许多个世纪以来都是印度诗律的语言学基础。汉语有一套包括5000多汉字的语素音节文字[2],而梵语使用天城体(Devanāgarī)它是一种包括49个字母的音节文字,且带有很强的拼音色彩。在书写形式上,古汉语绝大多数是单音节的,可梵语是多音节的,并且倾向于使用形式很长的复合词——上文慧皎已经指出了梵汉之间这种根本性的差异。

另一种困难是梵语与汉语在建康时期相遇时表现出的类型学差异。公元4 — 5世纪,在声律创立以前,五言诗已经成为诗歌的主流。例如,阮籍(210 — 263),陶潜(361 — 433)和谢灵运(385 — 433)等人

---

〔1〕《出三藏记集》,*TT* 55;85 – 86。这些经目已佚。

〔2〕裘锡圭在《文字学概要》(商务印书馆,1988年,页31)中指出,尽管字典中收字的数目巨大,但在历史发展中常用字在4000—5000字之间。甲骨文所用的单字约有四五千个,《十三经》共用单字6544个。这与现代汉语中4000—5000常用字的数目相当。

的诗作,大多采用五言的形式。五言诗的诗律规则很简单[1]:(1)每句5个字;(2)每句第二字后停顿第一次,第二次停顿是在第三字还是第四字后,依据诗义而定;(3)每联是个独立的二合诗律单位;(4)每联第二句的最后一字押韵。五言诗与以诗经、楚辞和汉乐府为代表的早期诗歌相比,有两点明显的差别:早期诗歌诗无定句,句无定字;而五言诗每句5个字,全诗的句数是"双"的倍数。五言诗不像以往的诗歌一样必须入乐吟唱,因此每句的字数是固定不变的。诗句字数的固定,以及诗、乐的分离,为声律的产生奠定了良好的基础。

在诗律类型中,五言诗属于音节诗体,日本的俳句与短歌,以及古典法文的亚历山大也属于此类。[2] 音节诗的结构原则是句有定字,这与汉语的特点相吻合。在比较诗歌理论中,其他3种诗体分别是:(1)音量诗体,包括古希腊语、拉丁语和梵语诗歌;(2)重音 – 音节诗体,常见于英文诗歌;(3)重音诗体,出现在重音显著的语言中,如日耳曼语。这3种诗体与音节诗体不同,它们非常讲究格律,其必不可少的特征是:(1)存在于该语言中所有音节中的二元对立,如长/短或重音/非重音;(2)句中每个字原则上都要受到格律规则的制约。具体讲,梵语诗歌格律基础是音节长短对立,根据上文的分类模式,śloka 属于音量诗体。汉语既无重音特征,也无音量特征,因此它难以从与其接触的梵语或其他原典语言中借用现成的格律形式。

也许创制汉语诗律最大的困难在于:当时汉语根本没有格律概念。说得更清楚些就是,人们难以准确地表达格律概念。如《楞伽阿跋多罗宝经》记载:

Atha Rāvaṇo Laṅkādhipatiḥ toṭakavṛttenānugāyya punar api gathā [bhi] gitenānugāyati sma.

当时,楞伽王 Rāvaṇa 先用 Toṭaka 格律吟唱这些诗歌,继而又用

〔1〕高友工"The Aesthetics of Regulated Verse(《律诗的美学特征》)",选自 Lin 和 Owen 编辑的 *The Vitality of the Lyric Voice*, Princeton University Press, 1986, p.335.

〔2〕《大不列颠百科全书》(1975), Micropaedia, 6:842,词条 "meter(格律)"对诗律类型有清晰详细的说明。

gāthā 格律来吟唱[其后余下的诗歌]。

这段经文的作者明确指出,楞伽王吟唱诗歌采用的是 Toṭaka 格律,这是一种抑扬格的四音步诗:ˇˇ–ˇˇ–ˇˇ–ˇˇ–。《楞伽经》曾经先后3次被译成汉语:求那跋陀罗译本(443),菩提流支译本(513)和实叉难陀译本(700 — 704)。[1] 3位译者是如何处理这段经文的呢?求那跋罗根本没有选译这段文字。菩提流支的译文如下:

> 尔时罗婆那楞伽王,以都咤迦种种妙声,歌叹如来诸功德已,复更以伽他妙声歌叹如来,而说偈言。

实叉难陀是初唐时期来自和田的译师,他措辞委婉的译文中包含了同样的基本信息:

> 尔时罗婆那楞伽王,以都咤迦音歌赞佛已,复以歌声而说颂言。

令人惊奇的是,菩提流支和实叉难陀的译文都无法精确翻译 vṛtta(格律),求那跋陀罗对它更是避而不谈。菩提流支以"妙声"对译 vṛtta,而实叉难陀则用"音"对译 vṛtta。因为汉语无法直接表达格律概念,译者别无选择,只能用语音或音乐术语来代替。

术语"妙音"见于《高僧传·译师》:

> 但转读之为懿,贵在声文两得。若唯声而不文,则道心无以得生;若唯文而不声,则俗情无以得入。故经言以微妙音歌叹佛德,斯之谓也。

上文曾经引用鸠摩罗什与慧睿的对话:"凡觐国王,必有赞德,见佛之仪,以歌叹为贵,经中偈颂,皆其式也。"慧皎必定深知格律诗对于礼拜佛陀的重要性。他与菩提流支生活在同一时代,后者将 vṛtta 译为"妙声"。因此,慧皎最后一句话的真正含义是:"用 śloka(颂)或 gāthā(偈)赞美佛陀的美德。"

虽然中国人无法直接、准确地了解运用格律概念,但这并不妨碍他们知晓格律对于诗歌的重要性。根据《高僧传·译经中·鸠摩罗什

---

[1]分别见于 *TT* 卷 670、671 和 672。

一》记载,鸠摩罗什讨论汉语与梵语文学形式的异同时说:"天竺国俗甚重文制,其宫商体韵以入弦为善。"在这番话里,鸠摩罗什到底谈的是什么问题呢?我们推测,他在译经过程中与他的得力助手慧睿讨论过梵语散文与韵文之间的差异,以及不同诗体的功能与性质。应当指出的是,慧睿懂得一些梵语,并很可能应谢灵运之约,写过关于梵语语音知识的小册子(*TT* 50:367b)。如果用我们的推测逐字解释鸠摩罗什的话,鸠摩罗什的意思译为汉语就是:"可以直接配乐演奏的宫商形式才是最好的。""宫"和"商"是中国音乐五音模式中两类音符的名称,音符的名称在当时可以用来指称四声。慧皎试着用音乐术语来比附四声,而四声又是刚刚出现的声律的基础,因此,他实际上是用"宫商"来对应梵语格律。

中国人接触到梵语格律后,着手进行两项工作。汉语与汉语诗律传统中不存在格律概念,所以中国人采用了当时盛行的格义法,也就是说,借用中国音乐或音韵学术语来指称梵语的格律。同时,因为śloka在佛教中具有宗教意义,中国人于是开始着手创制与梵语"妙音"功能相当的诗律。

梵语与汉语的类型学差异决定了汉语无法直接套用梵语诗律,而是要经历一个不断接受影响,又将其逐渐扩散开来的过程。换言之,只有发现梵语诗律之后,中国人才有可能创制出与其对应的汉语诗律。实际上,如果将格律定义为适用于一定语篇范围内所有音节的韵律特征的必不可少的、有节奏的重复,那么,近体诗在某种意义上便具备了格律特征或准格律特征。

12.3　两代试验诗人

行文至此,我们发现,声律起源的决定性动因是佛教的影响,形式动因是梵语诗律的影响,物质动因是中古汉语声调。为了完成新亚里士多德分析模式,我们再来考察声律起源的行事者动因,也就是公元488—551年间生活在南朝国都建康的创制近体诗律的那些诗人。

·欧·亚·历·史·文·化·文·库·

南朝(420 — 589)的佛教出现过 3 次繁荣:(1)永嘉时期,大诗人谢灵运是当时的代表人物;(2)王子萧子良担任齐武帝(483 — 493)司徒时期;(3)梁武帝长期统治时期。[1] 这种分年恰好对应于近体诗的早期发展。谢灵运时期,中国诗歌已经深受佛教思想影响,但尚未受到梵语格律的冲击;谢灵运诗集中几乎没表现出任何声律特征。488 年,沈约在《谢灵运传》后记中公布了他的声律思想,由此宣告了以往诗歌传统的终结。公元 549 年 4 月,侯景后秦军队攻陷建康城,86 岁的梁武帝死于同年六月。551 年,侯景后秦诛杀了简文帝萧纲,南朝文学的黄金时期随之告终。此时,近体诗已经得到充分发展,只是尚未投入大规模的创作实践。公元 488 — 551 年间涌现出两代实验诗人,其领导者分别是沈约和萧纲。

为了全面了解他们的成就,我们首先简要回顾一下谢灵运时期的社会历史背景。就像荷兰佛学家许理和在《佛教征服中国》中所写的一样,公元 320 — 420 年间,佛教已经盛行于南朝的上流社会与士大夫阶层。5 世纪初,鸠摩罗什的弟子结队来到南朝,法显于 414 年从印度、锡兰返回建康,由此开始了南朝佛教的第一个繁荣时期。

佛教盛行的一个重要表现就是人们对梵语的日益关注。公元 417、418 年,法显和佛陀跋陀罗翻译了梵语 50 字母表,按照单元音、复元音和辅音的顺序排列,见于《佛说大般泥恒经》(*TT* 737b, 8:887c — 888b)。[2] 大约在 418—433 年间,鸠摩罗什的助手慧睿应谢灵运之约,写了《十四音训叙》(*TT* 50:367b)。Arthur Wright 指出,《十四音训叙》是在《佛说大般泥恒经》基础上写成的,但是它只谈到考察单元音和复元音。[3] 3 世纪末,佛经中曾经出现过一种 42 字母的梵语字母表,按照阿(a)、罗(ra)、波(pa)、遮(ca)、那(na)按 arapacana 顺序排

---

〔1〕汤用彤:《汉魏两晋南北朝佛教史》,中华书局,1955 年,页 415 — 416。

〔2〕Paul Demiéville's review 评 R. H. van Gulik《悉昙:中国与日本梵语研究史论》,载《通报》,1957,45:243。

〔3〕Arthur Wright, "Seng-jui Alias Hui-jui:A Biographical Bisection in the Kao-seng chuan(《僧睿(别名慧睿):〈高僧传〉中一分为二的人物传记》)", *Sino-Indian Studies*,1957,5(3/4):279n. 30.

列,并且带有释义。5 世纪初,这个字母表被重新翻译,见于《摩诃般若波罗蜜经》(*TT* 223,鸠摩罗什译,402 — 404),《大智度论》(*TT* 1509,鸠摩罗什译,404 — 406),《大方广佛华严经》(*TT* 278,佛陀跋陀罗译,418 — 420),《大集经》(*TT* 397,昙无谶译,414 — 420)。[1] 除鸠摩罗什的译文以外,其他的经文都是在中国南方翻译的。

公元 5 世纪,中国人掌握了更多的梵语知识。佛教学者在讨论早期佛教语言时,常常引用罽宾僧人佛陀什 423 — 424 年在扬州译成的《五分律》中的一段经文:

> 有婆罗门兄弟二人,诵阐陀鞞陀书,后于正法出家。闻诸比丘诵经不正,讥呵言:"诸大德久出家,而不知男女语,一语多语,现在过去未来语长短音,轻重音,乃作如此诵读佛经。"比丘闻羞耻。二比丘往至佛所,具以白佛。佛言:"听随国音读诵,但不得违失佛意,不听以佛语作外书语。[2]

被描述的梵语为一种典型的屈折语,语音系统有长/短对立,韵律系统有轻/重对立。5 世纪的中国人除了通过读《五分律》之类的汉译佛典,还可以从定居中国的外国友人那里了解到这些语言事实。上引经文有着精确的时间记录,可以据此推断,当时国人已经掌握了关于梵语的一些知识。

尽管 5 世纪时,中国人对梵语略知一二,但并不等于许多人懂得梵语。根据《高僧传》译师名录,其中绝大部分是外国人,只有为数不多的汉僧能够独立译经。这些本土译师,如法显、知严和宝云,其实都去过印度或其他梵语学者聚集之处。没有出国求学的佛教信徒协助译经或修订他人的译本,就像谢灵运对《涅槃经》所做的工作一样。[3] 根

---

〔1〕Paul Demiéville's review 评 R. H. van Gulik《悉昙:中国与日本梵语研究史论》,载《通报》,1957,45:243。

〔2〕见于《五分律》,*TT* 22:39c,与汉译对应的梵文术语参见林藜光:*L' Aide-Mémoire de la Vraie Loi*, Librairie d' Amerique et d' Orient Adrien-Maisonneuve, 1949, pp. 218 - 219;季羡林《印度古代语言论集》(社会科学出版社,1982 年)408 页有详细论述。

〔3〕汤用彤:《汉魏两晋南北朝佛教史》,页 439;J. D. Frodsham, *The Murmuring Stream: The Life and Works of Hsieh Ling-yün*, Kuala Lumpur:University of Malaya Press, 1967, p. 72.

据僧人传记记载,一些僧人或佛教信徒"对梵语有着深入研究",实际上他们只是学过悉昙——梵语字母拼写和发音原则,而这些仅仅是印度儿童接受的启蒙教育。

然而,与梵语及印度语言学长达几个世纪的接触,使得中国人愈加清楚地认识到汉语的语音特征。最初的成果就是反切注音法的创制。[1] 虽然反切产生的具体时间尚有争议,但它在4世纪时已经广泛运用了。梵语42字母表按照 arapacana 顺序排列,即 a,ra,pa,ca,na等。截至3世纪末,包含这个字母表的佛经先后两次被译为汉语。即使没有多少语言学知识,也可以发现,一个元音与不同的辅音组合,可以得到一系列的音节;每个梵语字母音节代表一个音节梵语字母。运用这种规则来观察汉语,他们发现标准的汉语音节包括声母和韵母,于是得到了反切注音法。中古汉语是声调语言,所以使用反切注音法时必须考虑声调问题:被注字与反切下字声调相同。5世纪上半叶,略早沈约的生活时代,中国语音学家对四声已经有了很好的把握。诗人们也逐渐认识了汉字的语音特征。例如,沈约与刘勰深受佛教影响,他们诗歌的用韵已经十分谨严了。[2]

5世纪下半叶,佛教赞美诗与梵语诗歌开始对汉语诗律产生影响。如果我们把谢灵运的诗歌看作近体诗发展的一个阶段,而不去考虑那些诗作的艺术价值,那么可以清楚地看到这种影响。[3] 特别值得注意的是谢灵运诗中的双声叠韵对。例如,选自《从斤竹涧越岭溪行》的诗句:

蘋萍泛沈深　　*bjĕn bieng —djəm śjəm*
菰蒲冒清浅　　*kuo buo — ts'jäng ts'jän*

〔1〕反切,指把上一个字的声母与下一个字的韵母拼合在一起,确定被注字的读音。
〔2〕周祖谟:《问学集》,中华书局,1966年,页466。丁福保:《全汉三国魏晋南北朝诗》,台北:艺文印书馆,1968年,页818。参看 Frodsham, pp. 135 - 136。中古汉语拟音参看李方桂:《上古音研究》,载《清华学报》,1971年第9卷第1—2期,页4 - 7。
〔3〕有关谢灵运诗歌研究,参看林文月:《谢灵运》,台北:河洛图书公司,1977年;林文月:《山水与古典》,台北:纯文学出版社,1976年;孙康宜:《六朝诗》,Princeton:Princeton University Press,1986, pp. 47 - 48.

若将双声字记作 A,叠韵字记作 B,这句诗的韵律模式便是 AA —
BB／BB — AA。双音叠韵对在谢灵运和比他年幼的同时代诗人鲍照
的诗中很常见,这在一定程度上是受反切注音法影响的结果。至于双
音叠韵法是否值得取法,不久就在评介沈约"八病"中的后 4 种中被讨
论到了。谢灵运诗中的双声叠韵及其语义范畴的对应,已经暗合近体
诗的诗律。此外,谢灵运擅长使用正反对,在遣词造句、安排语音布局
和使用句中动词方面也很有讲究。但是,因为那个时代诗句的数目不
是固定的,谢灵运的山水诗又是注重写景而较少抒情,所以他常常把
一系列精心描绘的表态画面按线性顺序随意地排列在一起,而没有正
式的结束。需要注意的是,尽管谢灵运有着丰富的写作技巧,但实际
上,他对四声置之不理。谢灵运是当时最受推崇的诗人。《宋书·谢
灵运传》记载:

> 每有一诗至都邑,贵贱莫不竞写,宿昔之间,士庶皆遍,远近钦
> 慕,名动京师。

正是在这种日益关注声律问题的社会背景下,沈约在《宋书?谢
灵运传》后记中公开表明自己的声律理论:

> 仲文始革孙、许之风,叔源大变太元之气。爰逮宋氏,颜、谢腾
> 声。灵运之兴会标举,延年之体裁明密,并方轨前秀,垂范后昆。
> 若夫敷衽论心,商榷前藻,工拙之数,如有可言。夫五色相宣,八音
> 协畅,由乎玄黄律吕,各适物宜。欲使宫羽相变,低昂互节,若前有
> 浮声,则后须切响。一简之内,音韵尽殊;两句之中,轻重悉异。妙
> 达此旨,始可言文。

沈约的论断很是直率,富于叛逆精神,最后一句否定了以往的诗人与
诗歌评论家。他在写给陆厥的信里再次申辩自己的声律主张:

> 宫商之声有五,文字之别累万。以累万之繁,配五声之约,高
> 下低昂,非思力所学,又非正若斯而已。十字之文,颠倒相配,字不
> 过十,巧历已不能尽,何况复过于此者乎? …… 韵与不韵,复有

·欧·亚·历·史·文·化·文·库·

精粗。[1]

刘勰（465 — 522）《文心雕龙》进一步对新诗律加以探讨：

> 凡声有飞沈（沉），音有双叠；双声隔字而每舛，叠韵杂句而必
> 睽；沉则音发而断，飞则声飏不还；并辘轳交往，逆鳞相比；迂其际
> 会，则往蹇来连，其为疾病，亦文家之吃也。……气力穷于和韵。
> 异音相从谓之和，同声相应谓之韵。韵气一定，故余声易遗；和体
> 抑扬，故遗音难契。[2]

这些史料里有几点值得注意，也许最重要的是沈约和刘勰的论述
都反映了佛教和梵语的广泛影响。术语"轻"、"重"直接译自梵语 la-
ghu（轻）和 guru（重）；佛陀什在 423 — 424 年完成的《五分律》汉译本
中，已经这样翻译这两个梵语术语了。慧皎用"和声"来描写吟唱
gāthā（偈）的方法，而刘勰用"和声"指称两种写作技巧："异音相从谓
之和"。这说明，在沈约及其助手同伴看来，汉语的四声等同于梵语的
长/短音节，声律对应于 gāthā（偈）的梵语格律。

上述史料同时表明，沈约和刘勰都将声调分为两类，分别命名为
"低音和昂音"、"浮音和切音"、"轻音和重音"、"飞音和沉音"等。这
些命名方式实际上反映了声调二元对立思想。

最后，沈约和刘勰都指出，每行诗和每个对句中的用字都应当平
仄相对。沈约要求"若前有浮声，则后须切音"，即每句诗都应有声调
变化；刘勰将"和"定义为"异音相从"，同样强调通过声调交替来取得
和谐的听觉效果。沈约又特别强调对句中的平仄相对："十字之文，颠
倒相配"；刘勰也是这种意见："并辘轳交往，逆鳞相比"。

简而言之，在谢灵运死后半个世纪 50 年，即公元 488 年前后，沈约
及其追随者开始创制新的诗律，意在借此取得与梵语格律同样和谐悦
耳的听觉效果。不过，在沈约和刘勰起草的纲领性文件中，还有两个问
题悬而未决。其一，诗句中哪些位置的字必须声调交替？其二，新声律

---

〔1〕李延寿：《南史》卷 48，中华书局，1975 年，页 1196 – 1197。

〔2〕《文心雕龙》（《四部备要》本），7.6ab。

要求四个声调都交替,还是仅仅交替"轻/重"音?如果是后者的话,那么四声应当如何分作两类,是二比二,还是一比三?这些实际问题最后在 488 — 551 年间两代实验诗人那里得到了解决。老一代实验诗人,即"竟陵八友",领导者是沈约。年轻一代实验诗人包括著名诗人庾信(513 — 581)和他的父亲庾肩吾(约 487 — 551),以及《玉台新咏》的编纂者徐陵(507 — 583),他们的领导者为皇太子萧纲,即后来的梁简文帝。

"竟陵八友"经常光顾萧子良的文学沙龙,其中沈约、王融和谢朓对声律改革贡献最大。沈约出身于南朝下层军事家族[1],既是杰出的文学领袖,也是精明的政客。他引导着同时代的文人,依循笃信佛教的皇室资助者的喜好进行文学创作。这一时期,萧子良的文学沙龙是胡僧与中国文人聚会的场所。沈约年纪最长,地位最高,自然而然成为了竟陵八友的领袖。因此,这个集体的成就很有可能大多归于沈约一人名下。

王融和谢朓承担了绝大部分的诗律实验工作。两人不但有着早慧的诗歌天赋,而且都出身于南朝豪门世家——家族历史上曾经涌现出众多的丞相、将军、诗人、书法家和艺术家。文人自然将他们视为当时文学潮流的领导者。当时的文学评论家钟嵘认为,王融和谢朓对新诗律创制所做出的贡献远远大于沈约。[2] 但是在一场试图将竟陵王推上王位的政变中,年仅 26 岁的才子王融死于非命。他短暂的一生里并未留下多少作品。因此,我们主要依照谢朓的诗来考察第一阶段的声律发展情况,必要时补充沈约和王融的作品。

谢朓与谢灵运出身于同一家族,二人都被看作其所处时代最杰出的诗人。[3] 谢朓与谢灵运分别生活于相距 70 年的不同时代,文学环境的不同最终造成两人文学风格的差异。大谢出生在位于会稽的祖宅,每当仕途遇挫,他就会回到那里。在谢灵运的诗歌中,主人公往往

〔1〕有关沈约的生平及其著作,参见 Richard Mather, *The Poet Shen Yüeh*(《诗人沈约》),普林斯顿大学出版社,1988 年。

〔2〕《诗品·序三》:"王元长创其首,谢朓、沈约扬其波。"

〔3〕参看孙康宜:《六朝诗》,页 112 – 145,其中有对谢朓诗歌的精彩论述。

·欧·亚·历·史·文·化·文·库·

是一位孤独的旅人,漫步于崎岖的山路或沿着嶙峋的河岸漂流,欣赏着眼前的美景,却又为难觅知己而悲泣。当这些在外省写成的诗作传回京城,"每有一诗至都邑,贵贱莫不竞写"。而谢朓出生在京城,自幼谙熟宫廷生活,15岁时便已经名扬朝野。谢朓凭借其华丽工整的对句与令人耳目全新的声律而声名显赫,他更多的时候经常都是安坐于豪华安逸的私人花园,与竟陵王、竟陵王的弟弟随王、沈约或王融等人为伴。简而言之,谢朓的创作成就是在文学沙龙中产生的。当时在竟陵王建康城外别墅里举办的文学沙龙名气最大。

文学沙龙的主要活动是诗歌创作。有时是一齐命同题赋诗,如《咏琴》、《咏琵琶》、《咏竹火笼》、《咏灯》、《咏烛》等[1],有时会选出沙龙中的佼佼者来联句作诗,五言四句成篇[2]。这种聚会实际上就是诗歌比赛,使得青年文人有机会于前辈面前崭露自己的才华。当这种文学活动规模扩大时,联句的形式相应地变得短小,以便在座的每个人都可以参与。谢朓诗集里有大量四行诗和八行诗,其中大多是在这种情况下完成的。既然是比赛,那就要求有相应的规则与标准。声律与押韵等形式规则最为客观公允,所以成为评判比赛胜负的首选标准——这同样是近体诗成为唐代科举考试重要内容的原因。由于文坛上层人物偏爱声律,京城与外省的各种文学沙龙也纷纷仿效,都热衷于新格律诗体的创作实践。

六朝时期审美价值观念的变化也是新声律出现的动因之一,这明显地表现为,亭台楼榭成为文学聚会的场所,并且更是艺术成就的一种代表。谢灵运山水诗中的大自然实为南方包括崎岖的群山与湍急的河流。园林与自然景观不同,它是人工雕琢的一个独立的世界。观察视野由自然景观向人工园林的转移,在文学创作中具体表现为,谢朓舍弃了谢灵运冗长散漫的写作方式,代之以具体而形微,可以包容所有人为浓缩景致的四句诗或八行诗。此外,就像园林设计师能够集

---

〔1〕这些诗歌的作者分别是沈约、王融和谢朓,引自孙康宜:《六朝诗》,页144。

〔2〕参见孙康宜:《六朝诗》,页139。

自然与人工之美于一体,谢朓也将写景与抒情完美结合,而在谢灵运诗中写景与抒情是截然分离的。通过进一步考察,我们发现形式对称是当时重要的美学原则,这在谢灵运对双声叠韵的运用,及其对句中语义范畴的布局上已可略见一斑,后来又被推广到宫殿园林设计,继而影响到诗歌韵律规则的制定。对于像谢朓这样在极为优越环境下长大的贵族而言,生活中的每样事物都应臻于完美。事实上,谢朓的文学观便是如此,他认为"好诗圆美流转如弹丸"。[1]

第一代实验诗人当时对声律有哪些了解呢?这可以从传统的"八病说"的前4项中找到答案。Takagi(高木正一)指出,沈约以及紧随其后的诗人等人已经将"上尾"与"鹤膝"这两条规则付诸实践。[2]下文讨论梵文对近体诗律的影响时,我们会发现,上尾与鹤膝的共同使用,造成了句末位置上音节的平仄对立,这种平仄对立后来又类推到诗句的其他位置。唐代的近体诗已经不把"蜂腰"视为诗病,而且这个术语的含义在当时仍不明确。在"八病"的前4项里,只有"平头"尚待讨论。

唐代成熟的近体诗律,要求4行诗节中每句的第2字与第4字遵循如下声律模式(下文称为"模式1"):

O A O B O / O B O A O // O B O A O / O A O B O

A(平)与B(仄)平仄对立,O平仄均可。律诗两个诗节都遵循这种声律模式。模式1的声律规则包括:其一,每句第2字与第4字平仄相对;其二,每组对句的第2字与第7字平仄相对。后者意在避免"平头"现象。

以往的学者指出,第2字与第4字平仄相对是沈约等人最早付诸实践的声律规则之一。当时,"平头"与否对诗歌会有哪些影响目前尚不清楚。[3]沈约、谢朓和王融诗集中的许多对句都属于 OAOBO/OAOBO 模式,这表明,当时还没有"平头"的说法。不过,谢朓有4首

---

〔1〕李延寿:《南史》卷22,页609。

〔2〕参见300页注5。

〔3〕高木正一:《六朝诗律之形成》。

完全符合模式 1 的四行诗。王融至少有两首诗在奇数行与偶数行中交替使用模式 1。例如：

王融,《临高台》

游人欲骋望	O A O B O
积步上高台	O B O A O
并莲当夏叶	O A O B O
窗桂逐秋开	O B O A O
花低飞不入	O A O B O
鸟散远时来	O B O A O
还看云栋影	O A O B O
含月共徘徊	O B O A O

自明以降,学者们致力于研究近体诗的发展过程。他们多半认为,谢朓及其同代诗人的创作尚未达到唐代律诗的艺术高度。[1] 他们特别指出谢朓等人犯"平头"的缺点。这是时代的局限,谢朓等人无法预见 100 多年后他们的新诗律实验的结果。根据上文中的史料,我们可以审慎地推断,既然谢朓和王融曾经探讨"平头是不是一种诗病",那么他们当然知道这条声律规则了。

谢朓对于近体诗发展的另一个贡献在于他擅长创作短诗。例如,在谢朓的 130 多首诗作中,有 16 首四行诗和 42 首八行诗;而在谢灵运的 70 多首诗作中,只有 5 首四行诗和两首八行诗。在接下来的 50 年间,自谢朓而始的这种创作倾向更加明显。

总之,第一代实验诗人引入了诗病"上尾"和"鹤膝"的概念,谈及了"平头"问题,确立了四行诗与八行诗在五言诗体中的主导地位。在梵文诗律的汉化过程中,他们首创了"轻"和"重"这对崭新的声律范畴。但是,近体诗律的创立最终是由第二代实验诗人完成的。

公元 502 年,梁武帝萧衍登基,开始了他的长期统治,这标志着一

---

[1] 胡应麟(1551—1602),《诗薮·内编》卷 4,页 61 - 62;李直方:《谢宣城诗注》,香港:万有图书公司,1968 年。其中一节为《谢朓诗研究》,页 38 - 49。

个新时代的开始。第一代实验诗人此时几乎都已谢世——王融死于494年,谢朓死于499年,范云死于502年。虽然沈约活到513年,但由于官场失意,502年后他一直过着一种半隐居式的生活。在梁武帝统治的最初几十年里,横空出世的声律变革似乎已经销声匿迹了。

然而,天意难违。531年,皇位继承人萧统溺水身亡。萧纲立即被召至京城,并在27岁时成为太子。[1] 兄弟二人的诗歌审美趣味截然不同。萧统喜欢正统文学与古典名著,而不欣赏当时盛行的辞藻华丽的艳情诗。尽管他也尝试过新诗律,却并不赞成。萧纲恰恰相反,他完全是个先锋派人物。他特别偏爱对宫廷妇女进行感官色情描写的宫体诗。更为重要的是,萧纲积极拥护声律革新,并且运用新声律进行创作。萧纲成为太子后,他麾下的诗人成为当时文学界的主流,其中包括萧纲的老师瘐肩吾和徐摛(427—551),他们的儿子徐陵和庚信,以及萧纲的幼弟萧绎(508—554,湘东王,即后来的元帝)。这一代实验诗人在太子萧纲的资助下,继续从事沈约等人发起的声律革新运动,并且最终完成了律诗声律模式的创制。

以声调差别为基础的新诗律的创制自始至终备受争议。沈约提出声律问题后不久,与他的批评者陆厥互有书信往来。《文心雕龙》和《诗品》是当时两部重要的系统文艺理论著作。刘勰在他的《文心雕龙》特别是在《声律篇》中,明确支持沈约;而钟嵘在《诗品》中批评新诗律过于烦琐、矫揉造作,把沈约和谢朓的和诗仅仅列为中品。此后不久,整个文学界都卷入了这场争论。

梁武帝登上皇位以后,故意以一种冷漠的态度对待这场论战,就如同下面这个广为流传的故事中记载的一样。一天,武帝问侍臣周舍(469—524)"四声"指的是什么。周舍依照平上去入的顺序说了4个字:"天子圣哲"。故事最后讲到,梁武帝在有生之年从未支持或运用过声律规则。估计这个故事意在表明武帝对声律的忽视与反对。但

---

〔1〕John Marney *Liang Chien-wen Ti*(《梁简文帝》,Boston:Twayne Publishers, 1976)提供了许多关于萧纲的有用的资料,但是却忽略了他对声律发展的贡献。

是,就像 Richard Mather 所观察到的,武帝不过是假意做出冷漠的样子罢了。[1] 青年时期的武帝曾是竟陵王文学沙龙活动的参与者,自然熟知这些人的文学主张。另外,他的 80% 的诗作都能避免出现"上尾",这个比例甚至高于其前后的诗人。[2] 如果真的不懂四声,是绝对做不到这一点的。

梁武帝对声律问题故作冷漠有其充分的理由。首先,作为开国之君,他必须团结各方面力量,避免无谓的争端。何况在声律革新运动中,他的两个儿子,萧统和萧纲各执一端,互不相让。其次,登基以后,武帝有意疏远竟陵王集团成员,特别是仍然在世的原核心人物沈约。最后,武帝的国策是儒、释并重,给予同样的关注[3],公开支持一种受外来影响产生的声律观念,在政治上是失策的。

既然皇帝在这场运动中不起什么作用,文学界的领导权自然而然地转移到太子身上,531 年前是萧统,531 年后是萧纲。萧统因编辑《文选》(下文记作 *WH*)而闻名。《文选》把散文与韵文编排在 37 个条目之下,是后人公认的最为卓越的选集。《文选》的内容也反映了新诗体的支持者与反对者之间的激烈争论。例如,《文选》认为谢灵运(42首)的文学造诣高于沈约(17 首)与谢朓(21 首)。在选择作品时,萧统与其他编者赞同声律说的批判者钟嵘的意见,将大谢列为上品,沈约和小谢仅列中品。沈约在《宋史·谢灵运传》后记中历数以往的文学名家时,甚至没有提到陶潜,而萧统十分推崇陶潜:不但将他的作品收入《文选》,而且开始收集整理陶潜的作品。更加令人震惊的是——这一点对我们的观点也十分重要——《文选》没有提供一丝一毫的与新诗律有关的信息。《文选》中谢朓的一些诗作确实与某些声律规则巧合[4],但是,由于它们与大量不合声律的作品处于同一条目下,这就很难突出谢诗在声律方面的特色。由此可见,萧统及其助手同伴特意否

---

[1] Richard Mather, *Shen Yueh*(《沈约》), p. 38.

[2] 参见本书 12.6"齐梁体的兴起"一节"规则 2"部分的统计数据。

[3] 汤用彤:《佛教史》,页 476 – 477。

[4] 例如,谢朓《游东田》在《文选》中归入"游览"一类。高木正一(1956)分析过该诗的声律模式。

定沈约的声律变革。如果他在 531 年的沉船事件中保住了性命,又顺利地登上了王位的话,声律变革肯定会被镇压,并逐渐为人们所淡忘。

　　所幸历史向着另外一个方向前行。531 年萧纲成为太子后,他采取有力的措施恢复并进一步发展了沈约的声律变革。在他的资助下,徐陵编纂了情诗选集《玉台新咏》[1],其中集中体现了萧纲的种种努力。标题"新咏"直接表明这部文集代表着当时的文学导向。《玉台新咏》的 656 首诗中,有 75% 是编书前 100 年左右的作品。书中皇室成员的诗作数目最多:武帝 41 首,萧纲 39 首,萧绎 1 首。过世不久的昭明太子只有 1 首入选,不过是个象征而已。《玉台新咏》否定的不仅是萧统本人,更否定了他传统保守的文学观点。在皇室成员以外,入选诗歌数目最多的是沈约(37 首)和谢朓(17 首),谢灵运仅有 1 首入选,这与《文选》中的排名截然相反。在主持编选《玉台新咏》之前,萧纲写信给他的弟弟湘东王萧绎,阐明自己的文学观点。[2] 萧纲写道:"是以学谢则不屈其精华,但得其冗长。""至如近世谢朓、沈约之诗,任昉、陆倕之笔,斯文章之冠冕,述作之楷模。"毋庸置疑,由萧纲资助编纂的《玉台新咏》,反映的自然是他的文学主张。

　　从作品的形式特征来看,《玉台新咏》无疑是声律实验成果的最好展示。文集中绝大多数都是五言诗,它们是声律规则的坚实基础。656首诗歌中有 515 首不超过 20 行。其中五言诗中以四行诗居多(157首);八行诗次之(129 首);十行诗最少(85 首)。诗歌创作向着谢朓开创的简洁的风格发展。萧纲文学集团成员(萧纲、萧绎、庾肩吾、庾信和徐陵)的诗作严格遵循以不同方式组合的声律规则。据理推测,《玉台新咏》的编辑徐陵很有可能运用新声律规则改写过《孔雀东南飞》。[3]

　　531 年萧纲成为太子后,历史似乎又回到了它的起点。沈约的诗

　　〔1〕英译详见 Anne Birrell, *New Songs from a Jade Terrace*, London: Allen and Unwin, 1982.
　　〔2〕全原文详见:《南史》卷 50,页 1247 – 1248;英译详见 John Marney, *Chien-wen Ti*(《简文帝》),pp. 80 – 81.
　　〔3〕梅祖麟:《从诗律和语法来看〈焦仲卿妻〉的写作年代》,见台北:《中央研究院历史语言研究所集刊》,1982,53(2),页 227 – 249。

律革新主张沉寂了将近 20 年后,再次成为文坛的主流。下列律诗都是萧纲的文臣所作,这恰好证明了他们对近体诗的贡献:

庾肩吾(487 — 551) 《侍宴》

徐摛(472 — 551) 《咏笔》

庾信(513 — 581) 《舟中望月》

《咏画屏风诗》第 11、15 首

徐陵(507 — 582) 《折杨柳》

《别毛永嘉》

《内园遂凉》

江总(518 — 590) 《春夜山庭》

《三善殿夜望山灯》

除了这些完全符合律诗声律的诗歌以外,庾肩吾等人其他的作品,尽管存在些许细微的失误,几乎也都可以看作典范的近体诗。有人认为,沈约等人的理论在他们生活的时代,甚至此后的 100 年间都没有得到多少拥护。[1] 然而,史实证明,这种观点是错误的。事实上,声律变革得到了两代文坛领袖萧子良、沈约和萧纲的支持,并且吸引了 450 — 600 年间两位最有才华的诗人谢朓和庾信的关注。声律实际上是一种被全社会认同的规则,需要数量上占绝对优势的大量志趣相投的诗人的共同努力才能完成。高木正一明确指出,"这种规则是在沈约的主张之后五六十年之内,就有了稳固的基础的。"

12.4　近体诗律的形成

本文对近体诗律的历时考察以庾肩吾的诗《侍宴》作为起点。这首诗虽然并不特别出色,但它是最早的、较为规范的律诗之一。[2] 《侍宴》写于 551 年以前,恰好是在沈约提出声律主张的 50 年之后。这是一个理想的时间坐标,有助于我们勾勒新诗律在这 50 年间的发展轨

---

〔1〕Richard Mather, *Shen Yueh*(《沈约》),p.38.

〔2〕丁福保:《全汉三国魏晋南北朝诗》,页 1339。

迹。在下文分析中：A＝仄，B＝平，O＝平仄均可，（R）＝韵脚；仄声包括 x_1＝d＝去声，x_2＝r＝上声，x_3＝e＝入声，y＝平声。

庾肩吾，《侍宴》

沐道逢将圣　　D D L L d　　O A O B x_1

飞觞属上贤　　L L D D L　　O B O A y（R）

仁风开美景　　L L L D r　　O B O A x_2

瑞气动非烟　　D D D L L　　O A O B y（R）

秋树翻黄叶　　L D L L e　　O A O B x_3

寒池堕黑莲　　L L D D L　　O B O A y（R）

承恩谢命浅　　L L D D r　　O B O A x_2

念报在身前　　D D D L L　　O A O B y（R）

第一句的"将圣"是对太子的赞美之词，暗示这位王位继承人是宴会的主人。此诗开篇便是两组对仗工整的句子，而律诗只要求至少中间两组对句严格对仗即可。庾肩吾（萧纲登基前后，庾肩吾始终是萧纲集团的成员）用格律诗来歌颂萧纲的恩德，实际上就是一首汉语写成的 śloka（颂）。

右边一列表示律诗的声调模式，其中包括两个独立的系统：A 与 B 代表偶数位置的音节，x 和 y 代表句末的音节。A 与 x 在声调上可以是平声，也可以是仄声；A 与 B 平仄相对，x 与 y 平仄相对；A 与 y 是独立的变项。诗人用字的关键是第 1 句中第 2 个音节和第二句中句末的音节。这两个音节实际上决定了整首诗的声律模式。声调的二元对立是律诗格律的结构基础，它分别在三个层面上起作用：诗行、对句和诗节。一行之中，A 与 B 平仄相对；一组对句之中，上下两句平仄相对；一个诗节之中，两组对句的声律格式恰好相对。抵消声律相对的是另外一种声律规则——要求韵脚的声调相同，它又进一步发展为奇偶数行最后一字不入韵，最大程度上表现声调的差别（因此上面的图解中有 x_1，x_2，x_3，而不只是 x）。律诗的音乐美感类似音乐里的和声，一个部分击打着不变的节拍，另一个部分同时奏出美妙的旋律变化。

简而言之,律诗每个诗节的格律均为:[1]

O A O B x₁

O B O A y

O B O A x₂

O A O B y

下文我们将逐一分析律诗的各种格律,确定每条规则的出现时间,列出同时代文献中的相关论述。因为平仄对立是大多数律诗格律的基础,所以我们首先对它加以考察。

12.5　平仄对立中的梵语因素

考察平仄对立的发生与发展,需要解决如下 6 个独立却又彼此相关的问题。

第 1 个问题　平仄最早在何时成为声律范畴？周法高《说平仄》认为,唐代寒山的诗中已经提到了这对概念,"平仄不解厌,凡言取次出"。[2] 寒山的生卒年代不详,据推测,大致生活在 8 世纪末 9 世纪初。不过,作为声律范畴的平仄甚至可以找到更早的书证。《河岳英灵集》是大约成书于 753 年的一本诗集,殷璠在该书序言中写道:

> 至如曹、刘诗多直语,少切对,或五字并侧,或十字俱平,而逸驾终存。

在没有更早书证的情况下,我们暂且认定,8 世纪时,平仄首次用作声律范畴。

第 2 个问题　如果不考虑具体的名称是什么,平仄对立的观念最

---

〔1〕G. B. Downer and A. C. Graham, "Tonal Patterns in Chinese Poetry"(《汉语诗歌的声调模式》),*Bulletin of the School of Oriental and African Studies*,1963,26(1):pp. 145 - 148。作者认为近体诗的声调模式为 O A y B x / O B x A y // O B y A x / O A x B y。本篇的分析与上述观点的小同之处有二:其一,王力指出,依照唐人的规矩,各联出句的末字必须平仄相对(《汉语诗律学》,上海教育出版社,1962 年,页 119);因此,我们不用两个 x 表示第一句与第二句的末字,而代之以 x₁与 x₂。其二,Downer 和 Graham 认为每句第三字与末字平仄相对,这并未得到事实的证明,所以本文没有采用这种分析方法。

〔2〕周法高:《说平仄》。

早何时出现？这个问题与第一个性质截然不同,但在文学史研究中,常常将二者混为一体。

现存最早的有关平仄对立的论述见于《文镜秘府论》88(在第3蜂腰之下)。根据《文镜秘府论》记载,刘善经曾经引用过刘滔(大致生活于545年前后)的说法:

> 四声之中,入声最少,余声有两,总归一入,如征 ctśjäng,整 ctśjäng,政 tśjäng,集 tśjäk,遮 tśja,者 tśja,柘 tśja,集 tśjak 是也。[1] 平声赊缓,有用处最多,参彼三声,殆为大半。且五言之内,非两则三……

上文的"余两声"指上声和去声。所以,刘滔认为,上、去、入应当归为一类,平声单独归为一类。

我们知道,平仄对立至迟在551年已经运用到文学创作中,庾肩吾《侍宴》的声律模式可作证明。另外,高木正一的统计数据表明,500—550年间平仄对立已然存在,当时绝大多数的声律规则都是建立在平仄对立的基础上的。这一点下文将作详细讨论。

第3个问题 声律的创立者为何要引入平仄对立观念? 我们推测,目的之一是为了体现梵语长音与短音的差别,"长/短"与"平/仄"之间的过渡是沈约使用的术语"轻/重。"8世纪,中国的文人仍然能够理解沈约这对术语的含义。

在佛陀什翻译的《五分律》中,laghu 与 guru 直译为"轻"与"重"。大约60年后,沈约在他的声律理论中引入了"轻/重"这对概念:"一简之内,音韵尽殊;两句之中,轻重悉异。"

李延寿(?—628)《南史》记载:

> 约等文皆用宫商,将平上去入四声,以此制约,有平头、上尾、蜂腰、鹤膝。五字之中,音韵悉异,两句之内,角徵不同。[2]

李延寿转述沈约的观点时,用音乐术语"角/徵"对应"轻/重"。既然

---

〔1〕为了标注中古汉语的声调,我们选用传统的四声标调法,从左下角起顺时针方向,依次为平、上、去、入。

〔2〕《南史》卷48,页1195。

·欧·亚·历·史·文·化·文·库·

"角/徵"是声调概念,那么,李延寿自然知道"轻/重"是两种声调类型。

根据《文镜秘府论》114 的记载,王昌龄(698 —?)也使用过"轻/重"这对术语:

> 夫用字有数般:有轻,有重;[1]有重中轻,有轻中重;有虽重浊可用者,有轻清不可用者。事须细律之。若用重字,即以轻字拂之便快也。夫文章,第一字与第五字须轻清,声即稳也;其中二字重浊,亦多妙。如:

> 高台多悲风

> 朝日照北林

若五字并轻,则脱略无所止泊处;若五字并重,则文章暗浊。

在第 2 句诗中,第 1 字与第 5 字是平声,其他 2 字是仄声,也就是上文所说的"第一字与第五字须轻清","其中二字须重浊"。"五字并轻",指第 1 句诗 5 个字均为平声。由此可见,"轻清"、"重浊"分别是与"轻"、"重"对应的双音节形式。后来,"轻"、"重"被术语"平"、"仄"所取代。

对比《舞论》中的有关章节,我们发现,王昌龄不但使用了由梵语派生而来的术语"轻"、"重",他的措辞与行文格式甚至都与这部印度诗学著作有着惊人的相似。[2]

(132)Pathyā(śloka 的常规变体)的韵脚各种各样;在 Anuṣṭup 的其他种类中,偶数与奇数韵脚与余下的三字组相配合。

(133)在这种格律中,以重音节(即 ma,ra,ya,sa)收尾或由轻音节(即 na)构成的三字组从不可以(或被要求)出现在第一个音节之后,但是第 4 个音节后必须(或被规定)有一个短音节。

(134)尾部为 3 个重音节 Pathyā 的韵脚被称为 [Anuṣṭup]

---

[1]将所谓的"重"分作 4 个等级,很有可能是由于对梵语语法的模仿。W. Sidney Allen, *Phonetics in Ancient India*(《古印度语音学》),London:Oxford University Press,1953,p. 86)引用 Ṛk-prātiśākhya (XVIII. 41 – 44)的有关论述:有长元音[的音节]为重,如果带辅音那就更长;有短元音[的音节]而[前面]带辅音为轻,如果无辅音那就更短。

[2]参见 Ghosh 的英译,p. 290。

Vaktra。例如：

　　(135) danta-kṣatâdharam subhru jāgara-glāna-netrântam |

　　　　prātaḥ sambhoga-khinnaṃ te darśanīya-tamaṃ vaktram ‖

　　　　仙女啊，牙齿轻咬珠唇，眼神因为强忍瞌睡而慵懒，经过[一夜]爱的欢愉，你的脸庞在清晨显得如此迷人。

　　在中国音韵学著作里，"轻"、"重"还有其他不同的含义。日僧安然《悉昙藏》(880 年)记录了唐代汉语的声调情况，其中"轻"指清辅音的各种变体，"重"指浊辅音的各种变体[1]。例如，平声的"轻声"现在叫作阴平，平声的"重声"现在叫作阳平。《文镜秘府论》第 10 节中，"轻"、"重"分别指不送气声母和送气声母[2]。宋代《七音略》中，"轻"、"重"指的是有无 u 介音，相当于现在所说的"开"、"合"[3]。上述 3 种观点中，第一种是对沈约和王昌龄观点的扩展，另外两种出现在后代音韵学著作中，而不是声律学著作中，因此与本文讨论的问题无关。总之，沈约提出的术语"轻"、"重"有其梵文来源，并且一直沿用到 8 世纪。

　　第 4 个问题　区分平仄的语音标准是什么？这个问题很难做出简单明了的答案。首先，如果我们要弄清楚这个问题，就必须知道，最早提出平仄对立概念时，建康方言四声的调值是什么。现存四声调值最早的描写保存在《悉昙藏》[4]中，这段话的作者袁晋卿是一位中国学者，曾于 735 年东渡日本。他描写的明显是一种官话，很有可能就是当时长安音。但是，平仄对立的概念 500 年至 550 年首先出现在建康。由于难以确定 6 世纪的建康音与 8 世纪的长安音是否相同，而调值的比较构拟还不能实行，这个问题就无法解决。

　　既然如此，我们先来简单回顾一下以往的有关论述。周法高认为，区分平仄的语音标准是长短的差别；梅祖麟认为，平仄的差别应当是

---

　　〔1〕参见梅祖麟，"Tone and Prosody in Middle Chinese and the Origin of the Rising Tone(《中古汉语的声调声律与上声的起源》)"，载《哈佛亚洲研究学报》，1970，30，pp. 98 – 101。

　　〔2〕关于这种用法的梵文来源详见饶宗颐：载《通韵》，页 225。

　　〔3〕董同龢：《汉语音韵学》，台北：一文书局，1968 年，页 124。

　　〔4〕参见上文注。

·欧·亚·历·史·文·化·文·库·

高低的不同；丁邦新认为，平仄的差别在于语音是否能够拉长。[1] 但是，上述 3 种观点都以盛唐或晚唐以后的材料为基础，这样便犯了时代错误。

如果把丁邦新的观点略加修改，便与本段我们的看法较为一致了。沈约时代把平声叫作"平"，估计当时平声的语音特征就是平直，易于曼声延长，所以 6 世纪的刘滔认为"平声赊缓"。去声以-p,-t,-k 收尾，不易延长；上声和去声在调值上有起伏，所以也不易延长。我们必须把四声实际的调值（尚不知情）与当时对四声的语音特征的认识区分开来。5 — 6 世纪的中国人力图在汉语中再现梵语的长短对立，所以在建立平仄的区分时，他们很有可能认为平声的语音特征是长或者可以延长，仄声的语音特征是短或者不能延长。

第 5 个问题 平仄对立是如何产生的？或者说，四声为何分作两类，即平声归为一类，其他 3 声归作一类。这种二元对立的理论不过是种假设而已。目前还没有充足的证据来证明，声律的创制者是否曾经寻找一种语音规则来对四声进行分类。上文所说的语音延长规则，也许不过是运用尝试错误法得出的一种发生于其后的理由而已。因此，我们很有必要做出另外一种理论假设，借以补充说明平仄对立的语音区分标准。

中古汉语里，平声字远远多于任何其他 3 个声调。刘滔早已注意到这种现象，他说："平声……有用处最多，参彼三声，殆为大半。且五言之内，非两则三。"刘滔的观察是正确的，但实际的比例是 40%。Bruce Brooks 经统计认为，平声字在曹操的一个试样中占 33%，在另一个试样中占 42%。[2] 另据俞敏考察，嵇康《与山巨源绝交书》中平声字占到 43%。[3] 在《切韵》及稍后的《广韵》中，平声占据两卷的篇幅，

〔1〕周法高：《说平仄》；梅祖麟：《中古汉语的声调声律与上声的起源》；丁邦新：《平仄新考》，载《中央研究院历史语言研究所集刊》（台北），1975,47（1）：1 — 15。

〔2〕Bruce Brooks, "Journey Towards the West: An Asian Prosodic Embassy in the Year 1972" (review of W. K. Wimsatt, ed, *Versification: Major Language Types*, 1972)，载《哈佛亚洲研究学报》，1975,35,p. 241.

〔3〕俞敏：《中国语文学论文选》，页 305。

其他 3 个声调的字各自只有 1 卷而已。《广韵》不同声调的字的比例为：平声（第 1 部分）23.9%，平声（第 2 部分）22.1%，上声 17%，去声 19.1%，入声 17.7%；平声的总比例高达 46%。词汇中声调不对称现象带来的直接结果便是，自汉代到南北朝时期，押平声韵的诗远远多于其他 3 个声调。例如，谢灵远的五言诗有 52% 是押平声韵的，谢朓 50% 的五言诗押平声韵。当时，平声韵的诗在诗坛居于主导地位。

由于梵语诗病理论使中国人意识到诗歌创作应当避免诗病或者 yamaka（不恰当的重复），人们又进而注意到大量平声字的存在。下文我们将会看到，引入梵语诗病的直接影响就是对"上尾"和"鹤膝"的避免。律诗多为偶数句入韵，"上尾"与"鹤膝"管辖的是奇数句中不押韵的末字。邻近的奇数句与偶数句的末字应该属于不同的声调，否则就是"上尾"。邻近的两个奇数句的末字应该属于不同的声调，否则就是"鹤膝"。这两条规则目的在于突出韵脚，且据考察，这些韵脚多为平声字。避免上述诗病的八行诗的声律模式如下（y = 平，x = 仄［上、去、入］；上标表示不入韵；x_i、x_i^1 表示声调不同）：

(1) O O O O x_1 (2) O O O O y
(3) O O O O x_1^1 (4) O O O O y
(5) O O O O x_2 (6) O O O O y
(7) O O O O x_2^1 (8) O O O O y

例如，庾肩吾《侍宴》第 1、第 2、第 5、第 7 句的末字分别是去声、上声、入声和去声。

沈约时代的中国人不但知道梵语存在语音长短的差别，也深知长短对立是佛教偈颂的声律基础，因此，他们自然而然地从二元对立角度考察汉语声调。经过重新分析，诗人们将平仄对立的具体事实转化为一种观念对立的规矩（y = 平，x = 仄）：

(1) O O O O x (2) O O O O y
(3) O O O O x (4) O O O O y
(5) O O O O x (6) O O O O y
(7) O O O O x (8) O O O O y

欧·亚·历·史·文·化·文·库

他们不再将一方面的平声与另一方面的上声、去声和与入声一一对立,而是考虑平声与非平声的差别。指称这种对立的术语是"轻"和"重",后来又被统一为"平"和"仄"。平仄对立将词汇分成数目大致相当的两类,随后又影响到末字以外的诗歌的诗律位置。

第 6 个问题 诗律术语"平"、"仄"是如何产生的?檀丁《诗镜》用一组对立的术语 sama(平,与英语 same 同源)和 viṣama(不平,仄)来描写诗歌的语音特征[1] 一首诗如果缺少软、硬或中性连音的话,那么它就叫作"不平"。《高僧传》中与其对应的概念是"平/仄"。书中用"平/仄"和其他术语一起来描写经师诵读不同类型梵呗时的差别。[2] 法邻"平调牒句","智欣善能侧调","道朗捉调小缓","法忍好存声切"。僧辩是萧子良创制梵呗新声时期的重要经师之一,他以发明"折调"而闻名。这种用法保存在唐代的敦煌写本中。这些写本的偈语前注有"平"、"仄"、"平仄"、"侧吟"、"断"和"经"等标记。[3] 尽管我们无法得知佛教偈颂是如何吟唱的,但是毫无疑问,"平"、"仄"等都是用于描述偈颂的特点的。这与《诗镜》中的术语 sama 和 viṣama 是完全对应的。至此,我们已经初步回答了本段开头提出的问题,既然"平""仄"最初是在佛教诵经的背景下出现的,那么它们很有可能是梵语借词。3 个世纪以后,"平"、"仄"在唐代已经成为规范的声律术语。

《高僧传》成书于 519 — 533 年间,檀丁大约生活在 660 — 715 年。显而易见,《诗镜》不是《高僧传》中"平/仄"概念的直接来源。我们要从其他途径来考察它们的词源。

在婆罗多《舞论》(公元前 1 世纪至公元后 1 世纪)中,viṣama 已经用作一种诗病的名称。与其相对的概念原本应当是 samatā(平),但婆罗多却用 samatā 指称以表达流畅为特征的一种诗德。在《舞论》中,与 viṣama 相对的概念实际上是 saukumārya(柔和),指的是和谐的格律与

---

〔1〕Viparyaya no. 3,参见本篇附录 IIE。

〔2〕TT 50:414b — 415a. 对应于汉语"梵"、"呗"的梵语分别为 brahman(梵语的,印度的)和 pāṭha(朗诵)。因此,"梵呗"的含义为"以印度的方式诵读"。

〔3〕周法高:《说平仄》。

悦耳的语音布局(《舞论》XVII. 102)。因此,sama 和 viṣama 最初并非一组对立的概念。由于"平/仄"在《高僧传》中的用法有着类似情况,所以我们推断,"平/仄"的语源与《舞论》的理论体系保持一致。当时的"平"可能就是 samatā 的译词,而"仄"最初既不是与"平"对立的概念,意义上也不等同于 viṣama。

　　梵文的影响由此逐步建立起来。当檀丁或者在他之前不久的某人创制了 sama 和 viṣama 的对立时,汉语术语"平"与"仄"之间的对立就形成了。这个顺序符合最早可证的平仄两分直至 8 世纪才出现。"平/仄"取代"轻/重"成为两个声律术语,可以视为梵文影响中国化的证明;"平/仄"至早在唐时出现,而"轻/重"则完全是借词。

　　总之,平仄对立观念的确立经过了 3 个发展阶段:(1)开始阶段,沈约等人将四声二元分化为两类,借以体现梵语中的"轻/重"对立,但是尚未清楚地明确其界限。(2)平仄对立的具体模式形成于 500 — 550 年,即平声单列一类,上、去、入另成一类。这一过程大概包括两个步骤:首先,将声调是否可以延长作为区分平仄的语音标准;其次,对诗句末字存在平声与其他 3 种声调间的对立这一具体事实进行重新分析。(3)"平"、"仄"这两个词语出现以表现对立以后,在 8 世纪取代"轻/重"而成为规范的声律术语。

　　梵语在概念、术语以及语音等 3 个层面对平仄对立的产生发生影响。在印度诗病理论的启发下,沈约等人创立了"八病"中的"上尾"与"鹤膝"。梵语元音的长短对立促使中国的声律学者寻找本民族语言中类似的对立。更为重要的是,laghu(轻)与 guru(重)不但直接激发了汉语声律学中二元对立观念的产生,而且给予了相应的术语;后来,《诗镜》中 sama 和 viṣama 的对立又强化了这种二元对立思想。

　　上文讨论的诗律二元对立观念与中国诗歌传统并不是格格不入的,也并非完全是在外来影响下才得以产生武断地强加的。John Lotz 曾经考察过各种文化背景下的诗律,他认为,在所有的诗律系统中,"语音要素均被分作两类,不会更多,尽管原则上可以存在更为细致的分类方式。"[1]他的结论是:"二元对立是各种格律的共性,或者至少是一种普通的倾向。"因此,5世纪佛教僧人将 laghu 与 guru 的对立引入中国,并不会污染中国人的精神世界,如果借用柏拉图式的说法:它们只是唤醒了中国人对于诗律二元对立的古老记忆而已。"

12.6　齐梁体的产生

上文已经淡到,律诗的声律模式如下:

O A O B x_1 ／ O B O A y

O B O A x_2 ／ O A O B y

接下来,我们将逐一地分析这些规则,并且借助文献材料与统计数据来确定每条规则产生的时间。统计证据来自高木正一和陆志韦,Richard Bodman 在他的博士论文中又对这些数据做过修订整理。[2] 文献材料指的是《文镜秘府论》,全篇缩写为 BK。

我们研究工作的指导思想有二:

(1)方法论问题。近体诗的格律有多种分析方法,虽然其他方面也许没有优劣之分,本篇选择能够最好体现近体诗发生、发展全过程的一种方法。[3]

(2)类型学问题。由于中古汉语与古典梵语有着巨大的类型差别,因此无法直接引入梵语诗律。

梵语诗律只能在结构方面发生影响,其介质便是 śloka。逐一分析近体诗的格律,有利于我们确定哪些格律规则受到了梵语诗歌的影响,发生作用的是梵语的诗律还是诗病理论。

规则 1　每句末字的顺序为 O R O R O R O R……,具体长度取

---

〔1〕John Lotz, "Elements of Versification," in W. K. Wimsatt, ed, *Versification:Major Language Types*, New-York:New-York University Press, 1972, p.15.

〔2〕陆志韦:《试论杜甫律诗的格律》,见《文学评论》1962 年第 4 期,页 13 – 35;有关 Bodman 和 Takagi 的资料参见上文注。本篇引用的数据一般直接引自 Bodman 的博士论文。

〔3〕王力《汉语诗律学》(页 74 –75)将五律的平仄变化分为 4 类:(a)仄仄平平仄,(A)仄仄平平平,(b)平平平仄仄,(B)平平仄仄平。这种复杂的分析方式难以反映推动近体诗发展的历史因索。

决于该诗的行数。丁邦新对魏晋时期诗歌用韵情况的研究表明,这是当时最常见的韵律模式,至少可以上溯到公元 2 世纪的曹植。[1] 这条规则以及五言的诗歌形式都是对以往传统的继承。

规则 2　每联都应遵循 ○ ○ ○ ○ x ／ ○ ○ ○ ○ y 模式,x 与 y 各自可以是四声中的任一声调。这条规则意在避免出现"上尾"。*BK* 87 记载:"五言诗中,第五字不得与第十字同声,名为上尾。"陆志韦研究了平声韵的诗,得到表 12 - 1 所示结果。

表 12 - 1　陆志韦对符合规则 2 诗句的统计

作者	生卒年	符合比例
阮籍	210 — 263	54%
陆机	261 — 303	71%
陶潜	364 — 433	68%
谢灵运	385 — 433	66%
鲍照	412 — 466	78%
谢朓	464 — 499	100%
沈约	441 — 513	100%
萧衍	464 — 549	81%
萧统	501 — 531	100%
萧纲	503 — 551	100%

表 12 - 1 的数据是抽样调查的结果,与实际情况或许略有出入。例如,高木正一指出,在沈约的 150 首诗中,只有 2 首未能避免上尾。另外,这些数据说明,梁武帝(萧衍)和昭明太子(萧统)也参与了声律实验。我们又分析了沈约与庾肩吾所有的仄声韵诗,几乎完全符合规则 2。这条规则十分重要,它广泛运用于各种韵文与散文中,*BK* 7 记载:

　　此上尾,齐梁已前,时有犯者。齐梁以来,无有犯者。此为巨病。若犯者,文人以为未涉文途也。

规则 3　各联奇数出句的末字声调不应相同。也就是说,如果 y

---

〔1〕丁邦新,*Chinese Phonology of the Wei-Chin Period*(《魏晋时期汉语语音学》),中央研究院历史语言研究所(台北),1975 年,页 49 - 53。

表示韵尾的声调,x_1,x_2,x_3 表示其他末字的声调,那么,各句末字的声调序列应为 x_1,y,x_2,y,x_3,y,x_1……最终取决于该诗的长度。这条规则意在避免鹤膝。*BK* 89 对鹤膝定义如下:

> 五言诗第五字不得与第十五字同声。言两头细,中央粗,似鹤膝也,以其诗中央有病。

最早提到鹤膝的是沈约的批评者钟嵘(? — 552)。他在《诗品》中口气强硬地写道:"至平上去入,则余病未能;蜂腰、鹤膝,间里已具。"[1] 早在沈约时期已经可以见到避免了鹤膝的诗例,但是,直到 6 世纪下半叶,它才成为一条普遍的规律,高木正一的统计数据见表12 – 2。

表 12 – 2　高木正一对不符合规则 3 的诗句的统计

作者	生卒年	不符合规则 3 诗句的比例
谢灵运	385 — 433	70%
谢朓	464 — 499	50%
沈约	441 — 513	21%
萧纲	503 — 551	23%
庾肩吾	487 — 551	9%
庾信	513 — 581	11%
江总	519 — 590	9%

王力认为,尽管唐代诗人已经不能完全遵守这条规则,但它仍被看作优秀诗歌的标志之一。到了宋代,这条规则就不再起作用了。

规则 4　每联都应遵循ＯＡＯＯＯ／ＯＢＯＯＯ模式,Ａ与Ｂ平仄相对。这条规则意在避免平头。*BK* 86 记载:

> 平头诗者,五言诗第一字不得与第六字同声,第二字不得与第七字同声。同声者,不得同平上去入四声,犯者名为犯平头。

规则 4 与平头的差别有二。其一,平头的范围是四声,而规则 4 特指平仄对立。其二,平头的辖域是每联出句与对句的第 1 字与第 2 字,而与规则 4 有关的只是每句的第 2 字。*BK* 86 指出,第 2 字的声律价值高于

---

〔1〕《诗品》(《四部备要》本)卷下,1a – b。

第1字：

> 欲知之者,上句第一字与下句第一字,同平声不为病;同上去入声一字即病。若上句第二字与下句第二字同声,无问平上去入,皆是巨病。

迄今为止,还没有对平头的专题研究。作为规则6的一部分,规则4是在规则6之前出现的。规则6要求"每联都应遵循ＯＡＯＢＯ／ＯＢＯＡＯ模式"。规则6出现在580年左右。根据 BK 记载,平头是由沈约提出的,所以规则4大概是在6世纪上半叶建立起来的。

规则5　每句五言诗者应遵循ＯＡＯＢＯ模式。这条规则不等于任何个别诗病。最早提出规则5的是刘滔(主要活动于515年左右)。在 BK 88 中,隋代的刘善经曾经转述过刘滔的观点:

> 又第二字与第四字同声,亦不能善。此虽世无的目,而甚于蜂腰。

高木正一指出,规则6在6世纪中叶十分常见(见表12－3)。

表 12－3　高木正一对规则6情况的统计

作者	生卒年	调查句数	犯规句数	犯规率(%)
谢灵运	385 — 433	894	459	51
沈约	441 — 513	1336	440	33
庾肩吾	487 — 551	820	67	8
庾信	513 — 581	2328	172	7
江总	518 — 590	820	60	7

规则6　每联都应遵循ＯＡＯＢＯ／ＯＢＯＡＯ模式。这条第1句与第2句相反的规则是规则4与规则5的综合。沈约在给陆厥的回信中提到"十字之文,颠倒相配",指的可能就是这条规则。尽管沈约有些诗歌已经符合规则6,但高木正一认为,这种形式直到6世纪下半叶才被普遍接受。陆志韦的统计数据见表12－4。

·欧·亚·历·史·文·化·文·库·

表 12 - 4　陆志韦对符合规则 6 诗句的统计

作者	生卒年	符合规则 6 的诗句的比例
谢灵运	385 — 433	18%
鲍照	412 — 466	20%
谢朓	464 — 499	27%
王融	467 — 493	33%
沈约	441 — 513	25%
徐陵	507 — 582	80%（?）
陈叔宝	553 — 604	58%（?）
阴铿	? — 565	67%
庾信	513 — 581	72%（?）
杜甫	712 — 770	91%

"?"表示这 3 家的资料不足,因此得到的数据不很准确。

陆志韦其他的一些数据在高木正一研究中得到了证实,后者认为,沈约 20%,庾肩吾(约 487 — 551,不见于上表)60%,庾信(庾肩吾之子)75%。

现在我们来看一下,如果将上述规则组合使用,会产生什么样的声律模式? 由规则 2、4、5、6 共同作用产生的声律为:

O A O B x_1

O B O A y

这也就是庾肩吾《侍宴》诗的声律模式。规则 3 要求各联出奇数句的末字声调不应相同。也就是说,各句末字的声调序列应为 x_1,y,x_2,y,x_3,y,y,x_1,y……,这已经属于近体诗的格律了。除去在诗联层面的共性以外,齐梁体与近体诗差异巨大。齐梁体诗歌的句数是任意的,相邻两联的声律关系是任意的。与此相反,近体诗或是 4 句,或是 8 句;每个诗节包括两联,声律模式(在 A's 和 B's 表示方面)相对;每首律诗包括两个诗节,声律模式(在 A's 和 B's 以及 x's 和 y's 表示方面)相同。尽管沈约时代已经可以见到四行诗与八行诗,但同时并存的还有六行诗、十行诗甚至更长的诗。直到四行诗成为诗歌的标准结构单位时,才有可能创制出两个诗节间声律模式相对的规则。

现在,我们以沈约的《石塘濑听猿》[1]为例,对齐梁体进行分析。在下文的分析中,A = 仄,B = 平;仄声包括 $x_1 = e =$ 入声,$x_2 = r =$ 上声,$x_3 = d =$ 去声;$y = l =$ 平声。

表 12 – 5　《石塘濑听猿》声律对照

诗句	声调	声律
嗷嗷夜猿鸣	D D d L l	O A x_3 B y
溶溶晨雾合	L L l D e	O B y A x_1(R)
不知声远近	D L l D r	O B y A x_2
惟见重山沓	L D l L e	O A y B x_1(R)
既欢东山唱	D L l D d	O B y A x_3
复伫西岩答	D D l L e	O A y B x_1(R)

这首诗中,第 2 字与第 4 字,以及第 2 字与第 5 字都是平仄相对。如果着眼于 A 与 B 的关系,那么,第 1 联与第 2 联声律相对,第 2 联与第 3 联声律相同。这表明,沈约时代相邻两联或是相同,或是相对,没有任何限制。尽管如此,上面这首诗里的格律在沈约的作品中也是很少见的。根据 Richard Bodman 的考察,在沈约的 55 首诗中,唯独这一首有着如此丰富的声调变化方式。

12.7　从齐梁体到近体诗

考察从齐梁体到近体诗的转变时,必须区别对待奇数与偶数位置上的音节。上文已经说明,齐梁体在奇数位置上只有末字才具备声律价值。规则 2 与规则 3 要求末字遵循如下模式:x_1,y,x_2,y,x_3,y,x_1,y……,唐代的近体诗也是如此。宋代,这种模式被简化为 x,y,x,y,x,y……不再避免鹤膝。后代诗人曾经试验过另外一种格律 O O x O y——第 3 字与第 5 字平仄相对——但这个问题与本文无关。

---

〔1〕丁福保:《全汉三国魏晋南北朝诗》,页 1248。

　　诗句偶数位置最大的变化在于,相邻两联以及八行诗的两个诗节之间固定声律关系的确定。高木正一发现,500 — 550 年间,诗人们开始了一场实验,意在寻找相邻两联之声律关系:重复使用,还是倒转使用? 他将这两种声律模式图示如下:

(1)相同　　　　(2)相对

O A O B O　　　O A O B O

O B O A O　　　O B O A O

O A O B O　　　O B O A O

O B O A O　　　O A O B O

另有与这两种类型对应的八行诗,其中两个诗节之间或是相同,或是相对:

(1)相同　　　　(2)相对

O A O B O　　　O A O B O

O B O A O　　　O B O A O

O B O A O　　　O B O A O

O A O B O　　　O A O B O

O A O B O　　　O B O A O

O B O A O　　　O A O B O

O B O A O　　　O A O B O

O A O B O　　　O B O A O

　　下面列出高木正一文中的诗例,其中一首诗四联重复一种声律模式,另一首诗两个诗节之间颠倒相对。

萧纲,《雉朝飞操》[1]

晨光照麦畿　　O A O B O

平野度春翚　　O B O A O

---

〔1〕本诗详见丁福保:《全汉三国魏晋南北朝诗》,页 1103。参见 Marney,*Liang Chien-wen Ti*(《梁简文帝》),p.41。

避鹰时耸角　O A O B O

妒坽忽斜飞　O B O A O

少年从远役　O A O B O

有恨意多违　O B O A O

不如随荡子　O A O B O

罗袂拂巨衣　O B O A O

庾肩吾,《春日》[1]

桃红柳絮白　O A O B O

照日复随风　O B O A O

影出朱城外　O B O A O

香归青殿中　O A O B O

水映寄生竹　O B O A O

山横半死桐　O A O B O

颂文知渥重　O A O B O

搦札愧才空　O B O A O

这场实验的结果是,在一个诗节中,两联相对的模式占优势;八行诗中,两个诗节相同的模式占优势。6世纪晚期的齐梁体与唐律诗已经非常接近。庾肩吾的《侍宴》便是一例。

唐初文学评论家元兢(活跃于661年前后)已经发现了律诗的格律。根据《文镜秘府论》15记载,元兢根据每句首字的声律关系来确定八行诗的格律,又以自己的诗《蓬州野望诗》为例,并加以解释(见表12-6)。

---

〔1〕本诗详见丁福保:《全汉三国魏晋南北朝诗》,页1342。

表 12 – 6　《蓬州野望诗》声律对照

诗　句	声　调	声　律
飘飘宕渠域	l l l d e	A A O A O
旷望蜀门隈	d d e l l	B B O A O
水共三巴达	r d l l e	B B O A O
山随八阵开	l l e d l	A A O B O
桥形疑汉接	l l l d e	A A O B O
石势似烟廻	e d r l l	B B O A O
欲下他乡泪	e d l l d	B B O A O
猿声几处催	l l r d l	A A O B O

"此篇第一句头两字平,次句头两字去上入;次句头两字去上入,次句头两字平;次句头两字又平,次句头两字去上入;次句头两字又去上入,次句头两字又平:如此轮转,自初以终篇,句为双换头,是最善也。若不可得如此,则如篇首第二字是平,下句第二字是用去上入;次句第 2 字又用去上入,次句第 2 字又用平:如此轮转终篇,唯换第 2 字,其第 1 字与下句第一字用平不妨,此亦名为换头,然不及双换。"

换言之,八行诗中每行第 2 字的顺序如下:A B B A A B B A。把这种声律模式与规则2,即第 2 字与第 4 字声调相对,那么便得到了完整的律诗 A 和 B 的格律。从历时的角度看,元兢的声律模式实际上是两条规则的组合:(1)界定每联中 A 与 B 的关系,从而组成诗节;(2)界定两个诗节之间 A 与 B 的关系,从而组成八言诗。齐梁体补充这两条规则之后,也就发展成为近体诗。

规则 7　一个诗节中,每句第 2 字的顺序是 A B B A;也就是说,第 1 联与第 2 联颠倒相对。

规则 8　八行诗中,每句第 2 字的顺序是 A B B A A B B A;也就是说,两个诗节的声律模式相同。

12.8　梵文的影响

本篇开篇提到与近体诗有关的两种史无前例的变革,其中平仄对立是最基本的。我们已经指出了梵文对汉语四声二元化的显著影响，现在来考察梵语对汉语四声二元化影响，以及它与其他两种变革的关系：(1)每行诗中各个字都要遵循声律规则，(2)每联或每个诗节中间相应的字都要遵循一些其他的声律规则。上节已经分析过近体诗的格律，本节将追溯它的梵文来源，并且特别关注沈约"八病"和 BK"二十四病"是如何从梵语诗歌理论中派生的。需要特别指出的是，《文镜》与檀丁《诗镜》的题目实质上是相同的，"二十八病"完全符合梵语诗学理论框架，每种诗病的名字、功能和内含都有其印度来源。

　　本节需要解决的两个问题之间的关系错综复杂。首先，声律规则不过是"八病"的一小套和"二十四病"中更小的一套，由一系列声律规则构成。但是，情况实际上更为复杂，有些声律规则是"二十八病"之外的(如规则5)，而"八病"中的一些内容(如蜂腰)又与声律的具体实践无关。其次，成书于819年的 BK 是对前人理论的汇编，而近体诗至少在551年前已经形成。所以，考察梵语对 BK 的影响要比考察它对近体诗的影响容易得多。此外，与 BK 有关的梵语资料如果时代较晚，那它们未必对近体诗的形成产生什么影响。

　　我们将逐一对比中国声律学与印度诗学理论的诗病，借以证明沈约"八病"与 BK"二十八病"出自印度诗学。为了便于论述，读者可以参看附录Ⅰ——二十八病的缩译，其中前8项便是沈约的"八病"。附录Ⅱ包括 doṣa(诗病)、yamaka(连音)、upamā(明喻)，它们选自印度主要的诗学著作：婆罗多 Nāṭyaśāstra(《舞论》)、婆摩诃 Kāvyālaṅkāra(《诗庄严论》)和檀丁 Kāvyādarśa(《诗镜》)。至于选择这3部文献的原因将在下文做出解释。

12.9　梵语诗学资料

　　印度文学作品的创作时间很难断定，这是众所周知的。即使距今不是很久的作品，也不得不以几百年作为计时单位。梵语诗律与诗学著作的年代同样难以确定。如果本篇所引用文献的年代存在争议，我们会给出大家公认的结论。若是争议与本文论题有关,我们也会介绍一下相关的内容提到不同意见年代的范围。

对于印度诗律与诗学的讨论自然要从《舞论》开始。尽管这是一部戏剧著作,但书中有着现存最早的对梵语诗律的系统阐述。从目前可见的《舞论》的各种版本来看,尽管书中有些章节可以上溯至公元前2世纪,但也有一些片语与后人窜改过的段落却是在晚至6世纪才插入的。不过,《舞论》的主体完成于公元1世纪前后的200年时间内。《舞论》最初曾以手册的形式广泛流传。在笈多王朝(4—6世纪中叶)国王的资助下,曾经出现过戏剧繁荣时期。著名的戏剧家迦梨陀娑(Kālidāsa)等人的创作严格遵循着婆罗多的规定。久负盛名的佛教诗人和剧作家马鸣菩萨(Aśvaghoṣa)生活在公元1世纪左右,尽管他并非诗律学者,但是他的作品很明显是依照某些现成的诗律规则写成的。

婆摩诃与檀丁的地位究竟孰高孰低(无论是从年代角度,还是著作质量本身),这是印度诗歌史上最激烈的争论,双方都各有其热烈的拥护者。本文并不过多谈及这场争论,需要注意的只是,通常认为檀丁生活在660—715年,而绝大多数印度学者认为,婆摩诃生活在7世纪下半叶与8世纪最初的25年间。不过,也有人认定婆摩诃生活在5世纪,并写了大量专题论文加以论证。[1] 不管婆摩诃与檀丁确切的或相对的生活年代是怎样的,他们的创作毫无疑问都受到了前代诗律学者的重大影响。例如,婆摩诃明确表示,他参考了喻病方面的专家Medhāvin(*KL* II.40,88),以及 Acyutottara 的作者 Rāmaśarman(*KL* II.19)的有关论述。在 Rāmaśarman 第10、12章中,Bhaṭṭi 共列举了38种诗歌修辞方式,其中有23种的名字与次序都有与婆摩诃《诗庄严论》相关的论述,除了一些很小的差别以外,都是严格对应的。余下15种的名字与《诗庄严论》基本相同,但次序略有不同。Bhaṭṭi 本人并非诗

---

〔1〕参见 E. N. Tyomkin, *Mirovozzrenie Bhamahi i Datirovka ego Traktata "Kav' yalankara"*, Moscow:Izdatel' stvo "Nauka", Glavnaya Redaktsiya Vostochnoi Literatur' i,1975, p. 22;夏尔玛(Batuk Nāth Śarmā)和乌帕底亚(Baldeva Upādhāya)编订的《婆摩诃〈诗庄严论〉》,见于《迦尸梵文丛书》第61种,Benares:Jai Krishna Das Hari Das Gupta, 1928, pp. 12 – 55.

学理论家,所以他必定参考了其他一些现在已经亡佚的著作。印度人对于诗歌怀有巨大的热情,这在印度百科全书式的宗教故事集《往世书》中可见一斑。《毗湿奴法上往世书》(*Viṣṇudhamottara-purāṇa*)和《火神往世书》(*Agni-purāṇa*)中的诗歌都有丰富的关于诗歌润色与加工的讨论。根据这两部书内部的材料推断,前者可以上溯到约 5 世纪,而后者的主体大概在 3 世纪就已经存在了。[1]《往世书》的主题故事发生在它们写作时间的两三千年以前,所以这些作品大部分应该是以非常古老的材料为基础写成的。

印度有着悠久的诗病研究传统,至少在 4 世纪初,学者们已经发现了许多优秀文学作品应当避免的诗病类型,这些都为婆摩诃和檀丁的研究工作奠定了良好基础。早在婆罗多之前,伟大的史诗《摩诃婆罗多》(*Mahābhārata*)的 Śāntiparvan(诗 87 — 90 首)已经列举了 17 种诗病。耆那教的 *Anuyogadvāra* 提出了 32 种诗病。值得一提的是,这些诗病的类别和数目,甚至连名字都保持了几个世纪未变。成书于公元前 3 世纪的逻辑学著作 *Nyāyasūtra* 中已经出现了关于诗病的抽象讨论。著名的经济、政治及法律著作 *Arthaśāstra* 由 Kauṭilya 写于公元前 321 — 296 年间,其中第 10 章《皇室文书写作程序》要求避免 5 种文病:生硬(akānti)、矛盾(vyāghāta)、重复(punarukta)、文法不通(apaśabda)、布局混乱(samplava)。[2] 除去第 1 种文病是针对抄写员的以外,其余几类都与婆罗多、婆摩诃和檀丁的理论体系保持一致。由此可见,至少从 3 世纪开始,"诗病"已经成为印度诗学理论修辞学的重要组成部分。

尽管我们无法确切得知沈约等人参考了哪种印度文献,但是,印度显然有足够的诗病模型供他们选择。我们应当注意到,印刷术发明之前,学者们一般会背诵记忆大量的文献。根据《高僧传》记载,昙摩难提(Dharmanandin,*TT* 50. 328b)、鸠摩罗什(Kumārajīva,*TT* 50.

---

[1]这两部《往世书》直至公元千年末都在被不断地重新加工。关于《往世书》年代考订的复杂情况,参见 Ludo Rocher, "The Purāṇas", vol. 2, Fasc. 3, in *A History of Indian Literature*(《印度文学史》), Jan Gonda 编, Wiesbaden:Otto Harrassowitz, 1986, pp. 18 – 24, 100 – 103.

[2]参见 R. Shamasatry 翻译的 *kauṭilya Arthaśāstra*(第 7 版), Mysore:Mysore Printing and Publishing House, 1961, *p.* 75.

320a)、佛陀跋陀罗（Buddhabhadra, *TT* 50.331c）、弗若多罗（Puṇyatara, *TT* 50.333a4）、昙摩谶（*TT* 50.333a）, Dharmakṣema（*TT* 50.335c）等人均以强记著称。译经的第一步是由经师或是依照原典朗读经文，或是凭借记忆背诵经文。古典梵语文献大多是韵文，目的就是为了这样很方便记忆。《舞论》、《诗庄严论》以及梵语诗律专著 *Piṅgala-sutra* 和 *Chandoviciti*《诗律考辩》也是如此。尽管当时的梵语学者也许未能读到所有这些文献，但他们极有可能通过口头传承学到了其中的精粹。这些篇章经过僧人们的记忆，成为他们可以随身携带的图书馆。接下来，他们又可以把这些文献传授给自己的学生们，而不一定要以文字形式流传下来。

关于《文镜秘府论》（成书于 819 年）的作者空海等人，我们甚至可以找到更多的资料。印度中古时期有许多著名的诗学专家：楼陀罗吒（Rudraṭa, 9 世纪），也曾写过一部《诗庄严论》；Śrīsaṅkuka（9 世纪最初25 年）；Lollata（9 世纪初）；Udbhaṭa（8 世纪末到 9 世纪初）；伐摩那（Vāmana, 8 世纪中叶到 9 世纪中叶），重要著作是《诗庄严经》（*Kāvyālaṅkārasārasaṃgraha*）；所谓的 Dhavanikāra（8 世纪上半叶）[1]此外，还有众多的诗人、剧作家与小说家在他们富有创造性的作品中对诗律与诗歌的写作规则做出了阐释。一个重要的现象是，中古时期许多诗学专家都是克什米尔人（檀丁也许是个例外，但是，他的出生地至今不详）。与犍陀罗一样，克什米尔是印度文学与艺术经由中亚传至中国的主要必经之路。

既然《文镜秘府论》的诗病存在着多种来源的可能，为何我们要特别关注婆摩诃与檀丁呢？第一，他们是印度中古早期最具代表性与影响力的诗学专家。其后的学者都直接或间接地参考过二人的著作。第二，婆摩诃和檀丁的著作是以往诗学研究传统的集大成者。他们是沈约和空海之间印度诗学成就的杰出代表。第三，婆摩诃与檀丁像《文

---

〔1〕6 位作家的有关数据参见 Sushil Kumar De, *Sanskrit Poetics as a Study of Aesthetics*（《梵语诗学的美学研究》）一书中的《年表》部分，该书由 Edwin Gerow 作注，Berkeley：University of California Press, 1963, p.117.

镜秘府论》的作者一样,对诗病很是关注。第四,应当注意的是,婆摩诃有着丰富的佛学知识,他和那些与他有着共同佛教信仰的僧人也许往来频繁。中国诗人很有可能就是通过这些僧人熟悉诗病学说的。另外,根据一些学者的看法,婆摩诃的生活时代应该提前。如果这是事实的话,中国声调规则的设计者们很有可能也受到了他的影响。至于檀丁,7 世纪下半叶来华的、精通梵语的人,几乎都会熟知檀丁的学说;由中国去印度学习梵语的人,也必然会接触到檀丁的著作。反之,檀丁肯定也知道中国。在其久负盛名的小说《十王子传》(*Daśakumāra-carita*)[1]中,他特别提及了中国。大量证据说明,《诗镜》曾经从印度向国外传播,例如,锡兰人 King Sena Ⅰ (或Śilameghavarṇasena)的修辞学诗律著作 *Siya-bas-lakara* 成书于 840 年之前,书中多处引用《诗镜》的内容。早在 Rāṣtrakūṭa 王子 Amoghavarṣa Nṛpatuṅga(815 — 875)时期,Kannada 最古老的诗学著作 *Kavirājamārga* 已经大量借用《诗镜》中的内容。藏族人也很推崇《诗镜》,他们不但反复将《诗镜》译成藏文、详细地加以注释,而且按照《诗镜》中的声律规则和写作技巧进行创作。经由藏译本,蒙古语诗歌创作也受到了《诗镜》的影响。

12.10 《文镜秘府论》的梵文来源

《诗镜》中的术语 doṣa 与《文镜秘府论》中之"病"的相似之处甚多,据此推断,中国的诗人与声律学者应该很可能对檀丁的这部著作有所了解。檀丁《诗镜》完成于 690 年,这使得它有充足的时间在《文镜秘府论》出现之前传到中国。另外,这两部书的名字惊人地相似。Kāvyādarśa 的字面意思是"文学的镜子(即'指南')",这与"文镜"的含

---

〔1〕M. R. Kale 编译,*The Daśakumāracarita of Daṇḍin with a Commentary*(《檀丁〈十王子传〉注》,第 4 版),Delhi:Motilal Banarsidass, 1966,梵文本,p. 97.

义相同。[1]"文镜秘府"这个标题的第二部分,即"hifu 秘(→祕)府",是个汉日混合词。如果上溯至汉代,这个古老词汇义为"文学图书馆"。但是,作为《文镜秘府论》标题的"秘府",应当理解为"珍稀的(诗歌与词句)的宝库"。与此对应的梵语词是 koṣa,它的字面意思是"仓库,宝库,贮藏室",在诗学著作中,它表示(优美的词语、韵文、句子)的宝库"。Koṣa 也常常表示字典、辞典,它的汉译是"俱舍"(或"句拾")。最有名气的梵语字典 koṣa 是 Amarakoṣa 或 Namāliṅgānuśāsanam(义为"讲解词汇及其性的著作"),据说,它的作者 Amara 是一位佛教徒。Amarakoṣa 全书以 anuṣṭubh(śloka)韵的诗偈写成,由拘罗那陀译为汉语,叫作《翻外国语》或《俱舍论因缘事》。拘罗那陀,又叫作波罗末陀,真谛三藏,他从西印度优禅尼国被请入中国,516 — 566 年间在中国生活。[2] 檀丁《诗镜》(Ⅲ.57.60)仿照 Amarakoṣa 的体例来讨论明喻问题,并且引用 Amarakoṣa 中的内容。不难理解为什么檀丁在他自己的书前面(Ⅰ.13)提到 koṣa,因为《诗镜》既是"文学的镜子(即'诗歌创作指南')",又运用大量例句(或引自前代诗人,或为作者自创)为书中的作诗规则做出解释。因此,檀丁在自己书的开篇便介绍了 koṣa 一词的含义。《文镜秘府论》的情形也是如此,其完整的标题应当解释为"包括关于'文学的镜子(指南)'与'珍贵的诗歌与词句的宝库'的专题论文"。"论"相当于梵语 śāstra,是一个常见的汉语—日语词汇,用在标题的末尾,借以表明这是一篇(部)专题论文。

诗病(koṣa)只是印度诗学理论的一部分,但从 5 世纪起,中国声律学者对它特别关注。为什么中国学者仅仅借鉴诗病理论,对印度诗学的其他内容置若罔闻?二者之间的这种不平衡确实令人费解。不过,

---

〔1〕大约在檀丁之后 7 个世纪,毗湿那特(Viśvanātha)为他的里程碑式的梵语诗学综合性著作 Sāhityadarpaṇa 取了一个与《诗镜》同义的名字《文镜》。荻原云来和辻直四郎编著的《梵和大辞典》(汉译对照),把 Kāvyādarśa 译为《诗鉴》(义为"诗歌的镜子")。Kāvyā 义为"文学,优秀的文学作品",对应于汉语的"文",它包括散文与诗歌,但以后者为主。《文镜秘府论》的编纂者对"文"的含义也是这样理解的。

〔2〕参见 Stanislas Julien, "Sur les pays et les peoples étrangers, tirées des géographies et des annals chinoises: V. Thien-tchou, l'Inde", *Journal Asiatique*, ser. 4. 10(August, 1847):p. 87 - 88.

这个问题还是可以找到答案的。因为中国声律学家关心的只是如何用汉语写出像梵语诗歌一样声韵和谐的作品,所以他们无暇顾及梵语诗学中的其他一些精细考究、莫测高深的概念。比方说,rasa(意为嗜好,情趣)、dhvani(意为引喻)、bhāva(意为情绪)和 mīmaṃsā(意为哲学阐释),都是梵文诗学的典型特征。甚至连与诗病相对的概念"guṇa"(汉译佛经中译为"德"),也受到了冷遇。实际上,如果我们仔细考察的话,就会发现,《文镜秘府论》最后一章《帝德录》很是有些古怪,其中反映了印度人对诗歌完美性的追求。如果不是因为"guṇa"在印度诗歌中居于核心地位,人们肯定会认为这一章与全书的主旨"文镜"相悖。诗病"忌讳"(BK d.15)在中国也许为人关注,但大多数印度诗学学者对其不屑一顾。逻辑是印度诗学理论中的重要内容,但是 BK d. 125"文赘"几乎只是提及而已。如果从两个民族迥异的语言、文化习惯来看,这种现象很容易理解。印度诗学家受到逻辑学和语法学的影响进行创作,所以非常重视诗歌的逻辑和语法结构的合理性。随着印度哲学体系的日益完美与复杂,这种倾向也愈发明显。对于高度发达的曲折性的语言来说,采用这种创作方式是很自然的。然而,对中国声律学者来说,这些事情几乎毫无关系。因此,当印度诗学中与逻辑和语法有关的内容被部分引入后,仅仅用来指每联或每个诗节内各句诗之间的关系。

《文镜秘府论》"二十八病"的排列顺序与梵语诗学理论大致相当。首先是声律和语音方面的内容,它们是诗歌创作的基础(檀丁《诗镜》[I. 12]称之为"诗海之舟");接下来是"比喻修辞"(alaṃkāra)"修饰,润色",即汉译佛经中的"庄严";最后是文体、语义、句法和逻辑结构。甚至《文镜秘府论》"二十八病"的行文方式都与印度诗学著作中关于诗病的论述是一致的。首先列出诗病的名字(如果有别名,一并给出),然后展开论述,最后以一首或几首诗(通常是 śloka 偈或五言诗)作为例证。我们在讨论《诗镜》与《文镜秘府论》的名称时曾经提到过,这些例诗有些引自知名诗人,有些就是临时创作的。《诗镜》与《文镜秘府论》在选择例句方面,有许多的相似之处:BK d.23"落节"引用了 4

句五言诗,描写春日里的菊花,而婆摩诃引用了一首描写冬日开花的芒果树的诗偈(*KL* d¹ 10b)。此外,《诗镜》与《文镜秘府论》在注释中都使用了一些类似的表达方式,如"重病、巨病、非病"等。

印度诗学中的整套概念都常常可以在"二十八病"中得到体现。例如,upamā("明喻",字面意思是"紧邻,相配")极有可能是 *BK* d.11 "闲偶"的来源。婆摩诃《诗庄严论》中 7 种喻病(转引自 Medhāvin),或者类似的印度文献必定是 *BK* d.11"闲偶"中提到的 8 种"对"的来源("八"并非确指的数字;可以参见《文镜秘府论》东卷"二十九种对")。中印诗学表面上看似有些差别,实际上如果仔细查看就几乎并不存在。即使中印诗歌在某些方面真有很多差别,它们完全可以从中国的社会、政治现实的角度作出解释。

尽管梵语和古汉语有着诸多不同,但这两种语言对诗病的命名却颇为相像。例如,婆摩诃和檀丁认为,诗病 vyartha(*KL* d¹2,*KD* d2)指诗句的语义不连贯或前后矛盾。这与 *BK* d.26"相反"完全相同。婆摩诃对它的解释也和《文镜秘府论》十分相似:

> 诗病 vyartha 指意义矛盾。所谓"矛盾"指的是,如果前面和后面的意义互相对立,那么这首诗就犯了意义矛盾的诗病。[1]

又如,婆摩诃要求避免赘述(*KL* d¹3,参看 *KD* d3,*NS* d5),他的论述如下:

> 如果两句话表达同一个意思,那么这首诗便犯了"赘述"的诗病。有人称之为"重复",包括字词重复和意义重复两种。[2]

BK d.12"繁说"应该便是按照这种方式做出解释的。

婆摩诃和檀丁反对 apakrama(次序颠倒,*KL* d¹5,*KD* d5),也许这是 *BK* d.18"翻语"的由来。婆摩诃和檀丁反对 kālavirodhi(不合时间,*KL* d¹10b,*KD* d10),这毫无疑义是 *BK* d.23"落节"的直接来源。与此相

---

〔1〕选自 P. V. Nāganātha Śāstry 编译的《婆摩诃的〈诗庄严论〉》(第 2 版),Delhi:Motilal Banarsidass,1970,p.76.

〔2〕选自 P. V. Nāganātha Śāstry 编译的《婆摩诃的〈诗庄严论〉》(第 2 版),Delhi:Motilal Banarsidass,1970,p.77.

似,在婆罗多第9种诗病 visandhi(缺乏连声,*NS* d9,参看 *KL* d¹9 和 *KD* d9)的影响下,产生了 *BK* d. 21"支离"。婆罗多的第 2 种诗病 arthāntara 通常的英译为"表达累赘"[1],其字面意思为"意义相反",它极有可能是 *BK* d.216"相反"的来源。另外,印度诗学中的有些诗病的名称虽然与《文镜秘府论》不同,但它们的功能却相同或相近(如 *BK* d. 24 与 *AP* 347. 17 – 18)。二十八病的几条与相关的印度诗病如此相似,不由令人怀疑,前者是否是独立产生、发展的(例如,*BK* d. 16、d. 17 的原型是婆摩诃 *KL* d7、d8,二者甚至连出现的顺序都完全相同)。

如果比较附录Ⅰ"空海《文镜秘府论》'二十八病'"与附录Ⅱ(婆罗多《舞论》"十病";婆摩诃《诗庄严论》两套"十病"与"七种喻病";檀丁《诗镜》两套"十病"与"七种叠音"),不难看出,*BK* d. 11—28 无论是名称、功能或内涵都可以追溯到源自印度的诗病理论。需要注意的是,除了 *BK* d.13 以外,其余 17 种诗病关注的都是语法、语义、句法、遣词或逻辑上的错误。那么,应该如何考察"二十八病"前 10 种(实际上是前 12 种,因为 *BK* d.9 包括 2 类,*BK* d.10 包括 2 类)与 *BK* d.13 的来源呢?这几种诗病主要是律诗的语音规则。*BK* d.1—4 将在下文进行讨论,它们对近体诗的产生有着巨大影响。现在,我们考察 *BK* d.5—8 错综复杂的来源,它们是两对关于头韵与句中押韵的诗病,源自于梵语语音学概念 yamaka(叠音)和 bandha。

yamaka 和 bandha 两个概念在印度诗学中经常混淆。yamaka 字面意思是"加倍的,双重的,连在一起,合二为一",由 yama(勒住,抑制)派生而来,词根是 yam(抑制,控制,阻止)。Bandha 的字面意思是"紧密连接两个物体,阻碍",词根是 bandh。由于两个词语的词源与派生方式非常相似,所以它们的用法也很接近。另外,由于 yamaka 和 bandha 都是 citrakāvya 的重要组成部分,它们功能相同,所以非常容易混淆。

---

[1]参见 M. Ghosh 译《舞论》,p.313,ⅩⅤⅢ. 88 和 B. Jha, *Concept of Poetic Blemishes in San-skrit Poetics*(《梵语诗学中的诗病概念》),p.17.

婆罗多认为,yamaka(叠音)是音步头部或其他位置上语音相近的音节的重复(NS XVII.60)。婆摩诃《诗庄严论》II.17 将叠音定义为"重复使用同音异义的音节"。婆摩诃认为,叠音必须做到"用词明白、有力,连接紧密,意义清晰,悦耳",可见,他对叠音的使用是很谨慎的。檀丁认为,叠音就是重复使用一组字母或音节(varṇa)。檀丁对于叠音的使用持保留意见,他认为,叠音并不一定能够带来优美的、令人愉悦的修辞效果。(KD IL.61)叠音可以出现在每句的开头、中间和末尾或者其他位置,也可以出现在每个诗节的第一、二、三、四个音步或其他位置(KD III.1—2)。

bandha 的意义更难把握。伐摩那(Vāmana)认为,bandha 是"对词语的组织(padarcanā)"[1] Yamaka、bandha 经常与 anuprāsa 混淆,后者指一个或多个辅音重复,有时甚至可以不出现元音。此外,anuprāsa 必须出现在相邻或相距不远的词语间,这样就可以保持前面字母的声音的感觉(檀丁,KL,I.55)。在 yamaka 这种叠音中,元音是必不可少的,而且可以出现在距离比 anuprāsa 较远的词语间。

《火神往世书》有 11 章用来论述诗歌,其中一章列出了 10 种叠音和 8 种 bandha。尽管《火神往世书》不少内容也许比《舞论》还要久远,但这 11 章内容至晚是在 9 世纪中叶完成的[2]《火神往世书》是对许多文献资料的汇总,并非以优雅流畅的写作风格著称,但它对 yamaka 和 bandha 的定义是正确的,值得引证,因为它的解释比较明了:

> Yamaka 是意义不同的许多语音的重复。它包括两类:相邻的,不相邻的。相邻的 yamaka 位于紧挨着的词语之间,不相邻的 yamaka 位于中间已经插入其他成分的词语之间。根据叠音所在位置或音步格律的不同,yamaka 又可以分为四类……
>
> Bandha 指通过不同语音布局,用各种各样充满技巧的方式来

---

〔1〕参见伐摩那《诗庄严论》,转引自 V. Raghavan, *Bhoja's Śṛṅgāra Prakāśa*,(Madras)Punarvasu,1978,p.278.

〔2〕参见 Suresh Mohan Bhattacharyya 编译,*The Alaṃmkāra Section off the Agni-Purāṇa*,Calcutta:Firma KLM,1976,pp.127 – 128.

描写众所周知的事物。[1]

根据确凿可信的印度文献对这些含混朦胧的诗学术语的定义,我们尝试找到了与它们对应的英语术语。Yamaka 可以译为 rhyme(韵),严格地讲,应当是句中韵,因为早期梵语中没有尾韵。Yamaka 对应于汉语的"韵"。*BK* d. 5"大韵"和 d. 6"小韵"中的"韵"用来表示就是 yamaka 的意思。

Bandha 的实质是,一首诗中的某些特定位置或特定模式的语音的重复。[2] 一个研究学习比喻修辞的当代印度学者把 bandha 形容为"诗歌创意……取决于诗人安排字母的技巧",或者是能够产生画面效果的语音搭配。[3] 因此,我们认为从语源学角度着眼,ligature(连音)是对 bandha 最好的翻译。Bandha 对应于汉语的"纽"。《说文》:"纽,系也。一曰结而可解。"这与 bandha 的本义相同。另外,需要指出的是,虽然"纽"后来特指音节的开始部分,但它在沈约时代仍是一个集体名词,如 *BK* 29:

> 魏定州刺史甄思伯,一代伟人,以为沈氏四声谱不依古典,妄自穿凿,乃取沈君少时文咏犯声处以诘难之。又云:"若计以四声为纽,则天下众声无不入纽,万声万纽,不可止为四也。"

沈约对"纽"的定义见于 *BK* 4:

> 诸家调四声谱,具例如左:平上去入配四方。
>
> 东方平声 平伻病别　　南方平声 常上尚杓
>
> 西方去声 祛麩去刻　　北方入声 壬枉任入
>
> 凡四字一纽。或六字总归一纽。
>
> 皇晃磺　镬　禾祸和　滂旁傍　薄　婆波破
>
> 光广　　郭　戈果过　荒恍　　霍　和火货
>
> 上三字,下三字,纽属中央一字,是故名为总归一入。

---

〔1〕参见 *AP* 343.11 – 12, *AP* 343.31,译文参校了 Bhattacharyya 编译的 *The Alaṃkāra-Section of the Agni-Purāṇa*,pp. 209,212.

〔2〕参见 Kalanath Jha, *Figurative Poetry in Sanskrit Literature*(《梵语文学中的喻诗》),Delhi: Motilal Barnarsidass, 1975, p. 67.

〔3〕参见 Kalanath Jha, *Figurative Poetry in Sanskrit Literature*(《梵语文学中的喻诗》),p. 24.

·欧·亚·历·史·文·化·文·库·

由此可见,当时的"纽"指的是由相同声调统摄的一组变体。如果事实如此的话,那么 *BK* d.7—8"正纽"、"旁纽"可以分别理解为"正面连音"和"侧面连音"。所谓的"连音",即 bandha。作为音韵学术语的"纽"与"平"、"侧"的语义演化是同步的,这是因为它们的早期用法及其梵语前身都指诗中的修辞手法及其特征。

那么,诗律学者利用源自于印度诗学的诗病理论都做了哪些工作呢? *BK* d.1—4,9—10,13 可以看作具体的诗律规则。它们要求"轻"、"重"(或者叫作"长"与"短"或"平"与"仄")音节分布均衡,这与印度诗律手册中的有关规则完全一致。上述几种汉语诗病分别对应于某种梵语诗病,一般不外乎两种:viṣama(不平,NS d8)[1],bhinnavṛtta(诗律失调,*KL* d.18,*KD* d'.8)。从对这些诗病的描述、命名与分类来看,它们尚未成为一种独立的诗律规则,而是与 yamaka 及其他诗歌修辞手法混为一体。*BK* d.5、d.6 明显是各种 yamaka("韵",通常指句中韵)的对应物。*BK* d.7、d.8 更是明显地体现了梵语 bandha(连语)的影响。*BK* d.9、d.10 与 *BK* 前4条规则一样,意在使格律更加对称。汉语诗律的建立者试图给它一种本土色彩的最初尝试显得有些笨拙,这主要体现在3个方面:(1)名字,建立在"五行"学说的基础上;(2)重复,例如,*BK* d9a 与 d10a 可以与 d1 归为一类,d10c 与 d2 合为一类;(3)模糊性,*BK* d13"龃龉"的名字是一个古老的双音节名词,它被采用很可能也是因为同一个动机。*BK* d8 刘善经的论述中曾经用了这个很特殊的词,可是没有把它当作诗律术语。*BK* d11 无疑源自于梵文中与 upamā 有关的规则。*BK* d12、d14—18、d21—23、d25—26 明显与 doṣa(病)有关。中国声律发明者是在六朝至隋唐期间居住在中国的印度、东南亚和中亚僧人那里见到了上述诗病的原型,并受到启发的。印度诗学理论家常常从语法(śabda,词)、句法(vākya,句子)、语义(artha,意义)和逻辑(nyāya,参看 *KL* 第 Ⅴ 章)的角度确立诗歌写作规则,*BK* d19—20、d24 与这些写作手法最为接近。余下的 *BK* d27—28 同样受

---

[1]婆罗多《舞论》27 章提到了一种"违反节韵律与诗律"的情况。

到了印度诗学理论的影响,但它们不过是对 d12、d22 和 d25 的无谓重复,并不足以分类另立。这两种诗病产生的动因与 d9、d10 和 d13 相同,它们具有象征意义的名字"枝指"、"骈拇"源自《庄子》。

在印度 doṣa(病)理论的影响下,中国文学史产生了"文学的缺陷"思想,其中包括"病"这个概念本身。尽管印度诗学的影响十分巨大,但中国的诗律绝非从单独某一部文献或某一种诗病学说中生搬硬套来的。即使中国诗律的创立者通过印度、中亚或东南亚同行,读到了某部印度诗学著作,如《诗镜》,他们心中所渴望的仍是建立汉语自己的诗律,并不满足于披着汉语外衣的梵语诗律。

12.11   梵文对近体诗律的影响

在重新论述梵语对近体诗律的影响之前,我们先来介绍一部曾经可能对沈约等人产生了重要影响的有关梵语格律的文献 Chandoviciti(《诗律考辩》)。[1] 这是一部以诗歌韵文形式精心写成的佛教梵语格律的著作。1956 年夏天,在整理柏林收藏的 20 世纪初德国考古学家在中亚沙漠找到的高昌的吐鲁番手稿的桦树皮残卷时,发现了这部《诗律考辩》。事实上,《诗律考辩》是一部专门介绍梵语格律规则和功能的系统的理论著作。它不仅讨论了诗律规则(如何安排音节,如何搭配词语等等),也介绍了多种梵语诗歌的名称与特点。残卷中对不少于 60 种诗歌进行了命名与描述。不出所料,在严格意义的 Chandoviciti 的文本中,首先提到的诗歌类型就是 tṛṣṭub-jagaty-anuṣṭup,即 śloka 和 gāthā(6V3,p. 34)。如果与 Piṅgala-sūtra 或者 Chandaḥ-sūtra(现存最早的印度格律著作,可以上溯至公元始)与《舞论》中论述格律的章节进行对比研究,我们发现,这部著作属于梵语格律学的主流。吐鲁番高昌是丝绸之路上中国朝圣者与印度佛教教义传播者经常往来的重

〔1〕Dieter Schlingloff 编校 Chandoviciti:Texte zur Sanskritmetrik, Deutsche Akademic der Wissen-schaften zu Berlin, Institute für Orientforschung, Veröffentlichung Nr. 36. Sanskrittexte aus den Turfan-funde, V, Berlin:Academiec-Verlag,1958.

要地方,在这里发现第 4 世纪存在《诗律考辩》可谓意义重大。这足以说明,那些数十年后致力于构建汉语诗律的中国学者完全有可能通过境内操双语的外国僧人了解到这些精妙的梵语诗律知识。

若是将《诗律考辩》与上文提到的文献结合起来考虑,我们认为,沈约等人可能间接地接触到用 śloka 写成的佛教偈颂、梵语诗律著作,以及某种不同版本的《舞论》。为了使我们的论述更加具体,我们有时会引用 NS 和 BK 中的有关章节,这并不因为我们觉得任何中国人必然都读过 NS,而是因为 NS 是印度诗学必备的参考资料。

现在先来介绍两条基本的诗律规则。

第一条规则,句内的字受到声律规则的制约,这是沈约等人发起的汉语诗律 3 个主要演变之一。广义上讲,这种演变是由梵语诗歌诱发的。梵语诗歌都是音节定量诗,对句中的音节有格律要求。具体讲,就是 śloka 启发中国近体诗律的创造者们特别关注五言诗句中每个字(即第 2、3、4 字)的声调。学者们一致认为,śloka 每个音步中第 1 个和第 8 个字(即第 1 个和最后 1 个字)是自由的。这种传统可以上溯至吠陀时期,就像 Mukherji 所说的:"在所有的吠陀诗歌中,第一个和第八个音节的数量无关紧要。"[1]对于汉语五言诗来说,这条规则意味着第 1 个和第 5 个音节是自由的。但是,早在中国诗人试图使汉语诗歌像梵语诗歌一样美妙动听之前,汉语诗律已经有一条规则:偶数句句末的字应当入韵(规则 1)而具有同调。因此,只剩下第 1 个字是自由的。所以,汉语诗律主要发展的是规则 5,即第 2 字与第 4 字要有平仄变化,有时也会要求第 2 字与第 5 字讲究平仄。结果便是,在 550 年之前,这一变革直接导致了诗律格式的变化:O A(y)B x_1 / O B(x)A y(R),每句第一字不论平仄。

第二条制约 śloka 的规则是语音对立的平衡。林藜光在谈论 śloka 时提到:

---

〔1〕A. Mukherji, *Sanskrit Prosody:Its Evolution*(《梵语格律及其发展》),Calcutta:Saraswat Library,1976,p. 33.

决定 śloka 的构造有个简单而不可避免的道理：每半句中有两个音步，它们必须相对。正如 Jacobi 所指出的，这种倾向在吠陀时代已经出现。所有类型的 pathyā 和 vipulā(śloka 的常规和非常规变体)都可以通过这条对立规则加以解释。[1]

对立规则包括："应当避免单调枯燥，不可接连出现两个以上的'轻/重'双音节音步，或'轻/轻/重'三音节音步"；"不可接连出现三个'重/轻'双音节音步，不可将两个'重/轻'双音节音步与'重/轻/轻'三音节音步连用"；"不可连续出现四个轻元音音节"。[2] Félix Lacòte 总结了 śloka 的结构规则：(1)在 śloka 第 1 个音步的前半部分，第 3 字若是重音，则第 2 字必为轻音。(2)在偶数行中，或第 2 字是轻音，则第 3 字为重音；若第 4 字是轻音，则第 5 字为轻音。(3)如果第 6 字为重音，那么第 7 字的音量是固定的；如果第 6 字是轻音，那么第 7 字可轻可重。[3] 这些规则的目的显然是为了达到对立与平衡的完美统一。这同样也是近体诗律的规则的目标。例如，第 2 字与第 4 字位置上的平声字与仄声字数目相当，而且每个诗节中，整个的模式第 2 字与第 4 字必须遵循最大对立原则。每句最后一字也是如此。

对于汉语诗歌，对立与平衡这种审美思想并非什么完全新鲜的东西。但是，把这种审美思想转化为一种在语言系统内部的、居主导地位的语音要素，这是印度送给中国的礼物。中国人经过反复试验，知道了应当如何模仿梵语的"轻/重"对立，这使得近体诗不但能够遵循最大对立原则，而且诗中四声的分布与自然语言保持一致。

除去这两条基本原则，梵语诗律又以更为精密的方式促成了近体诗律的产生。例如，沈约"八病"说中的前 4 病完全是依照其梵语前身创立的：

（1）平头：Pādādi-Yamaka(音步前面的 yamaka)

---

〔1〕林藜光，*L'Aide-Mémoire*，p. 232。

〔2〕A. Mukherji，*Sanskrit Prosody：Its Evolution*，p. 90.

〔3〕Félix Lacòte，"Sur la forme métrique du çloka épique"，*Journal Asiatique*，1926，209（7/8/9）：102－106.

（2）上尾：Samudga-Yamaka(同起 yamaka)

（3）蜂腰：Kāñcī-Yamaka(腰带 yamaka)

（4）鹤膝：Samudga-Yamaka(同起 yamaka)

下面我们将引用 *BK* 与 *NS* 的有关论述来说明二者的相似。

（1）平头(*BK* 86)

平头诗者,五言诗第 1 字不得与第 6 字同声,第 2 字不得与第 7 字同声。同声者,不得同平上去入四声,犯者名为犯平头。平头诗曰："芳时淑气清,提壶台上倾"(1 1 e d 1,1 1 l d e)。Pādādi-Yamaka(*NS* XVII 76—77)

（76）Pādādi-Yamaka,指每个音步头部的词语相同。例如：

（77）Viṣṇuḥ srjati bhūtāni viṣṇuḥ saṃharate prajāḥ ǀ

　　Viṣṇuḥ prasūte trailokyaṃ Viṣṇur lokâdhi-daivataṃ ‖

译文

　　Viṣṇu 创造了所有的生物；Viṣṇu 毁灭了所有的生物。

　　Viṣṇu 孕育了三界,Viṣṇu 是世界的主宰。[1]

"平头"是上文所说的规则 4 的原型。Pādādi 指一个音步的开头。显而易见,"平头"与梵语 Pādādi 意义相同。二者的不同在于,梵语诗病指词语的重复,汉语诗病指某一种声调的重复。

（2）上尾(*BK* 87)

上尾诗者,五言诗中,第 5 字不得与第 10 字同声,名为上尾。诗曰：

西北有高楼　　l e r l l

上与浮云齐　　d r l l l

Samudga-Yamaka(*NS* XVII 68—69)

（68）Samudga-Yamaka 指前面的音步与后个音步完全相同。例如：

（69）ketakī-mukul pāṇḍara-dantaḥ

　　śobhate pravara-kānana-hastī ǀǀ

──────────

〔1〕参见 Ghosh 译文,p. 311.

ketakī-mukul pāṇḍara-dantaḥ

śobhate pravara-kānana-hastī | |

译文

　　巨大的野象有着 ketakī 花苞般灰白色的象牙,看起来十分美丽。

　　大象般广袤的森林有着灰白色象牙似的 ketakī 花苞,看起来十分美丽。[1]

Samudga 的意思是"向上,一起上",与"上尾"的"上"对应。中国的音韵学术语大多源自于解剖学名词,如"平头"、"上尾"、"蜂腰"、"鹤膝"中的"头"、"尾"、"腰"、"膝"。梵语中没有与此相对的术语。一些佛教比较学学者认为,梵语术语传入中国后,往往变得具体化了。我们在对照梵汉名词术语时,确实发现了同样的现象。

　　汉语与梵语的诗歌结构也不相同。梵语诗每半句相当于汉语诗中的 1 行。换个说法就是,中国人看到 1 首诗有 4 行,而印度人看到的是各自分成两个半句的两行。以上文这首梵文诗为例,熟悉梵语的中国人会认为 Samudga-Yamaka 是要求避免相邻两行间的重复。与 Samudga-Yamaka 对应的汉语诗病是"上尾"。不懂梵语的操汉语者会把 Samudga-Yamaka 看成是要求避免隔行间的重复。不过,汉语诗歌偶数行句末字的重复是无法避免的,因为这些末字是押韵的,彼此的声调相同。所以,汉语诗歌只能避免奇数行末字声调的相同。这也就是所谓的"鹤膝"。

　　(3)鹤膝(*BK* 89)

　　鹤膝诗者,五言诗第 5 字不得与第 15 字同声。言两头细,中央粗,似鹤膝也,以其诗中央有病。诗曰:

　　拨掉金陵渚　　　e d l l r

　　遵流背城阙　　　l l d l e

　　浪蹙船飞影　　　d e d l l

---

〔1〕参见 Ghosh 译文,p.310.

山挂垂轮月　　l d l l e

释云:取其两字间以鹤膝,若上句第 5 字"渚"是上声,则第二句末"影"字不得复用上声,此即犯鹤膝。

(4)蜂腰(*BIC* 88)

蜂腰诗者,五言诗 1 句之中,第 2 字不得与第 5 字同声。言两头粗,中央细,似蜂腰也。诗曰……又曰:

闻君爱我甘

窃独自雕饰

……释曰:凡 1 句五言之中,而论蜂腰,则初腰事须急避之。复是剧病。若安声体,寻常诗中,无有免者。

或曰:"君"与"甘"非为病,"独"与"饰"是病。所以然者,如第 2 字与第 5 字同去上入,皆是病,平声非病也。此病轻于上尾、鹤膝,均于平头,重于四病,清都师皆避之。

Kāñcī-Yamaka(NS XVII 66 – 67)

(66)Kāñcī-Yamaka 指每个音步头部和尾部的词语重复。例如:

(67) yāmâyāmāś-candravatīnāṃ dravatīnāṃ

　　　vyaktâvyaktā sāra-janīnāṃ rajanīnām|

　　　pulle phulle sa-bhramare vā' bhramare vā

　　　rāmā' rāmā vismayate ca smayate ca ‖

(译文)月夜里在女人的陪伴下,时间飞快地逝去而不易觉察。

无论蜜蜂来与不来,鲜花依然盛开,女人爱慕地看着鲜花,露出美丽的笑颜。[1]

"蜂腰"的意义向来比较含混。根据 *BK* 的注释,唐代的声律学者对"蜂腰"也感到困惑不解。Kāñcī 的意思是"腰带",与汉语中的"腰"有联系。如果汉语四行诗中的 1 行相当于梵语 1 个音步的话,那么汉语诗中第 2 字(音步开头)与第 5 字(音步末尾)就相当于"每个音步头部和尾部的字"。在汉语语音史,为了与梵语语音系统保持一致,中古

---

[1]参见 Ghosh 译文,pp. 309 – 310.

汉语曾经做出了相应的调整。我们推测，"蜂腰"是对 Kāñcī-Yamaka 的一次不很成功的模仿。

Śloka 的诗律模式在更高的结构层面对大于诗联的单位产生影响。上文已经淡到，在近体诗律实验中，根据第 2 字与第 4 字的不同，建立了律诗的声律模型，下面的（A）、（C）是它的变体：

（A）诗联重复式　　　　　（B）诗联相对式

O A O B O　　　　　　　O A O B O

O B O A O　　　　　　　O B O A O

O A O B O　　　　　　　O B O A O

O B O A O　　　　　　　O A O B O

（C）诗联相对式　　　　　（D）律诗

O A O B O　　　　　　　O A O B O

O B O A O　　　　　　　O A O B O

O B O A O　　　　　　　O B O A O

O A O B O　　　　　　　O A O B O

O B O A O　　　　　　　O A O B O

O A O B O　　　　　　　O B O A O

O A O B O　　　　　　　O A O B O

O B O A O　　　　　　　O A O B O

（A）、（C）两种变体在唐代以前就消亡了。诗律实验的结果是，四行诗和八行诗分别以相对式和重复式作为基式，由此产生了律诗的格律（上面的 C、D）。那么，这些格律形式又是从何而来的呢？

第一个来源是沈约之前的诗歌，特别是深受佛教影响的诗人谢灵运的作品。谢灵运使用双声叠韵对写下了描绘自然风光的诗句，尝试着探索相对模式的诗律规则。谢灵运《从斤竹涧越岭溪行》一诗的声律模式是 AA — BB／BB — AA，其中 AA 代表双声字，BB 代表叠韵字。下面是谢灵运的另一首诗，现在我们来考察第 3 — 10 行与第 13 — 16

行的对仗语义:[1]

于南山往北山经湖中瞻眺

朝旦发阳崖

景落憩阴峰

舍舟眺迥渚

停策依茂松

侧经既窈窕

环洲亦玲珑

俛视乔木杪

仰聆大壑灇

石横水分流

林密蹊绝踪

解作竟何感

升长皆丰容

初篁苞绿箨

新蒲含紫茸

海鸥戏春岸

天鸡弄和风

第3-10行,山景与水景交替出现:

第3行:水景

第4行:山景

第5行:山景

第6行:水景

第7行:山景

第8行:水景

第9行:水景

_____

〔1〕林文月:《山水与古典》,页41;孙康宜:《六朝诗》,页51-53。译注:原文引用了孙康宜的译文。

第 10 行:山景

这种语义模式与律诗的声律模式(D)有着异曲同工之处。如果将第 3
— 10 行以诗联形式排列的话,则有:

第 3 — 4 行: 水　　山

第 5 — 6 行: 山　　水

第 7 — 8 行: 山　　水

第 9 — 10 行: 水　　山

这种语义模式与四行诗的声律模式(C)很是相似。第 13 — 16 行是一
种二维模式,由地貌特征及其居住者构成:

第 13 行:山上植物(竹)

第 14 行:水中植物(蒲)

第 15 行:水上的鸟(海鸥)

第 16 行:山上的鸟(天鸡)

这种"山—水—水—山"的顺序是一种颠倒相对的形式,它与四行诗中
制约第 2 字与第 4 字的声调模式相似,语义模式类似于四行诗的诗联
重复式(A),而"植物—植物—鸟—鸟"的顺序是一种重复形式,则这
与四行诗中末字的声调模式相对应。类似于诗联相对式(B)。

正如林文月所观察到的,这些系统的语义模式并非谢灵运诗中独
有的。[1] 例如:鲍照(412 — 466)与谢灵运是同时代人,但年龄略小,
在他的《歌庐山》中,也是山景与水景交替出现:

第 1 — 2 行: 水　　山

第 3 — 4 行: 山　　水

第 5 — 6 行: 山　　水

第 7 — 8 行: 水　　山

这样,近体诗律的第一个来源于是便很清楚了:一旦四行诗和八
行诗成为五言诗的主导形式,为了创造规范的律诗模式(B)、(D),必
须把这种语义范畴模式与双声叠韵模式转化为声调特征。

---

〔1〕林文月:《山水与古典》,页 44。

·欧·亚·历·史·文·化·文·库·

第二个来源是śloka。Śloka 每节 2 行，每行 2 个音步。如果依照汉语诗歌模式进行分析，śloka 应当是每节 4 行。因此，śloka 无疑是启发谢朓创作偏爱四行诗与八行诗的原因；八行诗在当时很有可能被看作是连在一起的 2 首śloka。

每首śloka 由 4 个音步或 8 个音节的 4 行诗组成，其基本模式如下：

奇数音步（pāda）　　X X X X ˘ （ – ）（ – ）（ ˘ ）

偶数音步（pāda）　　X X X X ˘ 　 – 　 ˘ 　 X

我们在上文曾经提到，王融、谢朓和萧纲的八行诗都遵循重复模式：O A O B O / O B O A O // O A O B O / O B O A O /// O A O B O / O B O A O // O A O B O / O B O A O。因为中国诗歌史上从未出现过这种格律，人们自然会问：诗人们为什么采用这种形式？这必然引人发问。在这类诗产生之前，"上尾"规则已经确立，诗人们这样做明显是在仿效śloka 的交替变换方式。八行诗的这种重复模式可以简化如下：

奇数行：O A O B x

偶数行：O B O A y

最后，śloka 又以另外一种方式对近体诗律产生影响。由于中国人已经习惯了单音节语言简单的韵律，所以，认为梵语多音节押韵过于冗长笨重。由于梵语诗歌没有尾韵，很难按照汉语的习惯对它分行。特别是，如果有些中国人对梵语只是一知半解，那么他们将半个音步当作汉语诗中的 1 行就一点儿都不奇怪了。依照这种看法，śloka 可以做如下的分析（在每半个音步上标明行数）：

（1）　　　　　　（2）

X X X X 　 / 　 ˘ （ – ）（ – ）（ ˘ ）

（3）　　　　　　（4）

X X X X 　 / 　 ˘ 　 – 　 ˘ 　　 x

（5）　　　　　　（6）

X X X X 　 / 　 ˘ （ – ）（ – ）（ ˘ ）

(7)　　　　(8)

× × × × / ˘ － ˘ x

这样马上可以得出两个推论:(1)第 4 行与第 2 行声调模式不同;那么对于规则 5(O A O B O)来说,可以得到如下的模式:O O O O O / O B O A O // O O O O O / O A O B O。因为"平头"已经有效使用,其结果便是如(B)所示的诗联相对模式:O A O B O / O B O A O // O B O A O / O A O B O。(2)第 5—8 行重复第 1—4 行的声律模式。在二者的共同作用下,便产生了由每句第 2 字与第 4 字确定的声律模式。

12.12　结论

本文主要考察梵语诗学和梵语诗律如何传入中国,及其对汉语诗律日后的发展所产生的影响。结论集中讨论一个在研究过程中经常困扰我们的问题。借用沈约的说法:"敶衽论心",我们十分震惊于这个事实:诗律原则与诗学理论竟然能够跨越中印文化与语言之间的鸿沟而得以传播。我们的问题是:是否还有类似的事例存在? 其中包括两个子问题:(1)诗病理论能否在不同的文化与语言背景下传播? 答案是肯定的。772 年以前,中国诗病理论已经东渡日本,不但创作了许多完全遵守汉语诗律的日语诗,而且产生了两种崭新的诗体:短歌和连歌。(2)诗律或诗律规则能否在不同的文化与语言之间传播? 答案又是肯定的。傣语文学中的例子十分有趣,它不但有在巴利语影响下产生的诗体 Chǎn,而且还有一种在汉语影响下的诗律活跃在广西武鸣方言中。

小西甚一认为,10 世纪的日本诗人创作汉语诗歌时已经能够自觉避免声律错误[1] 当时一位参加科举考试的考生因为犯"蜂腰"病,被取消了资格。他提出了异议,由此引发了一场关于"蜂腰"是否是一种诗病的学术讨论。*BK* 88 对"蜂腰"的诠释最具权威性,上文曾经引用

---

〔1〕参见小西甚一:《文镜秘府论考》2,p.72。

过相关论述,而日本这场学术论战也采用了它。显而易见,虽然"蜂腰"在 10 世纪时与近体诗的声调模式毫无关系,但当时的日本文人仍然笃信沈约的"八病"说。

更有趣的是,藤原滨成在 772 年写成《歌经标式》。[1] 这是一套以汉语写成的规则,用来标示短歌应当避免的 7 种诗病。这部书问世时,空海仅仅 2 岁。据此推测,早在 BK 之前,中国的诗病理论已经传到了日本。这并不奇怪,因为小西甚一的杰出研究表明,《古今书》的风格是从中国六朝诗歌发展而来的。[2] 显而易见,中国诗病理论传入日本后,很快就为日本文人所接受,后来又将其运用于古典诗歌的创作之中。根据《歌经标式》,第一种诗病的禁止办法如下:

第一,"头尾":第一行的末字与第二行末字的读音不应相同。山部赤人的《春歌》违反了这条规则:

しキガちの/しだめんぎの

"の"既是第 1 行的末字,又是第 2 行的末字。两个"の"读音相同,又表达同一个词,这种情况在短歌中十分少见。这就是所说的"头尾病"。[3]

《歌经标式》中又有人列出了其他几种诗病形式。但不论是俳句的诗病还是汉语诗的诗病,其格式均与 BK"二十八病"保持一致。每种诗病都是为了避免诗中某一位置上音节的重复。与连歌有关的诗病与此类似,只不过它们更加关注像 BK d23"落节"与 d24"杂乱"的诗病,因为二者关系着短连歌的语序与内部逻辑联系。[4] 日本诗病理论最接近的来源是 BK 中沈约的"八病"说,而它们的最根本的来源都是《舞论》之类的印度诗学著作。

但是,梵文诗律先是从印度传入中国,其后又从中国传入日本,两

---

〔1〕参见佐佐木信纲:《日本歌学大系》(*Kazama shobo*, 1963,1) pp. 1 – 17;小西甚一:《文镜秘府论考》2,pp. 80 – 83。

〔2〕小西甚一,Helen McCullough(译):"The Genesis of the *Kokinshū*, Style Kokinshu(《〈古今书〉的产生》)",*Havard Journal of Asiatic Studies*,1978,38(1):pp. 67 – 170.

〔3〕Sasaki, *Kagaku taikei*, p. 1.

〔4〕小西甚一:《文镜秘府论考》2,pp. 116 – 130。

次传播之间有着很大的差别。在中印交流中,梵语诗病理论的传入导致了全新的汉语诗律的产生,这种诗律在接下来的数个世纪的诗坛上居于主导地位。在中日交流中,中国的理论仅仅作用于早已存在的诗歌形式,也许它使得日本诗律更加完善,但却并未产生新的诗律。当然,这可能是因为日本诗人也写作了纯粹汉语诗歌,而中国诗人没有直接移植梵语来编写诗歌。

这就自然而然地引到第二个问题:诗律或者诗律规则能否在不同的文化和语言之间传播?傣语文学的例子最有启发作用。傣语内部的语言形式不但有着元音长短的差别,而且存在着与汉语十分相似的声调系统。傣语诗中,不但有受巴利语影响产生的、建立在音节轻重对立基础上的诗歌形式 Chǎn,而且还有一种受汉语影响产生的、建立在平仄对立基础上的诗律。Thomas Hudak 关于 Chǎn 的论述如下:

Chǎn 是一种起源于梵语和巴利语的印度诗歌形式,Ayuttaya 时期(1350 — 1767)传入傣语文学。由于巴利语在傣语地区的广泛影响,傣语诗人应该是从巴利语而不是梵语文学中接触到这种诗歌形式的。但是目前无法确定,傣语诗人最初是通过巴利语的经典诗律著作 Vuttodaya(《诗律论》),还是以口耳相传的方式了解到这种诗体的。当然,在巴利文化繁荣时期,这两种传播方式都是可能的。

与其他傣语诗歌相同,Chǎn 也是以音节作为基本单位。不同之处在于,Chǎn 并不把音节的数目当作判断是否一行的唯一根据。Chǎn 每一行除了固定的音节数目以外,还有一些音节被指定为轻(傣语 lahu⁷)或重(傣语 kharu⁷)。傣语的一个轻音节包括一个短元音,后面没有辅音。在傣语口语中,短元音后有时会加上一个喉塞音[⁷],但在书面语中,这个[⁷]被忽略不计。重音节指的是以长元音收尾,或者在元音后以辅音收尾。[1]

---

〔1〕Thomas Hudak, "Poetic conventions in Thai chǎn meters(《傣语诗律 chǎn 的诗学传统》)", *Journal of the American Oriental Society*, 1985, 105(1):107.

·欧·亚·历·史·文·化·文·库·

傣语文学的这个发展在许多方面与 5—6 世纪的建康诗律实验十分类似。汉语和傣语都是通过诗律著作或口耳相传的形式了解到印度诗律的。诗律实验的第一步都是建立一种与梵语或巴利语"轻/重"对立相对应的范畴。第二步是将这种二元对立加在本民族的音节诗歌传统上。傣语文学看起来更容易做到这一点,因为傣语本身就有"长/短"对立,所以他们只要把它整理好就可以,而汉语必须以梵语的"长/短"对立作为线索,寻找四声语音特征里与其类似的地方。傣语和汉语还有其他两点差别。傣语直接用源自于巴利语的 lahu$^?$ 和 kharu$^?$ 表示"轻"(梵语 laghu,巴利语 lahu)和"重"(梵语 guru,巴利语 garu),而汉语必须通过翻译来表达梵语诗律术语。傣语里,以-p,-t,-k(以及-m,-n,-ng)收尾的音节多包含长元音;根据丁邦新的看法,中古汉语-p,-t,-k 结尾或者是短元音,或者不可延长。

在广西武鸣土语(一种傣语的方言)里,有一种以声调格律为基础的民间歌谣。[1] 它们与唐代文人的近体诗不同,是真正的民歌,通常有着很强的实用性。例如这首只有 4 行的武鸣土歌:

(问)哪里的野鸭　　来这里舒(它们的)羽毛?

　　　你们是哪里的人　　来这里游地方?

(答)我们是宾州的人　　下去作卖碗的生意,

　　　有些摇摇摆摆的(挑着)　　我们还磨剃刀。

武鸣土语有 6 个声调:(1)中平[3-3],(2)低降[3-1],(3)中升[2-4],(4)低升[1-3],(5)高平[5-5],(6)高降[5-1]。[2] 为了诗律用处,中平和低降调归入"平",其他声调与以-p,-t,-k 收尾的声调归入"仄"。借用汉语诗律学术语"平"和"仄"的理由是,在武鸣土语的汉语借词中,中平和低降调分别对应于汉语的阴平和阳平,其余声调对应于汉语的上、去、入三声。在武鸣土歌中,平声字只能与平声字押韵,仄声字只能与仄声字押韵。所有的土歌都是五言,两行组成一

---

〔1〕李方桂:《武鸣土歌》,载《中央研究院院刊》(台北),1956 年第 3 期,页 215-220。武鸣土语声调描写根据李方桂:《比较台语手册》,Honolulu:夏威夷大学出版社,1977 年,页 20-21。

〔2〕李方桂:《武鸣土歌》。

联。李方桂书中不但有四行诗,也选录了一些八行诗。为了简明起见,我们只考察描写四行诗的诗律,其诗律模式如下(X 和 Y 代表韵字):

O O O O X　　O O X O Y(第 1 联)

O O O O Y　　O O Y O O(第 2 联)

每联第 2 句中押韵字的位置并不固定,就是说,不但可以出现在第 3 字上,也可以落在第 2 字或第 4 字上。其声调模式如下(A 和 B 表示"平/仄"对立):

O O O O A　　O O A O B(第 1 联)

O O O O B　　O O B O A(第 2 联)

武鸣土歌四行诗的诗律原则如下:

(1)上尾:第 5 字与第 10 字相对。

(2)第 2 字和第 5 字的规则:每联第 2 句的第 2 字与第 5 字相对。这条规则类似于近体诗律的规则 5,只不过字的具体位置不同而已。

(3)颠倒相对规则:每两联的声调模式颠倒相对。

上述 3 条规则,特别是包括平仄相对,显然是在近体诗律的影响下建立的。

根据这种小型的考察,我们相信,诗病理论是可以向外传播的。印度的诗病理论首先传至中国,然后东渡日本,在那里又衍生出与短歌和连歌相关的诗病理论。即使讲武鸣傣语的人从未听说过沈约 *BK*"八病"说和 *BK*"二十八病"说,武鸣土歌也间接地受到了诗病理论的影响。

语言类型与诗律规则的传播性之间有着什么关系?答案目前尚不十分清楚。一般认为,相同的语音特征是吸收外来诗律的必要条件。例如,傣语能够同时借用印度诗律与汉语声律,是因为傣语既有元音长短的对立,又有一套独立的声调系统。从整体上看,越南语也是一种有声调的单音节语言,其中的借自汉语的语言单位与中古汉语有着规则的声调对应。如果从语言类型着眼,越南人完全可以发展出一种类似武鸣土歌的声律。的确,他们以极为复杂的方式这样做过,在喃字写的诗歌里直接借用了"平"(bằng)、"仄"(trắc)对立的思想观念,又以极为复杂的方式来表示这种对立。[1] 另一方面,无论从语言亲属关系,还是语音特征考虑,藏语比傣语和越南语都更接近汉语,但它也并未发展出武鸣土歌类的声律,也许这是因为藏语比汉语接触到了更多的梵语文化传统。也有一种意见认为,语言类型相近是诗律规则传播的必要条件。这种看法未必正确。如果本文的结论正确的话,那么,尽管古典梵语与中古汉语语言类型差别巨大,梵语诗律还是以大乘佛教作为载体而传入中国。

如果两种语言的语言类型相近既不是诗律传播的充分条件,也不是它的必要条件,那么我们不得不承认,诗律的传播受到其他一些难以捉摸的潜在因素的影响,其中包括南朝时期充斥于整个社会的宗教情结。正是由于这种宗教热情,使得当时的知识分子能够吸收容纳源自印度的思想观念。也正是在诸种因素的特别的综合作用下,由于这种文化的融合,使得第二代实验诗人在关键时刻得以处于强势地位,从而完成了第一代实验诗人未竟的事业。这些天才诗人的贡献是历史学家所无法忽视的。一个天才的存在已经难能可贵,而声律实验得到了谢朓和庾信两位天才的参与。萧纲虽然称不上优秀的诗人,但他的确是一位优秀的声律实验者。如果没有这 3 个人,沈约仿照梵文诗歌创制汉语诗律的努力也许不过是思想史上一种古怪的尝试而已。如果沈约等人的设计由于缺乏才能而未得到人们的信心与尊敬,那么后来的中国诗歌会多么不一样! 如果不是因为天才诗人们的创作得到了人们的接受与尊敬,沈约等人的努力必将以失败告终,那么,其后的汉语诗歌发展史将面目全非。因此,尽管我们发现了许多与汉语声律产生有关的条件,却依然对这件文化交流史上的创举感到迷惑。即使这种诗律传播事实上并未发生,我们仍会觉得,在这两种非常不同的语言之间存在这么巨大而影响深远的交流,而这种交流从表面看来几乎是不大可能的,甚至是完全不可能的。

---

〔1〕Huỳnh Sanh Thông 编译,*The Heritage of Vietnamese Poetry*(《越南诗歌遗产》),New Haven:Yale University Press, 1979, pp. xxvii – xxxvi,特别是 xxix – xxx。

我们认为,诗律产生与唐代变文、南宋戏文一样,都是印度文化对中国文学发生重要影响的产物。[1] 梵语"诗病"虽然是使用了奇异的专门的外来术语,它实际上不过是适当的重复与不适当的重复之间的差异而已。Gerard Manley Hopkins 认为,韵文诗歌是对"部分地或全部地重复某些相同的语音特征的语言部分或全部的重复"。因此,梵语诗律的引入不过也许可以说是促使过汉语接触到普遍诗学的核心问题而已。最后,我们应当注意这种现象,律诗的声调模式并非仅仅以其精细著称,它对这个诗体实现其抒情功能也是不可缺少的。高友工认为,律诗有着"简明的形式与精密的结构,二者为律诗这种新的审美形式起到了巨大的支持作用:外在的内化与内在的形式化"。[2] 高友工的意思是,仅仅依靠 4 个诗联,诗人几乎无法简单地描绘外在世界的一切;他必须把外在客观世界内化为主观思想,从而表达心中的所思所感,这其中包括对外在世界的主观化表述。这种表达效果只能在高度形式化的律诗中部的诗联中获得。促成诗联形式化的因素包括声调模式和必不可少的对偶结构。如果诗人运用得当的话,律诗便是一种凝练隽永的抒情方式。

总而言之,在公元 488 — 550 年间,沈约等人受到梵语诗病理论的影响,为使汉语诗歌也能取得与梵语格律诗歌同样美妙的语音效果,他们做了种种尝试,并最终创立了声律规则。特别值得一提的是:

(1)梵语 laghu(轻音)和 guru(重音)使沈约等人了解到诗律中的二元对立思想,并给他们提供了现成的术语;

(2)śloka 的神圣宗教价值,促使中国诗律学家在他们的诗歌里努力创制与其相同或相似的汉语诗歌格律或类似格律的构造;

(3)梵语诗学中的诗病理论为沈约等人提供了理论构架来系统地阐述支配声调的诗律。

---

〔1〕Victor H. Mair(梅维恒)编译, *Tun-huang Popular Narratives*(《敦煌通俗故事》), Cambridge:Cambridge University Press, 1983, pp. 1 – 28,特别是 pp. 15 – 20.

〔2〕高友工:"The Aesthetics of the Regulated Verse(《律诗的美学特征》)",选自林顺夫和 Owen 编辑的 *The Vitality of the Lyric Voice*, p. 364.

附录 I　文 28 种病[1]

d1. **平头**　平头诗者,五言诗第一字不得与第六字同声,第二字不得与第七字同声。同声者,不得同平上去入四声,犯者名为犯平头。参看 *NS* y7。

d2. **上尾**　上尾诗者,五言诗中,第五字不得与第十字同声,名为上尾。或名上崩病。参看 *NS* y3、*KL* d5b。

d3. **蜂腰**　蜂腰诗者,五言诗一句之中,第二字不得与第五字同声。言两头粗,中央细,似蜂腰也。参看 *NS* y2。

d4. **鹤膝**　鹤膝诗者,五言诗第五字不得与第十五字同声。言两头细,中央粗,似鹤膝也,以其诗中央有病。参看 *NS* y1。

d5. **大韵**　大韵诗者,五言诗若以"新"为韵,上九字中,更不得安"人"、"津"、"邻"、"身"、"陈"等字,既同其类,句犯大韵。或名触绝病。参看 *KL* d'18、*KD* d8。

d6. **小韵**　小韵诗,除韵以外,而有迭相犯者,名为犯小韵病也。或名触伤音绝病。参看 *NS* y,*KD* y。

d7. **傍纽**　傍纽诗者,五言诗一句之中有"月"字,更不得安"鱼"、"元"、"阮"、"愿"等字,此即双声,双声即犯傍纽。亦曰,五字中犯最急,十字中犯稍宽。如此之类,是其病。亦名大纽,或名爽切绝病。参看 *NS* y,*KD* y。

d8. **正纽**　正纽者,五言诗"壬"、"衽"、"任"、"入"四字为一纽,一句之中,以有"壬"字,更不得安"衽"、"任"、"入"等字。如此之类,名为犯正纽之病也。"亦名小纽,或名爽切病。参看 *KD* v3。

d9a. **水浑**　水浑病,谓第一与第六之犯也。

d10a. **火灭**　火灭病,谓第二与第七之犯也。

d9b. **木枯**　木枯病,谓第二与第八之犯也。

---

〔1〕选自遍照金刚:《文镜秘府论》(有省略)。例句、注释与解说的完整翻译参见 Bodman, "Poetics and Prosody in Early Medieval China"(《中国中古早期的诗学与诗律》),pp. 271 – 360.

d10b. **金缺**　金缺病，谓第四与第九之犯也。

d10c. **上崩**　上句第五字是平声，则下句第十字不得复用平声。

d11. **阙偶**　阙偶病，谓八对皆无，言靡配属，由言乏偶，因此名焉。参看 *KL* u1。

d12. **繁说**　繁说病，谓一文再论，繁词寡义。或名相类，或名疣赘。参看 *NS* d5、*KL* d'3、*KD* d3。

d13. **龃龉**　龃龉病者，一句之内，除第一字及第五字，其中三字，有二字相连，同上去入是。或名不调。参看 *KL* y5a、*KL* d10。

d14. **丛聚**　丛聚病者，如上句有"云"，下句有"霞"，抑是常。其次句复有"风"，下句复有"月"。"云"、"霞"、"日"、"月"，俱是气象，相次丛聚，是为病也。或名丛木。参看 *NS* y14。

d15. **忌讳**　忌讳病者，其中意义，有涉于国家之忌是也。

d16. **形迹**　形迹病者，于其义相形嫌疑而成。参看 *KL* d5。

d17. **傍突**　傍突病者，句中意旨，傍有所突触。参看 *KL* d8。

d18. **翻语**　翻语病者，正言是佳词，反语则深累是也。参看 *KL* d'5、*KD* d5。

d19. **长撷腰**　长撷腰病者，每句第三字撷上下两字，故曰撷腰，若无解镫相间，则是长撷腰病也。[1] 或名束。（参看 *NS* y6、*KD* v1）

d20. **长解镫**　长解镫病者，第一、第二字意相连，第五单一字成其意，是解镫，不与撷腰相间，是长解镫也。或名散。参看 *NS* y4、*KD* v1。

d21. **支离**　（参看 *NS* d9、*KL* d'9、*KD* d9）[2]

d22. **相滥**　谓一首诗中再度用事，一对之内反复重论，文繁意叠，故名相滥。[3] 或名繁说，同 d12。参看 *NS* d6。

d23. **落节**　凡诗咏春，即取春之物色；咏秋，即须序秋之事情。或

---

〔1〕"腰"指单音节动词，在句子中夹连接其前其后的两个双音节名词。cf. 参看 AP 347.13、kriyā-bhraṃśa（动词脱落）。

〔2〕书中未对"支离"做出说明，从诗证来看，"支离"指的是上下两句诗在意义或感情色彩上不具备一致性。"

〔3〕这条的说明尤为反对使用汉语中的一些白话双音节词，如：树木（树＋木＝树），枝条（树枝＋枝条＝树枝），淖泥（稀泥＋泥＝泥），等等。

咏今人,或赋古帝,至于杂篇咏,皆须得其深趣,不可失义意。参看 *KL* d'10b、*KD* d10。

　　d24. **杂乱**　凡诗发首诚难,落句不易。或有制者,应作诗头,勒为诗尾;应可施后,翻使居前。故曰杂乱。参看 *AP* 347.17 – 18, vyasta-saṃmbhandhatā[连接混乱]。

　　d25. **文赘**　凡五言诗,一字文赘,则众巧皆除;片语落嫌,则人竞褒贬。今作者或不经雕匠,未被揣摩,辄述拙成,多致纰缪。虽理义不义,而文不清新;或用事合同,而辞有利钝。若名涉俗病,参看 *KD* v4。参看 *NS* d2。

　　d26. **相反**　相反,谓词理别举是也。参看 *KL* d'2、*KD* d2。

　　*d*27. 相重　相重,谓意义重叠是也。或名枝指。参看 *KL* d'3。

　　d28. **骈拇**　骈拇者,所谓两句中道物无差,名曰骈拇。

附录ⅡA　10 种叠音(YAMAKA)[1]

　　y1. 骈足叠音 Pādānta:4 个音步尾部音组相同。参看 *BK* d4。

　　y2. 腰带叠音 Kāñcī:每个音步各自的头部音组重复和尾部音组重复。参看 *BK* d3。

　　y3. 半行叠音 Samudga:重复半行来完成诗句。参看 *BK* d2。

　　W. 间隔音步叠音 Vikrānta:两个间隔的音步完全相同。参看 *BK* d20。

　　y5. 尾首相连叠音 Cakravāla:上一个音步尾部音组和下一个音步头部音组相同。参看 *BK* d14。

　　y6. 紧压叠音 Saṃdaṣṭa:每个音步头两个词相同。参看 *BK* d19。

　　y7. 首音复现叠音 Pādādi:两个音步头一个词相同。参看 *BK* d1。

　　y8. 尾音复现叠音 Amreḍita:音步尾部的词或音节重复。

　　y9. 4 音步叠音 Catur-vyavasita:所有音步含有相同音节。

---

　　〔1〕选自婆罗多《舞论》(XVII. 61 – 85)。详见 M. Ghosh, *NS*, p.309ff.

y10.花环叠音 Mala:同一辅音在不同的词或音节中,与不同的元音结合。参看 *BK* d7、*BK* d8。

附录 II B　10 种诗病[1]

d1.意义晦涩(Gūḍhārta):使用生僻或费解的同义词。

d2.意义累赘(Arthāntara):描写不必描写者。(参看 *BK* d25)

d3.缺乏意义(Arthahina):语义表述与上下文没有清楚的对应。

　　a. asambaddha:意义不连贯一致。

　　b. śāvaśṣeṣa 或 aśeṣārtha:意义不完整或是意义芜杂。

d4.意义受损(Bhinnārtha):意义粗俗不雅,或者由于次要成分的干扰,使意义走样。

d5.意义重复(Ekārtha):重复表达一种意义。(参看 *BK* d12)

d6.意义臃肿(Abhiplutārtha):一节诗中每个音步各自独立。(参看 *BK* d22)

d7.违反常理(Nyāyādapeta):语言表达缺乏逻辑。

d8.诗律失调(Viṣama):违反诗律使得诗句缺乏对称之美。(参看 *BK* d1 – d4,d9 – d10,d13)

d9.缺乏连声(Visaṃdhi):词与词之间不按照连声规则黏合。(参看 *BK* d21)

d10.用词不当(śabdacyuta):不合语法。

附录 II C　5 种(7 种)叠音[2]

y1.头叠音(Ādi)。

---

〔1〕选自婆罗多《舞论》(XVII. 87 – 93)。解说与例句更为完整的翻译参见 M. Ghosh, *NS*, p. 313ff; Sushil Kumar De, *Studies in the History of Sanskrit Poetics*, (Calcutta) K. L. Mukopadhyay, 1960, 2:10f;B. Jha, *Concept of Poetic Blemishes in Sanskrit Poetics*, p. 16ff. 注释引自 Ghosh 和 Jha 翻译的 *Abhinavagupta*(写于 1000 — 1030)。

〔2〕选自婆摩诃《诗庄严论》(II. 9 – 10)。参见 Śāstry, pp. 24 – 25。

y2. 腹尾叠音（Madhyānta）。

y3. 音步叠音（Pādābhyāsa）。

y4. 连珠叠音（Āvalī）。

y5. 四音节叠音（Samastapāda）。

婆摩诃又将如下两类分别归入头叠音与腹尾叠音：

a. 紧压（sandaṣṭaka）：由于牙齿闭合得太紧而导致的发音错误。（参看 *BK* d13）

b. 圆匣（samudgaka）：它的意义不很明确，也许与 *NS* y3 有关。（参看 *BK* d2）

附录ⅡD　10 种诗病（两组），7 种喻病[1]

10 种诗病（两组）

d1. 费解（Neyārtha）：恰当的意义须由智者用力提取。它不遵循语言规则，而是听从智者自己的意愿。

d2. 难解（Kliṣṭa）：意义表达受阻，听者难以理解。

d3. 歧义（Anyārtha）：词语表达背离原义。

d4. 模糊（Avācaka）：语义表达含混不清，无法理解。

d5. 晦涩（Gūḍha-śabdābhidhāna）：语言表达艰深晦涩，即使智者也难以发现其中的美。

d6. 悖谬（Ayuktimat）：以云、风、月亮、蜜蜂、鸽子、天鹅和鹦鹉等等作为信使。它们不会说话或说不清话，怎能前往前方传信？悖谬的表达不合乎理性，是诗病中的一大种。

d7. 难听（Śruti-duṣṭa）：一些原本褒义的词语可能会表达出粗俗的意义。婆摩诃列举了 11 种难听的词语，在写作中应尽量避免出现。（参看 *BK* d16）

d8. 庸俗（Artha-duṣṭa）：一些词语说出后，会引起污秽的联想。（参

---

〔1〕选自婆摩诃《诗庄严论》（I. 37 - 53，IV. 1 - 49，II. 39 - 40）。参见 De，2.11f；B. Jha，p. 29ff 和 Śāstry，p. 13ff.

看 BK d17)

d9. 组合不当(Kalpanāduṣṭa):两个词组合后,产生不合适的词义。

d10. 刺耳(Śrutikaṣṭa):词语的读音刺耳。(参看 BK d13)

d¹1. 意义不全(Apārtha):词语只是组合到一起,但是缺少一个整体应有的句义。

d¹2. 意义矛盾(Vyārtha):意义相互抵牾而产生矛盾。(参看 *BK* d26)

d¹3. 意义重复(Ekārtha):两个表达之间在语义上没有差别,或叫 punarukta,分为词音重复和词义重复两类。(参看 *BK* d12,d27)

d¹4. 含有疑义(Sasaṃśaya):提到共同的性质,没有表明不同的特点,无法确认相应的事物。

d¹5. 次序颠倒(Apakrama):句法结构顺序颠倒。(参看 *BK* d18)

d¹6. 用词不当(Śabdahina):违反波你尼和迦衍那的语法规则。

d¹7. 停顿失当(Yatibhraṣṭa):违反诗律中的语言停顿规则。

d¹8. 诗律失调(Bhinnavṛtta):长短音节分布不当,或缺少,或突出。(参看 *BK* d1 – d4,d9 – d10,d13)

d¹9. 缺乏连声(Visaṃdhi):缺少必要的谐声连接。(参看 *BK* d21)

d¹10. 违反如下内容(Virodhi):

a. 违反地点(Deśa);b. 违反时间(kāla),参看 BK d23;c. 违反技艺(kalā);d. 违反人世经验(loka);e. 违反正理(nyāya);f. 违反经典(āgama)。

7 种喻病(Upamā)

u1. 不足(hiṅatā),参看 *BK* d11;u2. 不可能(asambhava);u3. 词性不同(liṅgabheda);u4. 词数不同(vacobheda);u5. 不相称(viparyaya);u6. 过量(upamānādhikatva);u7. 不相似(asādṛśya)。[1]

---

[1]以上诗病有 4 种出现在檀丁《诗镜》中(II. 55)。

附录ⅡE 10 种诗病,违犯诗德的 10 种表现,7 种叠音[1]

10 种诗病

d1. 意义混乱(Apārtha):所有的词句合起来,缺乏一个综合的(完整)意义。

d2. 内容矛盾(Vyartha):在一句或一篇中,上下文不合,意义互相矛盾。(参看 *BK* d26)

d3. 词义重复(Ekārtha):说过的词或意义的重复。(参看 *BK* d12)

d4. 含有歧义(Sasaṃśaya):话语令人产生怀疑。

d5. 次序颠倒(Apakrama):句法顺序混乱。(参看 *BK* d18)

d6. 用词不当(Śabdahīna):用词违反语法规则或词义不当。

d7. 失去停顿(Yatibhraṣṭa):诗中缺少合适的停顿。

d8. 韵律失调(Bhinnavṛtta):违反韵律规则,诗句中音节多了或少了,或者长音短音的地位不合规定。(参看 *BK* d1 – d4,d9 – d10,d13)

d9. 缺乏连声(Visaṃdhika):诗句中缺少和谐的连声。(参看 *BK* d21)

d10. 违反地、时、艺、世间公认的事实、正理和经典(Deśakālakalālokanyāyāgamavirodhi)。(参看 *BK* d23)

违犯诗德的 10 种表现

v1. 松懈(Śithila):与"紧密"(śleṣa)相对。参看 BK d19,d20。"松懈"指诗中主要使用元音,软辅音(如:k,c,ṭ,t,p,g,j,ḍ,d)、鼻音、不送气音、半元音(y,r,l,v),以及其他用少量呼气(alpaprāṇa)而不是强烈呼气发音的音(mahāprāṇa,通常称为送气音)。押头韵在"连音使用获得庄严或庄重的效果"的情况下是可以接受的;而不是使用送气音来

---

〔1〕选自檀丁《诗镜》(III. 128 – 166,I. 43 – 102,III. 51 – 77)。详尽的译文、注释和例句参见波特林克(Otto Böhtlingk)校译的梵文附德译的 Daṇḍin's Poetik(《檀丁的诗学理论》),(Leipzig) Haessel,1890. 参看 *BK* d77。

发音。另外,谐声和连缀也是受到重视的。

v2. 分析词源(Vyutpanna 或 anatirūḍha):与"显豁(prasāda)"相对。"分析词源"指在诗句中使用词语罕见的派生义,词和词义冷僻古怪,令人费解。

v3. 不同(Viṣama):与"同一(sama)"相对。"不同"指柔、刚、中 3 种连缀的组合不成比例。许多著作仅仅提及柔、刚两种连缀。"同一"指音、词的连缀分布均衡。与"同一"相对,"不同"指不合比例或仅仅使用柔音连缀、刚音连缀,并由此使得诗句读起来音调很别扭。(参看 *Raghavan* p. 272)

v4. 与诗德"甜蜜(mādhurya)"相对的有两种情形:

a. 同音反复(varṇāvṛttiranuprāsa):与其相对的是依照相同音类或发音部位谐声的诗句。

b. 村俗(grāmya):与其相对的是雅,即不含粗鄙的语言。

v5. 刺耳(Dīpta):有意或是缓慢而困难的,指由于单独使用刚音而使诗句发音困难。与其相对的是"柔和(sukumārata)",指柔音与刚音词语在诗句中混合使用。仅仅使用刚音使发音十分困难。

v6. 造作牵强(Neyatva):与其相对的是"易解(arthavyakti)"。"造作牵强"使得意义含混,表达有欠准确,听话者不得不去猜测暗含的本义。

v7. 檀丁也没有给出"高尚(udāratva)"的对立面。"高尚"指诗句中表达了高贵的品德或运用了一些可赞美的形容词。

v8. 檀丁也没有给出"壮丽(ojas)"的对立面。"壮丽"是由于复合词的丰富,特别是长音的使用。这是散文体的生命。

v9. 夸张(Atyukti):与其相对的是"美好(kānti)"。"夸张"指在对话或赞美的言辞中,使用一些不自然的、夸大其词的、荒诞不经的语言。

v10. 檀丁没有给出"暗喻(samādhi)"的对立面。作为一种文学手法,"暗喻"可以宽泛地理解为隐喻的表达方式。

7 种叠音

y1. Saṃmdaṣṭa:第一句末、第二句与第三句的句首和句末,以及第

四句的句首的音组相同。(参看 *BK* d13)

y2. Samudga：诗歌每半句重复一次。

y3. Pādābhyāsa：诗歌每句重复一次。

y4. Ślokābhyāsa：诗歌每节重复一次。

y5. Mahāyamaka：每个诗节中,四句诗的音组以相同顺序排列。参看 BK d5。从檀丁所举的例子看,上述几种叠音只是语音排列顺序的重复。由于上下文环境的影响,各句的语法结构并不相同,语义也因此有了明显的差别。

y6. Vijātīya：上述几种叠音方式的结合。

y7. Pratiloma：回环成文,但从后往前读的时候,语义未必完全相同。

檀丁的"七种叠音"很有可能只是对传统诗学理论的继承。在《诗镜》(III. 4 - 50)中,檀丁又列举了将近 40 种的其他类型的叠音。《文镜秘府论·天卷》中有一节名为"七种韵",这很有可能是在梵语诗学"七种叠音"的影响下产生的。

主要引用文献

Allen W S. Phonetics in Ancient India(《古印度语音学》)[M]. London：Oxford University Press. 1953.

Bhattacharyya S M. The Alaṃmkāra Section off the Agni-Purāṇa[M]. Calcutta：Firma KLM. 1976.

Birrell A. New Songs from a Jade Terrace[M]. London：Allen and Unwin,1982.

Bodman R. Poetics and Prosody in Early Medieval China：A Study and Translation of Kūkai's Bunkyō hifuron kō(《中国中古初期的诗学与声律学：〈文镜秘府论〉的翻译与研究》)[D].

De S K. Sanskrit Poetics as a Study of Aesthetics(《梵语诗学的美学研究》)[M]. Berkeley：University of California Press. 1963.

De S K. Studies in the History of Sanskrit Poetics[M]. Calcutta：K L

Mukopadhyay,1960.

Downer G B,Graham A C. Onal Patterns in Chinese Poetry(《汉语诗歌的声调模式》)[J]. Bulletin of the School of Oriental and African Studies,1963,26(1).

Lacòte F. Sur la forme métrique du çloka épique[J]. Journal Asiatique,1926,209(7/9).

Frodsham J D. The Murmuring Stream:The Life and Works of Hsieh Ling-yün[M].[S. l.]:University of Malaya Press,1967.

Ghosh M. The Nātyaśāstra(《舞论》,婆罗多牟尼作)[M].[S. l.]:Manisha Granthalaya,1967.

Jakobson R. Linguistics and Poetics(《语言学与诗学》)[M]//Sebeok. Style in Language. Cambridge:MIT Press. 1960.

Jha B. Concept of Poetic Blemishes in Sanskrit Poetics(《梵语诗学中的诗病概念》)[M].[S. l.]:The Chowkhamba Sanskrit Series Office. 1965.

Jha B. Figurative Poetry in Sanskrit Literature(《梵语文学中的喻诗》)[M]. Delhi:Motilal Barnarsidass. 1975.

Julien S. Sur les pays et les peoples étrangers,tirées des géographies et des annales chinoises:V Thien-tchou,I' Inde[J]. Journal Asiatique,ser. 4. 10,August,1847.

Kale M R. The Daṇḍin with a Commentary(《檀丁〈十王子传〉注》[M]. Delhi:Motilal Banarsidass. 1966.

Lotz J. Elements of Versification[M]//Wimsatt. Versification:Major Language Types. New-York:New-York University Press. 1972.

Mair V H(梅维恒). Tun-huang Popular Narratives(《敦煌通俗故事》)[M]. Cambridge:Cambridge University Press,1983.

Marney J. Liang Chien-wen Ti(《梁简文帝》)[M]. Boston:Twayne Publishers,1976,

Mather R B. The Poet Shen Yüeh(《诗人沈约》)[M].[S. l.]:普林

斯顿大学出版社 1988 年版。

Mukherji A. Sanskrit Prosody:Its Evolution(《梵语格律及其发展》) [M].Calcutta:Saraswat Library,1976. p. 33.

Raghavan B. Bhoja's Śṛṅgāra Prakāśa[M].Madras:Punarvasu,1978.

Rocher L. The Purāṇas:2[M]// Gonda. A History of Indian Literature (《印度文学史》).Wiesbaden:Otto Harrassowitz,1986.

Śāstry P V N. 婆摩诃的《诗庄严论》[M].Delhi, Motilal Banarsidass. 1970.

Schlingloff D. Chandoviciti: Texte zur Sanskritmetrik. Veröffentlichung:36[M].Berlin:Academiec-Verlag,1958.

Shamasatry R. Kauṭilya Arthaśāstra[M].Mysore:Mysore Printing and Publishing House. 1961.

Hudak T. Poetic conventions in Thai chǎn meters(《傣语诗律 chǎn 的诗学传统》)[J].Journal of the American Oriental Society,1985,105(1).

Shastrī M N D. Agni-purāṇa(《火神往世书》)[M]//The Chowkhamba Sanskrit Studies（Chowkhamba 梵文研究丛书）:54. Varanasi:The Chowkhamba Sanskrit Series Office,1967.

Thông H S. The Heritage of Vietnamese Poetry(《越南诗歌遗产》) [M].New Haven:Yale University Press. 1979.

Tyomkin N. Mirovozzrenie Bhamahi i Datirovka ego Traktata "Kavyalankara"[M].Moscow:Izdatel' stvo "Nauka", Glavnaya Redaktsiya Vostochnoi Literatur' i,1975.

Monier-Williams M. A Sanskrit-English Dictionary (《梵英词典》) [M].Oxford:Clarendon,1899.

Wright A F. Biography and Hagiography(《圣徒的传记:慧皎〈高僧传〉》)[M]. Silver Jubilee Volume of Zinbun Kagaku Kenkyusyo Kyoto University. Kyoto:Jimbun kagaku kenkyujo,1954.

Wright A F. Seng-jui Alias Hui-jui:A Biographical Bisection in the Kao-seng chuan(《僧睿:高僧传中一分为二的人物传记》)[J].Sino-Indian Studies,1957,5(3/4).

波特林克(Otto Böhtlingk). Daṇḍin's Poetik(《檀丁的诗学理论》)[M]. Leipzig:Haessel,1890.

陈寅恪. 四声三问. 清华学报,1934,2.

丁邦新,Chinese Phonology of the Wei-Chin Period(《魏晋时期汉语语音学》)[M]. 中央研究院历史语言研究所专刊(台北),1975.

丁邦新. 平仄新考[J]. 中央研究院历史语言研究所集刊(台北),1975,47(1).

丁福保. 全汉三国魏晋南北朝诗[M]. 台北:艺文印书馆,1968.

董同龢. 汉语音韵学[M]. 台北:艺文书局,1968.

網祐次(Ami Yūji). 中国中世文学研究[M]. [S. l.]:新树社,1960.

高步瀛. 唐宋诗举要[M]. 北京:中华书局,1959.

高木正一(Takagi Masakazu). 六朝律诗之形成[M]. 郑清茂,译. 大陆杂志,1956,13(9/10).

高友工. Aesthetics of the Regulated Verse(《律诗的美学特征》)[M]//林顺夫,Owen. The Vitality of the Lyric Voice. Princeton:Princeton University Press,1986.

胡应麟(1551 — 1602). 诗薮·内编:卷4[M].

黄宝生. 印度古典诗学[M]. 北京:北京大学出版社,1998.

季羡林. 印度古代语言论集[M]. 北京:中国社会科学出版社,1982.

金克木. 梵语文学史[M]. 北京:人民文学出版社,1964.

金克木. 古代印度文艺理论文选[M]. 北京:人民文学出版社,1980.

李方桂. 上古音研究[J]. 清华学报,1971,9(1/2).

李方桂. 武鸣土歌[J]. 中央研究院院刊(台北),1956,3.

李方桂. 比较台语手册[M]. Honolulu:夏威夷大学出版社,1977.

李直方. 谢宣城诗注[M]. 香港. 万有图书公司,1968.

林藜光. L'Aide-Mémoire de la Vraie Loi[M]. Librairie d'Amerique et d'Orient Adrien-Maisonneuve. 1949.

林田慎之助(Hayashida Sinnosuke). 中国中世文学评论史[M]. [S. l.]:创文社,1979.

林文月. 山水与古典[M]. 台北:纯文学出版社,1976.

林文月. 谢灵运[M]. 台北. 河洛图书公司,1977.

陆志韦. 试论杜甫律诗的格律[M]. 文学评论,1962,4.

梅祖麟. Tone and Prosody in Middle Chinese and the Origin of the Rising Tone(《中古汉语的声调声律与上声的起源》)[J]. 哈佛亚洲研究学报,1970,30.

梅祖麟. 从诗律和语法来看《焦仲卿妻》的写作年代[J]. 中央研究院历史语言研究所集刊(台北),1982.

裘锡圭. 文字学概要[M]. 北京:商务印书馆,1988.

饶宗颐. 文心雕龙声律篇与鸠摩罗什通韵[J]. 中华文史论丛,1985,3.

孙康宜. 六朝诗[M]. Princeton:Princeton University Press,1986.

汤用彤. 汉魏两晋南北朝佛教史[M]. 北京:中华书局,1955.

武鸣土. 比较台语手册[M]. Honolulu:夏威夷大学出版社,1977.

王利器. 文镜秘府论校注[M]. 中国社会科学出版社1983年版。

夏尔玛(Batuk Nāth Śarmā), 乌帕底亚斯(Baldeva Upādhāya). 婆摩诃《诗庄严论舞论》[M]. 迦尸梵文丛书:61. Benares:Jai Krishna Das Hari Das Gupta,1928.

小西甚一(Konishi Jin'ichi ih). Bunkyō hifuron kō(《文镜秘府论考》):33[M]. [S. l.]:Dainihon yubenkai kodansha(大日本雄辩讲谈社),1948 — 1953.

小西甚一, Helen McCullough. The Genesis of the Kokinshū, Style Kokinshu(《〈古今书〉的产生》)[J]. Havard Journal of Asiatic Studies,1978,38.

叶嘉莹. 杜甫秋兴八首集说[M]. 台北:中华丛书编审委员

会,1966.

余英时.陈寅恪晚年诗文释证[M].台北:时报文化出版事业有限公司,1984.

俞敏.中国语文学论文选[M].[S. l.]:光生馆(Koseikan),1984.

周法高.说平仄[J].中央研究院历史语言研究所集刊(台北),1948,13.

周振甫.鲁迅诗歌注[M].杭州:浙江人民出版社,1980.

周祖谟.问学集[M].北京:中华书局,1966.

佐佐木信纲.日本歌学大系.[S. l.]:Kazama Shobo,1963.

（与梅祖麟合著,王继红译。原载《国际汉学》第16辑,大象出版社2007年版）

附录

近 30 年来
北美地区中国语言研究的进展[1]

引　言

在过去 30 年间,北美地区的中国语言学研究获得了长足的进展。为了将本文的长度控制在适当范围内,笔者将不涉及 80 年代以前的研究成果,也无法讨论前辈学者比如赵元任(Chao Yuan Ren)、李方桂(Li Fang-kuei)、包拟古(Nicholas C. Bodman)、杜百胜(W. A. C. H. Dobson)、司徒修(Hugh M. Stimson)和白保罗(Paul Benedict)等人的著作。[2]　本文亦无法触及中文教学,以及相关的语言教学理论和方法论问题,这些问题可以构成一个相对独立的研究领域,而非语言学研究的一个部分。[3]　此外,笔者还要指出的是,本文并非试图对中国语言

---

〔1〕作者对 Jerome Packard,Wolfgang Behr 和 Zev Handel 为本文撰写所提供的帮助表示诚挚的谢意。

〔2〕另外一个无法在此讨论的重要学者是桥本万太郎。在本文涵盖的历史时期开始前不久,桥本正在几个方向上从事突破性和创新性的研究,其中让人印象最深的是他对北方汉语阿尔泰化现象的研究。可惜的是,正当桥本的学术事业进入鼎盛年代时,不幸夭折。

〔3〕过去 30 年里在中文教学领域出现过许多有重要影响的语言教学家、教科书编写者以及课堂教学者,其中值得一提的有邓守信(Shou-Hsin Teng)、罗纳得・沃尔顿(Ronald Walton)、辛西亚・宁(Cynthia Ning)、张洪明(Hongming Zhang)和白建华(Jianhua Bai)。不少著名的中文教学家曾经在康奈尔大学接受艾丽诺・乔登(Eleanor Jorden)的培训,而乔登的弟子吴伟克(Galal Walker)也曾在俄亥俄州立大学培养出不少有才华的中文教学老师。其他有奉献精神而且才华横溢的、对中文教学做出贡献的专业人士,更是数不胜数,他们都对中文教学在北美地区的繁荣做出了贡献。从 *Jounal of the Chinese Language Teachers Association*(《中国语文教师学会会报》)以及该学会的网站(http://clta-us.org/new.htm)中可以发现这些中文教学者的敬业精神和学术成果。

学研究领域的整体或分支做出一个全面的叙述。篇幅的限制决定了本文不可能实现全面性,而只能达到某种代表性,并侧重于学界公认的主流学者和有前途的年轻学者的代表性著作。本文亦非一篇批判性的评论文章,不会对各种对立的理论和观点做出价值判断,唯一目的是在有限的篇幅内对北美地区中国语言学研究的进展,做出尽可能完整的描述。

本文将把中国语言学研究分解成下列分支领域来叙述:(1)一般研究;(2)语法学;(3)语音学和音系学;(4)构词法;(5)句法学;(6)社会语言学(包括语言接触、规划和改革);(7)词典编纂与词汇学;(8)方言及方言分区(方言分区和系谱学);(9)文字学(书写体系);(10)语源学和语义学;(11)语文学;(12)计算语言学;(13)心理语言学、神经语言学和语言的生物基础。对所有这些分支领域的介绍,都将包含共时性和历时性的视角,并将兼顾历史性和当代性的课题。有一些研究成果很难被归入一个特定的分支领域,因为它们将一些看似不相干的语言学特征联系起来。江文瑜(Chiang Wen-yu)完成于1992年的博士学位论文,是这种多角度语言研究方法的一个很好的例子。该论文的标题本身就显示出作者研究兴趣的广度:《台湾和其他中国语言中词缀的韵律构词及音系研究》。

为了给愿意深入了解上述分支领域的读者提供比较精确的文献指引,本文叙述的重点将放在具体的学术出版物而非一般趋势上。因此,我将提及许多达到书籍长度的研究成果(包括专著、编著、博士论文等),也会谈到值得特别注意的硕士论文、书中的个别章节、杂志论文以及研究论文等。不过,在某些情况下,由于篇幅所限,或许只提到少数研究趋势和个别学者,而不提供具体的文献。对于某些已以专著形式出版的学位论文,将只提及后者。还有一种情况,即某个学者虽陆续发表多篇论文,但这些文章皆随后成为其学位论文的一部分,对此我一般只谈论其最终的论文,除非其中的单篇论文产生了重大的影响。

1979年以来,北美地区中国语言学研究雨后春笋般的发展情况,可以从 ProQuest 博硕士论文数据库中获得一瞥(其中一些是硕士论文）。该库包含了一千多篇有关的论文，并提供了摘要、预览和付费全文下载服务。目前在北美地区，针对中国语言的博士生程度的研究，可以在数百所大学里进行，而硕士生程度的研究更是可以在不计其数的学校里展开。支持中国语言研究的大学、学院、系科、专业以及研究所，也代表了各式各样的学科领域，比如东亚学、教育学、计算机学、心理学等等。尽管大多数博硕士研究集中在现代标准北方话上，但也有相当多的研究，侧重在非标准北方话、早期北方话、所谓的"方言"（即地方语）、前现代汉语，以及各种不同发展程度上的非汉语中国语言。这些学位论文中差不多有一半的研究对象是语言教学法（即第一和第二语言的习得和教学）和语言比较研究（主要是比较汉语和英语，但也有比较汉语与日、韩语言的）。有一些论文的研究项目比较复杂，涉及汉语和其他两种以上的语言（比如 Chuang, 2002）。对非汉语的中国语言的研究也很多，比如对白语、水语、西南地区侗台原始语（Edmondson and Solnit, 1990, 1997）、满语中的蒙古语素（Rozycki, 1983）、藏缅语音系比较（Ju, 1996）的研究等等。此外，不少论文研究了中国语言的实际应用情况，尤其是与法律、商业、科学、政治（宣传和教化）、文化交流、翻译、文学等其他许多方面的关系。

　　由于篇幅限制，本文自然不能对这些学位论文中表现出的丰富研究成果进行描述。不过，对这个领域的新研究成果进行跟踪的最好办法之一，是参考陈洁雯（Marjorie K. M. Chan）创办的一个名叫"中国链接"（China Links）的网站。该网站包含有很多有用的链接，并将它们归为 4 大类：一般资源、中文软件和音像资料、中国语言及语言学，以及一般语言学与因特网资源。在本文中，笔者将只提到少数尚未以文章或专著形式发表但非常出色且有影响的学位论文，其中还包括几篇尚不太为人所熟知，但是值得广为流传的论文。笔者将努力介绍一些在过去 30 年里第一次出现的、具有开创性的研究活动，并试图尽可能至少提及北美地区各设有相关学科学府的主要研究成果。但由于篇幅有限，将不会提出各研究单位的具体名称。总之，在过去的 30 年里，在北美地区完成的学位论文，对中国语言研究的几乎所有方面都有涉及。

如何精确界定"北美地区的中国语言研究",并不是一个很简单的问题。在本文中,我将把在北美地区接受研究生教育以及在此地从事过较长时间的教学工作的学者们,都纳入考虑范围之内,而不顾他们目前是否仍在北美生活或发表学术论著。我也将纳入原籍北美的学者的研究成果,哪怕他们现在生活在其他国家或地区,或者在美国和加拿大以外的地区发表其成果。

把学者们分为"美国的"和"中国的",已经不是件容易的事情;把一种学术趋势定义为世界上某个地方的特征,也日益困难。在过去,大多数从事学术研究的人主要在一个特定的地方工作;而现在,许多课题是在一些具有高度常规移动性的学术研究群体中展开的。打个比方说,一个受尊敬的学者,有可能出生在河南或者黑龙江,在上海或北京上大学,在伯克利或芝加哥或堪培拉读研究生,在温哥华或亚利桑那做博士后研究,在堪萨斯或佐治亚获得第一个教学工作,在马萨诸塞或英国获得第二个工作的机会,然后又去中国香港或台湾或南京或新加坡任职。在当今的学术界,地域决定论和国家界线正在瓦解中。

上述道理同样适应于学科和分支学科界限划分的问题。现在,再也不可能将语言研究(以及从事研究的人员)单纯性地定性为语音学、构词法、心理语言学等等。让我们举出一本书作为例子:王坚(Wang Jian)、阿尔伯利·因霍夫(Albrecht W. Inhoff)和陈烜之(Chen Hsuan-Chih)合编的 *Reading Chinese Script: A Cognitive Analysis*(《中国阅读的认知分析》)。一篇介绍这本由3个分别来自德国、中国大陆和香港,并在美国长期学习和教学的学者编辑的文章给出如此描述:此书利用汉字的特有属性,重点在于对汉字和词汇的认知过程进行形态分析,但是部分研究工作也涉及对语音信息的利用。此外,本书也包括了关于在句子阅读过程的句法和语用学分析,还有3个考察网上阅读的章节。作为一个由来自中外的学者合作完成的对中文阅读的认知过程的系统分析,该书会让研究阅读过程和图像符号处理的读者们感兴趣。

由于诸如此类兼容并蓄的研究方式,我们再也无法将中国语言学分割成一些界限清晰的分支领域。从事中国语言研究的学者们也很少再将自己严格地定义为语法学家、语音学家、句法学家、词法学家等等。

分支领域

一般研究

在本文考察的时间段以内,有两种系列出版物在真正意义上奠定了整个北美地区的中国语言研究基调,它们是由王士元(William S. Y. Wang)先生创刊的 *Journal of Chinese Linguistics*(《中国语言学报》),以及该学报编辑出版的一套专著系列,其编者是以王士元为核心人物的一个由著名学者组成的编辑部。这两个系列出版物的重要性不可被低估,因为它们长期以来一直致力于将中国语言和语言学最高质量的、最新的研究成果推介给学界。王士元曾经培养出了许多顶尖级的中国语言学家,他们目前在世界各地从事教学和研究。王本人的兴趣非常广泛,涵盖了语言演变、声调发生学、书面语(written language)的神经认知、语言工程,以及遗传学与语言学的关系等。他的文集(Wang, 1991a)收入了他 20 多篇最重要的论述。

另外一个分享中文研究最新成果的平台是 *Journal of East Asian Liguistics*(《东亚语言学报》),其侧重点在于连接传统的描述方式和当代的理论研究。该学报的编辑者包括黄正德(James C. T. Huang)、齐藤护(Mamoru Saitō)和安德鲁·辛普森(Andrew Simpson)。

还有两种新近才创刊、与港台地区联系密切的刊物,实际上其主要内容都是来自北美地区的研究成果。它们是由纪念李方桂先生中国语言研究学会(Li Fang-Kuei Society for Chinese Linguistics)与香港科技大学中国语言学研究中心合编的 *Bulletin of Chinese Linguistics*(《中国语言学集刊》),以及 1996 年一创刊就已展示出很好的发展前景的 *International Review of Chinese Linguistics*(《国际中国语言学评论》)。在此值得一提的是,在过去的 30 年里,港台地区和北美地区的中国学研究,关系十分密切。产生这种关系的原因有多种。首先,许多在北美的院校里攻读中国语言学的研究生来自港台。其次,这些学生中的有些人在完成学业或在北美从事教学工作若干年后,回到了亚洲从事教学式作。再次,不少美国学者也在东亚和东南亚地区各高等学府,担任教学和研究工作。最近一段时间以来,类似的交流情形也在北美与中国大陆之间展开。

在中国语言史的研究方面,一个不得不提的人物是魏根源(Endymion Wilkinson)的 *Chinese History:A Manual*(《汉语史手册》)。魏氏将此书的第一和第二章用来介绍语言词典。他对于语料的详尽处理为我们提供了宝贵的信息和一手材料。德范克(John DeFrancis)的著作对于不太了解或根本不了解中国语言的读者来说,可能是一本最好的入门书(DeFrancis,1984)。罗杰瑞(Jerry Norman)的著作 *Chinese*(《汉语》)则是对各种汉语族语言及其方言的一个权威性综述(Norman,1988),尤其适合于对这些语言有一定了解并熟悉语言学理论的读者。S. 罗伯特·拉姆齐(S. Robert Ramsey)的著作(Ramsey,1987)是对中国境内各种语言(包括汉语和非汉语族语言)最全面的综述,尤其在介绍"少数民族语言"(藏语除外)上做得最好,充分关注了各少数民族的书面语言系统及一些富有特色的地图。周有光是一个中国大陆的百岁学者,但是他的 *The Historical Evolution of Chinese Languages and Scripts*(《中国语文的历史演变》)由俄亥俄大学的东亚语言资料中心以双语形式出版(Zhou,2003),因此值得在此提一下,其英文部分的译者是张立清(Zhang Liqing)。这本由周、张两人合作出版的著作,触及中国语言的各个方面,其中有关语言改革的论述,最具权威性。尽管在过去 30 年里还出版过其他几种有关中国语言的通论性著作,有些带有很吸引人,甚至相当大胆、激进的标题,但是无论就质量、广度还是见解而言,它们都无法与上述 4 本著作相提并论。如果想知道更前沿的、更专业的发展的读者(比如在生成句法、声调演变、儿童的言语习得等方面),可以参考黄正德和李艳惠(Audrey Y. H. Li)合著的一篇文章(Huang and Li,1996)。此外,王士元的著作(Wang,1989)以及他与其他学者的合著(Wang and Asher,1994),将对汉语族语言的研究置入超出中国的一个更广大的背景之下。

语法学

不少创造性和趣味性俱佳的研究,都是由一批对数学有很浓厚兴趣的学者完成的。还有一些本来是普通语言学家,他们对汉语言的兴趣可能是第二位的。李讷(Charles N. Li)与汤珊迪(Sandra Thompson)合著的 *Mandarin Chinese: A Functional Reference Grammar*(《汉语功能语法》)就是一个突出的例子(Li and Thompson, 1981)。这本书通篇 700 页,却没出现一个汉字。[1] 这种纯语言学的方法,使得伟大的芝加哥语言学家詹姆斯·麦考利(James D. McCawley)很感兴趣,他为此书写了一篇深具洞察力而且充实的书评(McCawley, 1989)。这篇书评事实上可以被看作是对李讷与汤珊迪原著的一个补充。麦考利还写过许多其他研究中国语言的文章,其中一篇触及汉语语法(McCawley, 1992),尤其是普通话语法中的一个棘手问题——汉语语法中的词类问题。李讷与汤珊迪以及其他一些学者在不少研究项目上合作过,但是他的一些最具开创性的研究还是由其个人独立完成的,比如他将晚期古代汉语当作一种只有少量语法的隐语的研究(McCawley, 1996)。

在某种程度上,梅祖麟(Mei Tsu-Lin)可以被视作汉语历史语法学之父。不过,尽管他在康奈尔大学任教数十载,并同美国学者(罗杰瑞、梅维恒)在一些课题上有过合作,但他对中文语法最重要的研究,都是用中文在亚洲地区出版的,因此它们没有被列入本文的参考文献。

在中文语法研究中,对动词补语(V + 得 + 补语)、动词后缀(着、了、过、才等)、连接词(就、便、乃等)的作用,以及对疑问句的结构研究,都是热点,并产生过不少研究成果。但是相对来说,语法研究的活跃程度比不上北美地区中国语言学研究的其他分支领域。

有些学者试图将新的思路引入中文语法学,比如黄正德对语法理论的探索(Huang, 1998)和李艳惠对抽象格(abstract case)的考察(Li, 1985)。不过,大多数对中文语法的研究是偏向描写和语用型的。对

---

[1]与此相似,罗杰瑞的 *Chinese*(《汉语》)只在插图中有少数几个汉字。

话语语法(discourse grammar),尤其是北方话的话语语法,有很多学者研究,比如陶红印(Tao Hongyin)的论文(Tao,1993)和屈承熹(Chu Chauncey)的专著(Chu,1998)。张洪年(Chang Hung-nien)与他人合作的著作(Chang,1994)以及克劳迪亚·罗斯(Claudia Ross)和马静恒(Jing-heng Sheng Ma)合著的北方话语法(Ross and Ma,2006)则是更为基本的实用语言书。孙朝奋(Sun Chao-fen)在其博士论文(Sun,1988)中通过对"的、了、吧"的研究,推广了"语法化"的概念,并在后来发表的一本专著(Sun,1996)中,通过词序的历史演变进一步阐述了他的这一概念。斯科特·麦金尼斯(Scott McGinnis)对实用北方话语法的研究(McGinnis,1990)则建立在分析当代台湾戏剧的基础上。此外,对早期欧洲人写的汉语语法书也有美国学者的研究。柯蔚南(South Coblin)在此方面起着带头作用。他和约瑟夫·利瓦伊(Joseph A. Levi)合译(Coblin and Levi,2000)的弗朗西斯科·瓦罗(Francisco Varo)写于18世纪的官话语法中,有许多富于启发性的注释。

虽然语法可以说是研究任何一种语言的核心领域,中文在这方面发展却是远远不够的。毫无疑问,这与中文难以琢磨的词类及其缺乏曲折变化的动词脱不了干系。因此,人们也将他们在其他语言语法上的注意力,渐渐转移到中文上(见下文)。

语音学和音系学

如果说对于语法的研究在近30年已逐渐占据汉学语言学学界的主流,那么,我们可以更加肯定地说,语音学和音系学是近年来对汉语历时语言学研究的核心,其中的佼佼者当数瑞典汉学家高本汉(Bernhard Karlgren)对于中古汉语和早期汉语的构拟。

蒲立本(Edwin G. Pulleyblank)对于上古汉语和其他汉语族语言的早期形式构拟,做出了突出贡献(Pulleyblank,1984,1991,1992)。此外,丁邦新(Ting Pang-hsin)专注于对音系历时演变的讨论(Ting,1998)。白一平(Baxter,William H. Ⅲ)对于汉语音韵系统进行了系统的分析(Baxter,1977)。他以"重"纽为切入点,并以《诗经》为主要语材,研究周代和汉代的汉语音系(Baxter,1991)。他和劳伦特·沙加尔

（Laurent Sagart）共同构拟的中古和上古汉语系统，得到了多数人的认同（Baxter and Sagart，1992）。在蒲立本的启发下（Pulleyblank，1996），罗杰瑞首次在对早期汉语的研究中引进并完整地介绍了咽音化现象（Norman，1994）。

罗杰瑞和柯蔚南合作发表的文章，将他们与以蒲立本为代表的学者们在古代汉语构拟研究问题上的论争，推向了一个顶峰（Norman and Coblin，1995）。他们在文章中反对构拟古代汉语的原始语，并提倡学者们应当花大力气在个别汉语地方变体的研究上。他们这样做的目的，是想将汉语的音系研究与对印欧语系的研究传统统一起来，这就意味着一个被笔者称为"青年音系学派"（仿效 19 世纪欧洲的青年语法学派 Neogrammarian［Junggrammatiker］）的新兴的语言学学派的发萌。林德威（David Branner）书中（Branner，2006）所编辑的一系列文章，大致都采用这一新式研究方法。这些研究不再强调传统韵书的重要性，而是更倾向于运用历史比较语言学来进行比较音系学研究，其中一个主要的尝试是，利用梵音及其他一些旁证来构建东汉时期的汉语音系。

其中最主要的新青年音系学学派的学者，包括在试图构拟中古及前秦汉语音系前。我将在下文中介绍一些此类著作。

作为一个历史音系学学者，许思莱（Axel Schuessler）似乎选择了一条介于白一平－沙加尔与新青年音系学派之间的道路。他侧重韵书，并使用一些非汉语作为主要研究语料，但是其分析方法却与传统研究方法一脉相承（Schuessler，2009）。

这 30 年也是现代汉语音系学有长足进步的 30 年。比如说，为了寻找汉语族各种语言的共性，端木三（Duanmu San）在他 1990 年的博士论文中，深入探讨了汉语音节、声调、重音和域的问题。值得一提的是，端木从事研究时所用语料之丰富，涉及多种汉语方言，包括官话、上海话、梅县客家话、厦门话、福州话、广东话、长沙话、南昌话等等。同时，陈渊泉（Matthew Y. Chen）致力于以声调为主要依据对汉语方言分区进行进一步考察（Chen，1991，2000），所用语料包括天津话、厦门话、温州话和阳谷话等等。在其1979年和1980年的早期著作中,他着重探讨了中国古典诗歌中音韵的地位以及节律的结构。

　　大量对汉语方言的调查和分析,为构拟上古汉语方言提供了宝贵的研究材料。例如,陈洁雯为粤方言复声母说提供了有力的依据(Chan,1984)。此外,在对汉藏语关系的研究方面,也取得了丰硕成果。例如,韩哲夫(Zev Handel)对比了上古汉语和原始汉藏语的介音(Handel,1998);其博士论文的单行本也以《上古汉语介语及其汉藏语语源的历时比较研究》为题,通过台湾中研院于近期发表。

　　其他重要学者还包括研究汉语韵律的沈晓南(Xiao-nan Susan Shen),以对声调研究而著名的叶琳娜(Moria Yip),以及提出语言演变中双向扩散的连金发(Lian Chin-fa。Shen,1990;Yip,1980;Lien,1993)。

　　德范克在1989年发表的论文中(DeFrancis,1989),对世界多种著名的文学书写系统进行了以语音为基础的研究。他调查的文字包括汉语、埃及语、闪语族、阿卡得以及玛雅文字。这一研究强调了语音在汉字研究中的重要性。最后,著名的历史学家本杰明·艾尔曼(Benjamin Elman),勾勒了中国清朝晚期音韵学逐渐发展成为独立学科的过程(Elman,1982)。

构词法研究

　　裴吉瑞(Jerome L. Packard)的研究,加深了对汉语中"词本位"(而非"字本位")的认识(Packard,2000)。他认为,汉语中"词"的看似复杂的内部结构,是可以用现代语言科学中的一些概念来描述的。他的研究推动了心理认知过程(词汇检索 liexical retrieval)、构词、对句法原始因素(syntactic primitives)操控,并认为汉语母语者同其他大多数语言一样,是以"词"为单位来和不是"字"(形)。他的论文(Packard,1998)进一步区分了汉语中"词"和"字"的概念,将汉语词复杂而有趣的内部结构与它们的使用、心理过程及其历时演化联系起来。

　　虽然许思莱对于汉语构词方面的研究并不为大多数人所熟知(Schuessler,1987),但是实际上他在该领域,特别是对古代汉语中的构词研究,做出了不可磨灭的贡献。他论证了周代汉语中保留有前缀、后缀及"词"的概念(这里不单指单音节词)。蒲立本在他之后虽然也对相同课题进行了探索(Pulleyblank,2000),但是其系统性和综合性远不及许思莱。

林德威在早期汉语构词研究中引进并详细阐述了"汉语共同语"这一概念。作为青年音系学派的一员,林德威将构词上的概念与音系学研究联系起来。

句法研究

对于这一领域的最新发展动态,大家在黄正德、李艳惠和李亚非(Li Yafei)的新作中可见一斑(Huang,Li and Li,2009)。20世纪80年代和90年代,产生了一大批关于汉语非真实条件句和(零)回指的研究(Anaphora)成果;部分研究还运用并分析了战国时期的文献,艾尔弗雷德·布卢姆(Alfred Bloom)的论文对此进行了详细的论述(Bloom,1981)。虽然在过去的二十几年中人们对这个问题的争论从未停止过,但尚未得出一个统一的结论。对回指问题争论的激烈程度虽不及前者(即非真实条件句),但其作为汉语的重要特征之一,还是受到了大量的关注。也许最让人吃惊的是,运用到这两个主题研究的材料五花八门,从食谱到菜单,从诗歌到笑话,无奇不有。黄衍从句法和语用两个角度研究了回指(Huang,1994)。

其他热门话题还包括对把字句和被句字的研究。在90年代,对话分析和对话语结构的研究逐渐兴起。一些全新的角度包括周欣平(Zhou Xinping)所讨论的词组结构等问题(Zhou,1990)。李讷、石毓智(Shi Yuzhi)沿继了对于汉语非真实条件句的讨论(Li and Shi,2001),同时又将其讨论范围扩大到语法化与构词句法的关系上,且对公元3世纪以来的历时演变进行了深入的讨论。

冯胜利(Feng Shengli)以其独特视角,开创性地对近代中国语文韵律与语法的关系进行了探索(Feng,1995)。冯的英文和中文著作以韵律句法为主要研究对象,同时加之以对汉语构同法、句法及韵律之间相互作用的讨论。

在研究句法所用语料的文献中,也不乏一些利用像《老乞大》(意为"契丹人",即汉人)这样的古代文献进行的研究。《老乞大》是元代专门为朝鲜人学习汉语所编写的语言启蒙教科书,后来被翻译成韩文、蒙文、日文和满文。其后多次对《老乞大》的重新编辑,恰恰体现了汉语北方话几百年的历时变化(Wadley,1987)。德里克·赫尔福特(Derek Herforth)进一步追诉到对上古汉语条件句的研究(Herforth,1994)。

大部分语法的研究都集中在对现代汉语族语言,特别是对官话的研究上。曹逢甫(Tsao,Heng-fu)对主句与从句的功能特征(Tsao,1990)做了研究;麦考利对汉语中的是非句进行了探讨(McCawley,1994);马修·克里斯腾森(Matthew B. Christense)主要研究了汉语中的完成体和起始体(Christense,1994),还对比了汉语口语和书面语句法的不同;李艳惠主要观察了汉语的语序及关系结构;何宝璋(He Baozhang)将管辖和约束结论应用到汉语句法的研究当中(He,1996);戴浩一(James H. Y. Tai)研究汉语的语序与其时间顺序的相似性(Tai,1985,1993);陈浩雯和戴浩一通过对动词化的问题的探讨,澄清了句法的功能性(Chan and Tai,1995);在迈克尔·富勒(Michael Fuller)撰写的一部关于汉语文言文的入门书中,强调了语法关联(Fuller,1999)。

社会语言学(包括语言接触、规划和改革)

这个分支领域可以说包罗万象,因为它的研究对象包括了语言接触、语言规划和沿革,以及其他一系列与语言、社会及政治等方面相关的研究。

作为近半个多世纪的汉语教学老前辈,德范克可以说是开了对中国语言改革研究的先河。早在60年代,他已展开对以上问题的探讨。更让人钦佩的是他与时俱进的精神。直到2009年,年界9旬的他在去世之前,仍一直坚持对于相关问题的研究。在其无数的学术著作及论文当中,他在总结过去经验的同时,还不失对未来的学术发展前景的展望。

罗圣豪(John Rohsenow)是近30年来在北美仅次于德范克,对中国语言文字改革研究做出突出贡献的学者。1990 年,在国家语言文字工作委员会任命之下,他翻译了中国官方的《普通话拼音正字法》(Rohsenow,1990)。同时,罗圣豪还写了一篇关于"注音识字,提前读写"项目的文章(Rohsenow,1996)。他还关注中国双文制(digraphia)的出现(Rohsenow,2001),并总结了半个世纪以来语言文字政策的沿革,特别是 2001 年《语言文字法》颁布之后的情况(Rohsenow,2004)。

双文的概念也是研究汉字外来词中的一个问题,因为目前汉语并没有成文的正字法来规范外来词的用字。赛思·威纳(Seth J. Wiener)提到(Wiener,2009),我们固然可以通过使用借词专用字或是通过制定一整套标准来规范借词的使用,而采用双文制的同时也可以使借词使用更加清晰、明朗化。

威廉·汉纳斯(William C. Hannas)的论文(Hannas,1997)是对许多关于中国、日本、韩国和越南文字政策很好的比较研究。作者不但对所提及的语言及其地方变体都有深入的研究,还加入了精妙的解读分析,大大增加了其研究结果的说服力。

周明朗(Zhou Minglang)对于近年来中国方言及其地位的变化,以及语言政策和国家建设之间的关系进行了深入的考察。最近几年来,他将研究重心转移到比较中美两国对于少数民族语言教育、双语及多语教育及其相关问题的讨论(Zhou,2003,2004)。

陆玲玉(Lu Ling-Yu 音译)对于汉语中嵌入英文动词,以及来自其他汉语方言(北方官话、广东话和其他汉语方言)的语法结构的现象进行了细致的分析(Lu,1994)。

比约恩·耶努德(Bjorn Jernudd)编译了两期以语言接触和语言规划为主题的、关于社会学和人类学的特刊。在这两期特刊中发表的文章以及大量其他出处的研究表明,想要在研究语言时与非语言因素划清界限是很难的。的确,沈德里(Robert Sanders)的研究(Sanders,1986)显示,社会语言学的因素甚至在语法层面上来说,也是不容忽视的。因此,陈平(Chen Ping)的专著总结了从 19 世纪到 20 世纪 90 年代的历史和社会语言学(Chen,1999)。纪丰员(Ji Fengyuan)强调了在

"文化大革命"时期语言和政治之间的紧密关联,而迈克尔·舍恩豪斯(Michael Schoenhals)则试图对现代中国语言政策的各个角度进行深入的剖析(Schoenhals,1992)。

台湾成为近年来中国语言学者的重点研究客体。这一方面是由于中国大陆在 20 世纪 80 年代中期才完全向境外学者开放,另一方面是由于普通话、闽南话、客家话及当地土著语言的丰富性。科尼利厄斯·库布勒(Cornelius C. Kubler)讨论了语言接触在台湾闽南语发展中的作用(Kubler,1981)。胥嘉陵(Hsu Jia-Ling)对于台湾闽南语中英文化趋向进行了分析(Hsu,1994)。蒋为文(Wi-vun Taiffalo Chiung)则大胆地对台湾人对于闽南话书写系统的看法进行了调查(Chiung,1999。究竟闽南语是否应录在一套相应的书写体系中? 如果应当,应该使用什么样的符号? 是现成的汉文、罗马字母、注音字母,还是其他类别的符号或是集合多种书写系统?)。蒋对使用中国汉字和越南罗马字所进行的语言学习效率的比较研究表明,使用罗马字符的越南语对学习者来说效率要高得多(Chiung,2003)。

还有一些研究者关注包括性别问题在内的一些语言社会和文化的问题。例如查尔斯·埃特(Charles Ettner)强调文化中的性别歧视和语言(Ettner,1993 et al)。莫大伟(David Moser)对于中文中一些隐性的性别歧视现象进行研究(Moser 1997)。

关于文字书写和汉字本身的复杂性,仍然受到许多学者的关注。那些关注自然包括了多年来对于简体汉字和繁体汉字使用的大讨论。现代拼音在社会中的使用愈加普及,这不能不说与拼音作为手机、电脑的最主要的输入法这一事实密切相关。其他还有一些关注,来自于语言使用的规范,包括正确使用标点符号,以及一些地图上的地名、街道名称等专有名词的恰当使用。而关于汉字罗马化的最新研究,请参看马克·斯沃福德(Mark Swofford)的相关文章。最近这些年来,与拼音相关的重要话题是中国正在兴起的双文制,许多北美学者都对这个重要问题进行了探讨。这些学者包括德范克、罗圣豪和张立清。张立清可以说是用拼音写作,同时将其实际运用于生活其他领域的第一人。

与双文制息息相关的,还有双语双方言现象(即因不同目的和不同场合而使用不同的语码)。当然,这一现象由于普通话(国语)和地方语言(包括汉语方言和其他非汉语族语言)之间的关系,在中国长期以来就是一个重要的问题。而近年来英语的重要性不断提升,成为国民第二语言(更准确地说是"国际语言")。英语正迅速地改变着中国的语言使用情况。有许多很好的例子可以证明英文在中国重要地位。一个最好的例子是英文在电子邮件当中的使用(无论是通篇还是片段式的)。虽然上述现象都可以说处在一个剧变的过程当中,北美学者却并未落在人后,他们与世界各地的学者齐头并进地进行研究。

北美学者对关于语言文字改革、汉字罗马化等一系列相关问题有所涉猎。其中包括:证实声调标记在语言教学中的实用性的杰伊·伦德留斯(Jay Lundelius,1991),研究语篇即上下文在拼音写作中的重要性的金培尧(Paul King,1983),以及注重标点符号在文献录入和检索时的重要性的克莱门特·阿瑟诺(Clement Arsenault,2000)。

艾玛丽(Mary S. Erbaugh)对当代中国兴起的礼貌用语的研究(特别是在陌生人之间使用的),应当是最有意思的社会语言学研究之一。她的研究表明,大部分这类词汇和表达都是外来语。

词典编纂和词汇学

了解这一领域最好的切入点当属杨福绵(Paul Fu-mien Yang)关于中国词典学和词汇学的参考文献(Yang,1985)。另外,托马斯·克里默(Thomas Creamer)和桑德拉·希克森(Sandra Hixson)也同时汇编了一本关于中文字典的专著(Creamer and Hixson,1982)。在过去的30年间,北美中国词典学和词汇学研究也取得了骄人的成绩。

迈克尔·卡尔(Michael Carr)在出版物和网络文献之写作文体的研究方面比较活跃,他常常将对词典研究的兴趣与网络资源相结合,对一些流行语和语群做细致的研究,其中不难看出他对双语词的特别关注(Carr,1990)。

马西尼(Federico Masini)对现代汉语词汇的形成进行了研究(Masini,1993)。马克·汉赛尔(Mark Hansell)研究了台湾的借词现象

（Hansell，1989）。罗圣豪对谚语和歇后语进行了专业的研究（Rohse-
now，1991，2001a）。其他专向研究还包括章道犁（Dale Johnson）不为大
多数人所熟知的金元明代民间艺人口头艺术研究（Johnson，2000）。这
样一个工程需要花费多年时间的准备。同类研究还包括柯蔚南利用
弗朗西斯科·瓦罗（Francesco Varo，1627—1687）在其所著的西[班牙]
汉词典中，对早期汉语所进行的研究（Coblin，2006）。

　　在汉语词汇研究中，也不乏有关词汇理论的研究成果，如"词汇扩
散"理论在30多年前已成为一个热门话题。陈洁雯对该理论做了进
一步探讨，使我们加深了对这一问题的理解（Chan，1983）。另外，夏威
夷大学出版的 ABC 系列汉英字典的编纂，可以说是近30年中文词典
学大事件。ABC 系列字典按单字母顺序，其排序基础为词而不是字
（与笔者前文在构词法和下文将要提及的计算语言学相比较）。这样
的改变和安排，为读者带来很多好处，包括易读和快速查阅。读者还能
轻而易举地查阅到他们知道发音却不知道汉字的词。这样的排序对
高级计算机检索有借鉴意义。此外，ABC 系列词典还有许多其他字典
不可比拟的高级功能，比如说它标注所有词条和词例的词频、词性及
拼音等等。

　　在过去30年中，3部大部头词典（其中两部是 ABC 系列）是由许
思莱一个人独立完成的（Schuessler，1987，2007，2009）。然而，由于这
些词典在其他分支领域的应用性，它们更多地被认为是那些领域的专
用词典。在以下两个方面，还有进一步发展的空间：（1）到目前为止，
并没有一部专门为学习文言文（古汉语）而编的双语词典；（2）尚未有
一部将过去对甲骨文、金文、小篆，以及从镌刻在竹简和丝绸材料上所
复原文献集结起来的综合性字典（笔者个人倾向于将这部词典命名为
《新说文解字》）。笔者希望后者能在未来的5年同大家见面；而弥补
前者之不足，显然尚需要更加周密的组织、计划和大量的研究经费。在
这里，还有必要提到马几道。马先生在去世之前一直致力于古汉语字
典的编纂工作，遗憾的是，如此庞大的工程，绝非一人一时所能完成。

方言学(方言的分区和谱系)

欲了解 30 年前方言词汇学和词典编纂方面的发展状况,可参见杨福绵有关汉语方言的文献(Yang,1981)。长期以来,汉语语言学界对于"方言"一词的概念和使用,缺乏一定的标准。这种情况也造成了人们对于"汉语"不准确的理解,即"汉语"究竟所指的是一种语言,还是多种语言的泛称。为了明确这一概念的使用,笔者首次创造性地使用了 topolect(地方语)一词,一方面将其与 dialect(方言)区别开来;另一方面避免因二者混淆,产生谬误(Mair,1991)。在笔者即将发表的新作中,从历时(historical)和共时(synchronic)的角度,对"汉语"这一概念进行进一步论证,并努力澄清其他一些与方言分区相关的术语。

不可否认的是,中国拥有世界上最为复杂的语言生态环境。然而直到今天,尚有不少人仍误以为,千百年来,大部分中国人所操的是一成不变的、唯一的语言(包括其书写系统)。直到最近,学者们才开始辩证地看待这种说法。学者们开始质疑中国语言内部一致性的依据之一,源于历史学家、人类学家及一些文学理论学家最近对于"汉族"与"中国"概念的区分。

鉴于该领域多变的特性、了解汉族语言真正内涵的重要性,以及该领域研究队伍之庞大,在下面一个部分,笔者将从对一般理论研究到对个别地方语言的研究,做一个较为详尽的介绍。

正因为中国是一个受上天赐佑的语言宝库,人们很自然地对运用科学的方法了解这些不同语系之间的关系充满了浓厚的兴趣。这也是王士元先生在其学术生涯中集中思考的问题。王先生致力于对汉语原始语以及语言与方言之间关系的探讨(Wang,1995)。他运用遗传学、考古学和语言知识,以确定中国境内的大东亚地区(从早期到扩张之后),各汉族语言与非汉语语言之间的联系。其 1986 年发表的颇具影响力的论文,重点讨论了语言与语言多样性之前的关系问题(Wang,1996)。

区别两种语言是不同的"语言",还是同一语言地方变体的标准,是语言的互通性。虽然大家公认若两种语言的互通性极低,便意味着它们应属于不同的语言。但是,关于互通程度的测试和界定,一直是一个难题。郑锦全(Cheng Chin-chuan)在其文章中提出了能使互通性量化的方法(Cheng,1996)。

一些更让人兴奋的地方语研究是与对其底层语的识别和认定相关的,包睿舜(Robert Stuart Bauer)的论文是此类代表(Bauer,1996)。然而,对于大量其他汉语族语言的变体,还有许多探索的空间。

严绵(Margaret Mian Yan)对从扬雄的《方言》到现代方言的中国汉语方言进行了研究(Yan,2006),主要覆盖了音系和词汇特征。

至于汉语与其他外族语的亲缘关系,通常是把汉语和藏语联系起来。在柯蔚南的学术生涯前期,他热衷于汉藏语的研究,发表了一篇汉藏语同源词比较的文章(Coblin,1986)。90年代中期,他将研究重点转移到方言、词典学和早期口语。柯尉南对于上古西北汉语的研究预示了之后他运用除韵书之外的材料,包括地方话进行研究的兴趣(Coblin,1986,1991),其2000年的论文,则完整地介绍了汉语发展的历史(Coblin,2000)。他的另一篇论文关注移民对于长江下游地区方言发展的影响(Coblin,2002)。

关于汉藏语系的研究,常常也涉及更大范围内的欧亚大陆语言的研究。许多学者对阿尔泰语给予北京话的影响进行了探讨。东亚及东南亚一些非汉语语言(如白语)与汉语的对应词被用作构拟古代汉语。戴浩一和陈洁雯的研究讨论了汉语方言与历史时期划分之间的联系(Tai and Chan,1998)。丁邦新和余霭芹(Yue-Hashimoto)研究了语言和方言的历时演变(Ting and Yue-Hashimoto,2001)。丁邦新考察了声调在不同语言中的发展情况(Ding,1982);余霭芹对她的所谓方言比较语法进行了阐述(Yue-Hashimoto,1993)。连金发以及其他一些学者则通过对声调跨方言的比较研究,验证了词汇扩散理论(Lien,1987)。

对于具体地方语言的研究,杰弗里·克罗斯兰(Jeffrey Crossland)对语义的演变进行了考察(Crossland,1999),其研究主要以厦门话为对象。此外,莫琳·李(Maureen Bekng Lee)分析了潮州话的语调(Lee,1998),陈莉莉(Lee Lee Lily Chan)对于福州话语流音变现象进行了分析(Chan,1998),陈洁雯则对福州话的声调和重音进行了非线性分析(Chan,1985)。

在所有对汉语地方变体的研究中,有关闽南语和粤语的研究成果数量最多,这与台湾和香港的开放有着直接的关系。丁邦新对闽南语进行了共时(Ting,1999)和历时(Ting,1983)的研究,例如,他尝试确定闽南语从上古汉语中发展分化出来的时间。包睿舜对粤语音系、词汇和书写体系进行了研究(Bauer,1982,1997,2002 etc.),而叶彩燕(Virginia Yip)和马诗帆(Stephen Matthews)的贡献则是为粤语编著了一系列较为完整的语法参考书(Matthews,2000,2001;Matthews and Yip,1994)。他们更多地将焦点放在语言本身而非其书写系统,在这个意义上讲,可以说是对包睿舜研究的重要补充。唐纳德·斯诺(Donald Snow)描写了粤语文字书写体系的发展(Snow,2004)。长久以来,只有文言文和现代汉语成功地发展出了一套完整的文字书写体系,故如果这些记录地方语(粤语和闽南语)的文字能够得到普及,其意义将是极为重大的。陈洁雯的硕士论文是对中山方言从历时和共时角度的详细分析(Chan,1980)。白杰理(Dana Bourgerie)的论文则是对粤语的一次社会语言学调查(Bourgerie,1990)。

理查德·西蒙斯(Richard Simmons)从一个描写比较语言学的角度,研究了杭州方言(Simmons,1999a),其中也不乏一些历时角度的分析。同样,由西蒙斯主编的论文集(Simmons,1999b),主要讨论了中国汉语方言的分区问题。他的文章是青年音系学者探索重新构拟早期汉语研究的一个很好的范例。

对于汉语方言的研究,不只局限于对广东话、闽南话、上海话、杭州话以及其他方言的研究。许多官话的次方言也逐渐得到更多学者的关注(Baxter,2006 et al)。有趣的是,李讷在一篇论文中讨论了北方官话可能起源于一种皮钦语(pidgin)的观点(Li,1995)。最后,爱德华·冈恩(Edward M. Gunn)在其专著中讨论了媒体中非标准语的运用(Gunn,2000)。

文字学(文字书写体系)

汉语以其独特的文字书写体系,顺理成章地成为中国语言学的一个重要也是最为活跃的分支学科之一,虽然还有许多关于汉字起源及对其本质的认识等问题尚待解决。鲍则岳(William G. Boltz)被公认为是近些年来对于汉字早期发展演变给予了最具说服力的理论阐释的学者(Boltz,1996,1999)。吉德炜也对文字的早期发展阶段提出了一些颇具启发性的论断(Keightley,1989)。裘锡圭的著作,较好地勾勒了汉字书写体系早期发展的过程(Qiu,2000);由裴吉瑞和马几道(Gil Mattors)所翻译的英文译本也非常成功。张光裕(Kwong-yue Cheung)为早期汉字发展提供了考古学依据(Cheung,1983)。亚当·史密斯(Adam Smith)分析了寓言和中国早期文献之间的联系(Smith,2008)。在北美杰出的学者当中,破译甲骨文的学者当数高嶋谦一(Ken-ichi Takashima,1994,1996,2000,2005)。马几道对于早期碑刻(石刻)的发展进行了详细的介绍(Mattors,1988)。林德威和李峰(Li Feng)即将出版的新作,将第一次试图对古代中国的书写情况进行介绍(Branner and Li,2010)。

为澄清对于汉字本身的一些普遍误解,德范克将汉字与世界多种书写体系做了对比研究。其研究表明,任何一种完整表达意义的语言都不可能是纯粹象形的。安戈(Marshall J. Unger)随后对这一主题进行了进一步的更为巧妙的分析(Unger,2004)。二者的观点被理杰德·霍罗蒂克(Richard Horodeck)证实(Horodeck,1987)。他认为声音在阅读汉字的过程中起着关键的作用。换句话说,人们想象中的汉字字形对语义信息的直接传递是不太可能的。

梅维恒(Victor H. Mair)在其许多文章中(Mair,2001 et al)都强调了语言和文字的区别,并阐释了他们分别对于中国文化和社会的影响。其出版于1996年的著作是一本很好的汉字入门书(Mair,1996)。尹斌庸(Yin Binyong)和罗圣豪对现代汉字的字形进行了较为透彻的解读(Yin and Rohsenow,1994)。马克·汉赛尔(Mark Hansell)和海伦娜·里哈(Helena Riha)的研究表明,字母词(完全由罗马字母所构成的词）已成为中文中不可分离的一部分（Hansell, 1994; Riha, 2008）。艾玛丽对于中国和日本"难字"进行了细致而有趣的研究（Erbaugh, 2002）。不少学者对于"女书"有着浓厚的兴趣，这类的博士论文一般较关注有关"女书"的一些历史记录。"女书"的创造原理与日语中的假名如出一辙。遗憾的是，对于女书的研究仅仅局限于湖南省西南江永地区的一些小村落中。

对于中国境内的那些非汉语族语言及其文字体系，在北美地区最重要的研究是柯蔚南的八思巴文字典（Coblin, 2007; 序言中有详尽的说明）。

语源学和语义学

虽然人们都习惯性地认为《说文解字》是一部语源学的专著，但事实上并非如此。《说文解字》以及其后的相关著作均对汉字进行分解，并对各部分的形音义进行了分析。可以说，最近 30 年间北美汉语语言学的一个重要突破，是许思莱的 ABC 系列古汉语语源字典，这是历史上第一次真正意义上的、对早期汉语基础语汇语源进行分析的一次大胆尝试。

语义学在北美中国语言学研究中并不是产生重要研究成果的领域。在 Yong-O Biq 的一些论著中，他结合语义和语用进行研究（Biq, 1984）。邓守信（Teng Shou-Hsin）则对"及物"这一概念进行了语义考查。

语文学

语文学更倾向于关注文化研究，而语言学则主要以语言本身为研究对象。此外，语文学相对于语言学（其中也包含一些重要的语言学成分）与汉学的联系更加紧密。因此，语文学在本文被当作一个独立学科来对待，故传统中国"小学"研究也不会在本文做进一步讨论。在这里，需要提到的是艾尔曼关于在考据学兴盛的时期由哲学向语言学的转型的阐述（Elman, 1984），这一重大学术转型可以说与耶稣教会（及其他来自欧洲的）影响是密不可分的。

计算语言学

近 30 年,许多关于机器翻译和其他计算语言学的研究成果不断涌现,其中许多是由工程学、计算机以及其他一些并无任何汉学背景的学者进行的。郑锦全致力于中国语言学研究,并将其研究重点放在将计算机模型用于语言认知,尤其是词汇量的研究。其关注的焦点在于,当一个正常人在没有"大脑阻塞"的前提之下所能储存语言符号的数量。郑锦全等学者的研究表明,这个数字应当在 8000 左右(Cheng et al,2002)。

梅维恒等组织了首届以计算机在中国语言学和文化研究中应用的学术会议。在此次会议中宣读的重要论文已包括在 1991 年出版的题为 *Characters and Computers*(《汉字与计算机》)的论文集中。

此外。同领域的研究还包括丹尼尔·拉齐斯基(Daniel Radzinski)对于语法结构的数理分析(Radzinski,1990),以及罗德里克·甘蒙(Roderick Gammon)有关语言学理论与软件工作的博士论文(Gammon,2002)。

心理语言学、神经语言学和对语言的生物基础的研究

曾志朗(Ovid Tzeng)和洪黛西(Daisy Hong)在心理语言学研究方面是两位举足轻重的人物。总的来说,他们在这一领域的主要贡献是对汉语语音转录(phonological recoding)的研究。语音转录是指在阅读中文的过程中,用于处理声音的大脑中枢会被激活。一般认为,对于中文的认知是直接通过语义而非通过语音这一途径。在一些学者(查尔斯·佩费蒂[Charles Perfetti]和谭力海[Tan Li Hai])继续强调处理中文信号刺激语义的重要性的同时,曾志朗和其他心理语言学专家仍然相信,语音会在更大程度上对人的大脑产生刺激。

关于儿童阅读中文问题,在这 30 年来最重要的发现是,语素意识相对于语音意识在阅读字母语言时更加重要。

在心理语言学汉语构词法方面,过去的研究表明,汉语母语者是以词为单位而不是以语素或字为单位对信息进行处理的。

在同一领域语法/句法的研究当中,也许最引人注目的成果要数

里士满大学(University of Richmond)李平(Li Ping)的研究。李平主要关注的是对汉语中的词和句子的信息处理。

汉语神经语言学最重要的发现是左右半脑的侧化(lateralization),即左半脑调控声调,而右半脑主载音乐性等非语言性的声音信号。与这些主题相关的文献大量分布在一些心理学、神经学和医学的专业期刊上。欲了解关于这个领域重要的研究概况和成果,可参见李平等编纂的著作(Li et al,2006)。

陈烜之和曾志朗发表了一篇很好的、导论性的关于中文信息处理的文章(Chen and Tzeng,1992)。王坚、因霍夫和陈烜之对于汉字认知进行了分析(Wang,Inhoff and Chen,1999)。曾志朗等人的研究描述了在阅读汉字时视觉大脑侧化(Tzeng,1979),他们主要研究了关于大脑机能与汉字阅读、信息处理及语音转录等问题(Tzeng et al,1977,1978,1986,1988)。罗伯托·翁(Roberto Ong)主要对因失语症引起的构词和句法上的障碍进行了研究(Ong,1990)。李永贤(Rumjahn Hoosain)的汉语心理语言学研究则对语言相对论进行了探讨(Hoosain,1991)。裴吉瑞从心理语言学的角度,具体深入地剖析了汉语"词"的概念(Packard,1986,1993,2002)。

汉纳斯所著 The Writing on the Wall(《墙上的文字》)是一本难以界定的著作(Hannas,2003),它可被纳入许多分支学科,尤其是社会语言学。这部著作侧重对于语言与创造力等心理语言学问题的探索。同时,值得参考的还有莫大伟关于抽象思维的研究(Moser,1996)。

李讷和 J. M. 杭伯特(Jean-Marie Hombert)于 2002 年开始钻研有关大脑演化和语言起源的课题(Li and Hombert,2002)。大量研究成果表明,中文的阅读障碍与其他字母语言的阅读障碍有着明显的不同。佩费蒂教授及其领导之下的国际性研究团队一直在进行对这个课题的研究(Siok et al,2009)。

结　　语

虽然在过去的 30 年中,北美中国语言和语言学的研究延续了过去的研究传统,或者说是反映了笔者个人学术兴趣和经验,但其中很多研究成果是相当令人振奋并处于前沿地位的。有着突破性进展的领域包括语源学、机器理解(包括翻译)等相关的软件工程、语料库语言学,以及对语言、思维与形态关系的研究。通过回顾过去 30 年的研究成果,并展望未来的 30 年,以下研究领域将有突破性发展:汉语族语言分区(包括内部和外部),汉语族语言和其他语族语言的关系,中国语言文字的标准化和规范化;汉字和中文中"词"的含义;网络语言的使用,语言混合、语法化、词义泛化及其他方面。

半个多世纪以来,北美的中国学研究大致遵循着下述的轨迹:50 多年前学者的主体是北美本土或是欧洲移民;到了 60、70 年代,来自中国大陆和香港、台湾,以及日本和亚洲其他地方的研究生在北美接受训练,并以老师或研究生的身份留在这片土地上;80 年代到现在,在源源不断地来自中国台湾和欧洲的学者到北美接受高等教育的同时,中国大陆学者的数量在近年也逐渐增多。90 年代以后,更多在美国或加拿大接受教育的学者选择回到中国台湾、香港和大陆取得教职,这种情况导致了中国语言学研究的逐渐国际化,全球各地学者分工合作,运用相同的分析手段和方法论进行研究。此前的并行式研究模式,即使用不同的研究策略导致不同的研究目标的模式,将让位给一个具有共同假设,在相同方法论指导下,拥有相同目标的国际化研究模式。

引用书目

Arsenault C. Word Division inthe Transcription of Chinese Script in the Title Fields of Bibliographic Records [D]. Toronto:University of Toronto,2000.

Bauer R S. Cantonese Sociolinguistic Patterns:Correlating Social Char-Scteristics of Speakers with Phonological Variables in Hong Kong Cantonese (Chinese)[D]. Berkeley:University of California,1982.

Bauer R S. Sino-Tibetan *Kolo WHEEL[J]. Sino-Platonic Papers, 1994,47:1 – 11.

欧·亚·历·史·文·化·文·库·

Bauer R S. Idenfitying the Tai Substratum in Cantonese[C]//Proceedings of the Fourth International Symposium on Language and Linguistics. Bangkok:Mahidol University,1996:1806 - 1844.

Bauer R S,Benedict P K. Modern Cantonese Phonology[M]//Trends in Linguistics. Berlin:Mouton de Gruyter,1997.

Bauer R S,Cheung Kwan-hin. The Representation of Cantonese with Chinese Characters[M]. Berkeley:Project on Linguistic Analysis,2002.

Baxter W H. Old Chinese Origins of the Middle Chinese Chongniu Distinctions:A Study Using Multiple Character Readings[D]. Ithaca:Cornell University,1977.

Baxter W H. Zhou and Han Phonology in the Shijing[M]//Boltz W G,Shapiro M C. Studies in the Historical Phonology of Asian Languages. Amsterdam:John Benjamins,1991,1 - 34.

Baxter W H. A Handbook of Old Chinese Phonology[M]//Trends in Linguistics. Berlin:Mouton de Gruyter,1992.

Biq Yong-O. The Semantics and Pragmatics of Cai and Jiu in Mandarin Chinese[D]. Ithaca:Cornell University,1984.

Bloom A H. The Linguistic Shaping of Thought:A Study on the Impact of Language on Thinking in China and the West[M]. Hillsdale NJ:Erlbaum,1981.

Boltz W G. Early Chinese Writing[J]. World Archaeology,1986,17 (3):420 - 436.

Boltz W G. The Origin and Early Development of the Chinese Writing System[M]. New Haven:American Oriental Society,1994.

Boltz W G. Early Chinese Writing[M]//Daniels P,Bright W. The World's Writing Systems. New York:Oxford University Press,1996.

Bourgerie D S. A Quantitative Study of Socioinguistic Variation in Cantonese[D]. Columbus:The Ohio State University,1990.

Branner D P. Problems in Comparative Chinese Dialectology:The Classification of Min and Hakka[M]//Trends in Linguistics. Berlin:Mouton de Gruyter,2000.

Branner D P. Common Chinese and Early Chinese Morphology[J]. Journal of the American Oriental Society,122(4):706 – 721.

Branner D P. The Chinese Rime Tables:Linguistic Philosophy and Historical-Comparative Phonology[M]. Amsterdam:John Benjamins,2006.

Branner D,Li F. Writing and Literacy in Early China[M]. Seattle:University of Washington Press,2010.

Carr M. Chinese Dragon Names[J]. Linguistics of the Tibeto-Burman Area,1990,13(2):87 – 189.

Chan Lee lily. Fuzhou Tone Sandhi[D]. San Diego:University of California,1998.

Chan M K M. Zhong-Shan Phonology:Synchronic and Diachronic Analysis of a Yue(Cantonese)Dialect[D]. Vancouver:University of British Columbia,1980.

Chan M K M. Lexical Diffusion and Two Chinese Case Studies Re-Analyzed[J]. Acta Orientalia,1983,44:118 – 152.

Chan M K M. Initial Consonant Clustersin in Old Chinese:Evidence from Sesquisyllabic Words in the Yue Dialects[J]. Fangyan,1984,4:300 – 313.

Chan M K M. Fuzhou Phonology:A Nonlinear Analysis of Tone and Stress[D]. Seattle:University of Washington,1985.

Chan M K M,Tai J H-Y. From Nouns to Verbs:Verbalization in Chinese Dialects and East Asian Languages [M]//Camacho J, Choueiri L. Sixth North American Conference on Chinese Linguistics. Los Angeles:GSIL Publications,University of Southern California,1995.

Chang Hung-nien, et al. A Practical Chinese Grammar [M]. Hong Kong:Chinese University Press,1994.

Chen Hsuan-chih. Cognitive Processing of Chinese and Related Asian

欧·亚·历·史·文·化·文·库·

Languages[M]. Hong Kong:Chinese University Press,1997.

Chen Hsuan-chih,Tzeng O J L. Language Processing in Chinese. Advances In Psychology[M]. Amsterdam:North-Holland,1992.

Chen M Y. Metrical Structure:Evidence from Chinese Poetry[J]. Linguistic Inquiry,1979,10(3):371 – 420.

Chen M Y. The Primacy of Rhythm in Verse:A Linguistic Perspective [J]. Journal of Chinese Linguistics,1980,8(1):15 – 41.

Chen M Y. An Overview of Tone Sandhi Phenomena across Chinese Dialects[A]//Wang W S Y. Journal of chinese Linguislics Monograpk,3. Languages and Dialects of China. Berkeley:Project on Linguistic Analysis, 1991:pp. 112 – 158.

Chen M Y. Tone Sandhi:Patterns Across Chinese Dialects[M]. Cambridge,New York:Cambridge University Press,2000.

Chen P. Referent Introduction and Tracking in Chinese Narratives [D]. Los Angeles:University of Californai,1986.

Chen P. Modern Chinese:History and Sociolinguistics [M]. Cambridge:Cambridge University Press,1999.

Cheng Chin-chuan. Quantifying Dialect Mutual Intelligibility [M]// Huang J,Li A. New Horizons in Chinese Linguistics. Boston:Kluwer Academic,1996:pp. 369 – 292.

Cheng Chin-chuan. Language Cognition and Vocabulary Learning[J]. Selected Papers form the Eleventh International Symposium on Language Teaching. Tai-Pei:English Teachers Association,2002:54 – 62.

Cheung Kwong-yue. Recent Archeological Evidence Relating to the Origin of Chinese Characters[M]//Keightley D N. Origins of Chinese Civilization. Berkeley:University of California Press,1983.

Chiang Wen-ye. The Prosodic Morphology and Phonology of Affixation in TaiWanese and Other Chinese Languages [D]. Newark:University of Delaware,1992.

Christiansen M B. The Punctual Aspect in Chinese: A Study of the Perfective and Inchoative Aspect Markers in Mandarin and Cantonese[D]. Columbus: The Ohio State University, 1990.

Christiansen M B. Variation in Spoken and Written: Mandarin Narrative Discourse[D]. Columbus: The Ohio State University, 1994.

Chiung Wi-vun. Learning Efficiencies for Different Orthographies: A Comparative Study of Han Characters and Vietnamese Romanization[D]. Arlington: The University of Texas, 2003.

Chiung Wi-vun. Language Attitudes toward Taibun: The Written Taiwanese[D]. Arlington: The University of Texas, 1999.

Chu C C. A Discourse Grammar of Mandarin Chinese[M]. New York: Peter Lang, 1998.

Chuang Shih-Yu. A Study of the Use of English Relative Clauses by Speakers of Chinese Learning German in Taiwan[D]. Arlington: The University of Texas, 2002.

Coblin W S. A Handbook of Eastern Han Sound Glosses[M]. Hong Kong: The Chinese University Press, 1983.

Coblin W S. A Sinologist's Handlist of Sino-Tibetan Lexical Correspondences[M]. Monumenta Serica Monograph Series: X VIII. Nettetal: [S. n.]1986.

Coblin W S. Studies in Old Northwest Chinese[M]. Journal of Chinese Linguistics Monograph Series: 4. Berkeley: Project on Linguistic Analysis, 1991.

Coblin W S. A Brief History of Mandarin[J]. Journal of the American Oriental Society, 2000, 120(4): 537 – 552.

Coblin W S. Francesco Varo's Glossary of the Mandarin Language [M]. Sankt Augustin: Monumenta Serica Institute, 2006.

Coblin W S. A Handbook of Phags-Pa Chinese[M]. Honolulu: University of Hawaii Press, 2007.

Coblin W S, Levi J P. Francisco Varo's Grammar of the Mandarin Language(1703): An English Translation of "Arte de la lengua Mandarina" Studies in the History of the Languages[M]. Philadelphia and Amsterdam: John Benjamins, 2000.

Crossland J S. The Xiamen Comparative: Syntactic Change in Progress [D]. Seattle: University of Washington, 1999.

Daniels P, Bright W. The World's Writing Systems[M]. New York: Oxford University Press, 1996.

DeFrancis J. The Chinese Language: Fact and Fantasy[M]. Honolulu: University of Hawaii Press, 1984.

DeFrancis J. Visible Speech: The Diverse Oneness of Writing Systems [M]. Honolulu: University of Hawaii Press, 1989.

DeFrancis J. Prospects For Chinese Writing Reform[J]. Sino-Platonic Papers, 2006, 171:1 – 29.

Duanmu S. A Formal Study of Syllable, Tone, Stress and Domain in Chinese Languages [D]. Cambridge: Massachusetts Institute of Technology, 1990.

Edmondson J, Solnit D B. Comparative Kadai: Linguistic Studies beyond Tai[M]. Dallas: Summer Institute of Linguistics, 1990.

Edmondson J. Comparative Kadai: The Tai Branch[M]. Dallas: Summer Institute of Linguistics, 1997.

Elman B A. From Value to Fact: The Emergence of Phonology as a Precise Discipline in Late Imperial China[J]. Journal of the American Oriental Society, 1982, 102(3):493 – 500.

Elman B A. From Philosophy to Philology: Intellectual and Social Aspects of Change in Late Imperial China[M]. Cambridge: Harvard University Press, 1984.

Erbaugh M S. Difficult Characters: Interdisciplinary Studies of Chinese and Japanese Writing[M]. Columbus: National East Asian Language Resource Center,2002.

Erbaugh M S. China Expands Its Courtesy: Saying " Hello " to Strangers [J]. Journal of Asian Studies,2008,67(2) :621 – 652.

Ettner C. Sexiam and the Language Reforms of the People's Republic of China: Socialist Language with Chinese Characteristics [D]. Stanford: Stanford University,1993.

Feng Shengli. Prosodic Structure and Prosodically Constrained Syntax in Chinese[D]. Philadelphia: University of Pennsylvania,1995.

Fuller M. An Introduction to Literary Chinese [M]. Cambridge: Harvard University Press,1999.

Gammon R A. A Common Architecture for Expressing Linguistic Theories: With Illustrations from Chinese Languages, Cognitive Grammar, And Software Engineering[D]. Honolulu: University of Hawaii,2002.

Gunn E M. Rendering the Regional: Local Language in Contemporary Chinese Media[M]. Honolulu: University of Hawaii Press,2006.

Handel Z J. The Medial Systems of Old Chinese and Proto-Sino-Tibetan[D]. Berkeley,Los Angeles: University of California,1998.

Hannas W C. Asia's Orthographic Dilemma[M]. Honolulu: University of Hawaii Press,1997.

Hannas W C. The Writing on the Wall. Philadelphia[M] : [S. l.] University of Pennsylvania Press,2003.

Hansell M D. Lexical Borrowing in Taiwan[D]. Berkeley,Los Angeles: University of California,1989.

He B. Situation Types and Aspectual Classes of Verbs in Mandarin Chinese[D]. Columbus: The Ohio State University,1992.

He Yuanjian. An Introduction to Government-Binding Theory in Chinese Syntax[M]. Lewiston: Edwin Mellen,1996.

Herforth D D. Conditional Sentences in Old Chinese [D]. Berkeley, Los Angeles: University of California,1994.

Ho Yong. Aspects of Discourse Structure In Mandarin Chinese[M]. Lewiston：Mellen，1993.

Hoosain R. Psycholinguistic Implications for Linguistic Realativity：A Case Study of Chinese[M]. Hillsdale：Erlbaum，1991.

Horodeck R A. The Role of Sound in Reading and Writing Kanji(Japanese，Character，Chinese)[D]. Ithaca：Cornell University，1987.

Hsu Jia-Ling. Language Contact and Convergence：Englishization of Mandarin Chinese in Taiwan[D]. Urbana-Champaign：University of Illinois，1994.

Hsu Kylie. A Discourse Analysis of Temporal Markers in Written and Spoken Mandarin Chinese：The Interaction of Semantics，Syntax，and Pragmatics[M]. Lewiston：Mellen，1998.

Huang J C T. Logical Relations in Chinese and the Theory of Grammar [M]. New York：Garland，1998.

Huang J C T，Li Y H A. New Horizons in Chinese Linguistics[M]. Studies in Natural Language and Linguistic Theory：36. Dordrecht：Kluwer Academic，1996.

Huang J C T，Li A，Li Yafei. The Syntax of Chinese[M]. Cambridge：Cambridge University Press，2009.

Huang Yan. The Syntax and Pragmatics of Anaphora：A Study with Special Reference to Chinese[M]. Cambridge：Cambridge University Press，1994.

Jernudd B H. Chinese Language Planning：Perspectives from China and Abroad[M]. A Special Issue of International Journal of the Sociology of Languagee：59. [S. n.]：1986.

Jernudd B H. Chinese Language Contact[M]. A Special Issue of Anthropological Linguistics：27(2). [S. n.]：1986.

Ji Fengyuan. Linguistic Engineering：Langage and Politics during the Chinese Cultural Revolution [M]. Honolult：Univeristy of Hawaii

Press,2004.

Johnson D R. A Glossary of Words and Phrases in the Oral Performing and Dramatic Literatures of the Jin,Yuan,and Ming[M]. Ann Arbor:University of Michigan. Center for Chinese Studies,2000.

Ju Namkung. Phonological Inventories of Tibeto-Burman Languages [M]. Sino-Tibetan Etymological Dictionary and Thesaurus Project. Monograph Series:3. Berkeley:University of California. Center For Southeast Asia Studies,1996.

Keightley D N. The Origins of Writing in China:Scripts and Cultural Contexts[M]//Senner W M. The Origins of Writing. Lincoln:University of Nebraska Press,1989:171 – 202.

King P L. Contextual Factors in Chinese Pinyin Writing[D]. Ithaca: Cornell University,1983.

Kubler C C. The Development of Mandarin in Taiwan:A Case Study of Language Contact[D]. Ithaca:Cornell University,1981.

LaPolla R J. Grammatical Relations in Chinese:Synchronic and Diachronic Considerations[D]. Berkeley:University of California,1990.

Lau A C. Written Representation of Oral Features in Cantonese Chinese[A]. New York:Columbia University Teachers College,1995.

Lee M B. Downdrifts,Catathesis,and Focus in Teochew Chinese Intonation[D]. Indianapolis:Indiana University,1998.

Li C N,Thompson S A. Mandarin Chinese:A Functional Reference Grammar[M]. Berkeley,Los Angeles:University of California Press,1981.

Li C N. Language Contact in China:Is Mandarin Derived from a Pidgin? [M]//Fisiak. Linguistic Change under Contact Conditions. Berlin: Mouton De Gruyter,1995:131 – 148.

Li C N. A Cryptic Language with a Minimal Grammar:The Confucian Analects of Late Archaic Chinese[M]//Weigand,Hundsnurscher. Lexical Structures and Language Use. TüBingen:Max Niemeyer,1996:53 – 118.

Li C N, Hombert J-M. On the Evolution of Brain and Language[M]//
Stamenov M, Gallese V. Mirror Neurons and the Evolution of Brain and Language. Amsterdam:John Benjamins,2002:175 – 206.

Li C N, Shi Yuzhi. A History of Grammaticalization in Chinese:Mechanisms and Motivations of Morphosyntactic Changes Since the 3rd Century
[M]. Beijing:Peking University Press,2001.

Li Ping, Tan Li Hai, Bates, Tzeng. The Handbook of East Asian Psycholinguistics:vol1[M]. Cambridge:Cambridge University Press,2006.

Li Yen-hui A. Abstract Case in Chinese[D]. Los Angeles:University
of Southern California,1985.

Li Yen-hui A. Order and Constituency in Mandarin Chinese[M]. Dordrecht:Kluwer Academic,1990.

Lien Chinfa. Coexistent Tone Systems In Chinese Dialects[D]. Berkeley:University of California,1987.

Lu Lin-Yu. English Verbs in Chinese Evidence from Conversations and
Television Talk Shows[D]. East Lansing:Michigan State University,1994.

Lundelius J O. The Effectiveness of Tonal Spelling in Tearning Mandarin Chinese[D]. Urbana-Champaign:University of Illinois,1991.

Mair V H. What Is A Chinese "Dialect/Topolect"? Reflections on
Some Key Sino-English Linguistic Terms[J]. Sino-Platonic Papers,1991,
28:1 – 31.

Mair V H. Modern Chinese Wrinting[M]//Daniels P, Bright W. The
World's Writing Systems. New York:Oxford University Press,1996:200
– 208.

Mair V H. Language and Script[M]//The Columbia History of Chinese Literature. New York:Columbia University Press,2001:19 – 57.

Mair V H. The Classification of Sinitic Languages:What Is"Chinese"?
[M]//Festschrift for Alain Peyraube.

Mair V H, Liu Yongquan. Characters and Computers[M]. Amsterdam:

IOS,1991.

Masini F. The Formation of Modern Chinese Lexicon and Its Evolution toward a National Language:The Period from 1840 to 1898[M]. Journal of Chinese Linguistics Monograph Series:6. Berkeley:Project on Linguistic Analysis,1993.

Mathias J,Creamaer,Hixon. Chinese Dictionaries:An Extensive Bibliography of Dictionaries in Chinese and Other Languages[M]. Westport: Greenwood,1982.

Mattews S, Yip V. Cantonese:A Comprehensive Grammar[M]. London:Routledge,2002.

Mattos G L. The Stone Drums of Ch'in[M]. Nettetal:Steyler,1988.

McCawley J D. Notes on Li and Thompson,*Mandarin Chinese:A Functional Reference Grammar*[J]. Journal of Chinese Linguistics,1989,24(1): 19 – 42.

McCawley J D. Justifying Part-of-Speech Assignments in Mandarin Chinese[J]. Journal of Chinese Linguistics,1992,20(2):211 – 246.

McCawley J D. Remarks on the Syntax of Mandarin Yes-No Questions [J]. Journal of East Asian Linguistics,1994,3:179 – 194.

McGinnins S G. A Pragmatic Analysis of Mandarin Interrogatives:Data from Modern Taiwan Drama [D]. Columbus:The Ohio State University,1990.

Moser D J. Abstract Thinking and Thought in Ancient Chinese and Early Greek[D]. Ann Arbor:University of Michigan,1996.

Moser D J. Covert Sexism In Mandarin Chinese[J]. Sino-Platonic Papers,1997,74:1 – 23.

Norman J. Chinese [M]. Cambridge: Cambridge University Press,1988.

Norman J. Pharyngealization in Early Chinese[J]. Journal of the American Oriental Society,1994,114(3):397 – 408.

Norman J, Coblin W S. A New Approach to Chinese Historical Linguistics[J]. Journal of the American Oriental Society, 1995, 115 (4): 576 - 584.

Ong R K. Morphological and Syntactic Deficits in Chinese Aphasic Patients[D]. Montreal: McGill University, 1990.

Packard J L. A Left-Dislocation Analysis of "Afterthought" Sentences in Peking Mandarin[J]. Journal of the Chinese Language Teachers Association, 1986, 21 (3): 1 - 12.

Packard J L. A Linguistic Analysis of Aphasic Chinese Speech[M]. Studies in Theoretical Psycholinguistics: 18. Dordrecht: Kluwer Academic, 1993.

Packard J L. New Approaches to Chinese Word Formation: Morphology, Phonology and the Lexicon in Modern and Ancient Chinese [M]// Trends in Linguistics. Berlin: Mouton de Gruyter, 1998.

Packard J L. The Morphology of Chinese: A Linguistic and Cognitive Approach [M]. Beijing: Foreign Language Teaching and Resarch Press, 2000.

Packard, Li Wenling, Gaffney J S. Chinese Children's Reading Acquisition: Theoretical and Pedagogical Issues [M]. Boston: Kluwer Academic, 2002.

Pulleyblank. Middle Chinese: A Study in Historical Phonology[M]. Vancouver: University of British Columbia Press, 1984.

Pulleyblank E G. Lexicon of Reconstructed Pronunciation in Early Middle Chinese, Late Middle Chinese, and Early Mandarin[M]. Vancouver: University of British Columbia Press, 1991.

Pulleyblank E G. How Do We Reconstruct Old Chinese? [J]. Journal of the American Oriental Society, 1992, 112 (3): 365 - 382.

Pulleyblank E G. Outline of Classical Chinese Grammar[M]. Vancouver: University of British Columbia Press, 1995.

Pulleyblank E G. Prosody or Pharyngealization in Old Chinese? The Origin of the Distinction between Type A and Type B Syllables[J]. Journal of the American Oriental Society,1996,116(1):105 - 107.

Pulleyblank E G. Morphology In Old Chinese[J]. Journal of Chinese Linguistics,2000,28(1):26 - 51.

Qiu Xiqui. Chinese Writing[M]. Early China Special Monogaph Series:4. Berkeley:The Society For the Study of Early Chna and the Institute of East Asian Studies,2000.

Radzinski D. Mathematics of Unbounded Duplicative and Columnar Constructions in Chinese[D]. Cambridge:Harvard University,1990.

Ramsey S R. The Languages of China[M]. Princeton:Princeton University Press,1987.

Riha H. Lettered Words and Roman Letter Characters in Chinese Writing:A Study of Alphabetic Writing in Chinese Newswires[D]. Columbus:The Ohio State University,2008.

Rohsenow J S. Hanyu Pinyin Zhengcifa[M]. Beijing:State Language Commission,1990.

Rohsenow J S. A Chinese-English Dictionary of Enigmatic Folk Similes (歇后语)[M]. Tucson:University of Arizona Press,1991.

Rohsenow J S. Modern Chinese Characters [M]. Beijing:Sinolingua,1994.

Rohsenow J S. The Z T Experiment in the PRC[J]. Journal of the Chinese Language Teachers Association,1996,31(3):33 - 44.

Rohsenow J S. ABC Dictionary of Chinese Proverbs(谚语)[M]. Honolulu:University of Hawaii Press,2001.

Rohsenow J S. Digraphia in China[J]. The International Journal of the Sociology of Language,2001.

Rohsenow J S. Fifty Years of Script and Language Reform in the PRC:The Genesis of the Language Law of 2001//Zhou Minglan. Language Policy

欧·亚·历·史·文·化·文·库·

in the People's Republic of China: Theory and Practice Since 1949. Boston: Kluwer Academic: 2004: 321 – 355.

Ross C, Ma Sheng Jing-heng. Modern Mandarin Chinese Grammar: A Practical Guide. London: Routledge, 2006.

Rozycki W V. Mongol Elements in Manchu(China) [D]. [S. l.] Indiana University, 1983.

Sanders R M. Diversity and Frequency of Usage as a Reflection of Social Factors: The Application of Variable Rules to the Analysis of Disposal in the Beijing Speech Community [D]. Berkeley: University of California, 1986.

Schoenhals M. Doing Things with Words in Chinese Politics: Five Studies [M]. China Research Monographs: 41. Berkeley: Institute of East Asian Studies, 1992.

Schuessler A. A Dictionary of Early Zhou Chinese [M]. Honolulu: University of Hawaii Press, 1987.

Schuessler A. ABC Etymological Dictionary of Chinese [M]. Honolulu: University of Hawaii Press, 2007.

Schuessler A. Minimal Old Chinese and Later Han Chinese: A Companion to Grammata Serica Recensa [M]. Honolulu: University of Hawaii Press, 2009.

Shen Xiao-nan Susan. The Prosody of Mandarin Chinese [M]. Berkeley, Los Angeles: University of Californai Press, 1990.

Simmons R von N. Chinese Dialect Classification: A Comparative Approach to Harngjou, Old Jintarn, and Common Northern Wu [M]. Current Issues in Linguistic Theory: vol 188. Amsterdam: John Benjamins, 1999.

Simmons R. Issues in Chinese Dialect Description and Classification [M]. Journal of Chinese Linguistics Monograph Series: 15. Berkeley: Project on Linguistic Analysis, 1999.

Siok W T, Niu Zhoudong, Jin Zhen, et al. A Structural – Functional Basis for Dyslexia in the Cortex of Chinese Readers[J]. Proceedings of the National Academy of Sciences,2008,105(14):5561 - 5566.

Slater K W. Minhe Mangghuer: A Mixed Language of the Inner Asian Frontier[D]. Santa Barbara: University of California,1998.

Smith A. Writing at Anyang: The Role of the Divination Record in the Emergence of Chinese Literacy [D]. Los Angeles: University of California,2008.

Snow D. Cantonese as Written Language: The Growth of a Written Chinese Vernacular[M]. Hong Kong: Hong Kong University Press,2004.

Sun Chaofen. A Case Study of Grammaticalization: The Grammatical Status of "De","Le",and"Ba"in the History of Chinese[D]. Ithaca: Cornell University,1988.

Sun Chaofen. World-Order Change and Grammaticalization in the History of Chinese[M]. Stanford: Stanford University Press,1996.

Tai J H-Y. Temporal Sequence and Chinese Word Order[M]//Haiman J. In Iconicity in Syntax. Amsterdam: John Benjamins,1985:49 - 72.

Tai J H-Y. Iconicity: Motivations in Chinese Grammer[M]//Eid M, Iverson G. Principles and Prediction: The Analysis of Natural Language. Amsterdam,Philadelphia: John Benjamins,1993:153 - 173.

Tai J H-Y,Chan M K M. Some Reflections on the Periodization of the Chinese Language[M]//Peyraube,Sun. Studies in Chinese Historical Syntax and Morphology. Paris: Cole des Hautes tudes en Sciences Sociales, 1998:223 - 239.

Takashima Ken-ichi, Michio M. Kôkotsumoji Jishaku Sôran X X X (Comprehensive Guide to Interpretations of Oracle-Bone Graphs)[M]. Tokyo: University of Tokyo Press,1994.

Takashima Ken-ichi, Itô M. Kodai Chûgoku Bunmei Kenkyû-Shûkyô, Shakai,Gengo,Komonji(Stuclies in Early chinese Civilization: Religion,Society,Language, and Valeography) [M]. Osaka: Kansai Gaidai University

(Institute of Intercultural Studies) :1996.

Takashima Ken-ichi. Towards a More Rigorous Methodology of Deciphering Oracle-Bone Inscriptions [J]. T ' Oung Pao, 2000 , 86 (4/5) :363 – 399.

Takashima Ken-ichi, Liu Zhiji, Zhang Deshao. Zhong-Ying Duizhao Jiaguwen Yinyi Leijian (A Classfied Selection of Oracle Bone Inscriptions with Modern Chinese Translation and Facing Translation into English) [M]. Nanning : Guangxi Jiaoyu Chubanshe, 2005.

Tao Hongyin. Unites in Mandarin : Discourse and Grammar [D]. Santa Barbara : University of California , 1993.

Teng Shou-hsin. A Semantic Study of Transitivity Relations in Chinese [M]. Taipei : Student Book Company , 1977.

Ting Pang-Hsin. Some Aspects of Tonal Development in Chinese Dialects [J]. Special Issue : In Memory of the Late DrChao Yuen Ren. Bulletin of the Institute of History and Philogogy (Academia Sinica) , 1982 , 53 (4) : 529 – 644.

Ting Pang-Hsin. Derivation Time of Colloquial Min from Archaic Chinese [J]. Bulletin of the Institute of History and Philology (Academia Sinica) , 1983 , 54 (4) 1 – 14.

Ting Pang-Hsin. Some Thoughts on Reconstructing the Phonetic System of Ancient Chinese [M] // Benjamin K T ' sou. Studia Linguistica Serica : Proceedings of the 3nd International Conferene on Chinese Linguistics. Hong Kong : Chinese University of Hong Kong , 1998 :27 – 37.

Ting Pang-Hsin. Contermporary Studies on the Min Dialects [M]. Journal of Chinese Linguistics Monograph Serices : 14. Berkeley : Project on Linguistic Analysis , 1999.

Ting Pang-Hsin , Yue (-Hashimoto) A. In Memory of Professor Li Fang-Kuei : Essays on Linguistic Change and the Chinese Dialects [M]. [S. l.] : Academia Sinica and University of Washington (Institute of

Lingustics) ,2000.

Tsao Feng-fu. Sentence and Clause Structure in Chinese: A Functional Persperctive[M]. Taipei: Student Book Company,1990.

Tzeng O J L, Hung D L, Wang W S Y. Speech Recoding in Reading Chinese Characters[J]. Journal of Experimental Psychology: Human Learning and Memory,1977,3(6):611 – 630.

Tzeng O J L,Hung D L. Reading the Chinese Characters: An Information Processing View [J]. Journal of Chinese Linguistics, 1978, 6: 287 – 305.

Tzeng O J L, Hung D L, Cotton, et al. Visual Lateralization Effect in Reading Chinese Characters[J]. Nature,1979,282:499 – 501.

Tzeng O J L,Hung D L, Wu J C,et al. Processing Chinese Logographs By Chinese Brain-Damaged Patients[M]//Kao G, van Galen G, Hoosain R. Graphonomics: Contemporary Research in Handwriting. New York, London: Elsevier Science,1986:357 – 374.

Tzeng O J L,Hung D L. Orthography, Reading, and Cerebral Functions [M]//Kerckhove, Lumsden. The Alphabet and the Brain: The Lateralization of Writing. Berlin: Springer-Verlag,1988 :273 – 290.

Unger J K. Ideogram: Chinese Characters and the Myth of Disembodied Meaning[M]. Honolulu: University Of Hawaii Press,2004.

Wadley S A. A Translation of the "Lao Qida" and Investigation into Certain of Its Syntactic Sturctures [D]. [S. l.]: University of Washington,1987.

Wadley S A. Altaic Influences on Beijing Dialect: The Manchu Case [J]. Journal of the American Oriental Society,1996,116(1)99 – 104.

Wang Jian, Inhoff A, Chen Hsuan-Chih. Reading Chinese Script: A Cognitive Analysis[M]. Mahwah: Lawrence Erlbaum,1999.

Wang W S Y. Language in China: A Chapter in the History of Linguistics[J]. Journal of Chinese Linguistics,1989,17(2):183 – 222.

·欧·亚·历·史·文·化·文·库·

Wang W S Y. Explorations In Language[M]. Taipei：Pyramid，1991.

Wang W S Y. Languages And Dialects of China[M]. Journal of Chinese Linguistics Monograph Series：3. Berkeley：Project on Linguistic Analysis，1991.

Wang W S Y. The Ancestry of the Chinese Language[M]. Journal of Chinese Linguistics Monograph Series：8. Berkeley：Project on Linguistic Analysis，1995.

Wang W S Y. Linguistic Diversity and Language Relationships[M]// Huang J C T，Li Y H A. New Horizons in Chinese Linguistics. Studies in Natural Language and Linguistic Theory：36. Dordrecht：Kluwer Academic，1996：235 - 267.

Wang W S Y. Languages or Dialects？ [J]Chinese University of Hong Kong Journal of Hamanities. Hong Kong：Chinese University of Hong Kong Press，1997：54 - 62.

Wang W S Y. Three Windoes on the Past[M]//Mair. The Bronze Age and Early Iron Age Proples of Easterm Central Asia：vol1. Washington：The Institute For the Study of Man and Universiy of Pennsylvania Museum Publications，1998：508 - 534.

Wang W S Y，Asher R E. Chinese Linguistic Tradition[M]//Koerner，Asher. Concise History of the Language Sciences：From the Sumerians to the Cognitivists. New York：Pergamon，1994：41 - 45.

Wang W S Y，Lien Chinfan. Bidirectional Diffusion in Sound Change [M]//Jones C. Historical Linguistics：Problems and Perspectives. London，New York：Longman，1993：345 - 400.

Wiener S J. Self - Bound or Boundless？ Orthographic Strategies on " Borrowing " into Chinese [D]. Carbondale： Southern Illinois University, 2009.

Wiersma G C. A Study of the Bai(Minjia) Language along Historical Lines[D]. Berkeley：University of California，1990.

Wilkinson E. Chinese History: A Manual[M]. Cambridge: Harvard U-
niversity Asia Center and the Harvard-Yenching Institute,2000.

Yan M M. Introduction to Chinese Dialectology[M]. LINCOM Studies
in Asian Linguistics:22. Munich: Lincom,2006.

Yang P Fu-mien. Chinese Lexicology and Lexicography [M]. Hong
Kong: Chinese University Press,1985.

Yang P Fu-mien. Chinese Dialectology: A Selected and Classified Bib-
liography[M]. Hong Kong: Chinese University Press,1981.

Yin Binyong, Rohsenow J S. Modern Chinese Characters[M]. Beijing:
Sinolingua,1994.

Yip M J. The Tonal Phonology of Chinese[D]. [S. l.]: Massachusetts
Institute of Technology,1980.

Yip V, Matthews. Basic Cantonese: A Grammar and Workbook [M].
London: Routledge,2000.

Yip V. Intermediate Cantonese: A Grammar and Workbook[M]. Lon-
don: Routledge,2001.

Yuan Jiahong. Intonation in Mandarin Chinese: Acoustics, perception,
and computational modeling[D]. Ithaca: Cornell University,2004.

Yue(-Hashimoto) A. Comparative Chinese Dialectal Grammar: Hand-
book for Inverstigators[M]. Paris: École des Hautes Études en Sciences So-
ciales, Centre de Recherches Linguistiques sur I' Asie Orientale,1993.

Zhou Minglang. Multilingualism in China: The Politics of Writing Re-
forms for Minority Languages 1949 — 2002 [M]. Berlin: Mouton de
Gruyter,2003.

Zhou Minglang. Language Policy in the People's Republic of China:
Theory and Practice since 1949[M]. Boston: Kluwer Academic Publishers,
2004.

Zhou Xinping. Aspects of Chinese Synatax: Ergativity and Phrase
Structure[D]. Urbana-Champaign: The University of Illinois,1990.

Zhou Youguang. The Historical Evolution of Chinese Languages and Scripts[M]//Zhongguo yuwen de shidai jinhua. Liqing Zhang, tr. Columbus:Ohio State University,2003.

（崔捷、杨继东译。原载张海惠主编《北美中国学：研究概述与文献资源》，中华书局 2010 年版）

索　引

·欧·亚·历·史·文·化·文·库·

欧亚历史文化文库

林悟殊著:《中古夷教华化丛考》　　　　　　　　定价:66.00 元

赵俪生著:《弆兹集》　　　　　　　　　　　　　定价:69.00 元

华喆著:《阴山鸣镝——匈奴在北方草原上的兴衰》　定价:48.00 元

杨军编著:《走向陌生的地方——内陆欧亚移民史话》　定价:38.00 元

贺菊莲著:《天山家宴——西域饮食文化纵横谈》　定价:64.00 元

陈鹏著:《路途漫漫丝貂情——明清东北亚丝绸之路研究》

　　　　　　　　　　　　　　　　　　　　　　定价:62.00 元

王颋著:《内陆亚洲史地求索》　　　　　　　　　定价:83.00 元

〔日〕堀敏一著,韩昇、刘建英编译:《隋唐帝国与东亚》　定价:38.00 元

〔印度〕艾哈默得·辛哈著,周翔翼译,徐百永校:《入藏四年》

　　　　　　　　　　　　　　　　　　　　　　定价:35.00 元

〔意〕伯戴克著,张云译:《中部西藏与蒙古人

　　——元代西藏历史》(增订本)　　　　　　　定价:38.00 元

陈高华著:《元朝史事新证》　　　　　　　　　　定价:74.00 元

王永兴著:《唐代经营西北研究》　　　　　　　　定价:94.00 元

王炳华著:《西域考古文存》　　　　　　　　　　定价:108.00 元

李健才著:《东北亚史地论集》　　　　　　　　　定价:73.00 元

孟凡人著:《新疆考古论集》　　　　　　　　　　定价:98.00 元

周伟洲著:《藏史论考》　　　　　　　　　　　　定价:55.00 元

刘文锁著:《丝绸之路——内陆欧亚考古与历史》　定价:88.00 元

张博泉著:《甫白文存》　　　　　　　　　　　　定价:62.00 元

孙玉良著:《史林遗痕》　　　　　　　　　　　　定价:85.00 元

马健著:《匈奴葬仪的考古学探索》　　　　　　　定价:76.00 元

〔俄〕柯兹洛夫著,王希隆、丁淑琴译:

　《蒙古、安多和死城哈喇浩特》(完整版)　　　定价:82.00 元

乌云高娃著:《元朝与高丽关系研究》　　　　　　定价:67.00 元

杨军著:《夫余史研究》　　　　　　　　　　　　定价:40.00 元

梁俊艳著:《英国与中国西藏(1774—1904)》　　　定价:88.00 元

〔乌兹别克斯坦〕艾哈迈多夫著,陈远光译:

　《16—18 世纪中亚历史地理文献》(修订版)　　定价:85.00 元

437

成一农著:《空间与形态——三至七世纪中国历史城市地理研究》

定价:76.00 元

杨铭著:《唐代吐蕃与西北民族关系史研究》　　定价:86.00 元

殷小平著:《元代也里可温考述》　　　　　　定价:50.00 元

耿世民著:《西域文史论稿》　　　　　　　　定价:100.00 元

殷晴著:《丝绸之路经济史研究》　　　定价:135.00 元(上、下册)

余大钧译:《北方民族史与蒙古史译文集》　定价:160.00 元(上、下册)

韩儒林著:《蒙元史与内陆亚洲史研究》　　　定价:58.00 元

〔美〕查尔斯·林霍尔姆著,张士东、杨军译:

　《伊斯兰中东——传统与变迁》　　　　　定价:88.00 元

〔美〕J. G. 马勒著,王欣译:《唐代塑像中的西域人》　定价:58.00 元

顾世宝著:《蒙元时代的蒙古族文学家》　　　定价:42.00 元

杨铭编:《国外敦煌学、藏学研究——翻译与评述》　定价:78.00 元

牛汝极等著:《新疆文化的现代化转向》　　　定价:76.00 元

周伟洲著:《西域史地论集》　　　　　　　　定价:82.00 元

周晶著:《纷扰的雪山——20 世纪前半叶西藏社会生活研究》

定价:75.00 元

蓝琪著:《16—19 世纪中亚各国与俄国关系论述》　定价:58.00 元

许序雅著:《唐朝与中亚九姓胡关系史研究》　定价:65.00 元

汪受宽著:《骊靬梦断——古罗马军团东归伪史辨识》　定价:96.00 元

刘雪飞著:《上古欧洲斯基泰文化巡礼》　　　定价:32.00 元

〔俄〕Т. Б. 巴尔采娃著,张良仁、李明华译:

　《斯基泰时期的有色金属加工业——第聂伯河左岸森林草原带》

定价:44.00 元

叶德荣著:《汉晋胡汉佛教论稿》　　　　　　定价:60.00 元

王颋著:《内陆亚洲史地求索(续)》　　　　定价:86.00 元

尚永琪著:

　《胡僧东来——汉唐时期的佛经翻译家和传播人》　定价:52.00 元

桂宝丽著:《可萨突厥》　　　　　　　　　　定价:30.00 元

篠原典生著:《西天伽蓝记》　　　　　　　　定价:48.00 元

〔德〕施林洛甫著,刘震、孟瑜译:

　《叙事和图画——欧洲和印度艺术中的情节展现》　定价:35.00 元

马小鹤著:《光明的使者——摩尼和摩尼教》　定价:120.00 元

李鸣飞著:《蒙元时期的宗教变迁》　　　　　定价:54.00 元

〔苏联〕伊·亚·兹拉特金著,马曼丽译:

《准噶尔汗国史》(修订版) 定价:86.00 元

〔苏联〕巴托尔德著,张丽译:《中亚历史——巴托尔德文集

第 2 卷第 1 册第 1 部分》 定价:200.00 元(上、下册)

〔俄〕格·尼·波塔宁著,〔苏联〕B.B.奥布鲁切夫编,吴吉康、吴立珺译:

《蒙古纪行》 定价:96.00 元

张文德著:《朝贡与入附——明代西域人来华研究》 定价:52.00 元

张小贵著:《祆教史考论与述评》 定价:55.00 元

〔苏联〕K.A.阿奇舍夫、Г.A.库沙耶夫著,孙危译:

《伊犁河流域塞人和乌孙的古代文明》 定价:60.00 元

陈明著:《文本与语言——出土文献与早期佛经词汇研究》

定价:78.00 元

李映洲著:《敦煌壁画艺术论》 定价:148.00 元(上、下册)

杜斗城著:《杜撰集》 定价:108.00 元

芮传明著:《内陆欧亚风云录》 定价:48.00 元

徐文堪著:《欧亚大陆语言及其研究说略》 定价:54.00 元

刘迎胜著:《小儿锦研究》(一、二、三) 定价:300.00 元

郑炳林著:《敦煌占卜文献叙录》 定价:60.00 元

许全胜著:《黑鞑事略校注》 定价:66.00 元

段海蓉著:《萨都剌传》 定价:35.00 元

马曼丽著:《塞外文论——马曼丽内陆欧亚研究自选集》 定价:98.00 元

〔苏联〕И.Я.兹拉特金主编,М.И.戈利曼、Г.И.斯列萨尔丘克著,

马曼丽、胡尚哲译:《俄蒙关系历史档案文献集》(1607—1654)

定价:180.00 元(上、下册)

华喆著:《帝国的背影——公元 14 世纪以后的蒙古》 定价:55.00 元

П.К.柯兹洛夫著,丁淑琴、韩莉、齐哲译:《蒙古和喀木》 定价:75.00 元

杨建新著:《边疆民族论集》 定价:98.00 元

赵现海著:《明长城时代的开启

——长城社会史视野下榆林长城修筑研究》(上、下册) 定价:122.00 元

李鸣飞著:《横跨欧亚——中世纪旅行者眼中的世界》 定价:53.00 元

李鸣飞著:《金元散官制度研究》 定价:70.00 元

刘迎胜著:《蒙元史考论》 定价:150.00 元

王继光著:《中国西部文献题跋》 定价:100.00 元

李艳玲著:《田作畜牧

——公元前 2 世纪至公元 7 世纪前期西域绿洲农业研究》

定价:54.00 元

·欧·亚·历·史·文·化·文·库·

〔英〕马尔克·奥莱尔·斯坦因著,殷晴、张欣怡译:《沙埋和阗废墟记》

　　　　　　　　　　　　　　　　　　　　　　定价:100.00 元

梅维恒著,徐文堪编:《梅维恒内陆欧亚研究文选》　　　定价:92 元

王邦维著:《华梵问学集》　　　　　　　　　定价:75 元(暂定)

芮传明著:《摩尼教敦煌吐鲁番文书释义与研究》　定价:90 元(暂定)

陈晓露著:《楼兰考古》　　　　　　　　　　定价:78 元(暂定)

石云涛著:《文明的互动

　　——汉唐间丝绸之路中的中外交流论稿》　定价:108 元(暂定)

石云涛著:《丝绸之路的起源》　　　　　　　定价:83 元(暂定)

薛宗正著:《西域史汇考》　　　　　　　　　定价:128 元(暂定)

〔英〕尼古拉斯·辛姆斯 – 威廉姆斯著:

《阿富汗北部的巴克特里亚文献》　　　　　　定价:163 元(暂定)

张小贵编:

《三夷教研究——林悟殊先生古稀纪念论文集》　定价:100 元(暂定)

杨林坤著:《西风万里交河道——时代西域丝路上的使者与商旅》

　　　　　　　　　　　　　　　　　　　　　定价:58 元(暂定)

许全盛、刘震编:《内陆欧亚历史语言论集——徐文堪先生古稀纪念》

　　　　　　　　　　　　　　　　　　　　　定价:90 元(暂定)

余太山、李锦秀编:《古代内陆欧亚史纲》　　定价:122 元(暂定)

王永兴著:《唐代土地制度研究——以敦煌吐鲁番田制文书为中心》

　　　　　　　　　　　　　　　　　　　　　定价:70 元(暂定)

王永兴著:《敦煌吐鲁番出土唐代军事文书考释》　定价:84 元(暂定)

李锦绣编:《20 世纪内陆欧亚历史文化论文选粹:第一辑》

　　　　　　　　　　　　　　　　　　　　　定价:104 元(暂定)

李锦绣编:《20 世纪内陆欧亚历史文化论文选粹:第二辑》

　　　　　　　　　　　　　　　　　　　　　定价:98 元(暂定)

李锦绣编:《20 世纪内陆欧亚历史文化论文选粹:第三辑》

　　　　　　　　　　　　　　　　　　　　　定价:97 元(暂定)

李锦绣编:《20 世纪内陆欧亚历史文化论文选粹:第四辑》

　　　　　　　　　　　　　　　　　　　　　定价:100 元(暂定)

馬小鶴著:《霞浦文書研究》　　　　　　　　定价:88 元(暂定)

林悟殊著:《摩尼教華化補說》　　　　　　　定价:109 元(暂定)

孙昊著:《辽代女真族群与社会研究》　　　　定价:48 元(暂定)

尚永琪著:《鸠摩罗什及其时代》　　　　　　定价:68 元(暂定)

___

淘宝网邮购地址:http://lzup.taobao.com